国家社会科学基金项目成果

全民健身
公共服务法治化广东实践

范宏伟　朱最新 / 主编

中山大学出版社

·广州·

版权所有 翻印必究

图书在版编目（CIP）数据

全民健身公共服务法治化广东实践/范宏伟，朱最新主编. —广州：中山大学出版社，2021.9

ISBN 978-7-306-07289-4

Ⅰ.①全… Ⅱ.①范…②朱… Ⅲ.①全民健身—社会服务—条例—研究—广东 Ⅳ.①D927.650.216.4

中国版本图书馆 CIP 数据核字（2021）第 166347 号

QUANMIN JIANSHEN GONGGONG FUWU FAZHIHUA GUANGDONG SHIJIAN

出 版 人：	王天琪
策划编辑：	王旭红
责任编辑：	王旭红
封面设计：	曾 婷
责任校对：	赵 冉
责任技编：	何雅涛
出版发行：	中山大学出版社
电　　话：	编辑部 020-84110283，84113349，84111997，84110779，84110776
	发行部 020-84111998，84111981，84111160
地　　址：	广州市新港西路 135 号
邮　　编：	510275　传　真：020-84036565
网　　址：	http://www.zsup.com.cn　E-mail: zdcbs@mail.sysu.edu.cn
印 刷 者：	广东虎彩云印刷有限公司
规　　格：	787mm×1092mm　1/16　23.375 印张　540 千字
版次印次：	2021 年 9 月第 1 版　2021 年 9 月第 1 次印刷
定　　价：	69.00 元

如发现本书因印装质量影响阅读，请与出版社发行部联系调换

编 委 会

主　编：范宏伟　朱最新

编　委：范振国　刘云甫　杨　波　朱　晔　仇亚宾　杨嵩棱
　　　　李　毅　龙著华　梁　恒　任　颖　刘　浩　刘晚玲
　　　　胡倍臻　肖伊伶　吴书涵　肖佳琪　刘子婧　钟楚怡
　　　　成金娥　陈　明　凌振清　钟雨林　范书豪　吴燕楚
　　　　张笑天　李宗文　李伊宁　强鹏伟　陈奇益　马秋香

序

  2020年庚子年春节前夕，武汉暴发了新型冠状病毒肺炎疫情。接着，全民动员、全国防控、共克时艰、共抗疫情。勤洗手、多通风、戴口罩、讲卫生、少串门、加强健身锻炼等迅速成为预防疫情的基本原则。国家体育总局办公厅1月30日下发了《关于大力推广居家科学健身方法的通知》，要求各地体育部门结合实际推出简单易行、科学有效的居家健身方法。为此，全国各级体育部门、高校、研究所和健身机构相继通过公众号推出了各种适合室内开展的运动方法和视频教程，涵盖太极拳、八段锦、导引养生功、瑜伽、有氧健身操、体能训练等，对疫情防控、促进人民身体健康起到了积极的促进作用。

  习近平总书记在中央全面依法治国委员会第三次会议上指出，要全面提高依法防控、依法治理能力，在法治轨道上统筹推进各项防控工作，保障疫情防控工作顺利开展。其后，在中央全面深化改革委员会第十二次会议上，习总书记再次强调要强化公共卫生法治保障，全面加强和完善公共卫生领域相关法律法规建设，补短板、堵漏洞、强弱项，完善重大疫情防控体制机制，健全国家公共卫生应急管理体系，确保人民群众生命安全和身体健康，对依法防控疫情作出了总体安排，为充分发挥法治在疫情防控和公共卫生安全治理中的保障作用提出了明确要求，指明了目标方向。

  习总书记的讲话，正是破除国家卫生健康系统"木桶效应"的战略部署和应对策略。虽然这是在防疫的关键时期提出的，但对国民经济、社会发展的各个行业都有着普遍的指导意义。面对疫情，全民健身是最好的"药物"，而全民健身恰恰又是体育领域中的短板、弱项。全民健身、竞技体育、体育产业发展不协调，全民健身公共服务体系不健全，体育促进全民健康的作用发挥不充分，体育产品和服务供给不充足，全社会兴办体育的体制机制还不健全等，不能满足人民群众多元化、多层次的体育需求，迫切需要通过立法、执法、司法、普法、守法、法治监督来保障、发力。

  2021年1月20日，习近平总书记主持召开北京2022年冬奥会和冬残奥会筹办工作汇报会并发表重要讲话，指出建设体育强国是全面建设社会主义现代化国家的一个重要目标。体育强国的基础在于群众体育，要通过举办北京冬奥会、冬残奥会，逐步解决竞技体育强、群众体育弱的问题，推动新时代体育事业高质量发展。

  党的十九届四中全会指出，要坚持和完善中国特色社会主义制度，推进国家治理体系和治理能力现代化。中华人民共和国成立70多年来，特别是改革开放以来，我国全民健身的发展步伐逐步加快，从起初的为群众体育初奠法律基础，到改革开放后全民健身立法的持续推进，再到进入新时代全民健身愈益纳入法治全局，全民健身的法律地位日益提升，在国家法治建设的日益加强中，其依法治理进程得到不断推进。

  随着《国务院关于加快发展体育产业促进体育消费的若干意见》（国发〔2014〕46号）文件的实施，全民健身已上升为国家战略。这不但使全民健身在实现和保障公民体育健身权利的地位与功效上得到新的提升，而且站在国家战略高度将全民健身更多地纳入国家的法治体系和法治全局,并将全民健身的依法治理推进新的阶段,推向新的境界。在当前推进全面依法治国的过程中,适用于全民健身的法律法规范围不断扩大,同时,各种配套实施性规范的制定步伐也在加快,适应新时代全民健身事业发展的专门法规不断更新。除了宪法、各部法律、国务院行政法规、国务院及其办公厅法规性文件、国家体育总局单独或联合制定的部门规章与规范性文件的支撑外,各个省、自治区、直辖市和一些设区的市也制定了一些与全民健身有关的地方性法规、规章和规范性文件,使我国的全民健身法规体系得以建立并日益健全。

党的十九大报告提出"加快推进体育强国建设",习近平总书记明确要求要"精心谋划,狠抓落实,不断开创我国体育事业发展新局面,加快把我国建设成为体育强国"。国务院办公厅出台了《体育强国建设纲要》(国办发〔2019〕40号),提出要落实全民健身国家战略,广泛开展全民健身活动,完善全民健身公共服务体系,助力健康中国建设,到2050年,全面建成社会主义现代化体育强国,体育成为中华民族伟大复兴的标志性事业。《体育强国建设纲要》的出台适应新时代、新形势、新要求,符合当前体育事业实际和发展需要,具有战略性、前瞻性、操作性,做到了与《国务院关于加快发展体育产业促进体育消费的若干意见》《全民健身计划(2016—2020年)》《关于加快发展体育竞赛表演产业的指导意见》《国务院关于实施健康中国行动的意见》《健康中国行动组织实施和考核方案》等文件内容的有效衔接。它也使体育强国建设成为国家意志、人民意愿和全社会的共同行动,在新的历史起点上开创了体育发展的新局面,开启了建设世界体育强国的新征程。

2016年8月26日,中共中央政治局召开会议,审议通过了《"健康中国2030"规划纲要》。这是我国首次公布的健康领域中长期规划,明确了我国在卫生健康方面的宏伟蓝图和行动纲领,是推进健康中国建设,全面建成小康社会、基本实现社会主义现代化的重要基础,是全面提升中华民族健康素质、实现人民健康与经济社会协调发展的国家战略。2019年7月,国务院发布的《关于实施健康中国行动的意见》,明确指出了这次行动的指导思想、主要原则、主要内容和实施要求。为了保证该意见能够得到进一步组织落实,国务院办公厅发布了《国务院办公厅关于印发健康中国行动组织实施和考核方案的通知》(国办发〔2019〕32号)。与此同时,健康中国行动推进委员会发布了《健康中国行动(2019—2030年)》,该文提出包括全民健身行动在内的15项重大行动,要求政府、社会、个人协同推进,建立健全健康教育体系,引导群众建立正确健康观,形成有利于健康的生活方式、生态环境和社会环境,促进"以治病为中心"向"以人民健康为中心"转变,提高人民健康水平。至此,《体育强国建设纲要》和《"健康中国2030"规划纲要》成为今后我国体育工作的政策标杆和最高指导方针。

建设中国特色社会主义法治体系,必须坚持立法先行,发挥立法的引领和推动作用;全国人大和地方人大均有一套非常严谨、规范、系统的程序,法律法规制定部门需要遵照执行。在这里先为读者梳理一下《体育强国建设纲要》制定的台前幕后。首先,按照国务院部署,体育总局启动了该纲要的研究工作,组织相关司局同志和有关专家、学者成立起草组。其次,体育总局召开专题会议,部署该纲要的起草工作,对文件的总体思路、重点任务、组织实施、进度安排等提出了明确要求。起草小组先后赴江苏、浙江、上海、陕西、四川等多个省区市开展调研，与多个部门及相关专家学者座谈，召集具有代表性的体育企业负责人召开专题座谈会，委托全国相关专家、学者针对体育强国建设涉及的重大问题开展决策咨询研究，从而形成了该纲要的征求意见稿。然后，征求并采纳了41个中央和国家机关部门的意见。最后，将该纲要文稿上报国务院，国办正式征求了39个相关部门的意见，根据反馈意见再次对《体育强国建设纲要》进行了修改完善。

《全民健身条例》是对全民健身工作进行全面系统规范的专门行政法规，是我国在迈向体育强国进程中加强依法治体的客观要求，也是我国全民健身向更高层次发展和法治化水平不断提高的显著标志，为全民健身事业的进一步发展提供了国家立法层面的法规保障，充实和健全了我国的全民健身法规体系。

截至2019年5月，以某地全民健身条例为主要名称的地方综合性全民健身专门法规有29部，先后为上海、江苏、山西、山东、云南、北京、天津、浙江、四川、陕西、安徽、内蒙古、吉林、甘肃、湖南、辽宁、湖北、重庆、广东共19个省级地方，以及广州、贵阳、哈尔滨、杭州、深圳、苏州、唐山、武汉、长春、淄博共10个设区的市所制定。此外，河北、长春、长沙制定了地方全民健身政府规章，各地还有一些综合性体育法规，以及有关体育场馆、体育产业及市场等法规、规章和规范性文件，与全民健身密切相关。这些地方性立法，在推进各地根据实际情况有特色地开展全民健身工作中发挥了重要作用。

《广东省全民健身条例》由广东省第十三届人民代表大会常务委员会第十二次会议于2019年5月21日通过，以《广东省第十三届人民代表大会常务委员会公告》（第39号）的形式发布，自2019年7月1日起施行。《广东省全民健身条例》共六章五十三条，包括总则、全民健身活动、全民健身设施、全民健身服务与保障、法律责任、附则。制定程序包括：第一，按照广东省体育局群体处的部署，中山大学的学者们启动了《广东省全民健身条例》方案的研究与起草工作，组织群体处领导和有关专家、学者成立课题组，准备技术服务合同，起草说明、事项报告。第二，查阅宪法、法律法规，在全国抽取北京、上海、江苏、浙江、辽宁、山东、天津、四川、河南、陕西等省市的全民健身条例，并进行对比分析，为《广东省全民健身条例》的制定奠定基础。第三，课题组会同广东省体育局、省人大教科文卫委、省人大常委会法工委、省政府办公厅及法制办到深圳、惠州、河源三市，以及浙江、上海、江苏和山东四省市开展了立法调研。第四，召开专家论证会，邀请法学、管理学、政治学、逻辑学、体育学专家参加，就条例的框架、原则、意义、范围等方面进行分析、探讨，逐条修改，形成广东省全民健身条例初稿，提交广东省体育局群体处、局办公会审议。第五，广东省政府法制办书面征求了21个地级以上市、45个省直及中央驻粤有关单位的意见，并在门户网站公开征求社会公众意见，以及征求了省政府法律顾问和12家体育社会组织的意见后，形成广东省全民健身条例草案。第六，广东省人大常委会法工委召开广东省全民健身条例（草案修改稿）专家论证会。第七，《广东省全民健身条例》经广东省人大常委会三审通过后发布。

当前，全国一些地方性全民健身法规正在陆续进行新一轮的修改，其中，江苏、山西、陕西、四川、安徽、浙江、内蒙古,以及杭州、哈尔滨、贵阳、武汉、苏州、广州先后进行了局部的修正,上海、湖南、北京、山东以及深圳、武汉进行了全面的修订。地方全民健身条例的修订是一个系统性的工程,需要查阅大量国家和地方的法律法规和政策文件,制定的每一条款须有上位法的依据和地方法规的参考,更重要的是,所制定出的每一条款都应能得到真正落地实施,使公民的体育权利获得充分保障,具有权威性。在制定《广东省全民健身条例》的过程中,编者收集了与地方全民健身条例立法直接相关的文件资料并汇编成册,希望能为各省市在修订全民健身条例时提供索引和注释参考,提高修订效率,加快全民健身立法进程。

本书在编写过程中,编者借鉴了我国著名体育法学家于善旭教授的一些观点,能够在于教授对我国全民健身法治的思考道路上有所靠近、产生共鸣,实属幸事,在此向于教授致以衷心谢忱!本人在北京体育大学读博期间与于教授有过一次谈话,先生的人格魅力和渊博学识给我留下了深刻印象,同时也激励着我在公共体育服务法治研究领域不断求真。

感谢广东省人大法制委员会、广东省人大常委会法工委、广东省政府法制办、广东省体育局的指导和帮助!感谢中山大学科学研究院、广东外语外贸大学区域一体化法治研究中心、中山大学体育部给予的大力支持!感谢中山大学出版社老师们审校书稿!这是一部关于地方全民健身立法的工具书,希望能为各省、自治区、直辖市乃至我国全民健身事业的高质量发展提供法治参考,助力健康中国和体育强国建设。不足之处,请各位专家、学者批评指正。

范宏伟

2021年1月28日,庚子年腊月十六

书于云山诗意礼孝楼

目　　录

上编　《广东省全民健身条例》及其释义

第一章　总则 ··· 2
- 第一条　立法目的和立法依据 ····························· 2
- 第二条　适用范围 ··· 5
- 第三条　基本原则 ··· 6
- 第四条　政府职责 ··· 8
- 第五条　部门职责 ·· 10
- 第六条　基本公共体育服务 ································ 13
- 第七条　财政经费保障 ······································ 15
- 第八条　社会参与 ·· 16
- 第九条　宣传教育 ·· 18
- 第十条　表彰奖励 ·· 19
- 第十一条　交流合作 ··· 19

第二章　全民健身活动 ·· 21
- 第十二条　全民健身日 ······································ 21
- 第十三条　开展全民健身活动和赛事 ··················· 23
- 第十四条　举办群众性体育赛事 ························· 25
- 第十五条　重点群体健身活动 ···························· 26
- 第十六条　单位开展健身活动 ···························· 28
- 第十七条　社会团体和基层开展健身活动 ············· 30
- 第十八条　学校开展健身活动 ···························· 32
- 第十九条　社会组织开展健身活动 ······················ 35
- 第二十条　公民健身行为规范 ···························· 36

第三章　全民健身设施 ·· 39
- 第二十一条　全民健身设施建设和管理 ················ 39
- 第二十二条　公共体育设施规划 ························· 41
- 第二十三条　公共体育设施建设的配置要求 ·········· 44

· 1 ·

第二十四条　公共体育设施建设的其他要求 …… 46
　　第二十五条　住宅区体育设施规划建设 …… 48
　　第二十六条　闲置资源利用 …… 50
　　第二十七条　社会力量建设体育设施 …… 51
　　第二十八条　公共场所和居民住宅区体育设施管理责任 …… 53
　　第二十九条　体育设备维护 …… 56
　　第三十条　公共体育设施开放 …… 57
　　第三十一条　公共体育设施优惠开放 …… 59
　　第三十二条　单位体育设施开放 …… 62
　　第三十三条　学校体育设施开放要求 …… 63
　　第三十四条　学校体育设施开放管理 …… 67
　　第三十五条　体育设施开放保障 …… 71

第四章　全民健身服务与保障 …… 72
　　第三十六条　政府购买公共服务机制 …… 72
　　第三十七条　体育社会组织培育 …… 74
　　第三十八条　体育社会组织规范发展 …… 76
　　第三十九条　完善政府信息服务 …… 79
　　第四十条　引导社会力量提供信息服务 …… 81
　　第四十一条　社会体育指导 …… 83
　　第四十二条　国民体质监测 …… 87
　　第四十三条　公民体质测定 …… 89
　　第四十四条　评估与评价 …… 92
　　第四十五条　高危险性体育项目安全管理 …… 94
　　第四十六条　群众体育安全管理 …… 96
　　第四十七条　开展科学健身服务 …… 101
　　第四十八条　鼓励社会力量支持全民健身事业 …… 103

第五章　法律责任 …… 104
　　第四十九条　违法活动的法律责任 …… 104
　　第五十条　违反设施管理规定的法律责任 …… 106
　　第五十一条　侵占、损坏公共体育设施的法律责任 …… 107
　　第五十二条　工作人员不依法履职的法律责任 …… 109

第六章　附则 …… 110
　　第五十三条　施行日期 …… 110

下编　全民健身公共服务相关法律法规

法 律 类

中华人民共和国体育法
　　（2016年11月7日修正） …………………………………………… 112
中华人民共和国城乡规划法
　　（2019年4月23日修正） …………………………………………… 117
中华人民共和国公职人员政务处分法
　　（2020年6月20日） ………………………………………………… 126

行政法规、政策类

全民健身条例
　　（2016年2月6日修正） ……………………………………………… 136
公共文化体育设施条例
　　（2003年6月26日） ………………………………………………… 141
学校体育工作条例
　　（2017年3月1日修正） ……………………………………………… 145
社会团体登记管理条例
　　（2016年2月6日修正） ……………………………………………… 149
大型群众性活动安全管理条例
　　（2007年9月14日） ………………………………………………… 155
彩票管理条例
　　（2009年5月4日） …………………………………………………… 159
行政机关公务员处分条例
　　（2007年6月1日） …………………………………………………… 164
"健康中国2030"规划纲要（摘录）
　　（2016年10月25日） ………………………………………………… 172
中共中央、国务院关于进一步加强和改进新时期体育工作的意见
　　（2002年7月22日） ………………………………………………… 177
国务院关于加快发展体育产业促进体育消费的若干意见
　　（2014年10月2日） ………………………………………………… 182
体育强国建设纲要
　　（2019年8月10日） ………………………………………………… 188

国务院办公厅关于加快发展体育竞赛表演产业的指导意见
　　（2018 年 12 月 11 日） …………………………………………… 196

国务院办公厅关于加快发展健身休闲产业的指导意见
　　（2016 年 10 月 25 日） …………………………………………… 200

全民健身计划（2021—2025 年）
　　（2021 年 7 月 18 日） ……………………………………………… 206

国务院办公厅关于推进基层综合性文化服务中心建设的指导意见
　　（2015 年 10 月 2 日） ……………………………………………… 210

国务院办公厅关于强化学校体育促进学生身心健康全面发展的意见
　　（2016 年 4 月 21 日） ……………………………………………… 215

"十三五"推进基本公共服务均等化规划（摘录）
　　（2017 年 1 月 23 日） ……………………………………………… 220

乡村振兴战略规划（2018—2022 年）（摘录）
　　（2018 年 9 月 26 日） ……………………………………………… 238

深化粤港澳合作　推进大湾区建设框架协议
　　（2017 年 7 月 1 日） ……………………………………………… 244

部门规章、政策类

体育赛事活动管理办法
　　（2020 年 1 月 17 日） ……………………………………………… 247

政府购买服务管理办法
　　（2020 年 1 月 3 日） ……………………………………………… 254

经营高危险性体育项目许可管理办法
　　（2018 年 11 月 13 日修改） ……………………………………… 258

少年儿童体育学校管理办法
　　（2011 年 9 月 2 日） ……………………………………………… 262

中等体育运动学校管理办法
　　（2011 年 8 月 31 日） ……………………………………………… 266

社会体育指导员管理办法
　　（2011 年 10 月 9 日） ……………………………………………… 270

健身气功管理办法
　　（2006 年 11 月 17 日） …………………………………………… 275

体育类民办非企业单位登记审查与管理暂行办法
　　（2000 年 11 月 10 日） …………………………………………… 279

中央集中彩票公益金支持体育事业专项资金管理办法
　　（2020年6月10日） ……………………………………………………… 282
国家体育总局、财政部关于推进大型体育场馆免费低收费开放的通知
　　（2014年1月14日） ……………………………………………………… 286
人力资源社会保障部关于公布国家职业资格目录的通知
　　（2017年9月12日） ……………………………………………………… 288
体育发展"十三五"规划
　　（2016年5月5日） ………………………………………………………… 290
教育部、国家体育总局关于推进学校体育场馆向社会开放的实施意见
　　（2017年2月3日） ………………………………………………………… 305
国家体育总局等部门关于进一步加强农民体育工作的指导意见
　　（2017年12月24日） ……………………………………………………… 309
体育场馆运营管理办法
　　（2015年1月15日） ……………………………………………………… 315
财政部、民政部关于通过政府购买服务支持社会组织培育发展的指导意见
　　（2016年12月1日） ……………………………………………………… 319
健身气功行动计划（2019—2021年）
　　（2019年5月30日） ……………………………………………………… 322
国民体质测定标准施行办法
　　（2003年7月4日） ………………………………………………………… 326

地方法规、政策类

广东省地名管理条例
　　（2007年9月30日） ……………………………………………………… 328
广东省全民健身实施计划（2016—2020年）
　　（2016年11月8日） ……………………………………………………… 333
广东省人民政府关于深化标准化工作改革　推进广东先进标准体系建设的意见
　　（2016年11月30日） ……………………………………………………… 340
广东省人民政府办公厅关于强化学校体育　促进学生身心健康全面发展的实施意见
　　（2016年11月9日） ……………………………………………………… 349
广东省省级体育彩票公益金管理办法
　　（2014年10月15日） ……………………………………………………… 354

上　编
《广东省全民健身条例》及其释义

第一章 总 则

本章为总则,共十一条,分别对《广东省全民健身条例》①(以下简称《条例》)的立法目的和立法依据、适用范围,全民健身的基本原则、政府职责、部门职责、基本公共体育服务、财政经费保障、社会参与、宣传教育、表彰奖励,以及交流合作作出了明确规定。本章是对广东省全民健身工作最基本问题的纲领性、原则性和概括性的规定,为其他各章的具体规范奠定基础,是《条例》的精髓所在。把握好本章内容,对正确理解和执行《条例》其他各章规定,具有提纲挈领的重要作用。实践中遇到《条例》没有作出规定或者作出的是原则性规定、实操性弱时,我们应当在不违反上位法的前提下,依照总则规定的立法目的、立法精神和原则进行调整和解决。

第一条 立法目的和立法依据

为了贯彻实施全民健身国家战略,推进健康广东建设,促进全民健身活动开展,提高公民身体素质和健康水平,根据《中华人民共和国体育法》《全民健身条例》等法律法规,结合本省实际,制定本条例。

【释义】本条是关于《条例》立法目的和立法依据的规定。

2009年,国务院制定了《全民健身条例》,2016年进行了修改。2014年,《国务院关于加快发展体育产业促进体育消费的若干意见》(国发〔2014〕46号)把全民健身上升为国家战略。2016年,《"健康中国2030"规划纲要》提出,大力开展全民健身运动,推动全民健身和全民健康深度融合;计划到2030年,全面建立优质高效的全民健身公共服务体系。制定《条例》对于全面贯彻落实习近平总书记关于体育工作的重要论述、《全民健身条例》和全民健身国家战略,促进广东省全民健身事业发展具有重大意义。

一、立法目的

立法是立法主体有意识、有目的的活动。任何立法总是为满足一定的利益与需要,从一定的动机出发,以实现一定的立法目的。立法目的就是体现立法主体的立法出发点和立法宗旨,希望通过所立之法来获得一定的法律结果。② 根据本条规定,《条例》的立法目的主要有以下四个方面:贯彻实施全民健身国家战略,推进健康广东建设,促进全民健身活动开展,提高公民身体素质和健康水平。

(一)贯彻实施全民健身国家战略。全民健身是一项面向全体人民,通过鼓励健身活动、倡导科学健身、形成健康文明的生活方式,以增强人民体质、服务于人的全面健康、促进人的全面发展为目标,以丰富人民群众精神文化生活、推动经济社会和谐发展、提升国家民族综合实力为追求的社会事业。全民健身工作是一个实现以上目标和追

---

① 2019年5月21日广东省第十三届人民代表大会常务委员会第十二次会议通过并发布,自2019年7月1日起施行。

② 参见曹康泰、刘鹏主编《〈全民健身条例〉释义》,中国法制出版社2009年版,第16页。

求的重要民生工作。[①] 党的十八大以来，以习近平同志为核心的党中央高度重视、关心体育工作，亲自谋划推动体育事业改革发展，将全民健身上升为国家战略，广泛开展全民健身运动，推动全民健身和全民健康深度融合。习近平总书记深刻指出，没有全民健康，就没有全面小康。体育强则中国强，国运兴则体育兴。全民健身是全体人民增强体魄、享有健康生活的基础和保障，人民健康是全面建成小康社会的重要内涵，是每一个人成长和实现幸福生活的重要基础。体育在提高人民身体素质和健康水平，促进人的全面发展，丰富人民精神文化生活，推动经济社会发展，激励全国各族人民弘扬追求卓越，突破自我的精神方面，都有着不可替代的重要作用。把全民健身事业作为全面建成小康社会的重要组成部分，更好发挥全民健身在实现中华民族伟大复兴中国梦中的积极作用，是习近平总书记亲自谋划和推动全民健身事业的关切所在。实施全民健身国家战略是以人为本的现实需要，是实现人民群众对幸福美好生活追求的重大举措，是实现全面建成小康社会目标的必然要求，也是建设真正体育强国的必然选择。制定《条例》的首要目的就是贯彻落实全民健身国家战略。

（二）推进健康广东建设。《"健康中国2030"规划纲要》提出，大力开展全民健身运动，推动全民健身和全民健康深度融合，到2030年，全面建立完善的全民健身公共服务体系。体育锻炼可以全周期、全人群促进人的身体健康，提高人的生命质量和健康水平，是实现全民健康最积极、最有效、最经济的手段，也是积极应对人口老龄化的有效途径。《"健康广东2030"规划纲要》提出，要高举中国特色社会主义伟大旗帜，全面贯彻党的十八大和十八届三中、四中、五中、六中全会精神，以马克思列宁主义、毛泽东思想、邓小平理论、"三个代表"重要思想、科学发展观、习近平新时代中国特色社会主义思想为指导，深入贯彻落实习近平总书记系列重要讲话精神和治国理政新理念新思想新战略，以"四个坚持、三个支撑、两个走在前列"为统领，紧紧围绕统筹推进"五位一体"总体布局和协调推进"四个全面"战略布局，坚持以人民为中心的发展思想，坚持正确的卫生与健康工作方针，以"共建共享、全民健康"为战略主题，以提高人民健康水平为核心，以普及健康生活、优化健康服务、完善健康保障、建设健康环境、发展健康产业为重点，全方位、全周期保障人民健康，进一步改善健康公平，全力建设健康广东，打造卫生强省。因此，提升全民健康水平是建设"健康广东"的关键。广东作为全国体育排头兵，应当坚持以人民为中心的思想，认真贯彻落实全民健身、健康中国等国家战略，从国家战略高度来思考、推动全民健身与全民健康深度融合发展。要把人民健康放在优先发展的战略地位，普及健康生活、优化健康服务、完善健康保障、建设健康环境、发展健康产业，为人民群众增强体魄、健康生活提供基础和保障，让人民群众真正享受到体育事业发展的成果和价值，让体育运动、全民健身成为人民追求幸福生活的方式之一。

（三）促进全民健身活动开展。根据党的十九大报告提出的"广泛开展全民健身活动，加快推进体育强国建设"精神，广大群众参加的全民健身活动，是体育事业的重要

[①] 参见国家体育总局群众体育司编《〈全民健身计划（2016—2020年）〉一百问》，人民体育出版社2016年版，第2～3页。

组成部分，是体育工作的基础，其发展规模和发展水平是整个体育事业发展的重要标志。全民健身活动直接关系到广大人民群众的身体健康和生活质量，关系到广大人民群众最关心、最直接的现实利益。《条例》将"促进全民健身活动开展"作为制定条例的重要目的，宣示了广东将通过法治来确保全民健身活动的可持续发展。为此，体育主管部门要坚持发展以人民为中心的体育，致力于提高全省人民健康水平和生活品质，以更大的投入、更有效的组织、更务实的服务，广泛开展贴近群众的、丰富多彩的全民健身赛事活动，真正解决群众便利健身、科学健身、文明健身等问题，从而实现人民对美好幸福生活的追求。

（四）提高公民身体素质和健康水平。开展全民健身活动、保障公民的体育健身权益，最终要落实到提高公民身体素质上，使广大群众通过体育健身活动，切实有效地增强体质、增进健康，实现人的全面发展，提高生活质量。开展全民健身活动，增强人民体质，提高公民身体素质和健康水平，是群众体育工作长期而根本的任务，也是全面建设小康社会和迈向体育强国，特别是解决当前国民体质存在各种问题的现实需要。在工作实践中，根据《中华人民共和国体育法》《全民健身条例》的规定，按照《国民体质监测工作规定》（体群字〔2001〕6号）的要求，体育主管部门应会同有关部门开展国民体质监测工作，系统掌握我国国民体质现状和变化规律，以提高国民身体素质和健康水平。

二、立法依据

立法依据包括法律依据、政策依据和事实依据。

（一）法律依据。制定《条例》的法律依据主要有两个方面。

1. 直接上位法。《中华人民共和国体育法》第二条规定："国家发展体育事业，开展群众性的体育活动，提高全民族身体素质。体育工作坚持以开展全民健身活动为基础，实行普及与提高相结合，促进各类体育协调发展。"第三条规定："国家坚持体育为经济建设、国防建设和社会发展服务。体育事业应当纳入国民经济和社会发展计划。"第十一条明确提出"国家推行全民健身计划"。《全民健身条例》第一条规定："为了促进全民健身活动的开展，保障公民在全民健身活动中的合法权益，提高公民身体素质，制定本条例。"《中华人民共和国体育法》《全民健身条例》是制定广东省全民健身地方性法规的直接法律依据，是直接上位法。因此《条例》第一条对立法依据的表述仅列举了上述法律法规。

2. 间接上位法。《条例》的相关内容还依据了《中华人民共和国治安管理处罚法》《中华人民共和国预算法》《彩票管理条例》《学校体育工作条例》《公共文化体育设施条例》等法律、行政法规。这些法律、行政法规是间接上位法依据。根据立法技术规范，这些间接上位法依据在第一条中不一一列举，但在执法过程中要根据具体情况注意相应间接上位法的相关规定。

（二）政策依据。国家和省制定了一系列关于群众体育、全民健身工作的政策文件，主要包括《国务院关于加快发展体育产业促进体育消费的若干意见》《全民健身计划（2016—2020年）》《国务院办公厅关于强化学校体育促进学生身心健康全面发展的意见》《国务院办公厅关于加快发展健身休闲产业的指导意见》《广东省全民健身实施计划（2016—2020 年）》《中央集中彩票公益金支持体育事业专项资金管理办法》等。

（三）事实依据。《条例》制定的事实依据是广东实际。紧密联系广东省全民健身工作的实际，解决全民健身工作中存在的问题也是《条例》的立法基础。因此，广东省全民健身事业发展的实际情况是《条例》制定的事实依据。

第二条　适用范围

本省行政区域内全民健身活动的开展、服务和保障，全民健身设施的规划、建设、使用和管理，适用本条例。

【释义】本条是关于《条例》适用范围的规定。

一、《条例》的空间效力范围

《条例》的空间效力范围，即《条例》适用的地域范围，是指《条例》能够在什么地方生效和发生作用。依照《中华人民共和国立法法》的规定，地方立法机关制定的地方性法规一般及于制定机关所在的整个行政区域。本《条例》为广东省人大常委会制定的地方性法规，适用的地域范围是广东省所辖的地域、海域、水域和空域。在广东省行政区域内的所有个人或组织，除上位法和《条例》有明确的特别规定外，开展全民健身活动都需要遵守《条例》的相关规定。同时，对于本条地域的理解，还需要结合《条例》的其他条文，如《条例》第十二条第三款规定："公共体育设施应当在全民健身日向公众免费开放；鼓励其他各类体育设施在全民健身日向公众免费开放。"对此，结合本条应理解为广东省区域范围内的公共体育设施应当在全民健身日向所有公众免费开放，实践中，如出现仅对本市居民免费开放，而不对其他公众开放，则不符合《条例》的规定。因此，本条在实践中应结合其他条文一并解释和理解。

二、《条例》对事的效力范围

《条例》对事的效力范围，即《条例》调整的事项范围。本《条例》调整的事项主要是两个方面，一是全民健身活动的开展、服务和保障，二是全民健身设施的规划、建设、使用和管理。

（一）全民健身活动的开展、服务和保障。全民健身是公民增强体魄、健康生活的基础和保障，为满足广大群众日益增长的体育健身需求，需要政府提供基本公共体育服务，并为全民健身事业的健康持续发展提供组织保障。《条例》共设六章，除总则部分对开展全民健身活动的概括性规定外，还针对全民健身活动开展、服务和保障设立了"全民健身活动"与"全民健身服务与保障"两个专章，对全民健身活动的开展、全民健身活动的服务与保障，提出了明确、具体的要求。如在《条例》第二章"全民健身活动"中，第十三条明确提出"县级以上人民政府体育主管部门应当丰富全民健身活动形式，培育休闲运动项目，扶持推广传统体育运动项目，结合本地区传统文化、旅游休闲等资源打造区域特色群众性体育品牌活动和赛事"；第十四条要求"各级人民政府应当定期举办全民健身综合性运动会或者其他形式的群众性体育赛事"。而在《条例》第四章"全民健身服务与保障"中，第三十九条要求"县级以上人民政府应当建设全民健身管理服务资源库、公共服务信息平台，向公众公开体育设施目录、开放时段、优惠措施、健身指导、赛事活动等信息，制定并公布科学健身指南，为公众提供科学健身服务"；第四十一条要求县级以上人民政府"建立以社会体育指导员为主体，运动员、教练员、体育科技工作者、体育教师、体育专业学生、医务工作者等参与的全民健身志愿服务队伍，进学校、进社区为全民健身提供志愿服务"。

（二）全民健身设施的规划、建设、使用和管理。健身设施是全民健身活动和服务开展的前提和物质基础，全民健身目标的实现离不开健身场地和设施的支撑与保障。做好全民健身设施的规划、建设和管理，并规范公民的使用，对于保障公民健身活动意义重大。《全民健身计划（2016—2020年）》明确提出要统筹建设全民健身场地设施，方便群众就近就便健身。按照配置均衡、规模适当、方便实用、安全合理的原则，科学规划统筹全民健身场地设施。《条例》设全民健身设施专章，从保障人民群众在全民健身活动中的权益，以及促进全民健身活动开展，提高人民身体素质的角度出发，对全民健身涉及的各个方面进行规范，特别在与人民群众参与健身活动密切相关的全民健身设施规划、建设、使用和管理，以及全民健身服务、指导、安全管理等方面提出了明确的要求。如在《条例》第三章"全民健身设施"中，第二十二条明确"县级以上人民政府应当将公共体育设施用地纳入城乡规划、土地利用总体规划和年度用地计划，合理安排体育用地需求"；第二十三条因地制宜，针对不同级别的行政区域提出了不同的公共体育设施建设要求，如地级以上市应当建有大中型体育场和体育馆、游泳池、足球场、全民健身广场、全民健身中心、社区体育公园、健身步道等公共体育设施，而县（市、区）则应当建有体育场和体育馆、游泳池、足球场、全民健身广场、全民健身中心、社区体育公园、健身步道等公共体育设施。

第三条　基本原则

全民健身工作坚持以人为本、因地制宜、科学文明的原则，实行政府主导、部门协同、社会参与的机制，推动基本公共体育服务均等化。

【释义】本条是关于全民健身工作的原则、机制和实施路径的规定。

一、全民健身工作的原则

（一）以人为本原则。开展全民健身活动，建设体育强国是全面建成小康社会的应有之义，《全民健身计划（2016—2020年）》也明确提出全民健身活动要坚持"增强人民体质、提高健康水平为目标，以满足人民群众日益增长的多元化体育健身需求为出发点和落脚点"。因此，全民健身的根本目标在于通过健身的方式增强人民体质、提高广大人民群众的健康水平，这就要求在开展全民健身工作的过程中，要坚持以人为本，以满足人民群众日益增长的多元化体育健身需求为出发点和落脚点。

（二）因地制宜原则。因地制宜原则就是指在开展全民健身的工作中，要充分考虑当地的经济社会条件、文化风俗以及自然地理气候，围绕百姓健身需求，结合居民区的分布，合理规划健身设施的建设，同时因地制宜开展全民健身活动。如在条件简陋、中老年人居多的乡村地区，可采取群众跳广场舞、健康操等形式；在人口密集、青少年居多的城镇地区，可采取举办体育嘉年华等更为青少年喜爱的方式。因地制宜就是要关注不同人的不同需求，不同地区的不同社会情况来开展全民健身工作，如此才能受到广大人民群众的喜爱和欢迎。

（三）科学文明原则。科学文明原则就是指在开展全民健身工作中，一方面，要宣传科学健康的健身方式，在全社会广泛传播和普及科学健身知识，要通过各种通俗易懂、符合我国实际和大众接受习惯的体育健身知识介绍，让广大群众树立科学健身的意识，了解科学健身的规律，掌握科学健身的方法，减少健身中的盲目性，克服不良的健身习惯，提高科学健身的能力和效果。另一方面，要求人民群众在享受健身运动带来快乐的同时，自觉做"文明健身者"，开展健身活动时不侵犯他人合法权益，在健身活动中爱护环境卫生、遵守公共秩序，正确使用各类健身器材等，自觉养成文明健身好习惯。

二、全民健身工作的机制

（一）政府主导、部门协同。全民健身事业是全社会共同参与的一种公益性事业，需要政府发挥主导作用。同时，由于全民健身工作的综合性，涉及全民健身设施规划、建设、使用和管理，以及全民健身服务、指导、安全管理等诸多方面，需要相关职能部门协同配合，依据职责分工，切实保障全民健身公共服务。国务院2016年年底批复成立全民健身工作部际联席会议机制，29个部委作为成员单位2017年在北京召开第一次会议，对全民健身的工作进行了研究部署。广东省在贯彻落实《全民健身计划（2016—2020年）》工作中，也明确要求要建立相应的协调工作机制。2018年7月，广东省建立体育工作联席会议制度，主要职责是贯彻落实国家和省委、省政府关于实施全民健身战略，明确了省政府相关职能部门协同参与全民健身工作的要求。

（二）社会参与。全民健身事业是涉及每个人身体健康的事业，需要全社会的参与。全民健身事业也是一项公共事业，需要全社会的投入。《全民健身计划（2016—2020年）》提出要鼓励社会力量兴办全民健身事业。为此，体育主管部门需要在这个原则之下做好两个方面的工作：一是积极推动各级人民政府履行公共体育服务职能，调动相关部门支持群众体育工作；二是动员社会力量投身全民健身事业。

三、全民健身的实施路径

全民健身工作需要推动基本公共体育服务均等化。基本公共服务均等化是指政府要为社会成员提供基本的、与经济社会发展水平相适应的、能够体现公平正义原则的大致均等的公共产品和服务。2017年，国务院印发《"十三五"推进基本公共服务均等化规划》，将基本公共文化体育作为单独一章列入了规划，明确指出"国家构建现代公共文化服务体系和全民健身公共服务体系，促进基本公共文化服务和全民健身基本公共服务标准化、均等化，更好地满足人民群众精神文化需求和体育健身需求，提高全民文化素质和身体素质"。值得注意的是，全民健身的实施路径是通过保障基本公共服务均等化来实现的。但是，基本公共体育服务均等化是一个循序渐进的过程，并不能一蹴而就，因此，此处是"推动"基本公共体育服务均等化，以便逐步实现均等化。要真正实现基本公共体育服务均等化，除了政府主导外，还需要各部门的通力协调合作以及全社会的共同参与。

第四条 政府职责

县级以上人民政府应当加强对全民健身工作的组织领导,将全民健身工作纳入本级国民经济和社会发展规划,列入基本公共服务体系,制定全民健身实施计划,建立健全全民健身工作协调机制,统筹全民健身工作的开展。

乡镇人民政府和街道办事处负责本行政区域内的全民健身工作,明确全民健身工作机构和工作人员。

【释义】本条是关于政府在全民健身工作中的职责的规定。

一、县级以上人民政府的职责

(一)加强对全民健身工作的组织领导。县级以上地方各级人民政府依照宪法和地方组织法赋予的权限,管理本行政区域内的经济、教育、文化、科学等行政工作。全民健身工作是涉及全体人民的一项公益性事业,需要政府强有力的组织领导,因此,政府应当通过体育联席会议制度强化主要领导全民健身工作职责,并通过建立健全体育联席会议制度等方式加强对全民健身的组织领导。

(二)将全民健身工作纳入本级国民经济和社会发展规划。国民经济和社会发展规划是一个地区经济、社会发展的总体纲要,国民经济和社会发展规划是在充分收集和科学分析某一时期内该地区国民经济和社会发展情况的基础上,制定出的统筹安排和指导该地区经济、社会、文化建设工作的具有战略意义的指导性文件。将全民健身工作纳入国民经济和社会发展规划,主要有以下三方面原因:一是随着体育事业发展规模的扩大和发展地位的提升,全民健身事业已是国民经济和社会发展的重要组成部分,其在国民经济和社会发展中的地位日益凸显,国民经济和社会发展规划作为政府制定的涉及全局发展的指导性文件,全民健身事业在其中应有明确的地位,这一点在《中华人民共和国体育法》和《全民健身条例》中早有体现。《中华人民共和国体育法》第三条第一款规定:"国家坚持体育为经济建设、国防建设和社会发展服务。体育事业应当纳入国民经济和社会发展计划。"《全民健身条例》第二条第一款规定:"县级以上地方人民政府应当将全民健身事业纳入本级国民经济和社会发展规划。"二是发展全民健身事业的诸多职责都是政府职责,国民经济和社会发展规划的主要内容是政府促进二者发展的导向,全民健身事业发展的基本保障不应缺失。三是全民健身事业的发展牵涉多个行业和部门,既需要多部门协调联动,也需要多种产业政策的综合运用,这方面的政策措施只有将全民健身工作纳入国民经济和社会发展的总体布局才能真正得到落实。

(三)将全民健身工作列入基本公共服务体系。基本公共服务体系,指由基本公共服务范围和标准、资源配置、管理运行、供给方式以及绩效评价等所构成的系统性、整体性的制度安排。① 加强基本公共体育服务体系建设,将全民健身工作列入基本公共服务体系,是落实全民健身国家战略、推进健康中国建设的重要工作,是转变政府职能、建设服务型政府的内在要求,是促进体育发展方式转变、实现体育强国目标的重要选

---

① 参见国务院《国家基本公共服务体系"十二五"规划》,见中华人民共和国中央人民政府网(http://www.gov.cn/zwgk/2012-07/20/content_2187242.htm),刊载日期:2012年7月20日。

择。2017年，国务院印发的《"十三五"推进基本公共服务均等化规划》明确要求国家构建现代公共文化服务体系和全民健身公共服务体系，促进基本公共文化服务和全民健身基本公共服务标准化、均等化，更好地满足人民群众精神文化需求和体育健身需求，提高全民文化素质和身体素质。

（四）制定全民健身实施计划。全民健身计划是指为深入贯彻落实科学发展观，坚持体育事业公益性，逐步完善符合国情、比较完整、覆盖城乡、可持续的全民健身公共服务体系，保障公民参加体育健身活动的合法权益，促进全民健身与竞技体育协调发展，扩大竞技体育群众基础，丰富人民群众精神文化生活，形成健康文明的生活方式，提高全民族身体素质、健康水平和生活质量，促进人的全面发展，促进社会和谐和文明进步，努力奠定建设体育强国的坚实基础而制定的群众体育发展计划，是对全民健身的宏观规定。2016年6月5日，国务院印发了《全民健身计划（2016—2020年）》。由于全民健身计划一般规定得比较概括、笼统，因此，需要各级政府结合当地的实际情况，制定与本地相适应的全民健身实施计划。2016年11月8日，广东省人民政府根据国务院印发的《全民健身条例》和《全民健身计划（2016—2020年）》的文件精神，印发了《广东省全民健身实施计划（2016—2020年）》。《广东省全民健身实施计划（2016—2020年）》一是明确了总体要求，即到2020年全省人均体育场地面积达到2.5平方米以上，每周参加1次及以上体育锻炼的人数达到5000万人以上，经常参加体育锻炼的人数达到4200万人以上，国民体质测定标准达到合格水平以上的城乡居民比例达到93%以上。二是明确了大力弘扬体育文化，广泛开展全民健身活动，激发和释放体育组织活力，加强公共体育场地设施建设，提升全民健身科学化服务水平，推动基本公共体育服务均等化和重点项目发展，推动青少年体育发展，大力发展健身休闲业的主要任务。三是在保障措施方面，加大财政资金支持和统筹力度，严格落实《全民健身条例》等相关法律法规，制定《广东省全民健身条例》等地方性法规及配套的《"十三五"广东省公共体育设施建设规划》《广东省全民健身公共服务体系建设指导标准》等文件，建立全民健身公共服务标准和评价制度，制定全民健身公共服务体系建设指导标准，推进全民健身基本公共服务均等化、标准化，加强全民健身志愿服务人员、社会体育指导员队伍建设，提高全民健身服务水平，实施健康科技行动计划，发挥科技在全民健身公共服务中的引领作用，提高全民健身的科技含量，引导开发科技含量高的全民健身产品，提高产品附加值，创新全民健身管理体制和运行机制，正确履行政府职能，强化事中事后监管。四是在组织实施方面，明确要加强组织领导，严格检查评估。

（五）建立健全全民健身工作协调机制，统筹全民健身工作的开展。全民健身事业具有多个部分，是由各部分相互协调、相互配合所构成的有机系统整体。全民健身事业是我国社会主义体育事业的重要组成部分，必须在体育事业的整体发展中和与竞技体育的相互促进中均衡、协调地发展。建立健全全民健身工作协调机制，旨在建立一种政府组织领导、部门分工合作的全民健身工作机制，形成政府统一领导、部门各负其责的工作局面，统筹全民健身活动的开展、设施建设、服务提供等。如2018年7月，广东省建立体育工作联席会议制度，由负责体育工作的副省长和各职能部门相关负责人参加，主要职责是贯彻落实国家和省委、省政府关于实施全民健身战略、加快发展体育产业和推动足球改革发展等工作的决策部署,协调解决相关重大事项和重大问题,督促指导各地、各有关部门抓好工作任务落实。

二、乡镇人民政府、街道办事处的工作职责

《条例》本条第二款明确了乡镇人民政府、街道办事处的全民健身工作职责。全民健身的重要原则是全民参与,重在基层。全民健身活动开展和服务提供也需要落实在基层。《全民健身条例》第四条第二款规定:"地方各级人民政府应当依法保障公民参加全民健身活动的权利。"乡镇人民政府、街道办事处作为最基层的一级政府,对其行政区域内的全民健身活动负有统一管理职责。同时,乡镇人民政府、街道办事处直接面对基层群众的需要,必然应承担更为具体的工作。考虑到目前乡镇人民政府、街道办事处文化站机构人员力量薄弱,如不明确专门的机构和人员负责该项工作将难以保障全民健身工作开展。为此,《条例》本条第二款明确要求乡镇人民政府和街道办事处应当对本行政区域内的全民健身工作负责,包括负责行政区域内的体育设施建设、发布科学健身指引,引导群众科学健身、指导体育社会组织发展,支持社会力量开展全民健身活动,并要求其明确全民健身工作机构和工作人员。

第五条　部门职责

县级以上人民政府体育主管部门负责本行政区域内的全民健身工作,履行下列职责:

(一)会同有关部门组织实施全民健身实施计划,并对全民健身实施计划进行专项评估;

(二)指导、监督公共体育设施的建设、运营和管理;

(三)加强基本公共体育服务标准化建设;

(四)发布科学健身指引,引导群众科学健身;

(五)管理、培训社会体育指导员;

(六)指导体育社会组织发展,支持社会力量开展全民健身活动;

(七)法律法规规定的其他职责。

县级以上人民政府其他有关部门以及工会、共产主义青年团、妇女联合会、残疾人联合会等社会团体应当按照各自职责,做好全民健身工作。

【释义】本条主要是关于体育主管部门在全民健身工作中的地位及其职责的规定。

本条共两款,第一款主要是明确县级以上人民政府体育主管部门负责其行政区域内的全民健身工作,并对体育主管部门在全民健身工作的具体职责作了规定;第二款则是要求县级以上人民政府其他有关部门以及工会等社会团体按各自职责,做好全民健身工作。

一、体育主管部门的职责

对于县级以上人民政府体育主管部门的职责,本条采取列举的方式,明确了以下七项具体职责。

(一)会同有关部门组织实施全民健身实施计划,并对全民健身实施计划进行专项评估。本行政区域《全民健身实施计划》作为纲领性文件,对全民健身工作的目标、任务、措施、保障等内容提出了全面、系统的要求。因此，将相关任务、措施、保障落到实处，才能使全民健身工作的目标得以实现。全民健身实施计划主要是对全民健身工作提出的要求，主管体育工作的体育主管部门负责组织实施责无旁贷。但是，全民健身工作不仅仅是体育主管部门的工作，还涉及资金支持、活动开展、场地设施的建设维修、全民健身组织的建设和完善、安全保障、场馆开放、科学指导等各个方面的工作，需要相关部门的支持和配合。《全民健身条例》第十一条第二款规定："县级以上人民政府体育主管部门应当在本级人民政府任期届满时会同有关部门对全民健身计划实施情况进行评估，并将评估结果向本级人民政府报告。"《全民健身计划（2016—2020年）》也明确要求加强全民健身计划实施，严格过程监管与绩效评估，建立全民健身公共服务绩效评估指标体系，定期开展第三方评估和社会满意度调查，对重点目标、重大项目的实施进度和全民健身实施计划推进情况进行专项评估，形成包括媒体在内的多方监督机制。这里的"专项评估"，是指评估主体对全民健身计划某一方面情况的评估，是全民健身计划评估在某一方面内容的展开，一般包括评估全民健身计划中的某一方面在实施过程中其机制的完备性、实施成本及效率等问题，以及目标的实现程度及带来的间接效应等。为此，《条例》本条对县级以上人民政府体育主管部门负责全民健身实施计划专项评估作了原则性规定。体育主管部门应当依据上述法律、政策，结合本地实际开展全民健身实施计划的专项评估。

（二）指导、监督公共体育设施的建设、运营和管理。根据《公共文化体育设施条例》第七条第二款规定，县级以上地方人民政府体育主管部门负责本行政区域内的公共体育设施的监督管理。同时，基于体育主管部门对公共体育设施的需求十分清楚，故由其指导公共体育设施的建设、运营和管理更具有针对性和合理性。为此，《条例》本条在上位法规定的基础上明确规定县级以上人民政府体育主管部门指导、监督公共体育设施的建设、运营和管理的工作职责。

（三）加强基本公共体育服务标准化建设。基本公共体育服务标准化是指为了满足公众最基本的体育需求，实现基本公共体育服务均等化发展目标，政府在履行基本公共体育服务职责的过程中，通过对体育场地、体育活动、体育组织、体育信息、体育指导、体育监测等具有重复性特征的工作进行标准的制订、发布与实施，以求达到目标明确化、方法规范化、过程程序化，进一步提升政府基本公共体育服务成效，并取得良好社会效益的活动过程。[①] 基本公共体育服务具有无差别性、统一性的特征，是政府必须予以保障的群众最基本的体育权利。《全民健身计划（2016—2020年）》明确要求，"出台全国全民健身公共服务体系建设指导标准，鼓励各地结合实际制定全民健身公共服务体系建设地方标准，推进全民健身基本公共服务均等化、标准化"。"十三五"期间，基本公共体育服务体系建设要以增强人民体质、提高人民健康水平为根本目标，实现基本公共体育服务均等化、标准化。其中，实现基本公共体育服务标准化，要以完善政策和标准为支撑。目前，国家体育总局和广东省正加快建立完善有关政策和标准，优

---

① 参见王学彬、郑家鲲《基本公共体育服务标准化建设：内容、困境和策略》，载《体育科学》2015年第9期。

化顶层设计，同时，将组织研究制定全民健身中心、社区多功能公共运动场、室外健身器材等单项体育场地设施的国家及广东省的标准。

（四）发布科学健身指引，引导群众科学健身。体育健身必须讲求科学，加强科学指导，做到科学健身。只有科学健身，才能达到增强体质、增进健康的目的；反之，若健身方法不科学则可能会导致身体损伤等情况。在全民健身活动如火如荼开展的情况下，科学健身显得尤为重要，体育主管部门负有引导科学健身的职责。为大力开展科学健身指导和提高群众的科学健身能力水平，国家体育总局于2017年8月发布了《全民健身指南》，该健身指南在全民健身计划与大众运动健身之间构建了一个科学运动健身指导平台，将全民健身研究成果直接应用于全民健身实际，以满足大众不断增长的对科学指导运动健身的需求，使大众百姓的运动健身更具科学性。2018年8月8日，是我国第十个"全民健身日"，国家体育总局发布了一套随时随地能锻炼身体的"大众科学健身十八法"，这十八个动作可分为三组，分别能解决颈肩不适、腰部紧张、下肢紧张三种慢性劳损性问题。县级以上人民政府体育主管部门有责任在其行政区域内推广标准化的全民健身指南，采取措施解决群众"如何科学健身"的难题。例如，加大科学健身知识普及力度，邀请专家、教授走进机关、企业、社区举办全民健身科学大讲堂，联合电视台、日报社等媒体推出科学健身专栏，印制科学健身指导手册等。

（五）管理、培训社会体育指导员。2011年发布的《社会体育指导员管理办法》（国家体育总局令第16号）第二条规定："社会体育指导员，是指不以收取报酬为目的，向公众提供传授健身技能、组织健身活动、宣传科学健身知识等全民健身志愿服务，并获得技术等级称号的人员。"社会体育指导员来自不同的人群，开展工作的地点、形式、手段等方面均有所不同，水平也良莠不齐，可能存在很多管理方面的问题。因此，《社会体育指导员管理办法》要求对符合条件的社会体育指导员进行监督、管理，并有义务对其进行培训。县级以上人民政府体育主管部门应当依照相关规定加强全民健身科技创新平台和科学健身指导服务站点建设，建立指导员协会，对社会体育指导员加强管理和指导，使其有序地指导人民群众科学健身；各级体育部门组织志愿指导群众健身的爱好者进行培训，使他们能够得到社会体育指导员的资格。对社会体育指导员进行有序管理和培训，使其在业务上得到提高，能更好地开展指导群众科学健身的工作。社会体育指导员培训的内容主要包括社会体育指导员相关法律法规政策、体育理论和体育技能等。一般来说，一级社会体育指导员培训和省各行业体协各等级社会体育指导员培训工作由省体育主管部门负责；二级社会体育指导员培训工作由各地市体育主管部门负责；三级社会体育指导员培训工作由各县（市、区）体育主管部门负责。

（六）指导体育社会组织发展，支持社会力量开展全民健身活动。体育社会组织是指体育社团、体育民办非企业单位、体育基金会、自发性群众体育组织（包括健身活动站点、团队、网络组织等）等以发展群众体育为目的的非营利性组织。体育社会组织是组织全民健身活动的重要社会力量，体育主管部门负有指导职责，应当做好体育社会组织的培育和扶持工作，拓展体育社会组织功能，培育各类健身组织向城市社区和农村乡镇延伸，全面提高体育社会组织从业人员的业务能力和综合素质，充分发挥体育社会组织示范带动作用。支持社会力量开展全民健身活动，需要在强化体育主管部门管理职能的基础上，实施管办分离、放管结合，放宽体育社会组织的准入门槛，引导社会力量参与举办全民健身活动，丰富和完善全民健身公共服务体系，构建全社会共同参与的"大群体"工作格局。在支持方式方面，可以向社会购买各类由政府主办或承办的群众体育活动、培训等服务。通过政府资助和购买服务等方式，一方面，既落实了管办分离，又减轻了体育主管部门在人员不足等方面的压力；另一方面，有助于培养和提高社会力量参与群众体育工作的专业能力和专业水平。

（七）法律法规规定的其他职责。本项为兜底条款，以防止法律法规的不周严性，以及适应社会情势的变迁性。除《条例》规定的职责以外，有关法律、法规、规章对体育主管部门在全民健身方面的职责也作了其他相关规定。因此，体育主管部门的职责不限于本条具体列举的上述六项内容，还应包括法律、法规、规章规定的其他职责。例如，体育法规定县级以上各级人民政府体育行政部门对以健身、竞技等体育活动为内容的经营活动，应当按照国家有关规定加强管理和监督。《全民健身条例》规定，县级以上人民政府体育主管部门应当在本级人民政府任期届满时会同有关部门对全民健身计划实施情况进行评估，并将评估结果向本级人民政府报告；在全民健身日组织开展免费健身指导服务；对高危险性体育项目经营活动，应当依法履行监督检查职责；等等。

二、有关部门以及社会团体的职责

全民健身工作是一项在政府领导下的涉及多个方面的工作，单靠体育主管部门来完成全民健身工作是不现实的，需要财政、教育、民政等相关部门的通力合作。此外，开展全民健身活动在坚持政府主导的同时，需要按照体育社会化的方向，充分利用各方面的社会资源，发挥各类社会团体在全民健身中的积极作用。为此，《条例》明确了县级以上人民政府有关部门以及工会、共青团、妇联、残联等社会团体应当按照各自职责做好全民健身工作。例如，《条例》规定公共体育设施的规划，应当由规划主管部门会同体育主管部门编制，报本级人民政府批准。这就是对公共体育设施建设的事前指导。因此，各级人民政府规划、财政、建设、体育等有关主管部门应当密切配合、相互支持，共同指导、监督公共体育设施的建设、运营和管理。

第六条 基本公共体育服务

各级人民政府应当依法保障公民参加全民健身活动的权利，并提供基本公共体育服务。

县级以上人民政府应当推动基本公共体育服务向基层延伸，以农村地区和城市社区为重点推进基本公共体育服务均等化，重点扶持革命老区、少数民族地区、贫困地区发展全民健身事业。

各级人民政府及其有关部门应当为未成年人、老年人、残疾人参加全民健身活动提供便利条件。

【释义】本条是关于全民健身权利保障和基本公共体育服务的规定。

本条共三款，分别对全民健身权利保障和基本公共体育服务作出规定。第一款是对全民健身权利保障和基本公共体育服务的一般规定，第二款是对重点区域全民健身权利保障的特别规定，第三款是对重点人群全民健身权利保障的特别规定。

一、全民健身权利保障与基本公共体育服务

全民健身是一项国家领导、推动的社会公益事业，政府直接掌控和支配着全民健身发展的资源和权利。公民参与全民健身活动的实现，首要的和最重要的是获得来自政府的各种保障，因而政府应提供适应群众健身需要的公共服务，保障公民参加全民健身权利的实现，履行政府应尽的义务。①《全民健身条例》第四条第二款规定："地方各级人民政府应当依法保障公民参加全民健身活动的权利。"因此，本条第一款规定地方人民政府应当依法保障公民参加全民健身活动的权利，并提供基本公共体育服务。此处的"基本公共体育服务"是指公共组织为满足公共体育需要而提供的公共物品或混合物品，包括实施全民健身计划，组织实施国民体质监测，推行《国家体育锻炼标准》，开展全民健身活动，实行科学健身指导；推动公共体育场馆向社会免费或低收费开放；全面实施青少年体育活动促进计划，培养青少年体育爱好和运动技能；推广普及足球、篮球、排球和冰雪运动；等等。此处的"各级人民政府"，指的是地方各级人民政府，包括省人民政府、地级市人民政府、县（区、市）人民政府和乡（镇）人民政府。各级人民政府要通过提供基本公共体育服务来保障全民健身权利。

二、重点区域全民健身权利的保障

《条例》本条第二款是以保障基本公共体育服务供给为核心，以实现基本公共体育服务均等化为目标，提出了相关促进措施。基本公共体育服务均等化不是简单的平均化和无差异化。《全民健身条例》第二条第一款规定："县级以上地方人民政府应当将全民健身事业纳入本级国民经济和社会发展规划，有计划地建设公共体育设施，加大对农村地区和城市社区等基层公共体育设施建设的投入，促进全民健身事业均衡协调发展。"《全民健身计划（2016—2020年）》规定："强化全民健身发展重点，着力推动基本公共体育服务均等化和重点人群、项目发展。依法保障基本公共体育服务，推动基本公共体育服务向农村延伸，以乡镇、农村社区为重点促进基本公共体育服务均等化。坚持普惠性、保基本、兜底线、可持续、因地制宜的原则，重点扶持革命老区、民族地区、边疆地区、贫困地区发展全民健身事业。"由此可见，实现基本公共体育服务均等化，关键是补齐短板。由于在推动均等化的时候，城市的公共体育设施一般都比较发达，但是革命老区、民族地区、贫困地区农村和少数民族地区体育设施基础较为薄弱，是整个基本公共体育服务均等化中的短板，因此，要重点解决好薄弱环节，重点扶持革命老区、民族地区、贫困地区建设基本公共体育服务体系，将基本公共体育服务重心下移、资源下移、服务下移，提升基层基本公共体育服务水平，才能增强人民群众的获得感和幸福感。

三、重点人群全民健身权利的保障

为了更好地实现基本公共体育服务均等化，《条例》本条第三款规定了保障不同年龄段、不同群体参加健身的内容。由于未成年人、老年人、残疾人自身的身体、心智条件在全民健身中可能有一些特殊的需求，在参加活动中也可能存在一些障碍，因此，政府要在这方面给予他们一定的保障和便利。《中华人民共和国体育法》第十六条明确规定："全社会应当关心、支持老年人、残疾人参加体育活动。各级人民政府应当采取措

---

① 参见曹康泰、刘鹏主编《〈全民健身条例〉释义》，中国法制出版社2009年版，第44～45页。

施,为老年人、残疾人参加体育活动提供方便。"《全民健身条例》第八条第三款规定:"制定全民健身计划和全民健身实施计划,应当充分考虑学生、老年人、残疾人和农村居民的特殊需求。"为满足未成年人、老年人、残疾人参加体育活动的特殊需求和愿望,《条例》根据《中华人民共和国体育法》和《全民健身条例》的有关规定,要求各级人民政府及其有关部门,根据未成年人、老年人、残疾人的特殊需求,为其开展健身活动提供便利条件,体现了国家的人文关爱。

第七条 财政经费保障

县级以上人民政府应当将全民健身工作所需经费纳入本级财政预算,建立健全与全民健身需求和国民经济社会发展水平相适应的财政保障机制。

由体育主管部门分配使用的体育彩票公益金,应当按照国家和省规定的范围和比例用于全民健身事业,专款专用,并依法接受财政部门、审计机关和社会公众的监督。

【释义】本条是关于全民健身工作财政经费保障的规定。

开展全民健身工作,发展全民健身事业,为提高人民群众身体素质服务,是各级人民政府的重要职责。因此,为全民健身事业发展提供财政保障是各级人民政府义不容辞的责任。本条在《全民健身条例》第二十六条的基础上作了进一步的补充规定。

一、县级以上人民政府应当将全民健身工作所需经费纳入本级财政预算,并建立财政保障机制

《中华人民共和国预算法》第四条规定,"政府的全部收入和支出都应当纳入预算",因此,全民健身工作所需的经费也不例外。《中华人民共和国体育法》第四十条规定:"县级以上各级人民政府应当将体育事业经费、体育基本建设资金列入本级财政预算和基本建设投资计划,并随着国民经济的发展逐步增加对体育事业的投入。"《全民健身条例》第二十六条第一款规定:"县级以上人民政府应当将全民健身工作所需经费列入本级财政预算,并随着国民经济的发展逐步增加对全民健身的投入。"《全民健身计划(2016—2020年)》也明确指出:"县级以上地方人民政府应当将全民健身工作相关经费列入财政预算,并随着国民经济的发展逐步增加对全民健身的投入。"

全民健身工作所需经费,是指开展全民健身工作而支出的相关费用,包括全民健身场地设施建设费用及购买健身器材费用,群众体育组织和队伍建设费用,国民体质监测和群众体育现状调查工作费用,组织开展全民健身活动和竞赛、场地维护费用,全民健身科研、宣传、立法、执法、评估费用,全民健身市场管理、监督费用,等等。县级以上人民政府应当每年对全民健身工作场地需求、活动需求、项目需求等予以科学评测,准确评估符合当地社会发展水平的经费需求,并将相关费用纳入当年预算。从全民健身事业的现实需要和长远发展考虑,为不断满足人民群众对美好生活的需要,各级人民政府应当随着国民经济和社会发展相应地增加对全民健身的投入。为了确保县级以上人民政府能够执行全民健身工作的预算开支,应当建立相应的财政保障机制,通过机制确保预算不被截留或挪作他用,从而稳步提升本地区的全民健身工作质量。例如,为确保全民健身需求和国民经济社会发展水平相适应,建立全民健身工作所需经费增加幅度与政府财政收入增长幅度相一致的财政保障机制,等等。

二、体育主管部门按照有关规定统筹体育彩票公益金的使用

发行彩票是国家筹集公益资金的一种重要手段。《彩票管理条例》规定，我国实行彩票特许发行制度，当前发行的有福利彩票和体育彩票两种。所谓"彩票公益金"，是指从福利彩票和体育彩票发行额中按规定比例提取的，专项用于社会福利、体育等社会公益事业的那部分彩票资金。关于彩票公益金的使用，《中央集中彩票公益金支持体育事业专项资金管理办法》（2013年版）提出了具体的要求。该办法第五条规定："彩票公益金补助范围包括群众体育和竞技体育，其中：用于群众体育的比例不低于70%，用于竞技体育的比例不高于30%。"第六条规定，彩票公益金用于群众体育的支出包括援建公共体育场地、设施和捐赠体育健身器材，资助群众体育组织和队伍建设，资助或组织开展全民健身活动，组织开展全民健身科学研究与宣传。第八条规定："彩票公益金预算分为中央本级支出预算和补助地方体育事业支出预算两部分。中央本级支出预算，纳入部门预算管理；补助地方体育事业支出预算，纳入中央对地方转移支付预算管理。"第二十二条规定，省级财政和体育主管部门可以参照本办法的规定，结合本地情况制定本地区管理办法。全民健身与群众体育、社会体育、大众体育身体活动、锻炼等同属于一个范畴，但全民健身涉及面更广、内涵更丰富。① 群众体育中的援建公共场地、设施，捐赠体育健身器材，资助群众体育组织和队伍建设，都能够纳入全民健身活动范畴中去。因此，体育主管部门应当根据《中央集中彩票公益金支持体育事业专项资金管理办法》等规定以及广东省的实际情况，在规范使用、推动体育事业发展的基础上，将不低于规定比例的彩票公益金用于包含全民健身活动的群众体育事业中。县级以上人民政府体育管理部门必须对分配的彩票公益金专款专用，专项用于全民健身事业，且必须做好款项使用项目的财账，以便依法接受财政部门、审计机关和社会公众的监督。

第八条　社会参与

鼓励和引导公民树立健康生活理念，积极参加全民健身活动。

体育社会组织应当对全民健身活动给予指导和支持。鼓励公民依法组建或者参加体育社会组织，开展全民健身活动。

鼓励和支持公民、法人或者其他组织利用市场机制或者社会资源为全民健身活动提供产品和服务。

【释义】本条是关于全民健身社会参与的规定。

一、倡导全民健身的公民参与

《全民健身计划（2016—2020年）》明确提出，要"引导发挥体育健身对形成健康文明生活方式的作用，树立人人爱锻炼、会锻炼、勤锻炼、重规则、讲诚信、争贡献、乐分享的良好社会风尚"。《"健康中国2030"规划纲要》明确要求，要强化个人健康责任，提高全民健康素养，引导形成自主自律、符合自身特点的健康生活方式，有效控制

---

① 参见国家体育总局群众体育司编《〈全民健身计划（2016—2020年）〉一百问》，人民体育出版社2016年版，第2～3页。

影响健康的生活行为因素，形成热爱健康、追求健康、促进健康的社会氛围。世界卫生组织指出：健康长寿的影响指数中，遗传、社会、医疗、气候四种因素仅占了40%，而自我保健的比例占了60%。每个人都是自己健康的第一责任人。培养规律的健康生活方式，是维护健康的有力武器。为此，本条第一款以倡导性条款鼓励和引导公民树立健康生活理念，多参加有利于身心的体育活动、健身活动，通过体育健身引导社会形成健康文明生活方式。

二、强调体育社会组织支持全民健身活动

《条例》本条第二款对体育社会组织参与全民健身活动提出了要求。全民健身活动需要广泛动员。公民参与全民健身活动的途径主要是各类健身组织举办的活动或者赛事，为此，需要我们鼓励公民依法组建或者参加体育社会组织。通过鼓励各级各类体育社会组织，充分发挥其植根民间、贴近群众的特点和优势不断创新实践，可以使更多健身爱好者能找到相应的健身组织。例如，广东省篮球协会、广东省足球协会、广东省排球协会、广东省老年人体育协会、广东省社会体育指导员协会。体育社会组织具有较强的组织能力和专业能力，且在群众之中具有较大的影响力，能一定程度上起到引导乃至带领的作用。因此，体育社会组织在全面健身活动中，要主动承担起必要的指导工作，尤其要利用专业性和影响力支持日常全民健身活动的开展。由于体育社会组织具有明显的人合性，所以只要符合法律法规的规定，任何公民都可以通过组建或者参加体育社会组织来开展全民健身活动，并且这种方式有利于推进全民健身活动的开展范围。体育主管部门应当通过出台一些组织建设的指引，提供一些活动场所，给予健身业务指导等措施，鼓励组建各类体育社会组织。

三、鼓励与支持为全民健身提供产品和服务

《条例》本条第三款是对促进体育服务、产品市场的倡导性条款。全民健身是一项由政府主导、部门协同、全社会共同参与的事业。政府起主导作用，但只能提供基本的公共体育服务，各地多层次、多样化、适合不同人群的全民健身需求，需要由全社会共同参与。所以，动员社会力量共同参与全民健身事业非常重要。要注重广泛调动社会参与全民健身事业的积极性，引导社会力量参与全民健身活动组织并提供相关产品和服务，充分利用社会丰富的资金、组织和人才资源来为群众提供多元化、多层次的全民健身产品和服务。政府及体育主管部门应当创造条件，鼓励和支持公民、法人或其他组织进入体育市场，充分发挥全民健身对发展体育产业的推动作用，扩大与全民健身相关的体育健身休闲活动、体育竞赛表演活动、体育场馆服务、体育培训与教育、体育用品及相关产品制造和销售等体育产业规模，使健身服务业在体育产业中所占比重不断提高。鼓励发展健身信息聚合、智能健身硬件、健身在线培训教育等全民健身新业态，充分利用"互联网+"等技术开拓全民健身产品制造领域和消费市场，使体育消费在居民消费支出中所占比重不断提高。

第九条 宣传教育

县级以上人民政府体育主管部门以及相关部门应当加强全民健身的教育宣传，推广科学健身方法，组织开展全民健身科学研究。

广播、电视、报刊和网络媒体等应当宣传科学、文明、健康的健身项目和方法，刊播全民健身公益广告，普及科学健身知识，增强公民健身意识。

【释义】本条是关于全民健身宣传教育的规定。

一、体育主管部门以及相关部门的宣传教育职责

《全民健身条例》和《全民健身计划（2016—2020年）》都明确了各级人民政府在发展全民健身事业中的领导和管理职能，其中就包括宣传贯彻全民健身的法律、法规和规章，推广科学健身方法，组织开展全民健身科学研究等工作职责。全民健身关系到国家的富强和民族的昌盛，因此，要求县级以上人民政府体育主管部门主动加强全民健身的教育宣传，发动全社会关心全民健身工作，宣传全民健身活动。可以邀请专家、教授走进机关、企业、社区，举办全民健身科学大讲堂活动；联合电视台、报社联合推出《健康大讲堂》等专栏；上线相关热线，发布场地开放信息，解答群众关心的体育健身方面问题；推广广场舞、武术、太极拳、健身气功等受群众喜爱的全民健身项目，为群众讲授健身方法，传授运动技能等科学健身服务；印制科学健身指导手册；等等。同时，宣传的内容是必须具有健康引导意义的、科学的健身方法，这就要求各级人民政府体育部门必须加强对健身科学的研究，及时引导和教育全民学会甄别和判断健身的科学性，避免被不良的运动知识或错误运动方式所误导。

二、广播、电视、报刊和网络等媒体的宣传义务

全民健身宣传离不开新闻媒体的积极参与。《条例》本条第二款明确规定了广播、电视、报刊和网络等媒体开展全民健身宣传教育的目的——增强公民健身意识。体育健身是人有目的、有意识的行为和活动过程。人们健身意识的强弱，不但直接影响其自身的健身行为，而且会对他人的健身意识和行为造成影响，进而会作用于一定社会范围的健身意识。只有使人们自觉地认识和深刻地理解全民健身对自己、对社会的重大意义，使全民健身深入人心，才能形成全民健身深入开展的良好局面。① 为增强公民的健身意识，广播、电视、报刊和网络等媒体应当按照以下方式进行全民健身宣传教育。

（一）宣传科学、文明、健康的健身项目和方法。不正确的理念是阻碍全民健身运动发展的主要因素。媒体宣传科学、文明、健康的健身项目和方法，能够促进全民健身计划的执行，推动广东省的体育事业的发展。同时，大众传媒还能够使人们对体育的理解更加深刻，从而树立正确的体育观念。

（二）刊播全民健身公益广告。公益广告的特征是清纯朴素，涉及的是全人类的集体利益，表现的形式比较有寓意，能够引起人们思考，具有教育和启发的作用。刊播全民健身公益广告能够引起人们对全民健身的重视，既可以展现和营造全民健身蓬

---

① 参见曹康泰、刘鹏主编《〈全民健身条例〉释义》，中国法制出版社2009年版，第119页。

勃开展的浓郁氛围并产生激励作用，又可以树立开展全民健身活动的先进典范供人学习借鉴。

（三）普及科学健身知识。只有科学健身，才能达到增强体质、增进健康的目的。开展全民健身宣传的重点内容，就是在全社会广泛传播和普及科学健身知识。要通过各种通俗易懂、符合我国实际和大众接受习惯的体育健身知识的介绍，让广大群众了解科学健身的规律，掌握科学健身的方法，减少健身中的盲目性，克服不良的健身习惯，提高科学健身的能力和效果。各媒体要自觉担当起普及科学健身知识的重任。

第十条　表彰奖励

各级人民政府应当对支持和参与全民健身活动、在实施全民健身计划中做出突出贡献的组织和个人，按照有关规定给予表彰和奖励。

【释义】本条是关于全民健身表彰奖励的规定。

本条明确要求各级人民政府对支持、参与全民健身活动或实施全民健身计划中做出突出贡献的组织和个人按规定进行表彰。对在全民健身工作中做出突出贡献的组织和个人予以表彰、奖励，能够有效地提高全民健身的积极性，营造良好的健身氛围，推动全民健身事业快速发展。对在全民健身工作中做出突出贡献的组织和个人予以表彰、奖励，主要是通过行政奖励的手段。行政奖励是行政主体为了表彰先进、激励后进、激发和调动人们的积极性和创造性，促进社会的发展，依照法定权限和程序，对严格遵纪守法并做出突出成绩的组织和个人，给予物质和精神鼓励的具体行政行为。行政奖励一般采取通报表扬、记功、晋级、通令嘉奖、授予荣誉称号、颁发奖金或奖品等形式进行表彰或奖励。行政奖励的主体是行政主体。根据本条规定，全民健身表彰、奖励的主体是地方各级人民政府，包括省人民政府、地级市人民政府、县（区、市）人民政府和乡（镇）人民政府。

《全民健身条例》第七条规定："对在发展全民健身事业中做出突出贡献的组织和个人，按照国家有关规定给予表彰、奖励。"《全民健身计划（2016—2020年）》也规定对支持和参与全民健身、在实施全民健身计划中做出突出贡献的组织和个人进行表彰、奖励。全民健身的表彰和奖励必须严格按照有关规定进行。各省、市、县（区）等体育主管部门应当依据《条例》规定，积极、主动地向本级人民政府提请启动对全民健身做出突出贡献的组织和个人给予表彰、奖励。如在2018年广东省全省运动会期间，经省人民政府批准，由省体育局对在发展全民健身事业中做出突出贡献的40个单位、80名公民分别授予群众体育先进单位和先进个人称号。

第十一条　交流合作

县级以上人民政府应当积极推动国内外体育交流，拓展全民健身理论、项目、人才、设备、服务、活动等交流渠道，加强与港澳台地区体育合作。

【释义】本条是关于体育交流合作的规定。

习近平总书记在党的十九大报告中指出，"全面推进中国特色大国外交，形成全方位、多层次、立体化的外交布局,为我国发展营造了良好外部条件"。体育外交作为大国外交的重要组成部分,已经成为政治交流的重要工具,成为政治、文化交流的重要手段,承载着特定的历史使命。我们应扩大对外体育交流与合作,积极参与国际体育事务,增强国际体育事务话语权;深化两岸体育各领域的交流与合作,巩固和发展两岸体育交流的良好局面。推进粤港澳大湾区的体育交流合作,有利于深化内地和港澳交流合作,对港澳参与国家发展战略,提升竞争力,保持长期繁荣稳定具有重要意义。"拓展国内外和粤港澳台体育交流合作,不仅是推动我国体育提升发展、转型发展的迫切需要,也是深入落实十八届五中全会提出的开放发展理念、提升国家发展软实力、实现中华民族伟大复兴中国梦的必然要求。"① 基于此,《条例》从两个层面对体育交流合作予以规定。

一、推动国内外体育交流

《全民健身计划(2016—2020年)》中提出,拓展国际大众体育交流,引领全民健身开放发展。坚持"请进来、走出去",拓展全民健身理论、项目、人才、设备等国际交流渠道,推动全民健身向更高层次发展。因此,《条例》本条规定县级以上人民政府应当积极推动国内外体育交流,拓展全民健身理论、项目、人才、设备、服务、活动等交流渠道。县级以上人民政府开展国内外体育交流,应当采取多种方式、从多个层面进行交流,不仅要通过体育活动开展交流,还要开展对理论研究、项目开发、人才引进、设备研发和装配、服务标准提升等各种渠道及内容的交流,通过综合性的交流手段有效提升体育竞技水平和体育专业化程度,从而对民间体育交流渠道作出有益引导,提升交流的覆盖面和频率。

二、加强与港澳台地区体育合作

2016年,《体育发展"十三五"规划》指出:"巩固深化对港澳台体育交流与合作。进一步深化两岸体育各领域的交流与合作,巩固和发展两岸体育交流的良好局面。继续办好两岸体育交流座谈会,完善两岸体育组织间的对口交流机制,打造更多品牌性交流活动。坚持'奥运模式'框架,妥善处理国际体育领域的涉台问题,维护国家核心利益。"2017年,《深化粤港澳合作 推进大湾区建设框架协议》提出,加强人文交流、促进文化繁荣发展,共建宜居宜业宜游的优质生活圈。2019年,《粤港澳大湾区发展规划纲要》明确提出要"共同推进大湾区体育事业和体育产业发展,联合打造一批国际性、区域性品牌赛事"。县级以上人民政府应当按照"一国两制"方针和《中华人民共和国香港特别行政区基本法》《中华人民共和国澳门特别行政区基本法》有关规定,全面深化内地与港澳间的体育交流与合作,积极支持港澳体育发展。

---

① 国家体育总局群众体育司编:《〈全民健身计划(2016—2020年)〉一百问》,人民体育出版社2016年版,第73页。

第二章 全民健身活动

本章共九条,内容涉及全民健身日、开展全民健身活动和赛事、举办群众性体育赛事、重点群体健身活动、单位开展健身活动、社会团体和基层开展健身活动、学校开展健身活动、社会组织开展健身活动,以及公民健身行为规范。国家在推行全民健身计划的过程中,积极倡导全民参与。党的十九大报告也要求,"广泛开展全民健身活动,加快推进体育强国建设"。根据《中华人民共和国立法法》不重复上位法的规定,《条例》在落实《中华人民共和国体育法》第二章"社会体育"、第三章"学校体育",以及《全民健身条例》第三章"全民健身活动"的基础上,结合广东实际对开展全民健身活动的相关内容进行了细化,从而有利于全面规范和积极促进全省的全民健身活动。

第十二条 全民健身日

县级以上人民政府及其有关部门应当在国家规定的全民健身日加强全民健身宣传,组织开展全民健身展示、表演、竞赛等形式的主题活动,提供免费健身指导服务。

国家机关、社会团体和企业事业组织,应当在全民健身日结合自身条件组织开展全民健身活动。

公共体育设施应当在全民健身日向公众免费开放;鼓励其他各类体育设施在全民健身日向公众免费开放。

【释义】本条是关于全民健身日的相关要求。

2009年,为了满足广大人民群众日益增长的体育需求、纪念北京奥运会成功举办,经国务院批准,国家将每年8月8日定为"全民健身日",并在同年制定的《全民健身条例》第十二条规定"每年8月8日为全民健身日"。为推动全民健身日活动,《条例》本条分三款对全民健身日开展相关活动作了具体规定。

一、县级以上人民政府及其有关部门在全民健身日活动中的职责

全民健身日是我国政府设立的法定体育节日,是国家为促进全民健身活动开展而采取的重要举措,体现了国家对发展全民健身事业所承担的责任。《全民健身条例》第十二条规定:"每年8月8日为全民健身日。县级以上人民政府及其有关部门应当在全民健身日加强全民健身宣传。""县级以上人民政府体育主管部门应当在全民健身日组织开展免费健身指导服务。"《条例》本条第一款在《全民健身条例》第十二条规定的基础上,进一步明确了县级以上人民政府及其有关部门在全民健身日的主要职责。

(一)加强全民健身宣传。加强全民健身宣传在开展全民健身日活动中具有十分重要的地位和意义。进行广泛的宣传发动,形成强大的舆论氛围,是启动实施广东省全民健身计划的工作重点。《国家体育总局、中央文明办、教育部、国家民委、国家广电总局、全国老龄委办公室、全国总工会、全国妇联、共青团中央、中国残联等部门关于组织开展"全民健身日"活动的通知》(体群字〔2009〕82号)中提出:"'全民健身日'的宣传活动要以宣传声势隆重、发动工作深入、宣传形式新颖、宣传内容丰富为原则,广泛征集宣传口号,设置宣传专栏专刊,张贴宣传海报,印发宣传材料,并结合开展广播电视访谈等多种形式,特别要重视发挥互联网等媒体的作用,形成浓厚的舆论宣传氛围,努力使'全民健身日'家喻户晓、人人皆知。"因此,在全民健身日期间,各级人民政府既要通过组织系统和新闻媒体来加强全民健身的社会宣传,又要组织开展各种展示性、示范性的大型全民健身活动产生轰动性的宣传效应,形成集中而隆重的全民健身宣传热潮。同时,各级人民政府有关部门在全民健身日中的宣传工作,既要根据部门性质开展全民健身相关专业知识的宣传,如全民健身中的健康卫生、科技知识等,又要对本部门系统内的人员进行有针对性的全民健身宣传。①

(二)组织开展全民健身展示、表演、竞赛等形式的主题活动。不同形式的全民健身主题活动可以满足最广大人民群众体育健身需求,调动他们体育健身的热情。一方面,我国是一个民族和文化多样性的国家,全民健身日主题活动的多样性可极大地调动各族人民参加体育锻炼的积极性,增强社会凝聚力。另一方面,针对老年人、妇女、儿童、残疾人和各行业群体对体育的不同需求,不同层次和形式的全民健身主题活动既能体现以人为本的理念,又能增强全民健身日的丰富性、趣味性和聚合性。

(三)提供免费健身指导服务。本规定所说的提供免费健身指导服务的主体,应当是以政府体育主管部门为主的县级以上人民政府及其有关部门,其在全民健身日提供免费健身指导服务的方式主要有两种:第一种是县级以上人民政府及其有关部门组织以社会体育指导员为主体,运动员、教练员、体育科技工作者、体育教师、体育专业学生、医务工作者等参与的全民健身志愿服务队伍,提供的免费健身指导服务;第二种是县级以上人民政府及其有关部门组织体育健身经营机构提供的免费健身指导服务。在日常的市场性体育指导服务经营中,体育健身经营机构要依法获得经济利益,体育健身指导人员也要依法取得劳动报酬。但是,作为体育健身经营机构和职业指导人员,也要承担相应的社会责任和社会义务,要具有社会公益的理念和精神,为全民健身开展必要的志愿服务活动。本条虽然没有直接规定体育健身经营机构提供免费健身指导服务的义务,但《全民健身条例》将在全民健身日活动中为社会提供免费健身指导服务,设定为体育健身经营机构和职业指导人员的一项法定义务。② 因而,组织体育健身经营机构提供的免费健身指导服务也属于本条规定的"提供免费健身指导服务"的范畴。

二、国家机关、社会团体和企业事业组织在全民健身日组织开展全民健身活动的职责

社会团体和国家机关、企业事业组织一样,应当组织本单位在全民健身日开展全民健身活动。各个社会团体有专门代表和联系的社会群体,对相应的社会群众具有很强的权威性和影响力。通过各个社会团体扩大全民健身的作用和影响,对发展全民健身事业、开展全民健身活动有积极的意义。同时,国家机关、社会团体和企业事业组织的种类多样,条件也不尽相同,因此,在开展全民健身活动的时候,各国家机关、社会团体和企业事业组织应根据自身特点因地制宜地开展全民健身活动。

---

① 参见曹康泰、刘鹏主编《〈全民健身条例〉释义》,中国法制出版社2009年版,第80~81页。
② 参见曹康泰、刘鹏主编《〈全民健身条例〉释义》,中国法制出版社2009年版,第83页。

三、体育设施在全民健身日向公众免费开放

体育设施在全民健身日向公众免费开放是节日应有之义。本条所指公共体育设施是指由各级人民政府或者社会力量举办的，向公众开放用于开展体育活动的公益性体育场馆设施。需要注意的是，虽然公共体育设施管理单位在全民健身日理应免费开放公共体育设施，但"根据我国目前的实际情况，有些易耗性用品和贵重设备的使用没有条件免费的，不属于免费开放的范围"①。这里的易耗性用品主要是指可以重复使用又容易损耗的体育器材或设施，比如木哑铃、篮球、毽子、呼啦圈等；而贵重设备主要是指用于科研、教学的精密体育仪器。此外，国家鼓励其他各类体育设施在全民健身日向公众免费开放。其他各类体育设施，主要是指公共体育设施以外的机关、团体、企业内部的体育设施和经营性体育健身机构中的体育设施等。

第十三条 开展全民健身活动和赛事

县级以上人民政府体育主管部门应当丰富全民健身活动形式，培育休闲运动项目，扶持推广传统体育运动项目，结合本地区传统文化、旅游休闲等资源打造区域特色群众性体育品牌活动和赛事。

各级人民政府应当支持社会力量举办或者参与举办全民健身活动和赛事。

【释义】本条是关于开展全民健身活动和赛事的规定。

一、县级以上人民政府体育主管部门在开展全民健身活动和赛事方面的职责

本条要求县级以上人民政府体育主管部门在开展全民健身活动和赛事中应当承担以下职责。

（一）丰富全民健身活动形式。不同群众的健身需求是不一样的，丰富的健身活动形式有利于吸引更多群众参与健身。县级以上地方人民政府体育主管部门在丰富全民健身活动形式时，应遵循以人为本、因地制宜的原则，坚持"便民惠民"，广泛组织开展贴近生活、丰富多彩、特色鲜明、注重实效、方便参与、利民惠民的体育健身活动，以满足人民群众日益增长的多元化健身需求。

（二）培育休闲运动项目。随着生活水平的不断提高，群众对体育健身的追求也越来越多元化。满足群众多样化的体育需求是各级体育部门的主要职责，如大力发展健身跑、健步走、骑行、登山、徒步、游泳、球类、广场舞等群众喜闻乐见的休闲运动项目，积极培育帆船、击剑、赛车、马术、极限运动、航空等具有消费引领特征的时尚休闲运动项目。

（三）扶持推广传统体育运动项目。主要是指扶持推广武术、太极拳、健身气功等民族民俗民间传统和乡村农味农趣运动项目，鼓励开发适合不同人群、不同地域和不同行业特点的特色运动项目。

（四）结合本地区传统文化、旅游休闲等资源打造区域特色群众性体育品牌活动和赛事。《全民健身计划（2016—2020年）》强调："开展全民健身活动，提供丰富多彩的活动供给。支持各地、各行业结合地域文化、农耕文化、旅游休闲等资源，打造具有

---

① 曹康泰、刘鹏主编：《〈全民健身条例〉释义》，中国法制出版社2009年版，第85页。

区域特色、行业特点、影响力大、可持续性强的品牌赛事活动。推动各级各类体育赛事的成果惠及更多群众，促进竞技体育与群众体育全面协调发展。重视发挥健身骨干在开展全民健身活动中的作用，引导、服务、规范全民健身活动健康发展。"打造区域特色群众性体育品牌活动和赛事需抓住四个关键。[①] 一要抓特色。将地域特色文化、人文资源、民间习俗、行业特点等融入体育活动和赛事，推出具有鲜明特色和文化魅力的全民健身赛事活动。二要抓内容。充分利用当地特有的地形地貌，如独特的山体、森林、江河湖海等，策划和组织实施全民健身赛事活动，增强赛事活动的丰富性、体验性和观赏性。三要抓协同。将全民健身赛事活动与文化、教育、旅游等工作结合起来，充分调动本地各相关部门的力量，有效配合活动组织和开展。四要抓宣传。通过广播、电视、网站、手机应用程序（App）等各种媒介渠道，加大体育赛事活动的宣传力度，扩大活动的知名度和影响力，让更多的人知晓、关注并参与赛事体育活动。2016年至2018年，广东省体育局联合省住建厅在全省连续举办南粤古驿道定向大赛活动，不但宣传了古驿道文化，而且带动了旅游休闲活动，助推美丽乡村建设。2018年，全省各地结合元旦、春节、端午、国庆等节假日，以及广东省第十八届"体育节"活动、全民健身日活动等主题开展了一系列全民健身活动，举办了2018年全国新年登高健身大会（广东主会场）暨广东名山（西樵山）登山大赛、2018年广东省全民健身日启动仪式暨"骑闯魅力肇庆"活动、广东省（韶关乳源）环南水湖自行车公开赛等省内群众性体育赛事活动，以及2018年南粤古驿道定向大赛总决赛暨世界排位赛、2018年"黄飞鸿杯"第十四届世界华人狮王争霸赛暨水上双狮挑战赛和2018广州国际龙舟邀请赛等一系列高水平品牌赛事。在丰富群众文体生活的同时，也提高了广东省的国际知名度。

二、各级人民政府对社会力量举办或者参与举办全民健身活动和赛事的支持义务

广东作为改革开放的先行区，群众的体育健身意识高，社会支持和参与开展全民健身活动的热情高涨，需要政府进一步引导和支持社会力量发挥更大的作用。《中共中央、国务院关于进一步加强和改进新时期体育工作的意见》（中发〔2002〕8号）强调："构建群众性体育服务体系，要坚持政府支持与社会兴办相结合。政府重点支持公益性体育设施建设，群众性体育组织和体育活动以社会兴办为主，鼓励、支持企事业单位和个人兴办面向大众的体育服务经营实体，积极引导群众的体育消费，大力培育体育市场，加强规范管理，逐步形成有利于体育产业发展的社会氛围。"《全民健身计划（2016—2020）》提出"鼓励社会力量投资建设体育场地设施，支持群众健身消费"。《国务院关于加快发展体育产业促进体育消费的若干意见》（国发〔2014〕46号）也提出"引导支持体育社会组织等社会力量举办群众性体育赛事活动"。在此基础上，《条例》本条第二款强化了各级人民政府对社会力量举办或者参与举办全民健身活动和赛事的支持义务，要求各级人民政府支持社会力量举办或者参与举办全民健身活动或体育赛事。这里的"支持"包括场地、技术、资金、行政许可等多个方面，各级人民政府需结合实际情况在法律框架下作出具体的安排。

[①] 参见国家体育总局群众体育司编《〈全民健身计划（2016—2020年）〉一百问》，人民体育出版社2016年版，第51～52页。

第十四条　举办群众性体育赛事

各级人民政府应当定期举办全民健身综合性运动会或者其他形式的群众性体育赛事。

县级以上人民政府有关部门以及工会、残疾人联合会等社会团体应当结合实际，组织举办学生、少数民族、老年人、职工、残疾人等群体的综合性运动会或者其他形式的群众性体育赛事。

各级人民政府和有关部门应当支持举办龙舟、武术、龙狮等传统体育赛事。

【释义】本条是关于举办群众性体育赛事的规定。

一、各级人民政府应当定期举办群众性体育赛事

比赛是体育最重要、最经常、最有吸引力的活动形式，不但表现在竞技体育中，也表现在群众体育中。在竞技体育中，人们通过高水平的竞技比赛，来展示运动训练成果，不断挑战人类运动能力的极限，并争得荣誉；在群众体育中，也同样需要通过丰富多彩的比赛活动，来吸引和调动人们经常参加健身锻炼的热情，不断提高体育技能水平，并进行展示交流和创造社会气氛。组织举办全民健身运动会可以烘托体育运动的氛围，传播体育理念，动员广大人民群众热情投入体育活动，让人民群众更加深刻认识到运动的精神和本质，真正感受到运动带给他们的快乐，让人民群众真正热爱运动、自觉运动。

在广东省各地全民健身工作的持续发展中，各种综合性和单项性的、各类社会群体和行业系统的、富有鲜明地方特色的群众性体育比赛活动得以普遍、经常性地开展。2017年，广东省全民健身运动会是以体育大会的形式举办的；东莞、珠海等地也以市民运动会的形式定期举办，由各项目协会组织，最后将各项目分数计入总分，得到各代表团的团体总分。各级的全民运动会，过去较多地强调竞技体育特点，现在须逐渐融入全民健身的内容，各地可专门举办群众性体育大会、全民健身运动会和各种休闲项目比赛、趣味健身比赛等。举办全民健身综合性运动会目的是推动非奥运项目的发展，进一步促进全民健身活动的广泛开展，满足人民群众和体育爱好者更加多样化的体育赛事观赏和参与的需求。其突出特点是强调参与性、普及性、趣味性和文化特色，积极发掘其特有的健身和文化价值，推动普及和提高，使非奥项目与奥运项目，竞技体育与群众体育相互促进，真正形成内容丰富多彩、形式活泼多样、群众喜闻乐见、全民积极参与的体育盛典和文化盛会。

二、县级以上人民政府有关部门以及社会团体应当组织举办群众性体育赛事

《全民健身计划（2016—2020年）》指出："鼓励举办不同层次和类型的全民健身运动会，设立残疾人组别，促进健全人与残疾人体育运动融合开展。"据此，《条例》本条第二款对县级以上政府有关部门和工会、残联等社会团体在开展全民健身活动中的工作职责提出了明确的要求。县级以上人民政府有关部门和各级工会、残疾人联合会等社会团体应当根据需要，举办一些区域性、行业性、系统性的综合性运动会或者其他形式的群众体育比赛活动，并在此基础上逐步形成定期举办的规范化制度。由各级人民政府有关部门和各级工会、残疾人联合会等社会团体一起主办的各类社会群体的区域性运动会制度，对于推动社会各界广泛开展群众体育活动，促进体育的普及与提高，形成社会广泛重视支持体育发展的良好局面等，将发挥重要的作用。目前，广东省举办的综合性运动会有大中学生、少数民族、老年人、残疾人等综合性运动会。

三、各级人民政府和有关部门应当支持举办传统体育赛事

我国有着历史悠久的传统文化，根据各地的风土人情和各个民族的不同特点，逐渐形成了有着浓郁地方特色的传统体育健身活动。开展全民健身活动，必须从各地的实际出发，充分反映当地的群众需求和特色，举办各式各样、丰富多彩的具有鲜明地域性的传统文化体育赛事活动。《中华人民共和国体育法》第十五条规定："国家鼓励、支持民族、民间传统体育项目的发掘、整理和提高。"依据《国务院办公厅关于加快发展健身休闲产业的指导意见》（国办发〔2016〕77号），在"发展武术、龙舟、舞龙舞狮等民族民间健身休闲项目，传承推广民族传统体育项目"过程中，需"加强体育类非物质文化遗产的保护和发展"。据此，《条例》本条第三款明确了各级人民政府和有关部门对举办龙舟、武术、龙狮等传统体育赛事的支持义务。各级人民政府和有关部门应当从政策、经费、技术、场地设施等多个方面，支持举办龙舟、武术、龙狮等传统体育赛事，提供个性化、多元化服务，从而满足人民群众不同层次、迅速增长、不断升级的健身需求。传统体育赛事的举办者可以是国家机关，也可以是社会团体、基层组织、学校、社会组织等。《广东省人民政府办公厅关于加快发展健身休闲产业的实施意见》（粤府办〔2017〕34号）明确提出："发展特色运动。传承发展岭南传统特色体育项目，推动多样化、多层级龙舟赛事发展，打造国际龙舟品牌赛事。扶持龙狮锦标赛、武术嘉年华等传统特色体育运动赛事。加强体育类非物质文化遗产保护发展。"各级人民政府和有关部门应当通过支持举办传统体育赛事，充分挖掘全省各地体育文化资源，发挥地方品牌特色，有效整合传统体育项目、品牌赛事等文化资源，引领形成良好的全民健身社会氛围。

第十五条　重点群体健身活动

县级以上人民政府体育主管部门应当会同教育等相关部门引导青少年开展健康有益的体育活动，培养青少年体育锻炼兴趣、掌握体育运动技能，形成终身体育健身的良好习惯。

县级以上人民政府体育、农业农村主管部门应当充分利用农民丰收节、传统节日等开展形式多样的农民群众性体育活动，结合农业生产和农家生活创新适合农民的体育健身项目和方法。

县级以上人民政府体育主管部门应当会同有关部门定期开展老年人、未成年人、残疾人等群体的体育健身活动，创新适合不同群体特点的体育健身项目和方法。

【释义】本条是关于重点群体健身活动的规定。

一、青少年健身活动中政府相关部门的职责

"少年强则国家强"，青少年体质健康水平不仅关系个人健康成长和幸福生活，而且关系整个民族健康素质，关系我国人才培养的质量。根据2014年《广东省体质监测公报》数据显示，广东省青少年肥胖率较高，反应速度、灵敏素质呈下降趋势，其主要原因是青少年体育运动不足。《中华人民共和国体育法》《学校体育工作条例》及其他相关的法律法规规定，是从事学校体育工作和开展学生体育活动的基本依据，是学校等教育机构、管理部门及其工作人员必须遵从的行为准则。《全民健身计划（2016—2020年）》也提出，将青少年作为实施全民健身计划的重点人群，大力普及青少年体育活动，提高青少年身体素质。加强学校体育教育，全面实施青少年体育活动促进计划，积极发挥"青少年阳光体育大会"等青少年体育品牌活动的示范引领作用，使青少年提升身体素质、掌握运动技能、培养锻炼兴趣，形成终身体育健身的良好习惯。这是体育、教育主管部门的主要职责。据此，《条例》本条第一款要求县级以上人民政府体育主管部门会同教育等相关部门引导青少年开展健康有益的体育活动，培养青少年体育锻炼兴趣、掌握体育运动技能，形成终身体育健身的良好习惯。

具体到实践中，一方面，应积极组织开展学校体育锻炼活动。另一方面，县级以上人民政府体育主管部门在会同教育等相关部门开展各种全民健身宣传、组织各基层群众性体育活动和开展体育健身活动时，应当将青少年学生群体作为工作对象，充分利用本地区的体育活动设施，组织和吸引本地区的青少年学生在课余和假期参加当地的各种体育健身活动，包括专门为学生组织的校外体育活动；也应当继续推进青少年体育和学校体育竞赛系统的融合，探索体教共管、资格互认、成绩互通、参赛对象多元化的竞赛模式。基层体育主管部门要利用与本地区学校和各个家庭的邻近关系，密切与学校和学生家长在组织学生参加校外体育活动方面的联系，发布本组织开展全民健身活动的有关信息，邀请学校和家长共同动员学生参加本地区开展的各种体育活动。

二、农民体育活动中政府相关部门的职责

农村文体生活缺乏，农民体育健身意识不强，开展农村体育活动、增强农民的身体素质，对于广东全民健身事业的发展和社会主义新农村建设具有重要的意义。体育和农业部门应当结合乡村振兴战略和新农村建设，根据《乡村振兴战略规划（2018—2022年）》和《国家体育总局等部门关于进一步加强农民体育工作的指导意见》（农办发〔2017〕11号）的要求，积极组织农民利用农闲季节开展民俗民间体育活动，满足农村农民体育健身需求，丰富农村文化生活，提高农民身体素质。《条例》本条第二款对有关部门组织开展与农村需要和特点相适应的全民健身活动提出了概括性的要求。

（一）利用农民丰收节、传统节日组织开展全民健身活动。我国有很多富有浓郁中华民族特色的传统节日，既包括以汉族为主的全国性传统节日，如春节、元宵节、清明节、端午节等，也包括各少数民族的传统节日。[①] 如广东省少数民族中畲族的封龙节、瑶族的达努节、壮族的庆丰节。这些传统节日一般都要举行具有民族民俗特点的节庆活动。考虑到广东省农耕特点和农民的生产生活作息，利用节日节点开展全民健身活动，将健身活动融入农民群众喜闻乐见的庆祝活动中，是一种更便捷、更高效、更节约的活动方式，也更有利于调动农民群众参与全民健身活动的积极性。因此，《条例》本条规定要充分利用这些节日开展全民健身活动。

---

① 参见曹康泰、刘鹏主编《〈全民健身条例〉释义》，中国法制出版社2009年版，第94页。

（二）结合农业生产和农家生活创新适合农民的体育健身项目和方法。农业生产和农家生活与城市生产生活有着明显的不同。县级人民政府体育及农业农村主管部门在组织开展农村的全民健身活动时，应当充分考虑广东农村的各方面情况，从农村现代化发展水平的现实基础出发，根据广大农村地区和农民群众更加重视民族民间民俗传统习惯的客观实际，结合农业生产劳动的季节性以及相对分散、灵活等特点，抓住在传统节日和农闲时间的有利时机，不断适应和满足农村和农民日益增长的体育文化需求，创新适合农民的体育健身项目和方法。对此，《国家体育总局等部门关于进一步加强农民体育工作的指导意见》（农办发〔2017〕11号）要求："丰富农民群众身边的健身活动。各级体育和农业部门向农民大力推广普及乡村趣味健身、广场舞（健身操舞）、健身跑、健步走、登山、徒步、骑行、游泳、钓鱼、棋类、球类、踢毽、跳绳、风筝、太极拳、龙舟、舞龙舞狮、斗羊赛马等农民群众喜闻乐见的体育项目，利用'全民健身日'、节假日等时间节点开展丰富多彩的农民体育健身活动，介绍健身方法、传授健身技能，培养其健身兴趣，使体育健身成为农民的好习惯、农村的新时尚。"此外，在组织开展农村全民健身活动时，还要关注中青年群众的身心特点，注意传统体育活动与现代体育项目的结合，从而更加全面地适应广大农村和农民多样化的体育文化需求。

三、老年人、未成年人、残疾人等体育活动中政府相关部门的职责

《全民健身计划（2016—2020年）》明确要求："强化全民健身发展重点，着力推动基本公共体育服务均等化和重点人群、项目发展。"老年人是社会和谐的重要财富，要在全社会积极倡导健康老年人的理念，提高老年人的科学健身意识，使老年人通过运动健身保障身体健康。未成年人群体是全民健身运动中一个比较活跃的群体，也是参与体育健身需求比较旺盛的群体，同时也是在健身方面亟待保障、需要给予特殊关注的群体。残疾人体育是群众体育的重要组成部分，是广大残疾人的重要权利，既可以体现以人为本的内涵，弘扬人道主义精神，更是全民健身"全民参与"基本原则的直接要求。但同时，这些群体又有各自的特点，在健身活动中存在一定的困难和障碍。因此，开展具有针对性的体育活动，满足老年人、未成年人、残疾人等群体的健身需求，也是各级体育主管部门的主要任务之一。秉持以人为本的原则，《条例》本条第三款要求县级以上人民政府体育主管部门会同有关部门定期开展相关群体的体育健身活动，同时，要针对不同群体研究新项目，推广新方法，丰富群体体育活动形式，以达到促进全民参与健身、乐于健身的目的。

第十六条 单位开展健身活动

国家机关、社会团体、企业事业组织应当制定职工健身工作计划，提供场地、设施、经费等必要条件，组织开展工间（前）操和其他体育健身活动。有条件的，可以举办职工运动会，开展体育锻炼测试、体质测定等活动。

【释义】本条是关于国家机关、社会团体、企业事业单位做好本单位职工健身工作的义务性规定。

《全民健身条例》第十五条规定："国家机关、企业事业单位和其他组织应当组织本单位人员开展工间（前）操和业余健身活动；有条件的，可以举办运动会，开展体育锻炼测验、体质测定等活动。"《条例》在此基础上对国家机关、企业事业组织、社会团体组织职工开展全民健身活动的内容和形式等作出了细化规定，再一次明确了国家机关、企业事业单位和其他组织应当组织本单位人员开展全民健身活动的法定职责，进一步强化了单位职工体育的法律地位，具体包括以下三方面要求。

一、制定职工健身工作计划，提供场地、设施、经费等必要条件

各单位职工体育活动的开展，对于增强劳动者、工作者的体质和健康，改善精神状态，提高生产、工作效率和效益等，都有着重要的影响和作用，又是满足劳动者、工作者身心发展需求和切身利益保障的重要体现。《中华人民共和国体育法》第十三条规定："国家机关、企业事业组织应当开展多种形式的体育活动，举办群众性体育竞赛。"2009年，《全民健身条例》对职工健身进行了规定。《全民健身计划（2016—2020年）》提出："开展职工、农民、妇女、幼儿体育，推动将外来务工人员公共体育服务纳入属地供给体系。"《国务院办公厅关于加快发展健身休闲产业的指导意见》（国办发〔2016〕77号）指出："政府机关、企事业单位、社会团体、学校等都应实行工间、课间健身制度等，倡导每天健身一小时。鼓励单位为职工健身创造条件。组织实施《国家体育锻炼标准》。"本条在《全民健身条例》的基础上增加了制定职工健身工作计划，提供设施、经费、时间等必要条件，以解决目前国家机关、企业事业组织缺乏体育设施、活动经费不足，开展经常性体育活动受到较大限制的问题。

二、组织开展工间（前）操和其他体育健身活动

多年来，通过各种形式的普及推广，我国普遍开展了广播体操活动，很多单位都建立并坚持工间操或工前操制度。《体育总局关于开展2019年全国广播体操、工间操展演活动的通知》（体群字〔2019〕49号）中提出："各地区、各部门、各行业要切实提高对推广普及广播体操、工间操工作意义的认识，重视举办广播体操、工间操展演活动工作，扎实推动广播体操、工间操推广普及，在'持续'上下功夫，促进职工群众养成做广播体操、工间操的良好习惯。"随着体育健身活动方式的日益多样化发展，集体做全国统一编制广播体操的活动形式有了一些新的变化。有些地方和单位创编了新的广播体操或推出了新的体育活动形式。实践证明，广播体操确实是适合群众集体锻炼、简便易行、富有实效的体育健身活动形式，是当前开展单位职工体育的重要手段。国家体育总局和全国总工会等有关部门多次就坚持工间（前）操制度，开展广播体操活动提出要求。《条例》本条款为适应体育健身活动多样化的需要，没有明确集体做操的具体内容，但在形式上明确规定所有的国家机关、社会团体、企业事业组织，都应当坚持工间操制度，开展工间操和其他体育健身活动。确因工作、生产特殊性不能安排工间操活动的单位，应开展工前操和其他体育健身活动。

三、有条件的，可以举办职工运动会，开展体育锻炼测试、体质测定等活动

开展体育竞赛活动、举办职工运动会，是很多单位长期坚持的体育工作制度，在吸引和激励广大职工参加体育活动方面发挥了很好的作用。为了指导群众开展锻炼达标活动，我国在20世纪70年代以后逐步推行国家体育锻炼标准制度，开展体育锻炼测验、体质测定等活动。1989年，国家体委经国务院批准发布了《国家体育锻炼标准施行办法》。2003年，国家体育总局等有关部门联合印发了适用于20～59岁身体健康人群的

《普通人群体育锻炼标准施行办法（试行）》（体群字〔2003〕42号）。《国民体质测定标准施行办法》（体群字〔2003〕69号）要求机关、企业事业单位和社会团体应当有组织、有制度地开展体质测定工作。为构建全民健身公共服务体系，激发广大人民群众参加体育锻炼的积极性和主动性，不断增强体育意识，提高全民族的身体素质，国家体育总局等有关部门于2013年联合修订了《国家体育锻炼标准施行办法》。鉴于各个单位在开展职工体育活动方面存在着不同条件和情况，为了更好地从实际出发，《条例》本条关于举办运动会、开展体育锻炼测验、体质测定等活动的要求，不是对单位应当做到的义务性规定，而是以"可以"的法律语言提出的引导性、倡导性要求。各个单位要努力创造条件，更加全面地落实这些开展单位全民健身活动的法律要求。

第十七条　社会团体和基层开展健身活动

工会、共产主义青年团、妇女联合会、残疾人联合会等社会团体应当结合自身特点，组织开展形式多样的各类群体全民健身活动。

村民委员会、居民委员会应当根据村民、居民的需求，组织开展小型多样的全民健身活动和赛事。

【释义】本条是关于社会团体和基层开展全民健身活动的规定。

一、社会团体开展全民健身活动

开展全民健身活动，在坚持政府主导的同时，需要按照体育社会化的方向，充分利用各方面的社会资源，发挥各类社会团体在全民健身中的积极作用。工会、共产主义青年团、妇女联合会和残疾人联合会等社会团体，是我国社会团体中依法不需要行政登记的人民团体，具有很大的社会群体代表性和联系面，有着特殊的政治地位。在发展我国的体育事业中，这类社会团体长期与政府体育主管部门等进行着密切的合作，在组织本团体成员开展全民健身活动中发挥了重大的作用，做出了积极的贡献。《全民健身条例》第十六条规定："工会、共青团、妇联、残联等社会团体应当结合自身特点，组织成员开展全民健身活动。单项体育协会应当将普及推广体育项目和组织开展全民健身活动列入工作计划，并对全民健身活动给予指导和支持。"《条例》本条第一款在此基础上作了补充和完善。

（一）强调社会团体在开展全民健身活动时必须结合自身特点。《条例》本条第一款规定对在我国发展体育事业中作用突出的工会、共青团、妇联和残联等社会团体进行全面的列举，既是对其体育贡献的充分肯定，也是对其实施全民健身职责的进一步明确；但《条例》规定的社会团体并不限于所列举的团体，而是对各类社会团体开展全民健身活动的普遍性的规定。因此，《条例》本条第一款规定将突出重点与兼顾一般相结合，对于全面保证和促进社会团体更好地发挥组织其成员开展全民健身活动中的作用，有着十分重要的意义。①《条例》强调这些社会团体在开展全民健身活动时必须结合自身特点。（1）工会。我国工会是代表广大职工利益、依法维护职工合法权益的重

---

① 参见曹康泰、刘鹏主编《〈全民健身条例〉释义》，中国法制出版社2009年版，第102页。

要团体。根据《中华人民共和国体育法》和《中华人民共和国工会法》的有关规定，工会是我国发展职工体育事业、开展职工全民健身活动的重要组织力量。实践中，广东省总工会和省体育局共同举办了大量全省性的职工全民健身活动，比如职工乒乓球赛、篮球赛等。2014年9月，广东省总工会会同省体育局举办了广东省第五届工人运动会。这些活动为提高公民参与健身、促进树立全民健身理念发挥了积极作用。（2）共产主义青年团。中国共产主义青年团是党领导下的先进青年的群众组织，在培养造就德智体美劳全面发展的青少年、保护和促进青少年的健康成长中发挥着重要的作用，并在其章程中规定有开展体育活动的任务。组织开展和积极推动广大青少年的体育活动，成为各级共青团组织经常性的工作内容。（3）妇女联合会。各级妇女联合会是团结带领广大妇女参与经济建设和社会发展、依法代表和维护妇女利益的重要社团，同样在开展妇女体育活动中发挥着重要的作用。（4）残疾人联合会。根据2018年修正的《中华人民共和国残疾人保障法》第四十一条第二款规定："各级人民政府和有关部门鼓励、帮助残疾人参加各种文化、体育、娱乐活动，积极创造条件，丰富残疾人精神文化生活。"开展残疾人体育活动，有利于促进残疾人康复健身，提高残疾人体育运动水平。2018年8月，广东省残联会同省体育局举办了广东省第九届残疾人运动会。

（二）拓展了组织开展全民健身活动的形式和对象。《全民健身条例》第十六条规定的是社会团体组织其成员开展全民健身活动。《条例》规定为"组织开展形式多样的各类群体全民健身活动"，拓展了组织开展全民健身活动的形式和对象。（1）全民健身活动形式可以多样。不同团体，其本身特点不同，所能吸引的参与健身的群众也不同，活动的要求势必有所差异。因此，《条例》为适应全民健身活动形式的多样性要求，未具体规定组织开展全民健身活动的形式，以引导社会团体根据自身特点开展全民健身活动。（2）全民健身活动对象是各类群体。也就是说，社会团体组织开展全民健身活动对象不一定都是其成员，也可以邀请非成员参与。例如，工会举办的全民健身活动也可以邀请会员家属等非工会成员参加，从而更有利于群众树立全民健身理念，推动全民健身活动的开展。

二、基层开展全民健身活动

当前，全民健身活动已经深入到社会基层，体育已经成为广大群众的经常性需求和生活内容，作为直接为村民或居民提供自治管理服务的村民委员会和居民委员会，必然成为开展全民健身活动的组织者之一。在全民健身计划不断推进的社会实践中，依法组织开展全民健身活动，正成为很多村民委员会和居民委员会的经常性工作内容，并且，由此显现其重要的工作成效，受到了居民群众的欢迎和好评。采用多种方式发动、引导、组织居民群众开展经常性的体育健身活动，是基层体育工作的主要任务之一。《中华人民共和国体育法》第十二条规定："农村应当发挥村民委员会、基层文化体育组织的作用，开展适合农村特点的体育活动。"《全民健身条例》第十七条规定："基层文化体育组织、居民委员会和村民委员会应当组织居民开展全民健身活动，协助政府做好相关工作。"在此基础上，《条例》本条第二款对《全民健身条例》相关规定作了细化规定，明确和细化了村民委员会和居民委员会的相关工作内容，强调基层体育应当根据村民、居民的需求，开展小型多样的全身健身活动和赛事。这一规定要求村民委员会、居民委员会在开展各种体育健身活动时，要讲究科学，注意安全，重在参与；要实现传统健身养生法与现代健身方式相结合、个人锻炼与集体活动相结合、健身娱乐与医疗保健相结合、健身活动与节假日活动相结合，根据本地实际，广泛开展形式多样的体育活动，引导不同特点的人群参加喜闻乐见的体育活动。举办竞赛活动要以动员尽可能多的村民、居民参加为基本出发点，办出地方特色，形成地方传统。此外，还要注意关心老年人、幼儿、残疾人的体育活动，积极开展形式多样的竞赛活动，激发基层群众体育健身的积极性。

第十八条　学校开展健身活动

学校应当实施国家学生体质健康标准，并按照教育主管部门有关规定配备专职体育教师，按照国家课程方案和课程标准开设体育课程，培养学生掌握至少一项体育运动技能或者健身方法，并创造条件为病残学生组织适合其特点的体育活动；幼儿园应当开展适合幼儿的体育游戏活动。禁止占用或者变相占用体育课程时间。

学校应当健全和落实学生课外体育锻炼制度，开展多种形式的课间和课外体育活动，保证学生在校期间每天参加至少一小时的体育活动，每学年至少举办一次全校性运动会或者体育节。有条件的，可以组织学生参加远足、野营和体育夏（冬）令营等体育活动，发展特色体育项目。

县级以上人民政府教育主管部门应当组织实施初中毕业升学体育考试，将成绩纳入中考总分。

【释义】 本条是关于学校开展全民健身活动的规定。

学校体育是以在校的青少年学生为对象，通过学校教育方式进行的有组织的体育活动，对于青少年一代身心的健康成长，培育全面发展的现代化建设人才，体育事业的可持续发展，以及国民素质的提高，都有着重要而深远的意义。开展好学校体育活动，也是开展全民健身活动的重要内容，是全民健身事业发展水平的重要体现。本条分三款，对学校开展全民健身活动作了规定。

一、学校课堂体育锻炼要求

对于学校课堂体育锻炼要求，《条例》从三个层面作出了具体规定。

（一）学校课堂体育锻炼的一般规定。所谓一般规定，就是所有学校、所有学生都应该遵循的基本规定。这主要包括四个方面的内容。

1. 学校应当实施国家学生体质健康标准。施行国家体育锻炼标准，是我国从20世纪50年代起建立起来的一项基本体育制度。1990年1月23日，国家体委、国家教委发布《关于在全国各级各类学校推行〈国家体育锻炼标准施行办法〉的通知》〔（90）体群字15号〕在学校中全面施行体育锻炼标准。2002年，教育部、国家体育总局颁布了《学生体质健康标准》，于2007年修订为《国家学生体质健康标准》。2014年，教育部进一步修订《国家学生体质健康标准》，并印发了《学生体质健康监测评价办法》《中小学校体育工作评估办法》《学校体育工作年度报告办法》。2016年发布的《全民健身计划（2016—2020年）》提出："把学生体质健康水平纳入工作考核体系，加强学校体育工作绩效评估和行政问责。"可见，实施国家学生体质健康标准是贯彻落实国家一系列政策的要求。

2. 学校必须按照教育主管部门有关规定配备专职体育教师。配备体育教师是学校开设体育课程、强化学生体育锻炼的基础条件。《学校体育工作条例》第十八条规定："学校应当在各级教育行政部门核定的教师总编制数内，按照教学计划中体育课授课时数所占的比例和开展课余体育活动的需要配备体育教师。""承担培养优秀体育后备人才训练任务的学校，体育教师的配备应当相应增加。"据《教育部、卫生部、财政部关于印发〈国家学校体育卫生条件试行基本标准〉的通知》（教体艺〔2008〕5号），该标准规定："学校应当在核定的教职工总编制数内，根据体育课教育教学工作的特点，按照教学计划中体育课授课时数和开展课外体育活动的需要，配备体育教师。小学1～2年级每5～6个班配备1名体育教师，3～6年级每6～7个班配备1名体育教师；初中每6～7个班配备1名体育教师；高中（含中等职业学校）每8～9个班配备1名体育教师。农村200名学生以上的中小学校至少配备1名专职体育教师。"《关于〈中共广东省委、广东省人民政府关于加强青少年体育增强青少年体质的意见〉的实施意见》（粤教体〔2009〕82号）规定："省一级学校、珠江三角洲地区学校和其他地区有条件的学校，按不低于以下标准配备体育教师和卫生（保健）室人员：小学1～2年级每4～5个班配备1名体育教师，3～6年级每5～6个班配备1名体育教师；初中每4～6个班配备1名体育教师；高中（含中等职业学校）每6～8个班配备1名体育教师。学校卫生（保健）室人员按《国家学校体育卫生条件试行基本标准》配备。达不到以上条件地区的学校体育教师配备按《国家学校体育卫生条件试行基本标准》标准执行。"因此，学校应当配备符合《学校体育工作条例》等有关规定要求的专职体育教师，以保障相关工作的开展。

3. 学校应当按照国家课程方案和课程标准开设体育课程。《国务院办公厅关于强化学校体育促进学生身心健康全面发展的意见》（国办发〔2016〕27号）要求："完善国家体育与健康课程标准，建立大中小学体育课程衔接体系。各地中小学校要按照国家课程方案和课程标准开足开好体育课程，严禁削减、挤占体育课时间。"《学校体育工作条例》《学校卫生工作条例》《中小学健康教育指导纲要》《九年义务教育全日制小学、初级中学课程方案（试行）》等对体育课程开设均作了具体规定，学校应当按照这些行政法规、规章规定的国家课程方案和课程标准开设体育课程。

4. 学校应当培养每个学生掌握至少一项体育运动技能或者健身方法。《国务院办公厅关于强化学校体育促进学生身心健康全面发展的意见》提出："研究制定运动项目教学指南，让学生熟练掌握一至两项运动技能。"《广东省人民政府办公厅关于强化学校体育促进学生身心健康全面发展的实施意见》（粤府办〔2016〕119号）提出："注重学生的运动技能学习，重视实践性练习，探索制定运动项目教学指南，根据学生的个体差异，做到区别对待、因材施教，让学生掌握一至两项运动技能。"从学生身心特点来看，掌握体育运动技能或者健身方法是促使学生增强身体体质、提高健身兴趣、形成健身习惯的最有效方法之一。因此，学校应当着重培养学生掌握至少一项体育运动技能或健身方法，这也是课堂体育锻炼的重要目的。

（二）学校课堂体育锻炼的特别规定。学校体育应当坚持以人为本，从青少年儿童的具体实际出发，有针对性地开展适合不同年龄阶段和体质状况的体育活动，才能产生应有的健身效果。因此，《条例》对特殊学生群体作出了特别规定。

1. 学校应当为病残学生组织适合其特点的体育活动。学校在开展体育活动时，要充分考虑残疾学生的特殊情况，体现人文关怀。例如，为病残学生开设专门的健身知识学习课堂、设立有氧耐力训练区和综合力量训练区、开展坐式排球、残疾人自行车、游泳、田径等运动项目。

2. 幼儿园应当开展适合幼儿的体育游戏活动。生长发育是幼儿身体的主要特点。开展幼儿体育运动健身时，要注意形式的多样化，同时要以其自身爱好、身体条件和家庭条件为依据选择项目。开展幼儿体育游戏活动主要以增强体质为目的，如跑、跳、投、游泳、体操等形式的体育活动都适合幼儿参加。幼儿园还可以通过开展一些亲子健身活动，以及开办舞蹈、体操等课堂来培养幼儿的体育健身兴趣。

（三）学校课堂体育锻炼的禁止性规定。禁止学校占用或者变相占用体育课程时间。实践中，因长期以来受应试教育的影响和束缚，一些学校的观念尚停留在教育在实践中奉行"智育第一"思想。对于体育则停留于长期以来形成的片面认识，认为体育就是让学生蹦蹦跳跳、玩玩乐乐，而没有从提高全民族素质的高度去认识体育的意义，以致其他学科教师为了完成教学任务，人为地延长教学时间，甚至不惜挤占体育教学和活动时间。针对在实践中的这种情况，《条例》特规定"禁止学校占用或者变相占用体育课程时间"，意在规范学校行为，要求其按照相关规定科学设置体育课程，不折不扣地保证学生拥有充分的体育课程时间。同时，学校不得以任何理由占用或者变相占用学生的体育课程时间。

二、学校课外体育锻炼要求

《学校体育工作条例》第三章"课外体育活动"、第四章"课余体育训练与竞赛"建立了学校课外体育锻炼的基本制度。《条例》在此基础上进一步要求健全和落实学生课外体育锻炼制度，并从两个层面对学校课外体育锻炼要求作出了具体的规定。

（一）学校课外体育锻炼的义务性规定。这些规定包括两方面内容：一是开展多种形式的课间和课外体育活动，保证学生在校期间每天参加至少一小时的体育活动；二是每学年至少举办一次全校性运动会或者体育节。

（二）学校课外体育锻炼的倡导性规定。为推动学校根据自身条件开展学生健身活动，《条例》本条第二款在对学校课外体育锻炼义务性规定的基础上从两个方面作出了倡导性规定：一是有条件的学校，可以组织学生参加远足、野营和体育夏（冬）令营等体育活动；二是发展特色体育项目。

三、初中毕业升学体育考试成绩纳入中考总分

为切实提高青少年的体质健康水平，促进青少年的全面发展，《中共中央、国务院关于加强青少年体育增强青少年体质的意见》（中发〔2007〕7号）规定："全面组织实施初中毕业升学体育考试，并逐步加大体育成绩在学生综合素质评价和中考成绩中的分量；积极推行在高中阶段学校毕业学业考试中增加体育考试的做法。"根据国家政策，广东省2008年制定了《中共广东省委、广东省人民政府关于加强青少年体育增强青少年体质的意见》，之后，印发了该意见的实施意见（粤教体〔2009〕82号），要求建立

和完善体育考试评价制度。按照素质教育的要求，全省各地要全面组织实施初中毕业升学体育考试，体育考试成绩占中考总分的8%。近年来，广东省各市积极开展体育考试进入中考相关改革探索工作，逐步推进开展体育升学考试，积累了一系列重要的经验，为提高在校学生体质提供了保障。2017年，《广东省教育厅关于进一步推进高中阶段学校考试招生制度改革的实施意见》（粤教考〔2017〕15号）要求各市确定纳入高中阶段学校招生录取科目及其计分比例；推进体育与健康等科目考试改革，提高学生综合素质；体育与健康考试满分值也由从前的60分，变为满分值权重不低于录取总分的8%。《条例》本条第三款对上述文件规定及实践经验作了原则性的肯定，明确规定"教育主管部门应当组织实施初中毕业升学体育考试，将成绩纳入中考总分"，为体育考试成绩纳入中考总分提供了法治保障。

第十九条　社会组织开展健身活动

各级体育总会和各类单项、行业、人群体育协会等体育社会组织应当依照章程，发挥专业优势，开展规则制定、人员培训、活动策划等工作，组织和指导公民科学健身。

其他社会组织可以结合自身特点和优势，依法组织开展全民健身活动。

【释义】本条是关于社会组织开展全民健身活动的规定。

《全民健身条例》第三条规定："国家推动基层文化体育组织建设，鼓励体育类社会团体、体育类民办非企业单位等群众性体育组织开展全民健身活动。"随着经济的发展、生活水平的提高和休闲时间的逐渐增加，广东各界群众的社会生活呈现多样化，从而催生了多样化的体育需求，群众体育活动的独立性、选择性、差异性增强，体育活动形式和内容更加丰富多彩。体育社会组织不仅可以为社会提供高质量、多品种的公共体育服务，还可以发挥其非营利性、公共性、民间性的特质，在群众中具有更大的亲和力、影响力和渗透力，能更好地满足广大群众不同层次的体育需求。为充分发挥各类社会组织在健身活动中的重要作用，本条分两款对社会组织开展全民健身活动作了规定。

一、体育社会组织开展全民健身相关工作的要求

《中华人民共和国体育法》第五章对各级体育总会、体育科学社会团体、全国性的单项体育协会等体育社会团体作了规定。各级体育总会是全国体育总会的团体会员，是经政府社团登记管理机关核准登记、具有法人资格的非营利性专业社会团体，成员包括所辖地区体育总会、体育团体、地方单项体育协会等。各级体育总会是地方各单项体育协会的业务主管单位，受各级体育局的委托对地方各单项体育协会进行管理和协调工作。《中华人民共和国体育法》第十五条还明确了："国家鼓励、支持体育社会团体按照其章程，组织和开展体育活动，推动体育事业的发展。"《全民健身条例》第十六条第二款规定："单项体育协会应当将普及推广体育项目和组织开展全民健身活动列入工作计划，并对全民健身活动给予指导和支持。"《中华人民共和国体育法》第三十六条规定："各级体育总会是联系、团结运动员和体育工作者的群众性体育组织，应当在发展体育事业中发挥作用。"《全民健身计划（2016—2020年）》要求："加强各级体育总会作为枢纽型体育社会组织的建设，带动各级各类单项、行业和人群体育组织开展全民健身活动。"体育社会组织章程是体育社会组织为了调整其内部关系，规范内部成员的行为而制定的具有明显的行为规则性质的文件，是设立体育社会组织的法定必备文件，是体育社会组织内部管理和活动的根本准则。体育社会组织应当依照各自的章程，发挥专业优势，开展规则制定、人员培训、活动策划等工作，组织和指导公民科学健身。近年来，广东充分发挥省篮球协会、老年人体育协会、社会体育指导员协会等社会组织的积极作用。

二、其他社会组织开展全民健身活动的要求

《中华人民共和国体育法》第四十一条规定："国家鼓励企业事业组织和社会团体自筹资金发展体育事业，鼓励组织和个人对体育事业的捐赠和赞助。"《全民健身计划（2016—2020年）》强调激发市场活力，为社会力量举办全民健身活动创造便利条件，同时，发挥网络等新兴活动组织渠道的作用，完善业余体育竞赛体系。为更好地发挥社会组织在开展全民健身活动中的作用，《条例》本款对非体育类社会组织根据自身特点和优势开展全民健身活动作了引导性规定。需要注意的是，尽管其他社会组织在组织有相同爱好、共同语言的会员开展健身活动等方面具有一定的优势和便利条件，但同样应当依法和依章程开展相关活动。这里"依法"的所依之法是广义上的法律，即指法律的整体。例如，与全民健身活动关系较为密切的《中华人民共和国体育法》《中华人民共和国治安管理处罚法》《全民健身条例》《全国人民代表大会常务委员会关于取缔邪教组织、防范和惩治邪教活动的决定》等相关法律法规，以及广东省地方性法规、国务院部门规章和地方政府规章等不同效力层级的法规规章。

第二十条 公民健身行为规范

举办、参加全民健身活动应当遵守道路交通安全、噪声污染防治等相关规定，遵守社会公德，崇尚科学、文明健身，遵守健身场所规章制度，爱护健身设施和环境卫生；不得侵害他人合法权益、影响他人的正常工作和生活。

任何组织或者个人不得借全民健身名义从事危害公共安全、扰乱公共秩序等违法活动，在健身活动中不得宣扬邪教、封建迷信、色情、暴力和其他违背公序良俗的内容，不得利用全民健身活动进行赌博。

【释义】本条是关于举办、参加全民健身活动的有关义务以及禁止从事有关行为的规定。

公民是全民健身事业的建设者，也是受益者。公民在健身活动中必须遵守相应的行为规范，维护社会秩序、爱护健身环境、尊重他人和公共利益是公民应当负有的义务。无论是活动的组织者还是参与者，都不应当只顾个人享受、贪图方便，置他人合法权益和社会公共利益于不顾。结合实践中出现的问题，响应人民群众的呼声，《条例》本条对公民开展全民健身活动的行为规范作出了规定。

一、公民健身应当遵守的行为规范

随着全民健身的不断发展，各种违法违规和不道德的行为也随之显现，给公民和组织造成损失或不良影响。文明健身折射的是全民素养。让文明健身真正成为"行为自觉"需要全民参与、齐抓共管。为此，要大力推动全民科学健身、文明健身，要强调在健身过程中依法依规，强化自我约束，不扰民、不破坏公私财物和环境。《条例》本条

第一款从两个方面对公民开展全民健身活动应当遵守的行为规范作出了规定。

（一）遵守法律规范。遵守法律是对公民参加健身活动最基本的要求，《条例》本条针对实践中常出现问题的地方，重点突出了以下规定的重要性。第一，道路交通安全规定。近年来，有些地方出现了健步走爱好者自发组成健身团队沿着机动车道"暴走"，不仅严重干扰了机动车通行权，还带来了极大的安全隐患，甚至引起致人死亡的交通事故。《中华人民共和国道路交通安全法》第三十一条规定："未经许可，任何单位和个人不得占用道路从事非交通活动。"开展全民健身活动确需占用道路或者相关公共场地的，必须依法向有关部门申请行政许可，并注意维护健身活动和周边道路交通的安全秩序，保护公民生命财产安全。第二，噪声污染防治规定。有些健身活动尤其是集体性的活动比较容易产生噪声污染，实践中，一些健身活动由于噪声问题对周边居民和企业事业组织产生了负面影响，有的还发生了较大的矛盾和争议，成为社会公众关心的社会热点问题之一。针对这一现象，《中华人民共和国环境噪声污染防治法》等法律对社会生活噪声污染防治作了专门规定。《条例》在此基础上强调公民健身必须遵守噪声污染防治的有关规定，就要求公民在进行体育锻炼或组织开展健身活动时，要注意合理选择位置和时间。例如，进行广场舞、健身操锻炼的，应该到规定的区域或者与居民区有一定距离的区域，并尽量选择避开正常的休息时间，或者采取相应的降噪减噪措施，避免干扰他人的正常休息起居。

（二）遵守健身场所规章制度。为给健身者提供更好地健身服务和保障其人身财产安全，健身场所的管理者往往会制定相应的规章制度，这些规章制度是保证公民有序健身的基础。但在实践中，依然存在健身活动者不观看、不遵守相关制度规定和无视提示的情况，从而产生了不少矛盾争议。针对这一现象，《条例》特别强调了遵守相关规章制度的要求，同时也对爱护健身设施和环境卫生作出了规定。具体到实践中，包括不得在健身区抽烟、乱丢垃圾、随地吐痰；对于要求保持安静的健身场所，要保持个人素质，不得大声喧哗、大吵大闹；等等。

二、公民健身的禁止性行为规范

《全民健身条例》第二十五条规定："任何组织或者个人不得利用健身活动从事宣扬封建迷信、违背社会公德、扰乱公共秩序、损害公民身心健康的行为。"《条例》在此基础上从四个方面对相关禁止性规定进行了细化和补充。

（一）不得侵害他人合法权益、影响他人的正常工作和生活。健身是公民的一种权利，但权利的范围不是无限的。《中华人民共和国宪法》第五十一条规定："中华人民共和国公民在行使自由和权利的时候，不得损害国家的、社会的、集体的利益和其他公民的合法的自由和权利。"因此，在举办、参加全民健身活动的过程中，任何侵害他人合法权益、影响他人的正常工作和生活的行为都是法律所不允许的，有关部门也将会依法予以查处。例如，2019年5月，安徽省宁国市公安局公布了一起健身扰民的行政处罚。起因是当地派出所数次接到辖区医院患者报警，称医院附近公园内的广场舞噪音扰民，导致无法静心疗养。经前期多次出警并劝告无效后，当地公安集中开展了统一整治行动，根据《中华人民共和国治安管理处罚法》第五十八条规定，对涉及噪音扰民的5名广场舞组织者给予了警告的行政处罚，并当场予以训诫。《条例》本条第一款规定也是对遵守法律规范的回应。

（二）不得借全民健身名义从事违法活动。《条例》本条第一款已经明确规定，健身活动必须遵守法律规范和社会公德，任何违反法律规范的健身行为都是被禁止的。本条第二款所禁止的是以全民健身活动为名义，非从事全民健身活动，在实质上危害公共安全、扰乱公共秩序的违法活动。公共安全是指社会和公民个人从事和进行正常的生活、工作、学习、娱乐和交往所需要的稳定的外部环境和秩序，包括公共信息、食品和公共卫生等内容。公共秩序是指为维护社会公共生活所必需的秩序，包括社会管理秩序、生产秩序、工作秩序、交通秩序和公共场所秩序等内容。遵守公共秩序是公民的基本义务之一。《中华人民共和国治安管理处罚法》第三章设专节分别规定了扰乱公共秩序的行为和处罚、妨害公共安全的行为和处罚。如果有人借全民健身名义从事相关违法活动，将会依法受到行政处罚甚至要负刑事责任。

（三）不得宣扬邪教、封建迷信、色情、暴力和其他违背公序良俗的内容。此处列举了较为常见的宣扬邪教、封建迷信、色情、暴力等不良信息的行为。同时以"其他违背公序良俗的内容"作为兜底，从而对有关人员产生警示和震慑作用。之所以要对不良内容的传播予以禁止，是因为它对公序良俗产生了危害。以邪教为例，邪教教派偏向极端、一意孤行，往往奉行反社会、反文明的教义，宣扬极权统治，对信徒进行洗脑和精神控制，是对人权的摧残。因此，邪教组织是具有严重犯罪性质的极端组织。再如，封建迷信思想是指盲目地坚定地相信某些原始落后、不合理不真实的东西，而事实上没有理由和根据的思想。此外，还有其他违背公序良俗的行为，危害性虽或未达到违法程度，但这类行为亦受到《条例》所禁止。这类活动从性质上侵犯了公共利益，严重者甚至危害公共财产甚至公众生命安全，违背全民健身活动利益公众的原则和要求，因此，须以严厉禁止。违反本规定的，构成违反治安管理行为的，由公安机关依照《中华人民共和国治安管理处罚法》的规定给予处罚；构成犯罪的，依法追究刑事责任。因此，对于全民健身活动的主管部门和相关健身活动的组织者而言，必须加强管理，维护好健身活动合法有序。

（四）不得利用全民健身活动进行赌博。体育彩票之所以具备合法性，是因为从金额到运作都受到严格的管理和监督，并且具有公益性。而赌博活动则具有严重的危害性，不仅扰乱破坏个人的身心健康和正常生活，甚至还会影响社会稳定与和谐。《中华人民共和国治安管理处罚法》第七十条规定："以营利为目的，为赌博提供条件的，或者参与赌博赌资较大的，处五日以下拘留或者五百元以下罚款；情节严重的，处十日以上十五日以下拘留，并处五百元以上三千元以下罚款。"《中华人民共和国刑法》专设了赌博罪，根据第三百零三条的规定，"以营利为目的，聚众赌博或者以赌博为业的，处三年以下有期徒刑、拘役或者管制，并处罚金。开设赌场的，处五年以下有期徒刑、拘役或者管制，并处罚金；情节严重的，处五年以上十年以下有期徒刑，并处罚金"。由于健身活动形式广泛，客观上包含大量具有群体性和广泛性的内容，因而存在被不法分子利用、掩饰赌博活动的可能性，原本积极健康的健身活动甚至会直接被利用作为赌注。有鉴于此，全民健身活动作为具有普遍性的社会活动，必须坚持合法有序，坚决反赌禁赌。

第三章 全民健身设施

本章共十五条,内容涉及全民健身设施建设和管理、公共体育设施规划、公共体育设施建设的配置要求、公共体育设施建设的其他要求、住宅区体育设施规划建设、闲置资源利用、社会力量建设体育设施、公共场所和居民住宅区体育设施管理责任、体育设备维护、公共体育设施开放公共体育设施优惠开放、单位体育设施开放、学校体育设施开放要求、学校体育设施开放管理、体育设施开放保障。全民健身设施是开展全民健身活动的物质基础,也是影响其健康发展的关键因素之一。根据《中华人民共和国立法法》不重复上位法的规定,《条例》在落实《中华人民共和国体育法》《全民健身条例》和《公共文化体育设施条例》相关规定的基础上,结合广东实际,对全民健身设施规划、建设、开放和管理等方面的政府职责进行了细化,全面规范和积极促进全民健身设施建设,鼓励社会力量参与全民健身设施建设,明确全民健身设施的管理和维护责任。

第二十一条 全民健身设施建设和管理

县级以上人民政府应当加强全民健身设施的规划、建设和管理,充分发挥全民健身设施功能,提高利用率。

本条例所称全民健身设施是指用于全民健身活动的建筑物、构筑物、场地和设备,包括公共体育设施和学校体育设施、居民住宅区的体育设施、经营性体育设施以及国家机关、社会团体和企业事业组织等单位内部的体育设施。

【释义】本条是关于全民健身设施建设和管理的规定。

全民健身是国家战略。全民健身设施是全民健身事业的基础,全民健身设施是全民健身基本公共服务体系中的基本内容之一。政府是服务的主要提供主体也是责任主体[①],因而需要加强政府的领导和调控,为广大人民群众体育健身提供物质基础。《条例》本条分两款,分别对全民健身设施建设和管理的政府职责、全民健身设施定义作了规定。

一、政府的全民健身设施规划、建设和管理职责

《中华人民共和国体育法》第四十条规定:"县级以上各级人民政府应当将体育事业经费、体育基本建设资金列入本级财政预算和基本建设投资计划,并随着国民经济的发展逐步增加对体育事业的投入。"第四十四条规定:"县级以上地方各级人民政府应当按照国家对城市公共体育设施用地定额指标的规定,将城市公共体育设施建设纳入城市建设规划和土地利用总体规划,合理布局,统一安排。城市在规划企业、学校、街道和居住区时,应当将体育设施纳入建设规划。乡、民族乡、镇应当随着经济发展,逐步

---

① 参见国家体育总局群众体育司编《〈全民健身计划(2016—2020年)〉一百问》,人民体育出版社2016年版,第28页。

建设和完善体育设施。"《全民健身条例》第二条规定:"县级以上地方人民政府应当将全民健身事业纳入本级国民经济和社会发展规划,有计划地建设公共体育设施,加大对农村地区和城市社区等基层公共体育设施建设的投入,促进全民健身事业均衡协调发展。国家支持、鼓励、推动与人民群众生活水平相适应的体育消费以及体育产业的发展。"《全民健身条例》第五条规定:"国务院体育主管部门负责全国的全民健身工作,国务院其他有关部门在各自职责范围内负责有关的全民健身工作。县级以上地方人民政府主管体育工作的部门负责本行政区域内的全民健身工作,县级以上地方人民政府其他有关部门在各自职责范围内负责有关的全民健身工作。"《条例》第四条规定:"县级以上人民政府应当加强对全民健身工作的组织领导,将全民健身工作纳入本级国民经济和社会发展规划,列入基本公共服务体系,制定全民健身实施计划。"要做好全民健身设施的规划、建设和管理工作,需要政府各个职能部门密切配合,而各个职能部门是否能够密切配合在很大程度上取决于政府的宏观调控。《公共文化体育设施条例》第十条第一款规定:"公共文化体育设施的数量、种类、规模以及布局,应当根据国民经济和社会发展水平、人口结构、环境条件以及文化体育事业发展的需要,统筹兼顾,优化配置,并符合国家关于城乡公共文化体育设施用地定额指标的规定。"因此,县级以上人民政府应当加强全民健身设施的规划、建设和管理,结合本地社会经济发展的实际情况,编制全民健身设施规划,并按照规划进行科学有效的建设,同时,确定相应单位具体管理全民健身设施。这里所称的县级以上人民政府,包括省人民政府、地级市人民政府和县(区、市)人民政府。在全民健身设施建设管理方面,县级以上人民政府的职责主要包括:规划、建设和管理。这三项职责都属于政府的宏观调控内容,是优化全民健身环境、促进健身设施扩容提质的要求。全民健身设施的主要功能是为群众参与健身活动提供设施支持、促进公民身体健康。全民健身设施建设和管理,要求对全民健身设施建设合理规划,充分发挥全民健身设施功能、提高利用率,如公共体育设施的建设选址应当按照2009年公布的《公共体育场馆建设标准》第八条的要求,符合"人口集中、交通便利"的原则,延长开放时间,以便提高全民健身设施的利用率。近年来,广东省高度重视全民设施建设,广泛开展全民健身运动,取得了一定成效。截至2018年年底,广东省建成绿道1.8万多公里,全省人均体育场地面积2.42平方米①,全省体育场地数量达19万多个②。但是,主要矛盾仍然是人民日益增长的对健身服务的需要和健身服务发展不平衡不充分之间的矛盾。这就决定了当前规划、建设和管理工作的重点是要合理布局健身公共服务设施,增强健身公共服务的有效性和提高健身设施利用率。

二、全民健身设施的含义

全民健身设施,顾名思义,其服务对象是不特定的社会公众,服务内容是全民健身活动。为了方便公众使用健身设施,用于全民健身活动的建筑物、构筑物、场地和设备均纳入全民健身活动设施的范围,包括公共体育设施、学校体育设施、居民住宅区的体育设施、经营性体育设施以及国家机关、社会团体和企业事业组织等单位内部的体育设

---

① 数据来源于2018年全国体育场地统计调查。
② 不含军队和铁路系统拥有或管理的体育场地。

施。所谓建筑物，是指用建筑材料构筑的空间和实体，供人们居住和进行各种活动的场所。所谓构筑物，是指不具备、不包含或不提供人类居住功能的人工建造物。所谓公共体育设施，是指由各级人民政府举办或者社会力量举办的，向公众开放用于开展体育活动的公益性的体育场（馆）、青少年宫等的建筑物、场地和设备。所谓学校体育设施，是指设置在学校内部主要供校内师生开展体育活动的各项体育设施。所谓经营性体育设施，是指用于开展经营性体育活动的各项体育设施。目前，我国的公共体育设施大部分是各级人民政府直接出资建设，也有少数是接受社会力量捐赠。公共体育设施一般由体育主管部门进行管理，向社会开放，服务于不特定的公众或社会群体，是政府主导提供的，不以营利为目的的体育公共产品，以满足广大群众对公平享有体育活动条件的需要。公共体育设施区别于学校、居民住宅区、国家机关、社会团体、企业事业组织等单位内部的体育设施，也区别于以营利为目的的经营性体育设施。[①] 其中，学校体育设施和单位体育设施的服务对象较为特定，面向公众的开放程度相对较低，而管理程度较高。居民住宅区的体育设施和经营性体育设施的受众范围不同，前者以一定的地域为服务范围，后者以消费服务能力较强、具有商品服务要求的群体为服务范围。

第二十二条 公共体育设施规划

县级以上人民政府应当将公共体育设施用地纳入城乡规划、土地利用总体规划和年度用地计划，合理安排体育用地需求。

县级以上人民政府体育主管部门应当会同自然资源主管部门组织编制公共体育设施布局规划，报本级人民政府批准后实施。

有条件的地方可以制定体育设施专项规划。

自然资源主管部门在组织编制居民住宅区所在区域的控制性详细规划时，应当根据国家和省的有关规定，对体育设施配套情况进行审查，并征求体育主管部门意见。

【释义】本条是关于公共体育设施建设纳入规划及编制公共体育设施布局规划责任主体的规定。

公共体育设施是开展全民健身事业的重要物质基础。公共体育设施的建设离不开土地资源，而当前城市的土地资源极其稀缺，如果没有纳入城乡规划、土地总体规划和年度用地计划，基本上不可能获得相应的土地资源。同时，城乡之间、粤东西北与珠三角地区之间体育设施存在极大不均衡，解决这些问题要求我们必须加强公共体育设施的规划建设。《条例》本条分四款，对公共体育设施规划作了规定。

一、政府对公共体育设施用地规划的职责

对全民健身设施予以规划是县级以上人民政府的职责。随着人民生活质量的提高，社会对健身设施的需求也不断提高。因此，国家对公共体育设施用地高度重视。早在1986年国家体委、城乡建设部就联合发布了《城市公共体育运动设施用地定额指标暂行规定》，首次对不同人口的城市公共体育运动设施的面积作出了较为详尽的规定。

---

① 参见曹康泰、刘鹏主编《〈全民健身条例〉释义》，中国法制出版社2009年版，第26页。

1988年制定的《全国体育先进县的标准的细则》，推动了我国县级公共体育设施的兴建。随后1995年颁布的《中华人民共和国体育法》第四十四条规定："县级以上地方各级人民政府应当按照国家对城市公共体育设施用地定额指标的规定，将城市公共体育设施建设纳入城市建设规划和土地利用总体规划，合理布局，统一安排。城市在规划企业、学校、街道和居住区时，应当将体育设施纳入建设规划。"《公共文化体育设施条例》第十四条规定，将公共文化体育设施的建设预留地纳入土地利用总体规划以及城乡规划。《国务院关于加快发展体育产业促进体育消费的若干意见》（国发〔2014〕46号）也提出："各地要将体育设施用地纳入城乡规划、土地利用总体规划和年度用地计划，合理安排用地需求。"《中共中央、国务院关于进一步加强和改进新时期体育工作的意见》（中发〔2002〕8号）、国务院发布的《全民健身计划纲要》（国发〔1995〕14号）等都将公共体育设施用地纳入城乡规划作出了具体要求。① 基于上述规定，为合理安排体育用地，满足人民群众的体育健身需求，《条例》本条规定县级以上人民政府应当将公共体育设施用地纳入城乡规划、土地利用总体规划和年度用地计划。

二、公共体育设施布局规划要求

公共体育设施布局规划的主体是县级以上地方各级人民政府自然资源主管部门和体育主管部门。《中华人民共和国体育法》第四条规定："国务院体育行政部门主管全国体育工作。国务院其他有关部门在各自的职权范围内管理体育工作。县级以上地方各级人民政府体育行政部门或者本级人民政府授权的机构主管本行政区域内的体育工作。"对于公共体育设施布局规划的具体要求，《城市居住区规划设计标准》（GB 50180—2018）规定：（1）15分钟生活圈居住区、10分钟生活圈居住区配套设施规划建设应建体育场（馆）或全民健身中心建筑面积应达到2000～5000平方米，用地面积1200～15000平方米，应当具备多种健身设施、专用于开展体育健身活动的综合体育场（馆）或健身馆；服务半径不宜大于1000米，体育场应设置60～100米直跑道和环形跑道，全民健身中心应具备大空间球类活动、乒乓球、体能训练和体质监测等用房。（2）大型多功能运动场地用地面积应达到3150～5620平方米，配备多功能运动场地或同等规模的球类场地；宜结合公共绿地等公共活动空间统筹布局，服务半径不宜大于1000米，宜集中设置篮球、排球、7人足球场地。（3）中型多功能运动场地用地面积应达到1310～2460平方米，配备多功能运动场地或同等规模的球类场地；宜结合公共绿地等公共活动空间统筹布局，服务半径不宜大于500米，宜集中设置篮球、排球、5人足球场地。同时，公共体育设施的布局，还应该坚持以"创新、协调、绿色、开放、共享"发展理念为引领，通过合理的空间布局设置，引导群众增强健身活动参与度，培养健身健康理念。此外，还需要注意的是，公共体育设施布局规划必须报本级人民政府批准后实施，未经批准的布局规划不得实施。这是因为，设施规划发布后，会对其他公共服务提供部门和建设单位、普通群众造成影响和约束。因此，必须遵循必要的批准程序。同时，布局规划一经发布，公共体育设施的相关规划、建设、管理单位就必须遵照执行，不得擅自改变。

---

① 参见丁士良《全民健身的理论与实践研究》，武汉大学出版社2016年版，第82页。

三、鼓励制定体育设施专项规划

对公共体育设施的统筹建设，并不意味着各地区建设公共体育设施的布局规划就要完全一致。考虑到广东省地区经济发展不均衡，因此，对专项规划的开展以及规划模式不作统一要求，允许各地结合当地经济社会发展的水平和公共体育设施建设的现状，合理规划，适时调整，鼓励有条件的地方结合自身实际，制定体育设施专项规划，为地方发挥自主能动性、培育地方特色体育预留空间。我国的公共体育设施专项规划原来主要侧重于保障大型竞技体育场馆的建设，全民健身的公共体育设施的建设相对滞后，造成当前群众健身运动场地严重不足，形成群众多样化体育需求得不到满足的局面。为进一步完成推动全民健身、提高竞技水平、发展体育产业、推广体育文化的四大任务，完善体育设施配置，优化体育设施布局，促进体育产业发展，实现体育建设规划目标、构建和谐社会，各地在进行公共体育设施专项规划时应遵循下列原则：（1）以人为本，利民便民。通过制定体育设施规划，促进公共体育设施的合理布局，为人民群众创造良好的生活环境，不断提高居民生活质量。（2）城乡统筹，均衡共享。立足主城区，并带动周边乡镇，城乡统筹协调发展，使村镇人口与城市人口在体育设施使用方面享有同等的便利，以充分体现公共体育设施的便民性、公益性，满足人民群众对体育设施的需求。（3）分级配置，层次清晰。公共体育设施布局要调整结构、加强分级布局，积极推进公共体育设施布局的战略调整，构建完善的体育设施服务体系。（4）立足现状，适度超前。从现代体育的内涵和发展趋势出发，整合现有体育设施资源，结合国民经济和社会发展水平、人口结构、城市空间结构、环境条件，以及体育发展需求等因素，合理确定体育事业的发展规模和标准；同时放眼长远，在设施数量、规模、档次等方面适度超前，留有发展空间，不断完善功能，提升整体服务水平。（5）挖掘内涵，彰显特色。如梅州素有"足球之乡"的美誉，也是我国重要的体育人才培养基地，体育设施规划和建设应立足于当地特有的体育文化的特点，进一步彰显特色。第十六届亚运会后，广州体育发展重点转到群众体育设施建设上来，并于2013年年底开始首次编制单独的公共体育设施布局专项规划，推动了群众体育的发展。[①] 2016年，珠海市制定了《珠海市体育运动场地设施专项规划（2016—2020年）》，通过综合考虑未来城市发展需求，以规划带动群众体育的发展。

四、控制性详细规划编制的要求

城市规划分为总体规划和详细规划两个阶段，城市详细规划分为控制性详细规划和修建性详细规划。根据2010年公布的《城市、镇控制性详细规划编制审批办法》（中华人民共和国住房和城乡建设部令第7号）规定，所谓控制性详细规划，是指城市、乡镇人民政府城乡规划主管部门根据城市、镇总体规划的要求，用以控制建设用地性质、使用强度和空间环境的规划，是城乡规划主管部门作出规划行政许可、实施规划管理的依据。《城市、镇控制性详细规划编制审批办法》第十六条规定："控制性详细规划组织编制机关应当组织召开由有关部门和专家参加的审查会。审查通过后，组织编制机关

---

① 参见闫永涛、许智东、黎子铭《面向全民健身的公共体育设施专项规划编制探索——以广州为例》，载《规划师》2015年第7期。

应当将控制性详细规划草案、审查意见、公众意见及处理结果报审批机关。"居民住宅区的体育设施是全民健身设施的重要组成部分。因此，在住建部城乡规划管理职责划归自然资源部的背景下，《条例》本条款进一步明确自然资源主管部门组织编制居民住宅区控制性详细规划的职责，并且要求自然资源主管部门在规定规划编制时，不但要按照国家和省的有关规定审查体育设施配套情况，还要征求体育主管部门的意见，以利于居民住宅区所在区域配套体育设施达到规定标准。

第二十三条 公共体育设施建设的配置要求

各级人民政府应当根据国家和省的有关规定，按照下列要求建设公共体育设施：

（一）地级以上市应当建有大中型体育场和体育馆、游泳池、足球场、全民健身广场、全民健身中心、社区体育公园、健身步道等公共体育设施。

（二）县（市、区）应当建有体育场和体育馆、游泳池、足球场、全民健身广场、全民健身中心、社区体育公园、健身步道等公共体育设施。

（三）乡镇（街道）应当建有全民健身广场、全民健身中心或者中小型足球场、健身步道等公共体育设施。

（四）社区和行政村应当建有便捷、实用的体育设施。

各级人民政府应当在保障安全、合法利用的前提下，充分利用现有设施、山岭、荒草地、河漫滩、废弃矿山等未利用土地，以及郊野公园、城市公园、公共绿地、河湖沿岸、城市高架桥底等空间因地制宜配置公共体育设施。

【释义】本条是关于公共体育设施配置的规定。

一、公共体育设施分级配置

《全民健身计划（2016—2020年）》明确指出，"推动公共体育设施建设，着力构建县（市、区）、乡镇（街道）、行政村（社区）三级群众身边的全民健身设施网络和城市社区15分钟健身圈"；《"健康中国2030"规划纲要》也提出，"到2030年，基本建成县乡村三级公共体育设施网络，人均体育场地面积不低于2.3平方米，在城镇社区实现15分钟健身圈全覆盖"。而《广东省公共体育设施建设实施意见》（粤体群〔2018〕224号）指出，广东省现有公共体育设施的建设短板体现为"一是结构欠合理，城乡之间、区域之间设施数量及质量水平与需求不一致，大中型体育设施占比较高，小型便民的群众性体育设施占比偏低"。因此，建设公共体育设施网络，必须坚持全面推进、协调发展，不能顾此失彼。2016年，广东省政府发布的《广东省全民健身实施计划（2016—2020年）》（粤府〔2016〕119号）提出"按照配置均衡、规模适当、方便实用、安全合理的原则，科学规划和统筹建设公共体育场地设施，着力构建县（市、区）、乡镇（街道）、行政村（社区）三级群众身边的全民健身设施网络和城市社区15分钟健身圈"的主要任务。广东省作为经济大省、体育强省，群众的体育健身需求旺盛，构建完善的公共体育设施网络是对各级人民政府的必然要求。《条例》依照国家有关规定，总结广东省成功经验，将构建地级以上市、县（市、区）、乡镇（街道）、行政村（社区）四级群众身边的全民健身设施网络上升到地方性法规层面，以保持其稳定性、权威性。

（一）地级以上市的配置要求。地级以上市的人口众多，公共体育设施配置基础好，经济实力强，应当建有大中型体育场和体育馆、游泳池、足球场、全民健身广场、全民健身中心、社区体育公园、健身步道等公共体育设施。这里的大中型体育场、体育馆、游泳池是根据容纳的观众席数量而确定的。容纳的观众席数量达20000座以上的体育场、3000座以上的体育馆、1500座以上的游泳馆，属于大型；未达到大型的体育场馆且容纳的观众席达1500座以上的体育场、500座以上的体育馆、100座以上的游泳馆，则属于中型。

（二）县（市、区）的配置要求。县级行政区域是国家要求的普及健身设施建设的重点层次之一。"十三五"期间，国家发展和改革委员会将利用中央预算内投资，对尚无公共体育场的县（市、区）建设县级公共体育场给予补助。《条例》对县（市、区）要求根据当地的人口数量和经济状况，因地制宜地建设体育场和体育馆、游泳池、足球场、全民健身广场、全民健身中心、社区体育公园、健身步道等公共体育设施，而对体育场馆的建设规模未作具体要求。广东省提出在县（市、区）重点建设一批便民利民的体育场馆、全民健身中心、全民健身广场（公园）、健身步道等，符合无障碍建设标准的公共体育场地设施。

（三）乡镇（街道）的配置要求。乡镇（街道）也是国家要求的普及全民健身设施建设的重点层级之一。《条例》要求乡镇（街道）重点建设全民健身广场、全民健身中心或者中小型足球场、健身步道等公共体育设施。

（四）社区和行政村的配置要求。对城市社区而言，要求建有便捷、实用的体育设施；对行政村而言，考虑到经济发展水平和人口数量等客观差异，重点推动综合性文化体育服务中心及综合服务设施建设；对已实现农民体育健身工程全覆盖的行政村，要继续推进灯光标准篮球场、中小型足球场、健身路径、乡村健身步道等建设，并向自然村延伸。广东省农村人口近4000万，在"十一五""十二五"期间已经实现了19498个行政村的篮球场、乒乓球台、健身路径等公共体育场地设施全覆盖。但与城镇相比，长期以来，乡村依然缺乏对群众体育活动的支持。因此，对乡村体育设施建设要继续提档升级，重视全民健身与乡村振兴战略深度融合，推动改善农民群众的身体素质。

《条例》本条所称全民健身广场是指具有特色、规模较大、体育设施种类多样，以室外运动场地为主的公共体育场地设施；所称全民健身活动中心，是指由国家体育总局命名，各级地方政府、企事业单位和社会投资或兴建，专用于开展群众性体育健身活动，向公众提供公益性体育健身服务，具有一定规模的多功能综合性体育设施；所称健身步道，是指主要建于河畔、田园、庄园、山林、郊野等区域，与公园绿地建设有机结合，交通便利，空气质量较好，主要开展山地运动、快走、慢跑等健身项目的道路，包括登山道、健走道、骑行道等；所称绿道是指以自然要素为依托和构成基础，串联城乡游憩、休闲等绿色开敞空间，以游憩、健身为主，兼具市民绿色出行和生物迁徙等功能的廊道。实践中，建设公共体育设施的具体实施要求可参照各层级公共体育设施配置指引进行。

二、政府因地制宜配置公共体育设施

《全民健身计划（2016—2020年）》规定，统筹建设全民健身场地设施，方便群众就近就便健身的规定；充分利用旧厂房、仓库、老旧商业设施、农村"四荒"（荒山、荒沟、荒丘、荒滩）和空闲地等闲置资源，改造建设为全民健身场地设施，合理做好城乡空间的二次利用，推广多功能、季节性、可移动、可拆卸、绿色环保的健身设施。据此，《条例》本条第二款要求各级人民政府在保障安全、合法利用的前提下，充分利用现有设施、山岭、荒草地、河漫滩、废弃矿山等未利用土地，以及郊野公园、城市公园、公共绿地、河湖沿岸、城市高架桥底等空间因地制宜配置公共体育设施。这样不仅可以使闲置资源得到盘活，实现对土地资源的充分利用，同时也可以避免公共体育设施用地的盲目扩张。基于配置和场所特征的空间考虑，设置公共体育设施必须符合合法利用的要求。例如，对于广东省北部生态发展区，一方面，要利用好自然资源优势，发挥山地山岭、河湖沿岸等的环境优势建设公共体育设施开展户外运动；另一方面，必须遵守相关环境保护法律法规的规定，重视自然资源保护，坚持绿色可持续发展，不得破坏当地的自然生态环境，造成环境污染。

第二十四条 公共体育设施建设的其他要求

公共体育设施的建设选址，应当符合公共体育设施建设规划，遵循人口集中、交通便利、统筹安排、合理布局、方便利用的原则。因大型体育赛事需要配建的公共体育设施，应当提出赛后利用方案并进行可行性论证或者听证，听取公众意见。

建设公共体育设施，应当符合国家无障碍环境建设标准和安全标准。任何组织或者个人不得侵占、损坏公共体育设施，或者擅自改变公共体育设施用途。

【释义】本条是关于公共体育设施建设其他要求的规定。

一、对公共体育设施建设选址的要求

公共体育设施建设的选址关系到公共体育设施功能的发挥和公众利用的便利。《公共文化体育设施条例》第十一条规定："公共文化体育设施的建设选址，应当符合人口集中、交通便利的原则。"有研究者通过问卷调查发现，城乡居民参加体育健身的主要场所为附近公园、小区空地等，这体现了公众开展体育健身活动的就近原则。[①] 因此，公共体育设施的建设选址也应当遵循"人口集中、交通便利"的原则性规定。为了使公共体育设施能充分发挥其功能，便于广大人民群众使用，对体育设施的选址还要求充分考虑设施布局是否合理、设施需求程度的强弱分布和建成后利用率的高低问题，尽力避免重复建设或资源浪费等现象。

二、大型体育赛事需要配建的公共体育设施重复利用的要求

大型体育赛事一般是指国际或国内的各种级别较高、规模较大、综合性或单项的运动竞赛。近年来，我国是世界上举办大型体育赛事最多的国家之一，广东作为体育强

---

① 参见赖齐花、朱征宇、裴立新等《广州市城乡居民健身现状及科学健身需求调查分析》，载《广州体育学院学报》2015年第5期。

省，2019年全省共有115场国家级及以上的体育赛事（含活动计划）[①]。"大型体育赛事是促进城市改革发展、创新发展、高端发展、特色发展、共享发展、绿色发展的助推器。"[②] 大型体育赛事的举办对城市发展的主要意义，包括拓展城市空间、完善城市功能、提升城市基础设施水平等方面；同时，以赛事为契机，为地区体育事业的长期发展提供持久活力。这是因为大型体育赛事配建的公共体育设施，不仅要符合科学建设选址的原则，而且要提出赛后利用方案并进行可行性论证或听证，对赛前、赛后皆作科学规划。此外，如何充分发挥赛后设施的专有功能，从根本上应当以群众的健身需求为导向。《公共文化体育设施条例》作出了原则性规定："公共体育设施管理单位不得将设施的主体部分用于非体育活动。"对"因城乡建设确需拆除公共文化体育设施或者改变其功能、用途的……涉及大型公共文化体育设施的，上一级人民政府在批准前，应当举行听证会，听取公众意见。经批准拆除公共文化体育设施或者改变其功能、用途的，应当依照国家有关法律、行政法规的规定择地重建。重新建设的公共文化体育设施，应当符合规划要求，一般不得小于原有规模。迁建工作应当坚持先建设后拆除或者建设拆除同时进行的原则。迁建所需费用由造成迁建的单位承担"。因此，对大型体育赛事需要配建的公共体育设施的赛后利用方案举行可行性论证或听证，听取公众意见，了解群众关心关注的重要问题，是合理化利用方案的必然选择，同时也符合行政公开、依法行政的原则要求。

三、无障碍环境建设标准和安全标准建设要求

公共体育设施的建设主要有两个标准：无障碍环境建设标准和安全标准。根据2012年发布的《无障碍环境建设条例》（中华人民共和国国务院令第622号），无障碍环境建设是指为便于残疾人等社会成员自主安全地通行道路、出入相关建筑物、搭乘公共交通工具、交流信息、获得社区服务所进行的建设活动。公共体育设施作为向广大人民群众提供体育健身服务的设施，为体现以人为本的内涵，其建设标准应充分考虑特殊人群的需求。《中华人民共和国残疾人保障法》提出，应保障残疾人享有平等参与体育活动的权利，鼓励、帮助残疾人参加各种体育活动。《公共文化体育设施条例》第十二条规定："公共文化体育设施的设计，应当符合实用、安全、科学、美观等要求，并采取无障碍措施，方便残疾人使用。"《全民健身计划（2016—2020年）》也对改善各类公共体育设施的无障碍条件提出要求。这里的无障碍设施，是指为了确保有需求的人能够安全地方便地使用其他各种公共设施而专门设计设置公共设施，包括缘石坡道、盲道、无障碍出入口、轮椅坡道等。无障碍设施的具体建设标准和设计规范应当符合《无障碍设计规范》（GB 50763—2012）这一国家标准，以及针对建设项目本身的现行相关其他标准。除无障碍环境建设标准外，建设公共体育设施也应当符合国家安全标准，如《公共体育设施 室外健身设施应用场所安全要求》（GB/T 34284—2017）。但安全标准要求非针对特定群体，而是为了一切不特定的体育活动参与者都能够正常使用体育设施，享受到应有的体育公共服务。

---

① 参见广东省体育局《全省国家级及以上体育赛事和活动计划统计表》，见广东省体育局官网（http：//tyj.gd.gov.cn/bigdata_jjty/content/post_2223116.html），刊载日期：2019年3月13日。

② 鲍明晓：《城市发展需大型体育赛事提升影响力》，见华奥星空网页（http：//industry.sports.cn/news/others/2017/1128/223603.html），刊载日期：2017年11月28日。

四、禁止侵占、损坏公共体育设施，或者擅自改变公共体育设施用途

擅自改变公共体育设施用途的行为，主要是指未经许可或批准对体育设施另行他用的行为。《公共文化体育设施条例》第二十二条第二款要求："公共体育设施管理单位不得将设施的主体部分用于非体育活动。但是，因举办公益性活动或者大型文化活动等特殊情况临时出租的除外。临时出租时间一般不得超过 10 日；租用期满，租用者应当恢复原状，不得影响该设施的功能、用途。"需要注意的是，《条例》本条款禁止性行为的实施主体可能是体育设施的管理单位，也可能是国家机关、其他组织或个人。不同主体实施上述行为的法律责任有所不同。若是公共体育设施管理单位违反《条例》本条款规定，违背相应的管理职责，应按照不同情况根据《条例》第五十条、第五十一条规定处理。如果是国家机关违反《条例》本条款规定，侵占、损坏公共体育设施，或者擅自改变公共体育设施用途，应按照《条例》第五十一条规定处理。如果是其他组织或个人违反《条例》本条款规定，侵占、损坏公共体育设施，或者擅自改变公共体育设施用途，应按照《中华人民共和国侵权责任法》等相关法律规定处理。

第二十五条　住宅区体育设施规划建设

新建、改建、扩建居民住宅区，应当按照国家和省有关规定规划、建设相应的体育设施，并与居民住宅区的主体工程同时设计、同时施工、同时投入使用。

任何组织或者个人不得擅自改变居民住宅区体育设施的建设项目和功能，不得缩小其建设规模和降低其用地指标。

【释义】本条是关于住宅区体育设施规划建设的规定。

一、体育设施建设与新建、改建、扩建居民住宅区"三同时"制度

住宅区是指按照城市统一规划、建设达到一定规模、基础设施配套齐全、已建成并投入使用的相对封闭、独立的住宅群体或住宅区域。① 居民住宅区配套的体育设施与公共体育设施不同，公共体育设施为所有社会群众提供体育健身服务，而居民住宅区配套建设的体育设施往往具有特定的服务对象，即只对住宅区内的居民开放；这些体育设施大多并不是由各级人民政府或者社会力量建设的，它们可能属于居住区内向公众出售的建筑物的附属物，业主在购买住宅的同时也购买了该附属物中一部分，体育设施由业主共有。作为住宅区配套工程，居民住宅区体育设施建设直接关系到居民的切身利益，不仅反映了该住宅区居民的生活状态，同时也是一个城市文明程度和软实力的具体体现。随着新住宅区的不断增多和政府对老住宅区综合改造力度的不断加大，广东省居民住宅区配套体育设施建设情况有所改善，但由于建设、管理的相对滞后，现有体育设施仍不能满足住宅区居民的体育健身需求。在现实中，还存在房地产开发商为了追求自身经济利益的最大化，极力规避配套体育设施建设义务的情形。② 因此，《条例》对住宅区体育设施建设作出两个方面的规定。

---

① 参见王中秋主编《住宅小区物业管理企业热点问题解答》，中国计量出版社 2009 年版，第 1 页。
② 参见刘晓霞等主编《公共文化体育设施条例释义》，中国法制出版社 2003 年版，第 40～43 页。

（一）新建、改建、扩建居民住宅区，应当按照国家和省有关规定规划、建设相应的体育设施。根据有关部门的规定，《条例》所称新建居民住宅区，是指达到一定建设规模（2万平方米以上），基础设施配套比较齐全的新建住宅小区。改建、扩建是指在旧的居民住宅区基础上进行改造、扩大规模，从本质上来看，相当于新建。对于居民住宅区配套建设体育设施的问题，《中华人民共和国体育法》要求："城市在规划企业、学校、街道和居住区时，应当将体育设施纳入建设规划。"《公共文化体育设施条例》第十五条规定："新建、改建、扩建居民住宅区，应当按照国家有关规定规划和建设相应的文化体育设施。"《城市居住区规划设计标准》（GB 50180—2018）要求，居住区应配套规划建设公共绿地，并应集中设置具有一定规模，且能开展休闲、体育活动的居住区公园；居住区公园中应设置10%～15%的体育活动场地。为落实国家对体育场地建设的要求和城市规划关于运动场地面积的定额指标，城乡建设部、国家体委发布了《城市公共体育运动设施用地定额指标暂行规定》（体计基字〔1986〕559号）。新建、改建、扩建居民住宅区，应当按照上述国家和省的有关规定规划、建设相应的体育设施。

（二）居民住宅区体育设施应当与居民住宅区主体工程同时设计、同时施工、同时投入使用。《公共文化体育设施条例》规定："居民住宅区配套建设的文化体育设施，应当与居民住宅区的主体工程同时设计、同时施工、同时投入使用。"根据上位法，《条例》本条规定新建、改建、扩建居民住宅区，应当与居民住宅区的主体工程同时设计、同时施工、同时投入使用。但在现实生活中，某些规划的居民住宅区的住宅早就入住了，而配套的文化体育设施却一直没有建设，周围的人民群众没有办法就近参加文化体育活动，规划的文化体育设施用地根本没有实现和发挥它的规划用途。要求配套建设的文化体育设施与居民住宅区的主体工程同时设计、同时施工、同时投入使用，有利于保证这些配套文化体育设施的如期建设完成，真正发挥它们的功能，保障小区居民的合法权益。[①] 实践中，为了实现居民住宅区体育设施与居民住宅区主体工程同时设计、同时施工、同时投入使用，验收单位可以邀请体育主管部门参与验收。

二、禁止改变住宅区体育设施规划和降低相关标准

《条例》本条第二款规定的禁止性行为，包括以下四类：擅自改变居民住宅区体育设施的建设项目，擅自改变居民住宅区体育设施的功能，缩小居民住宅区体育设施的建设规模，降低居民住宅区体育设施用地指标。近年来，一些房地产开发企业为了追求经济利益最大化，将居民住宅区中本应当兴建体育设施的用地挪作他用，损害了小区居民的合法权益。还有一些居民住宅区物业等组织、个人未经体育主管部门同意，擅自将住宅区配套体育设施改作他用或者缩小体育设施面积的情况也时有发生。为杜绝这类事件的发生，需要进一步强化规划的法律效力，即住宅区体育设施规划是根据科学和实际需要作出的，不得随意变更。违反本条款规定的，可根据《公共文化体育设施条例》第二十九条规定作出处理："侵占公共文化体育设施建设预留地或者改变其用途的，由土地行政主管部门、城乡规划行政主管部门依据各自职责责令限期改正；逾期不改正的，由作出决定的机关依法申请人民法院强制执行。"

---

① 参见刘晓霞等主编《公共文化体育设施条例释义》，中国法制出版社2003年版，第43页。

第二十六条　闲置资源利用

老城区、已建成居住区无体育设施或者未达到规划建设指标要求的，应当在保障安全、合法利用的前提下，利用现有建设用地和闲置的厂房、仓库、商业设施等改造建设体育设施。

【释义】本条是关于闲置资源利用的规定。
一、强调利用现有建设用地和闲置的厂房、仓库、商业设施等改造建设体育设施

目前，广东省体育设施分布不均，还存在老城区、已建成的居住区无体育设施或未达到规划建设指标要求的情况，部分是历史原因造成的。由于老城区开发建设时间较早，在最初建设城区、居住区时往往着眼于解决住房和交通等现实问题，而忽略了城区、居住区功能的多样性要求，缺乏配套体育设施建设的全面规划。体育设施的缺乏不能适应社会、经济和文化的发展要求，严重制约了当前和今后群众体育活动的发展。受资金、场地等多种因素的制约，要改变其已经形成的布局是具有一定难度的。① 而老城区可能存在一些闲置的厂房、仓库和商业设施，这些场所不仅失去其原有的经济生产价值，还因为老旧而影响市容市貌，甚至可能由于缺乏建设管理，存在安全隐患，影响公共安全。如何在现有条件下经济、迅捷地解决老城区、已建成居住区体育设施不足的问题，考验着政府的智慧。在保障安全、合法利用的前提下，因地制宜地把闲置的厂房、仓库、商业设施改造成体育设施，一方面可以美化环境、消除安全隐患，另一方面可以最大限度地缓解群众健身难问题。2014年10月，《国务院关于加快发展体育产业促进体育消费的若干意见》要求，"凡老城区与已建成居住区无群众健身设施的，或现有设施没有达到规划建设指标要求的，要通过改造等多种方式予以完善"。《全民健身计划（2016—2020年）》也提出，"老城区与已建成居住区无全民健身场地设施或现有场地设施未达到规划建设指标要求的，要因地制宜配建全民健身场地设施"。实践中，国内已经出现了对闲置资源重新改造的成功案例。其中，比较典型的如北京798艺术区，由原国营798厂等电子工业的老厂区改造而成，现已成为北京都市文化的新地标。再如，江西省南昌市启动"拆违拆临、建绿透绿"专项行动，对老城区进行改造。南昌市体育局积极协调有关部门，充分利用街区的边角地块兴建足球、篮球、羽毛球等活动场地，着力把健身场地建在百姓身边，以满足群众的健身需求。南昌市在老城区改造和新城区、小城镇、新农村建设中，科学规划建设一批各类健身场地设施，确保全市人均体育场地设施面积达1.8平方米以上，形成市、县（区）、街道（乡镇）、社区（行政村）四级公共体育设施网络，努力构建"15分钟体育健身圈"。②

二、利用闲置资源改造建设体育设施必须以保障安全、合法利用为前提

利用闲置资源改造建设体育设施的前提条件包含两方面的内容。

（一）保障安全。安全是保证公众正常生产、生活的基本要求。闲置的厂房、仓

---

① 参见李森《加强老城区社区体育场地和设施的建设刍议》，载《毕节学院学报》2008年第12期。
② 江西日报：《拆违拆临改建体育设施 南昌打造"15分钟体育健身圈"》，见江西新闻网（https：//jiangxi.jxnews.com.cn/system/2014/04/04/013026293.shtml），刊载时间：2014年4月4日。

库、商业设施等往往缺乏安全管理、容易出现安全隐患，需要格外重视保障安全。因此，不仅要对其功能改造的承受能力做好充分的预估，还要在施工、适用的过程中采取充分的安全保障措施。

（二）合法利用。对于闲置资源的合法利用要从两个角度进行理解。一是对于闲置资源不能只关注其可利用性，还应当对其所有权与使用权的归属、建设方式、资金来源等情况予以充分考虑。例如，在有社会力量参与的项目中，政府要充当好协调各方，保护公民、组织合法权益的角色。二是要重视价值评估，科学建设，防止闲置资源被不合理地侵占甚至破坏，对原本应予保存、保护的特色文化建筑造成损失。同时，还要防止闲置资源被个人或组织假借建设体育设施为名用于开展违法活动，扰乱公共秩序，破坏公序良俗。

第二十七条　社会力量建设体育设施

各级人民政府应当引导社会力量建设或者参与建设公共体育设施和学校体育设施、经营性体育设施；引导旅游景区、度假区根据自身特点，建设特色健身休闲设施。

社会力量建设体育设施或者以自用的房产和土地建设体育设施，并符合公共体育设施免费、低收费开放要求的，县级以上人民政府及其有关部门应当依法给予其国家规定的税收优惠。

【释义】本条是关于社会力量建设体育设施的规定。

《全民健身计划（2016—2020年）》提出："鼓励社会力量投资建设体育场地设施，支持群众健身消费。"在体育领域，除了通过一般公共预算、政府性基金预算等支持改善城乡公共体育设施外，大力引导社会资本参与建设全民健身中心、冰场等公共体育设施，有利于扩大体育热点消费，丰富公共体育服务供给，扩大体育产业规模。[①]《条例》本条分两款，对社会力量建设体育设施作了规定。

一、引导社会力量建设体育设施

《条例》本条第一款对引导社会力量建设体育设施从两个方面进行了规定。

（一）引导社会力量建设或者参与建设公共体育设施和学校体育设施、经营性体育设施。近年来，广东全省各地主动引入社会资本参与公共体育场地设施建设，社会化建设模式的热情很高。如佛山市以承办2019年男篮世界杯为契机，引入20亿社会资本打造NBA篮球馆和龙舟馆；江门市引入10亿社会资本建设国际体育中心；恒大、富力投资创办足球学校；宏远、新世纪投资创办篮球学校；等等。[②] 为满足公众日益多样化、多层次的体育健身需求，需要进一步鼓励、支持社会力量建设或者参与建设体育设施。因此，为调动社会力量参与体育设施建设的积极性，助力全民健身工作的顺利开展，《条例》明确规定，各级人民政府应当引导社会力量建设或者参与建设公共体育设施和

---

① 参见国家体育总局群众体育司编《〈全民健身计划（2016—2020年）〉一百问》，人民体育出版社2016年版，第88页。

② 南方日报：《以人民为中心的"大群体"格局初步形成》，见南方网（http：//epaper.southcn.com/nfdaily/html/2017-12/28/content_7693226.htm），刊载日期：2017年12月28日。

学校体育设施、经营性体育设施,打造健身休闲综合服务体。各级人民政府引导的方式主要有规划引导和政策优惠等。

(二)引导旅游景区、度假区建设特色健身休闲设施。随着体育产业与文化、旅游、信息等相关产业的不断深化融合发展,体育旅游行业已成为体育与相关产业融合发展的重要途径。《国务院办公厅关于加快发展健身休闲产业的指导意见》(国办发〔2016〕77号)提出:"鼓励和引导旅游景区、旅游度假区、乡村旅游区等根据自身特点,建设特色健身休闲设施。"《国家旅游局、国家体育总局关于大力发展体育旅游的指导意见》(旅发〔2016〕172号)提出:"鼓励和引导旅游景区、旅游度假区、乡村旅游区等根据自身特点,以冰雪乐园、山地户外营地、自驾车房车营地、运动船艇码头、航空飞行营地为重点,建设特色健身休闲设施。"《广东省全民健身实施计划(2016—2020年)》(粤府〔2016〕119号)亦把大力发展健身休闲业作为主要任务,要求积极推动健身休闲、竞赛表演与旅游融合发展,支持沿海城市群发展海洋特色休闲体育旅游,支持粤东西北地区利用丰富的自然生态环境资源,打造探险旅游、徒步穿越、极限运动和民族特色休闲的体育旅游带,等等。基于此,《条例》本条规定各级人民政府应当引导旅游景区、度假区整合当地的旅游资源、文化特色和体育项目发展基础等多方面的因素,根据自身实际特点,建设特色健身休闲设施,促进体育旅游产业的融合发展。

二、社会力量建设体育设施的税收优惠

《条例》本条第二款税收优惠的对象包括以下两种:一是属于本条第一款规定的社会力量建设体育设施的行为;二是以自用的房产和土地建设体育设施,并符合公共体育设施免费、低收费开放要求的行为。公共体育设施免费、低收费开放是公共体育设施优惠开放的措施之一,目的在于惠及群众,鼓励公众参与健身活动。因此,以自有资源促进社会公益的行为应当得到鼓励和支持。但需要强调的是,实施税收优惠的主体是县级以上人民政府及其有关部门,实施税收优惠的依据是国家的相关法律法规或政策,如《国务院关于加快发展体育产业促进体育消费的若干意见》(国发〔2014〕46号)提出:"体育场馆自用的房产和土地,可享受有关房产税和城镇土地使用税优惠。"《全民健身计划(2016—2020年)》要求"落实好公益性捐赠税前扣除政策"。《国家发展改革委、体育总局关于印发"十三五"公共体育普及工程实施方案的通知》(发改社会〔2016〕2850号)提出:"建立稳定的公共体育设施建设投入保障机制,对公共体育设施日常运行和维护给予经费补助。落实体育设施建设和运营税费减免政策。"县级以上人民政府及其有关部门只是依法落实国家的税收优惠政策,不能突破现有国家法律法规政策。必须在法律法规和政策允许的范围内,落实体育设施建设和运营税费减免政策,执行好水、电、气、热等方面的价格政策。通过采取公建民营、民办公助、委托管理、政府和社会资本合作(PPP)和政府购买服务等多种方式,鼓励企业、个人和境外资本投资建设、运营各类体育场地,支持社会力量捐资建设公共体育服务设施。

第二十八条　公共场所和居民住宅区体育设施管理责任

公园、绿地、广场等公共场所和居民住宅区的管理单位，应当明确该公共场所和居民住宅区体育设施的管理和维护责任单位。利用体育彩票公益金和社会捐赠建设的体育设施，受赠单位是管理和维护责任单位。

公共场所和居民住宅区体育设施管理和维护责任单位应当建立使用、维修、安全、卫生等管理制度，并在醒目位置标明管理单位名称、安全使用方法和注意事项，定期对体育设施进行维修、保养。

【释义】本条是关于公共场所和居民住宅区体育设施管理责任的规定。

一、公共体育场所和居民住宅区体育设施的管理和维护责任单位

由于公共场所和居民住宅区配置的体育设施使用率较高，许多体育设施可能会受到不同程度的损坏，但如果因为管理和维护责任不明确，设施将无法得到及时的维修，不仅不能保证该区域内体育设施的可持续使用，给群众开展体育健身活动造成不便，而且还可能会存在严重的安全隐患。《条例》本条第一款从三个方面明确了公共体育场所和居民住宅区体育设施的管理责任人。

（一）公共体育场所管理和维护责任单位。近年来，因体育设施存在安全问题而造成公众人身、财产损害的事件时有发生。由于体育设施分布在各地社区、村镇、公园与绿地，数量大、分布散，各批次器材安装又有交叉，给体育设施的管理和维护工作带来了诸多不便。为了明确责任主体，避免出现因责任不清而造成各单位之间互相推诿的情况，《条例》明确要求公共场所和居民住宅区的管理单位应明确该区域内体育设施的管理和维护责任单位。目前，我国法律、法规尚未明确公共场所管理人概念的内涵和外延。公共场所是指人群经常聚集、供公众使用或服务于人民大众，并满足公众部分生活需求所使用的一切公用建筑物、场所及其设施的总称。从法理角度而言，公共场所管理人（管理单位）应是对公共场所有实际控制力或者负有法定的安全保障义务的自然人、法人或者其他组织，包括公共场所的所有者、经营者等。[①]《条例》本条款仅限定为公园、绿地、广场等公共体育场所。公共体育场所的管理单位应当明确该公共场所体育设施的管理和维护责任单位。如果没有明确，则公共体育场所的管理单位为该公共场所体育设施的管理和维护责任单位。

（二）居民住宅区体育设施的管理和维护责任单位。居民住宅区的管理单位一般是指物业服务企业。根据《物业管理条例》（2018年修订版）第二条规定："本条例所称物业管理，是指业主通过选聘物业服务企业，由业主和物业服务企业按照物业服务合同约定，对房屋及配套的设施设备和相关场地进行维修、养护、管理，维护物业管理区域内的环境卫生和相关秩序的活动。"居民住宅区配置的体育设施属于房屋配套的设施，应当由居民住宅区的物业服务企业进行管理。只有明确了责任单位，在体育设施有损坏时才能够在第一时间找到对其负有管理和维护责任的单位或人员，及时恢复体育设施的

---

① 参见曾真《我国公共场所安全保障义务的侵权责任探析》，载《贵阳学院学报（社会科学版）》2014年第9期。

正常使用，在出现安全事故时，也能够迅速清楚地界定各方的责任。

（三）利用体育彩票公益金和社会捐赠建设的体育设施的管理和维护责任主体是受赠单位。体育彩票公益金是中央财政从中央集中彩票公益金中安排用于体育事业的专项资金。彩票公益金具有公共财政属性，其根本属性是公益性。①《中央集中彩票公益金支持体育事业专项资金管理办法》第二条规定："本办法所称中央集中彩票公益金支持体育事业专项资金，是指中央财政从中央集中彩票公益金中安排用于体育事业的资金。"利用体育彩票公益金建设的体育设施，其资金来源于中央财政，国家是公共体育设施建设的主体。根据《公共文化体育设施条例》第六条第一款规定："国家鼓励企业、事业单位、社会团体和个人等社会力量举办公共文化体育设施。"社会捐赠建设的体育设施，其资金来源于社会，社会是捐赠方。用体育彩票公益金和社会捐赠建设的体育设施，国家和社会是"捐赠人"的角色，受赠单位无偿获得体育设施，取得体育设施的所有权，因而受赠单位就有对无偿获得的体育设施负有管理和维护的责任。明确受益社区或受赠单位对于无偿获得的体育设施的管理与维护责任，既便于日常管理，又能充分发挥体育设施的作用，还能避免体育设施无人维护、事故责任无人承担等情况的发生，对保障人民群众的人身安全，具有重要意义。

二、公共场所和居民住宅区体育设施管理单位的义务

根据《条例》本条第二款规定，公共场所和居民住宅区体育设施管理单位主要有三个方面的义务。

（一）建立使用、维修、安全、卫生等管理制度。建立使用、维修、安全、卫生等管理制度的规定包括但不限于以下四个方面的内容。

1. 建立全民健身设施使用管理制度。《中华人民共和国体育法》第四十五条规定："公共体育设施应当向社会开放，方便群众开展体育活动，对学生、老年人、残疾人实行优惠办法，提高体育设施的利用率。任何组织和个人不得侵占、破坏公共体育设施。因特殊情况需要临时占用体育设施的，必须经体育行政部门和建设规划部门批准，并及时归还；按照城市规划改变体育场地用途的，应当按照国家有关规定，先行择地新建偿还。"《公共文化体育设施条例》第二十三条规定："公众在使用公共文化体育设施时，应当遵守公共秩序，爱护公共文化体育设施。任何单位或者个人不得损坏公共文化体育设施。"公众在使用健身设施的时候，应当遵守公共秩序，爱护公共建设设施。但是，在公共体育场所和居民住宅区的健身设施向公众开放过程中，如果有人不正当地使用，甚至恶意破坏健身设施，将会给公共场所和居民住宅区全民健身设施管理单位增添不必要的维修成本，造成社会资源的浪费。因此，必须建立全民健身设施使用管理制度，让公民合理使用、文明使用健身设施。

2. 建立全民健身设施维修管理制度。健身设施经过长期使用后，难免会有磨损，甚至损坏，作为公共场所和居民住宅区全民健身设施的管理单位，应当保证全民健身设施的正常使用，当健身设施出现损坏无法正常使用时，管理单位应当及时安排人员来维修。

---

① 参见邵祥东《彩票公益金公共财政职能争论与辨析》，载《地方财政研究》2017年第8期。

3. 建立全民健身设施安全管理制度。《公共文化体育设施条例》第二十五条规定："公共文化体育设施管理单位应当建立、健全安全管理制度，依法配备安全保护设施、人员，保证公共文化体育设施的完好，确保公众安全。公共体育设施内设置的专业性强、技术要求高的体育项目，应当符合国家规定的安全服务技术要求。"体育设施管理和维护责任单位应根据这些规定建立全民健身设施安全管理制度。

4. 建立全民健身设施卫生管理制度。建设全民健身设施的重要目的之一是使公民通过锻炼身体，有效地增强体质，增强公民对疾病的抵抗能力，预防并减少各种常见病。如果不注重健身设施的卫生管理，就会很容易造成一些疾病的传播，从而危害身体健康。因此，公共场所和居民住宅区全民健身设施的管理单位应当建立卫生管理制度，配备专职者或者兼职卫生管理人员，对公共体育设施的卫生状况进行经常性检查，定期对其管理范围内的健身设施进行消菌杀毒，保证健身设施的整洁、美观、干净，避免疾病的传播。

（二）在醒目位置标明安全使用方法和注意事项。有些全民健身设施比较新颖，功能比较复杂，如果没有专业指导人员或者使用说明，较少人能够正确使用。如果公民盲目使用的话，既达不到强身健体的作用，反而容易对身体造成伤害，对器材也会造成不必要的磨损。因此，公共场所和居民住宅区体育设施管理单位除了要配备一定的专业人员进行现场指导外，还应当在醒目的位置将设施的使用方法和注意事项标明，使公众合理、安全地使用设施。这样做，一方面，可以最大限度地保护使用者的安全；另一方面，也可避免因不当使用造成设施损坏，降低维修频率，延长使用寿命。[①]

（三）定期对体育设施进行维修、保养，保证体育设施完好。体育设施自然老化、人为损坏或体育器材本身质量不达标等诸多因素都会导致体育设施存在安全隐患，比如体育设施零部件脱落、螺丝松动，从而威胁健身群众的生命安全。因此，定期对体育设施进行维修、保养，以保证体育设施的完好特别重要。《条例》本条相关规定包括以下两方面内容。

1. 定期对体育设施进行维修。定期对体育设施进行维修是指公共场所和居民住宅区体育设施管理单位应当定期对体育设施进行检查，一旦发现健身设施出现问题，应当及时对健身设施进行维修。而不是给设施设置一个维修期限，只要未到期限，就算发现设备出现问题，也不进行维修。

2. 定期对体育设施进行保养。有些健身设施按照自身的特点，应当进行定期保养，不同的健身设施有不同的保养周期，定期的时间间隔要根据具体的健身设施来决定。例如，木质跳高架、道次墩等易燃、易折、易潮的木质类器材比较脆弱且容易损坏，对这样的木质器材需要从防火、防潮等方面着手，定期进行张力测试，并且要刷漆作为防护；再如，置于室外的篮球架、杠铃架等金属体育器材，由于风吹雨淋、暴晒容易导致其生锈，需定期以刷油漆、紧螺丝、涂润滑油等方式进行维护；等等。

[①] 参见刘晓霞等主编《公共文化体育设施条例释义》，中国法制出版社2003年版，第55页。

第二十九条 体育设备维护

在保质期内的全民健身设备需要修理、更换的,由产品经营者依照法律规定和约定负责。

政府投资建设的全民健身设备,超出产品保质期或者没有约定具体单位承担修理、更换义务的,由县级以上人民政府统筹安排修理、更换。

【释义】本条是关于体育设备维护的规定。

根据《全民健身条例》第二十七条的规定,公共体育设施的管理、保护等和公共体育设施管理单位提供服务,应当遵守《公共文化体育设施条例》的规定。而《公共文化体育设施条例》第二十五条规定:"公共文化体育设施管理单位应当建立、健全安全管理制度,依法配备安全保护设施、人员,保证公共文化体育设施的完好,确保公众安全。"基于此,《条例》本条分两款,对体育设备维护作了规定。

一、保质期内,产品经营者对全民健身设备承担修理、更换的责任

保质期是指经营者在标签上规定的条件下保证产品质量的日期,是经营者对消费者作出的质量保证。在保质期内,产品的经营者对该产品质量符合有关标准或明示担保的质量条件负责。

(一)产品经营者依照法律规定在保质期内对全民健身设备进行修理、更换。这里的法律是指广义上的法律,不仅包括全国人民代表大会和全国人民代表大会常务委员会制定的基本法律和普通法律,也包括行政法规、地方性法规、规章。《中华人民共和国产品质量法》第四十条规定:"售出的产品有下列情形之一的,销售者应当负责修理、更换、退货;给购买产品的消费者造成损失的,销售者应当赔偿损失:(一)不具备产品应当具备的使用性能而事先未作说明的;(二)不符合在产品或者其包装上注明采用的产品标准的;(三)不符合以产品说明、实物样品等方式表明的质量状况的"。第四十一条规定:"因产品存在缺陷造成人身、缺陷产品以外的其他财产损害的,生产者应当承担赔偿责任。"《中华人民共和国消费者权益保护法》第二十四条规定,经营者提供的商品或者服务不符合质量要求的,消费者可以依照国家规定、当事人约定退货,或者要求经营者履行更换、修理等义务。没有国家规定和当事人约定的,消费者可以自收到商品之日起七日内退货;七日后符合法定解除合同条件的,消费者可以及时退货,不符合法定解除合同条件的,可以要求经营者履行更换、修理等义务。当全民健身设备出现上述问题,可以依据《中华人民共和国产品质量法》要求销售者或生产者进行修理、更换;如果造成损失,可以要求赔偿。此外,也可以依据《中华人民共和国消费者权益保护法》相关规定,要求经营者履行更换、修理等义务。

(二)产品经营者依照约定在保质期内对全民健身设备进行修理、更换。《中华人民共和国消费者权益保护法》第十六条第二款规定:"经营者和消费者有约定的,应当按照约定履行义务,但双方的约定不得违背法律、法规的规定。"根据上位法的规定,在保质期内全民健身设备需要修理、更换的,如果产品经营者与健身设备购买者对全民健身设备修理、更换的义务已有约定,且约定不违反法律、法规等相关规定,则依照约定进行。如果法律法规未规定,且双方又未作约定,则应当按照交易习惯处理;若没有相关交易习惯,则要按照有利于消费者的解释进行处理。

二、保质期外政府投资建设的全民健身设备修理、更换的责任主体

政府投资建设的全民健身设备包括政府直接出资建设或者间接出资建设两种情况。随着社会主义市场经济的发展和民间资本的增长,热心社会公益事业的企业事业单位、社会团体和个人等社会力量越来越多。这些社会力量建设体育设备捐赠给政府,政府给予捐赠者一定的优惠政策或待遇,即为间接出资。①《条例》本条第二款分为两种情况。

(一)政府投资建设的全民健身设备超出产品保质期。全民健身设备在保质期内应当由产品经营者承担维修、更换义务,从而实现全民健身设备建设和维护工作的无缝对接,有利于提高管理全民健身设备的效率。但超出保质期后,产品经营者与健身设备购买单位若无约定,产品经营者原则上无须再承担维修、更换义务,由全民健身设备的消费者向其经营者主张修理、更换往往具有一定的难度。政府是国家的行政机关,承担着行政职能,其重要的职责和功能就是依法对国家政治、经济和社会公共事务进行管理。政府投资建设的全民健身设备是公共产品,涉及社会公共利益,如果全民健身设备出现问题,需要维修或者更换,《条例》规定由县级以上人民政府承担全民健身设备的修理、更换的职责。该条规定既是政府的职责所在,也是出于对现实的考量。

(二)政府投资建设的全民健身设备没有约定具体单位承担修理、更换义务的责任。目前,我国法律、法规等相关规定尚未明确规定政府投资建设的全民健身设备的修理、更换义务具体由哪个单位承担,一般都是采取约定的方式,由约定的具体单位来承担修理、更换义务。而政府投资建设的全民健身设备具有公益性质,根据《中华人民共和国体育法》第十二条的规定,"地方各级人民政府应当为公民参加社会体育活动创造必要的条件"。因而,在没有约定具体单位承担修理、更换义务而政府投资建设的全民健身设备又需要修理、更换时,则应当由政府统筹安排。

第三十条 公共体育设施开放

公共体育设施应当向公众开放,全年不少于三百三十天且每周不少于五十六小时,因季节性因素关闭的除外;开放时间应当与当地公众的工作时间、学习时间适当错开,公休日、法定节假日、学校寒暑假期间应当延长开放时间;因维修、保养等原因需要暂时停止开放的,应当提前七日向社会公告。

公共体育设施管理单位应当向公众公示其服务内容和开放时间,并建立健全服务规范,拓展服务项目。

公共体育设施主体部分不得用于非体育活动,但因举办公益性活动或者大型文化活动等特殊情况临时出租的除外。公共体育场地的附属设施出租用于商业用途的,不得影响场地主体部分的功能、用途。

【释义】本条是关于公共体育设施开放的规定。

---

① 参见曹康泰、刘鹏主编《〈全民健身条例〉释义》,中国法制出版社2009年版,第59页。

一、公共体育设施向公众开放的时间

本条规定公共体育设施的开放时间全年不少于三百三十天且每周不少于五十六小时。这是对公共体育设施开放时间最低时限所作的规定，同时也是为了避免出现公共体育设施虽向公众开放，但法定节假日不开放、每天开放的时间过短等情形的发生。此外，《条例》本条规定，公共体育设施的开放时间应当与当地公众的工作时间、学习时间适当错开，这是从实现公共体育设施的公益性角度出发的。考虑到便于公众使用，提高公共体育设施的利用率，以及创造社会效益，因此，强制性要求公共体育设施管理单位将公共体育设施的开放时间与公众的工作时间、学习时间错开。如果公共体育设施的开放时间与多数人的工作时间、学习时间重合，必然导致多数人没有机会使用公共体育设施，这显然不利于充分发挥公共体育设施的功能和作用。此外，还应当延长公休日、法定节假日、学校寒暑假期间公共体育设施的开放时间。近几年来，人民群众的体育健身需求逐渐增强，但现有的公共体育设施很难满足公众开展体育健身活动的需要，尤其是在公休日、法定节假日和学校寒暑假期间，公共体育设施供求矛盾更加突出。许多人都曾有过节假日公共体育设施不开放的不悦经历。为解决公休日、法定节假日、学校寒暑假期间公众健身难的问题，《条例》要求在公休日、法定节假日、学校寒暑假期间，应当延长公共体育设施的开放时间，以满足广大人民群众的体育健身需求。公共体育设施因维修、保养等原因需要暂时停止开放的，应当提前七日向社会公告。在长期的运转状态中，公共体育设施必然都会遇到因故暂时无法对社会公众开放的情形。比如，进行维修、保养，开展训练，举办重大赛事活动，或者因安全、天气等因素可能威胁在此开展体育健身活动的公众人身财产安全，等等。在这些情形下，暂时停止开放是为了以后更好地向社会开放，是公共体育设施管理工作的实际需要。但是，如果没有及时告知社会公众公共体育设施暂时停止开放的信息，就会造成社会公众不知情，而在公共体育活动设施关闭期间前来进行体育健身活动，导致时间和精力的浪费。[①] 因此，为维护社会公众的合法健身权益，《条例》要求公共体育设施管理单位及时公告公共体育设施暂时停止开放的信息。

二、明确公共体育设施管理单位的公示义务

本条第二款是关于公共体育设施管理单位公示义务的规定，包括两项内容：一是公共体育设施管理单位应当向公众公示其服务内容和开放时间。《公共文化体育设施条例》第十八条规定："公共文化体育设施管理单位应当向公众公示其服务内容和开放时间。"服务内容主要是指服务项目、服务对象等方面的内容。它应当体现该公共体育设施的功能、特点以及开展的主要服务项目等信息。公共体育设施的开放时间不能低于《条例》规定的最低开放时长。公示服务内容和开放时间，有利于保证人民群众及时获取公共体育设施的服务信息，便于公众合理安排时间，顺利开展体育健身活动。二是公共体育设施管理单位应当建立健全服务规范，拓展服务项目。《公共文化体育设施条例》第十六条规定："公共文化体育设施管理单位应当完善服务条件，建立、健全服务规范，开展与公共文化体育设施功能、特点相适应的服务，保障公共文化体育设施用于

[①] 参见刘晓霞等主编《公共文化体育设施条例释义》，中国法制出版社2003年版，第54页。

开展文明、健康的文化体育活动。"《条例》将建立健全服务规范,拓展服务项目规定为公共体育设施管理单位的法定义务,有利于规范公共体育设施管理单位的服务行为,保证其为社会公众提供优质的体育健身服务,也有利于公众根据多样化的自身需求选择最适宜自己进行的体育健身项目。建立健全服务规范,拓展服务项目是延伸公共体育设施配套服务的必然选择,也是满足人民群众日益高涨的体育健身需求的必然要求,有利于保障社会公众的健身权益。

三、规范公共体育设施的出租

公共体育设施主体部分只能用于体育活动,但因举办公益性活动或者大型文化活动等特殊情况临时出租的除外。公共体育设施主体部分是指群众参与体育锻炼的主要活动场所、场馆、建筑物、固定设施等。公益性活动一般包括社区服务、公共福利、社会援助、慈善、社团活动等。文化活动是以人民群众活动为主,与文化相关,旨在丰富群众文化生活的活动。常见文化活动有书画展览、文艺演出、歌唱比赛、读书会,以及各种形式的关于传统或现代文化的宣传、弘扬或学习的活动。由于公共体育场馆占地面积大,可容纳人数多,设备也比较齐全,各地政府一旦需要举办公益性活动和大型文化活动时,就会优先选择公共体育场馆等公共体育设施。这些活动具有公益性质,与公共体育设施的公益目的并不违背;而且这些活动开展的时间一般很短,对公共体育设施功能的正常发挥一般影响不大。在这种情况下,为综合利用国家的有限资源,允许公共体育设施主体部分用于举办公益性活动或者大型文化活动等临时出租是合理的,但是,为了不影响设施的功能、用途,不对公众的正常使用造成太大影响,仅限于临时出租。

此外,公共体育场地的附属设施出租用于商业用途的,不得影响场地主体部分的功能、用途。公共体育场地的附属设施是指对公众参与体育活动影响并不大,但却是公共体育场地不可缺少的设施。例如,体育场馆的外围建筑及其附属设备。由于公共体育设施附属设施的出租对于公众开展体育健身活动的影响较小,且能够为公共体育设施管理单位增加一定的收入,对于出租公共体育场地附属设施用于商业用途的,在不影响场地主体部分的情况下应予以准许。一方面,公共体育设施管理单位可以借此获得一部分收入,弥补国家财政拨款的不足,有利于维持公共体育设施的正常运转;另一方面,也为参与体育活动的公众购买体育用品等提供一定的便利。

第三十一条 公共体育设施优惠开放

公共体育设施应当免费或者低收费向公众开放,有条件的公共体育设施应当增加免费开放天数。管理单位在开放过程中提供服务可以适当收取费用,收费项目和标准应当经县级以上人民政府价格主管部门批准并向社会公示。

政府参与投资的公共体育设施,管理单位应当对学生、老年人、残疾人和现役军人给予免费或者优惠开放。

综合性公园和有条件的景区应当对公众晨练晚练活动免费开放,并公告开放时间。

【释义】本条是关于公共体育设施优惠开放的规定。

一、公共体育设施具有免费或者低收费向公众开放的义务

（一）公共体育设施免费或低收费开放。公共体育设施属于公共产品，而不属于经营性资产。人民政府主导建设公共体育设施，是以增强人民体质为宗旨、以建设健康中国为出发点和落脚点的，不以营利为目的。公共体育设施的公益性决定了其最根本的目的在于为人民群众提供体育服务。体育设施的管理单位应当根据《条例》第三十一条和国家的其他相关规定免费或者低收费向公众开放。

（二）有条件的公共体育设施增加免费开放天数。本条款没有要求所有的公共体育设施都要增加免费开放天数，只要求有条件的公共体育设施才应当增加免费开放天数。因此，判断何为"有条件"就显得尤为重要。一般认为，有条件至少包括三个方面。第一，该公共体育设施的经费条件。公共体育设施的开放运作需要资金来维持，增加免费开放天数也就意味着要有更多的资金来维持。目前，公共体育设施经费的来源主要有中央预算内投资、体育彩票公益金、地方财政性资金和社会投入。政府应当根据经济社会发展水平，逐年增加公共体育设施的财政支出，并将其纳入本级财政预算。鼓励企业、个人和境外资本投资建设、运营各类体育场地，支持社会力量捐资建设公共体育服务设施，采取公建民营、民办公助、委托管理、PPP 和政府购买服务等方式予以支持。如果资金不足以维持其额外免费开放天数，则可以不增加免费开放天数。第二，要看公共体育设施本身能不能承受增加免费开放天数的负荷，即安全条件。不同的体育设施其功能、特点各不相同，有些体育设施需要定期进行保养，而保养需要一定时间，在保养期间是不能向公众开放的。例如，游泳馆一般隔一段时间要进行清洁，进行杀菌消毒换水，在进行清洁的期间是不能向公众开放的。第三，人员安排不违反《中华人民共和国劳动法》等相关法律规定，即人员条件。《中华人民共和国劳动法》规定，国家实行劳动者每日工作时间不超过八小时、平均每周工作时间不超过四十四小时的工时制度。用人单位由于生产经营需要，经与工会和劳动者协商后可以延长工作时间，但是一般每日不得超过一小时；因特殊原因需要延长工作时间的，在保障劳动者身体健康的条件下延长工作时间每日不得超过三小时，但是每月不得超过三十六小时。因此，增加免费开放天数不会导致公共体育设施管理者必然违反上述法律规定。只有同时具备三个条件才能算作"有条件"。

（三）公共体育设施的收费。管理单位在开放过程中提供服务可以适当收取费用。需要注意的是，公共体育设施的收费开放与公共体育设施的公益性并不矛盾。公共体育设施管理单位在开放过程中会耗费大量的人力、物力，如对公共体育设施进行日常巡查、保养、清洁、防盗和故障修复等工作均需消耗一定的财力物力。为维持公共体育设施的正常运转，更好地为公众提供服务，公共体育设施管理单位在提供服务时可以向接受体育健身服务的公众收取适当费用，也可以开展一些经营性活动。但公共体育设施不是市场性经营资产，其具有公益性，国家要依法对其收费和经营行为进行限制、监管。《公共文化体育设施条例》第二十条规定："公共文化体育设施管理单位提供服务可以适当收取费用，收费项目和标准应当经县级以上人民政府有关部门批准。"实践中，公共体育设施到底是免费还是低收费向公众开放，主要以公共体育设施有没有资金来源或者其资金来源是否足够支撑其正常运转，以满足当地公众的健身需求为判断标准。一般

来说，公共体育设施的资金来源于地方政府的财政拨款、社会力量的投入及捐赠。如果公共体育设施有充足的财政拨款或者有常态化渠道解决其资金来源，且资金来源足够支撑其正常运转，则该公共体育设施应当免费向公众开放；如果没有资金来源或者资金来源不足以支撑其正常运作，则可以低收费向公众开放。而现实是一些地方政府对公共体育设施的财政投入不足，不能支撑公共体育设施的正常运作，甚至连日常的维修、管理也难以保证，社会捐赠也具有偶然性，并且十分有限。近年来，部分公共体育设施单位相继推出一些有偿服务项目，如体育场馆以合理价格有偿开放、举办一些体育项目等。事实证明，向服务者适当收取合理的费用，有利于解决当前公共体育设施资金严重不足的问题，也能保证服务项目的良性运转。这里需要强调的是，为突出公共体育设施的公益性，公共体育设施管理单位收取费用应当受到严格规范：一是只能在开放过程中提供服务时适当收取费用；二是收费项目和标准必须经县级以上人民政府价格主管部门批准并向社会公示。有关部门应当按照有关公益性服务收费的规定，核定公共体育设施管理单位可以收取费用的数额。此外，这个费用必须是适当的，即公共体育设施管理单位向接受体育健身服务的公众收取费用的数额应当与其提供体育健身服务的合理成本大致相当，而不能以营利为目的，使费用大大超出其合理成本。①

二、公共体育设施对特定人群收费减免

《中华人民共和国体育法》第四十五条规定，"公共体育设施应当向社会开放，方便群众开展体育活动，对学生、老年人、残疾人实行优惠办法"。《公共文化体育设施条例》第二十一条规定："需要收取费用的公共文化体育设施管理单位，应当根据设施的功能、特点对学生、老年人、残疾人等免费或者优惠开放，具体办法由省、自治区、直辖市制定。"公共体育设施作为公益性体育设施，其管理单位在开放过程中向接受服务的公众收取适当费用，是在现实情况下更大程度地满足公众健身需求的有效途径。这种收取费用的目的不在于营利，而在于承担场馆开放的合理成本。而对一部分特殊人群，如学生、老年人、残疾人和现役军人，制定免费或优惠政策有两方面的原因。一方面，他们的经济负担承受能力较弱，需要给予特殊保护；另一方面，培养意志品质、强健体魄、预防疾病等对于他们具有特殊的意义。因此，为满足学生、老年人、残疾人和现役军人的体育健身需求，《条例》规定政府参与投资的公共体育设施，管理单位应当对学生、老年人、残疾人和现役军人给予免费或者优惠开放。需要注意的是，本条款仅限于学生、老年人、残疾人和现役军人四类群体享受免费或者优惠。

三、综合性公园和有条件的景区的特定时间免费开放

综合性公园是指有着大面积绿地，能够丰富户外游憩活动内容、功能全面，且可供半日以上游览的城市公共性绿地公园。景区是指以旅游及其相关活动为主要功能或主要功能之一的区域场所，能够满足公众参观游览、休闲度假、康乐健身等需求，具备相应的旅游设施并提供相应的旅游服务的独立管理区。一般情况下，公园与景区有许多植被、花草、树木等绿化设施，空气清新、环境优美，且大都会配备公共体育设施。随着全民健身活动的开展，部分公众在锻炼时会优先选择公园与景区。目前，广东省部分城

---

① 参见刘晓霞等主编《公共文化体育设施条例释义》，中国法制出版社2003年版，第58页。

市综合性公园和景区已实现对群众免费开放,但全省未实现统一免费开放。因此,制定本条是为了在全省范围内以立法的方式明确要求城市综合性公园和有条件的景区应当对公众晨练和晚练活动免费开放,并公告开放时间。应当注意的是,本条款对公众免费开放是有时间限制的,仅限于晨练或者晚练时间,这也就意味着非晨练或非晚练时间,公园与景区对社会公众可以进行收费。晨练与晚练并无统一的时间标准,一般因人而异。晨练一般是指早上起床后进行的锻炼;晚练则与晨练相对应,一般是指晚间进行的锻炼。为确定免费开放的具体时间,公园与景区可以以当地一般劳动者的正常上下班时间为参考,可以将开园、开区时间至上班时间设定为晨练时间,下班时间至闭园、闭区时间设定为晚练时间。在这段时间内,城市综合性公园和有条件的景区应当对公众免费开放。例如,一般劳动者的上班时间为早上9点至晚上6点,某城市的综合性公园的开园时间为早上6点,闭园时间为晚上10点。这样,该公园可以把早上6点至9点规定为公众的晨练时间,晚上6点至10点规定为晚练时间,在这两个时间段对公众免费开放,并以公示栏、广告牌、信息墙、网络等形式公告免费开放时间。对公众晨练晚练活动免费开放,并公告开放时间是综合性公园和满足免费开放条件的景区的法定义务,属于强制性规范。

第三十二条 单位体育设施开放

国家机关、社会团体、企业事业组织中由政府投资建设的体育设施,管理单位应当创造条件向公众开放,实现资源共享。国家机关、社会团体、企业事业组织利用其自有场地配置体育设施的,所在地县级以上人民政府可以依法对其配置体育设施给予适当补贴。

【释义】本条是关于单位体育设施向公众开放。

本条从资源共享、适当补贴两个方面鼓励单位体育设施开放的规定。

一、明确政府投资建设的体育设施管理单位应当创造条件向公众开放,实现资源共享

《公共文化体育设施条例》第六条第三款规定:"国家鼓励机关、学校等单位内部的文化体育设施向公众开放。"国家机关、社会团体、企业事业组织中由政府投资建设的体育设施虽然属于公共财产,但其配置目的是满足相应的功能需求,如军营中的体育设施是为保障军队官兵锻炼所需,并不属于公共体育设施。法定节假日、公休日是劳动者的休息时间,国家机关、社会团体、企业事业组织的体育设施在法定节假日、公休日一般是不开放的,这就造成了体育设施的闲置、公共资源的浪费。目前,广东省仍存在全民健身场地设施供给不足,不能满足群众就近参与体育健身活动需求的问题。要解决公共体育设施供给不足的问题,一般有两种解决方案:一是加大资金投入,拓建新的公共体育设施;二是让原本不向社会公众开放的体育设施向公众开放。从成本角度分析,建设新的公共体育设施需要耗费大量的金钱、人力、物力成本。一个公共体育场馆从计划建设到施工到最后向公众开放,这一过程往往要耗时几年,加上现在城市尤其是一线城市的用地非常紧张,公共体育设施的建设需要综合多方面的因素,协调多方多个部门单位利益,过程非常复杂。而鼓励非公共体育设施向公众开放这一方案,不仅成本低、耗时短，还能充分发挥国家机关、社会团体、企业事业组织的体育资源优势。通过整合社会体育资源，充分利用和盘活国家机关、社会团体、企业事业组织的体育场馆资源，提高体育设施的利用率，挖掘其潜在功能，不仅能有效解决公共体育设施无法满足公众参与体育健身需求的问题，而且对于吸引更多的公众投入到全民健身活动中也具有重要的意义。《"健康中国2030"规划纲要》规定："推行公共体育设施免费或低收费开放，确保公共体育场地设施和符合开放条件的企事业单位体育场地设施全部向社会开放。加强全民健身组织网络建设，扶持和引导基层体育社会组织发展。"《国务院办公厅关于加快发展体育产业的指导意见》（国办发〔2010〕22号）规定："鼓励机关、企事业单位的体育设施创造条件向社会开放，实现体育资源社会共享。"应当指出的是，《条例》本条规定管理单位应当创造条件向公众开放。创造条件是管理单位的法定义务，要求体育设施管理单位如果现在已经有条件，则要对公众开放；如果没有条件，就要尽力创造条件对公众开放。为实现全社会体育设施资源共享的目的，国家机关、社会团体、企业事业组织等单位内部的体育场地、设施有必要按照互惠互利、互助合作的原则，创造条件向公众开放。在不影响国家机关、社会团体、企业事业组织正常办公的前提下，推进单位内部体育设施与公共体育设施一起为广大人民群众服务。

二、明确国家机关、社会团体、企业事业组织向公众开放其体育设施可以依法享有适当补贴

随着我国经济发展水平和人民生活水平的不断提高，国家机关、社会团体、企业事业组织建设体育设施的现象日益增多。国家机关、社会团体、企业事业组织利用其自有场地配置体育设施，不仅能够有效补充全民健身事业中政府力量的不足，而且具有因地制宜、灵活多样、针对性强的特点。国家机关、社会团体、企业事业组织获得体育设施补贴必须满足两个条件：（1）必须是利用自有场地，不能用他人的场地或者公共场地；（2）只能是对配置体育设施进行补贴。只有满足这两个条件，国家机关、社会团体、企业事业组织才可以享有体育设施补贴。给予补贴的主体是所在地县级以上人民政府，但是本条不是强制性条款，对国家机关、社会团体、企业事业组织利用其自有场地配置体育设施给予补贴不是县级以上人民政府的法定义务，是否给予补贴最终由政府决定，政府对此享有自由裁量权。至于具体给予多少补贴，则应当根据国家机关、社会团体、企业事业组织在配置体育设施中所花费的成本来决定，原则上应当不高于体育设施的配置成本。补贴的资金应当来源于政府的财政拨款。《条例》设置本条款的目的在于鼓励国家机关、社会团体、企业事业组织利用自有场地并出资配置体育设施。这样既能有效解决公共体育设施供给不足，又能提高国家机关、社会团体、企业事业组织建设体育设施的积极性，一举两得。

第三十三条　学校体育设施开放要求

学校应当在课余时间和节假日向学生开放体育设施。公办学校按照国家和省的规定向公众开放体育设施。国家法定节假日和学校寒暑假期间，学校体育设施应当适当延长开放时间。鼓励民办学校向公众开放体育设施。

学校体育设施开放可以根据国家规定采取免费、优惠或者有偿开放方式，学校可以根据维持设施运营的需要向使用体育设施的公众收取必要的费用，收费标准应当经当地价格主管部门核准，并向社会公示。

向公众开放体育设施的学校应当建立健全管理制度，并与公众依法约定卫生、安全责任，定期检查和维护体育设施，保证学校体育设施开放安全、有序。

县级人民政府应当对向公众开放体育设施的学校给予支持，为向公众开放体育设施的学校办理有关责任保险。

【释义】本条是关于学校体育设施开放要求的规定。

一、学校体育设施向公众开放的要求

本条有关学校体育设施向公众开放的要求主要包括三个方面内容。

（一）学校应当在课余时间和节假日向学生开放体育设施。这是学校的法定义务，属于强制性规定。《全民健身条例》第二十八条规定："学校应当在课余时间和节假日向学生开放体育设施。"从目前全国情况看，学校体育设施主要用于学生在校期间的体育课、广播体操、运动会等体育活动。但是，在学生课余和节假日期间，大多数学校不允许学生进入学校，导致学生无法使用学校体育设施。其主要原因是学校担心学生在校期间，一旦发生安全管理问题，学生家长就有关责任问题与学校产生纠纷。此外，由于片面追求升学率，社会和学校普遍存在"重智育、轻体育"的倾向，学生课业负担过重，挤占了参加体育锻炼的时间。广东省青少年学生体质健康调研结果显示，2014年广东省青少年学生体质健康部分指标略有回升，但整体仍呈现下降趋势。[①]《中共中央、国务院关于加强青少年体育增强青少年体质的意见》（中发〔2007〕7号）强调，青少年时期是身心健康和各项身体素质发展的关键时期，青少年的体质健康水平不仅关系个人健康成长和幸福生活，而且关系整个民族健康素质，关系我国人才培养的质量。因此，树立"健康第一"的观念，高度重视学校体育工作尤为重要。而在现实中，一些学校体育设施在课余时间和节假日不对学生开放，极大地浪费了学校体育设施资源，没有体现学校体育设施对增强青少年体质的重要意义。因此，《条例》对学校在课余时间和节假日向学生开放体育设施提出义务性要求，以保障学校体育设施满足学生参与体育健身活动的需要。此处所称学校包括普通中小学校、农业中学、职业中学、中等专业学校、普通高等学校。

（二）公办学校应当按照国家和省的规定向公众开放体育设施，鼓励民办学校向公众开放体育设施。按办学经费来源不同，学校分为公办学校和民办学校两类。公办学校指由政府财政划拨教育经费所创办的学校；民办学校是指非依靠政府划拨教育经费，由国家机构以外的社会组织或者个人创办的学校。《条例》对公办学校和民办学校开放体育设施进行了区别对待。公办学校因其由政府出资，在满足自身合理要求的前提下，承担开展全民健身工作的社会责任是其法定义务。而民办学校中有很多体育设施，如能充分发挥这些体育设施的作用，将有助于全民健身的健康发展。因此，政府应该通过各种方式鼓励民办学校向社会开放，提高其利用效率，便利公众开展健身活动。另外，这里

---

① 参见徐焰、徐荣、蒲毕文《广东省青少年学生体质健康调研》，载《体育学刊》2015年第4期。

必须注意的是《条例》规定的是公办学校按照国家和省的规定对外开放。《全民健身条例》第二十八条还规定,"公办学校应当积极创造条件向公众开放体育设施;国家鼓励民办学校向公众开放体育设施",这就意味着公办学校向公众开放体育设施并不是无条件的,而是要在确保学校教学秩序、教学安全的前提下进行的。《教育部、国家体育总局关于推进学校体育场馆向社会开放的实施意见》(教体艺〔2017〕1号)明确了场馆开放学校的基本条件:第一,学校体育场馆有健全的安全管理规范,明确的责任区分办法和完善的安全风险防控条件、机制及应对突发情况的处置措施和能力;第二,学校体育场馆在满足本校师生日常体育活动需求的基础上,还应有向社会开放的容量和时间段;第三,学校体育场馆区域与学校教学区域相对独立或隔离,体育场馆开放不影响学校其他工作的正常进行;第四,学校体育场馆、设施和器材等安全可靠,符合国家安全、卫生和质量标准及相关要求;第五,学校有相对稳定的体育场馆设施更新、维护和运转的经费,能定期对场馆、设施、器材进行检查和维护。学校体育设施的开放必须遵守国家和省的相关规定。

(三)国家法定节假日和学校寒暑假期间,学校体育设施应适当延长开放时间。根据第六次全国体育场地普查结果,截至2013年年底,广东省教育系统管理的体育场地有56814个,占全省体育场地的38.7%,场地面积占45.62%。现实中,一些学校的体育设施不仅没有向公众开放,而且在法定节假日和寒暑假期间对本校学生也不开放,导致学校体育设施的闲置、社会资源的浪费。这与《学校体育工作条例》和《中共中央、国务院关于加强青少年体育增强青少年体质的意见》都是相违背的。学校寒暑假期间,学生们的学习任务相对较轻,有更多的空余时间,如果能为他们提供开展健康文明体育活动的场所,这对他们的成长是十分有利的。寒暑假期间,学校不仅不应该停止对学生开放体育设施,反而应增加一些适合学生的服务内容,例如,组织体育竞赛或者体育锻炼小组等。一方面,可以引导学生进行健康、文明的文化体育活动;另一方面,也有利于学生的身心健康发展。法定节假日和寒暑假期间,推进学校体育设施适当延长开放时间是推进全民健身工作顺利开展的重要举措,不仅能够提升学校体育设施的利用率,而且能够有效缓解公共体育设施无法满足公众体育健身需求的现实矛盾。需注意的是,国家法定节假日和学校寒暑假期间,学校延长体育设施的开放时间是学校的法定义务,但是具体延长多久时间,如何延长,由学校依据学校体育设施的功能、特点以及经费情况来决定。

二、学校体育设施向公众开放的方式

《全民健身条例》第二十八条第三款规定:"学校可以根据维持设施运营的需要向使用体育设施的公众收取必要的费用。"公办学校是公益性单位,其体育设施的建设、维护等资金主要来源于政府拨款。在试点工作中,一些开放体育设施的学校也有向周边居民免费提供体育场馆的情况。但由于学校体育设施不属于公共体育设施,在为群众提供体育健身服务的过程中会增加学校的管理成本。因此,对于学校体育设施,我们既鼓励其免费向公众开放,也应当从实际出发,允许其根据维持设施运营的需要,向使用体育设施的人收取必要费用。实践证明,根据维持体育设施运营的需要向服务接受者适当收取费用,是保障服务项目良性运转、充分发挥当前学校体育设施功能、减轻学校经济负担的一条有效途径。因此,《条例》规定,学校体育设施是免费、优惠,还是有偿向公众开放,由学校根据国家规定自主决定。但如果收费,则必须满足三个要求:(1)不能以营利为目的,只能收取维持体育设施运营的必要费用;(2)收费标准必须经当地价格主管部门核准;(3)当地价格主管部门核准的收费标准必须向社会公示。

三、学校体育设施向公众开放的管理要求

为了加强学校体育设施对外有序开放管理,实现学校体育设施资源社会共享,向公众开放体育场地设施的学校应当建立健全学校体育设施开放管理制度,并与公众依法约定卫生、安全责任,定期检查和维护体育设施,保证学校体育设施开放安全、有序。公众在使用学校开放的体育场地设施的过程中,应当自觉严格遵守学校体育设施管理规定,维护自身生命健康安全,防止场地设施的损坏以及人身伤害事件的发生。学校建立的管理制度应当包括场馆管理规定、管理单位和锻炼者的权利与义务、突发事件预防和处置制度等内容。《广州市人民政府办公厅关于印发〈广州市体育设施向社会开放管理办法〉的通知》(穗府办〔2013〕45号)对向公众开放体育设施的学校建立健全管理制度具有参考意义。《广州市体育设施向社会开放管理办法》规定,学校体育设施向社会开放的管理单位,应当建立健全场馆管理规定、管理单位和锻炼者的权利与义务、突发事件预防和处置制度、突发事件应急预案等管理制度和服务规范;应当使用符合国家安全标准的设施设备,并在公共体育设施区域显著位置标明体育器材、设施设备的使用方法、注意事项、安全警示标志及无障碍标志;应当定期对设施设备活动场地、活动器材进行保养,对安全性能定期检查并及时维修;应当按照国家标准配备安全防护设施设备以及人员,并指导锻炼者正确使用体育设施;开放期间,应严格执行对外来人员进入校门的验证制度;等等。同时,该办法第十五条还规定,公共体育设施在开放期间应当由管理单位办理公众责任保险。鼓励参加场馆体育健身锻炼活动的市民依法投保意外伤害保险。体育设施管理单位应当通过在体育设施入口等显著位置张贴公告等形式,对体育设施使用者进行安全提示。对具有风险性的体育活动,有条件的体育设施管理单位和设施维护责任人可以采取与体育设施使用者签订协议等方式,明确双方的权利义务。

四、县级人民政府对向公众开放体育设施的学校给予支持,有为其办理责任保险的义务

《教育部、国家体育总局关于推进学校体育场馆向社会开放的实施意见》(教体艺〔2017〕1号)规定:"积极推进风险防控和安保机制建设。推动县级以上人民政府根据国家有关规定为开放学校购买专项责任保险,鼓励引导学校、社会组织、企事业单位和个人购买运动伤害类保险。"学校体育设施向公众开放,遇到的最主要的问题是经费和安全。学校体育设施在日常使用中所产生的物耗、维修等费用,已经由各级财政通过各单位预算在预算框架内解决。学校体育设施向社会公众开放的安全问题主要包括学校校舍仪器的安全、学生的人身安全、健身群众的人身安全、健身群众的财产安全等,其中,学校最为担心的是学生和健身群众的人身安全问题。因为一旦发生了伤害事故,尽管有些事故并非学校可以控制的,也会引发纠纷,学校可能被要求赔偿。如何恰当地分配安全责任,将影响学校体育设施向社会的公开。因此,科学分配学校体育设施向公众开放后的安全责任非常必要,而办理责任保险就有利于充分发挥保险的经济补偿功能,可以有效应对灾害事故风险，有力保障人们生命财产安全，平衡各方在安全责任承担上的利益。责任保险主要分为公众责任险、产品责任险、雇主责任险、职业责任险、第三者责任险五种。公众责任险主要承保各种体育场馆设施在进行比赛、训练和其他活动中，由于意外事件而造成的第三者人身伤害或者财产损失依法应由被保险人承担的各种经济赔偿责任。产品责任险主要承保由于体育产品的制造、销售，或修理商因其制造、销售和修理的产品具有缺陷，致使用户和消费者遭到人身伤害或财产损失，依法应由制造、销售，或修理商承担的民事赔偿责任。雇主责任险主要承保体育场所或体育设施的所有人对其员工（包括正式员工和临时员工）在受雇期间的人身损害，根据劳动法或雇佣合同应承担的经济责任。职业责任险主要承保各类体育专业人员（如教练、社会体育指导员、体育教师等）因工作上的疏忽或过失使他人遭受损害的民事赔偿责任。第三者责任险主要承保被保险人或其允许的驾驶人员在使用保险车辆过程中发现意外事故，致使第三者遭受人身伤亡或财产直接损毁，依法应当由被保险人承担的经济责任，保险公司负责赔偿。对于学校而言，引进责任保险，特别是公众责任险，既可以有效预防重大损失，又有利于分担风险、减轻学校的经济压力。《条例》本条明确指出，为向公众开放体育设施的学校办理有关责任保险的责任由县级政府承担，主要是考虑到学校经费中无责任保险的预算，同时，考虑到我国学校以义务教育的中小学居多。第六次全国体育场地普查数据显示，全国教育系统体育场地中88.55%为中小学体育场地，广东省的情况也大致如此。根据《中华人民共和国义务教育法》的规定，我国义务教育实行以县级人民政府为主的管理体制，均由县级财政予以拨款。也就是说，学校作为体育设施的管理者，依然为责任承担主体，但责任保险的费用由政府承担。如此规定减轻了学校负担，有利于调动学校开放体育设施的积极性，同时也有利于合理解决学校体育设施对外开放伤害事故责任赔偿的纠纷。

第三十四条　学校体育设施开放管理

县级以上人民政府教育、体育主管部门应当会同公安、卫生健康等有关部门建立学校体育设施开放工作机制，保障学校正常教学秩序和学生课外体育活动，明确开放学校的基本条件、开放时间、开放对象、开放场地、收费标准，向公众公布开放学校和场地名录，并加强对学校体育设施向公众开放的指导监督。

学校向社会开放体育设施的，可以根据实际情况采取自行管理、与乡镇（街道）联合管理、组建青少年体育俱乐部管理或者外包管理等方式；也可以由县级以上人民政府通过购买服务的方式统一实施外包管理。

新建公办学校的体育设施建设应当考虑向社会公众开放的实际需要，与教学、生活区域相对隔离。已建公办学校的体育设施未与教学、生活区域隔离的，县级以上人民政府教育、体育主管部门应当指导学校结合实际进行隔离改造或者采取必要措施推动向社会开放。

【释义】本条是关于学校体育设施开放管理的规定。

从国家鼓励学校开放体育设施的立法意图来看，主要是为了弥补现有公共体育设施的不足，为公众开展体育健身活动创造更多的有利条件，同时实现学校体育设施资源的充分利用。然而,由于学校体育设施在实行对外开放过程中存在责任与义务不清晰的问题,学校参与体育设施对外开放的积极性有待提高。因此,《条例》本条结合实际对学校体育设施开放工作机制、管理模式和设施建设作出规定。

一、建立学校体育设施开放工作机制

建立学校体育设施开放工作机制,主要包括三方面的内容。

(一)建立学校体育设施开放工作机制的主体。《教育部、国家体育总局关于推进学校体育场馆向社会开放的实施意见》(教体艺〔2017〕1号)规定:"积极推进风险防控和安保机制建设。各地教育、体育部门要协调当地公安、医疗等部门建立健全有关加强学校体育场馆开放安全保卫方面的工作机制,加强场馆开放治安管理和安全保障。学校要协调周边社区和街道制定具体场馆开放的安保实施方案和突发事故紧急处置预案,落实安全风险防范措施,加强开放时段治安巡查,做好场馆开放后的校园安全保卫工作。"目前,学校拥有占近半比例的社会体育设施资源。因此,将以学校为代表的一些单位内部的体育设施向公众开放,是目前体育健身设施数量有限的情况下解决设施供需矛盾的有效途径。同时,为解决学校缺少体育设施对外开放工作机制问题,《条例》本条明确规定县级以上人民政府教育、体育主管部门应当会同公安、卫生健康等有关部门建立学校体育设施开放工作机制。

(二)建立学校体育设施开放工作机制的目的。学校是教书育人的地方,建立学校体育设施开放工作机制的首要目的是保障学校的正常教学秩序和学生的课外体育活动。在确保学校正常教学秩序和学生课外体育活动的前提下,通过学校体育设施开放工作机制,协调学校体育设施的开放工作,以促进学校体育设施向社会开放。

(三)学校体育设施开放工作机制的主要内容。主要内容包括开放学校的基本条件、开放时间、开放对象、开放场地、收费标准等。(1)开放学校的基本条件。学校体育设施向公众开放应符合《教育部、国家体育总局关于推进学校体育场馆向社会开放的实施意见》的有关开放条件要求:学校体育场馆有健全的安全管理规范,明确的责任区分办法和完善的安全风险防控条件、机制及应对突发情况的处置措施和能力;学校体育场馆在满足本校师生日常体育活动需求的基础上,还应有向社会开放的容量和时间段;学校体育场馆区域与学校教学区域相对独立或隔离,体育场馆开放不影响学校其他工作的正常进行;学校体育场馆、设施和器材等安全可靠,符合国家安全、卫生和质量标准及相关要求;学校有相对稳定的体育场馆设施更新、维护和运转的经费,能定期对场馆、设施、器材进行检查和维护。(2)开放时间。学校体育设施向公众开放应符合《教育部、国家体育总局关于推进学校体育场馆向社会开放的实施意见》的有关开放时间要求:"学校的体育场馆开放应该在教学时间与体育活动时间之外进行。在课余时间和节假日优先向学生开放,并在保证校园安全的前提下向社会开放,可实行定时定段与预约开放相结合。学校体育场馆向社会开放的时间应与当地居民的工作时间、学习时间适当错开。国家法定节假日和学校寒暑假期间,学校体育场馆应适当延长开放时间。开放具体时段、时长由各地、各校根据实际情况予以明确规定。"(3)开放对象。《教育部、国家体育总局关于推进学校体育场馆向社会开放的实施意见》规定:"学校体育场馆开放主要面向本校学生、学区内学生、学校周边社区居民和社会组织。根据体育场馆面积、适用范围和开放服务承受能力，合理确定开放对象范围和容量。"（4）开放场地。学校体育设施当中符合开放条件的，应当向社会公众开放，暂不具备条件的，待条件成熟后才能向社会开放。（5）收费标准。应当遵守《条例》第三十三条相关规定。（6）其他内容。政府教育、体育主管部门向公众公布开放学校和场地名录，有利于社会公众合理安排锻炼时间和锻炼地点。教育、体育主管部门应负责本行政区域内公共体育文化设施事业的日常监督管理，有利于确保其规范、安全、有序。因此，建立学校体育设施开放工作机制，还应当包含向公众公布开放学校和场地名录，并加强对学校体育设施向公众开放的指导监督等。

二、学校体育设施开放管理模式

对于学校体育设施开放管理模式，《条例》规定了两种管理模式。

（一）以学校为主体的管理模式。对于以学校为主体的管理模式，《条例》规定了四种具体方式，且由学校根据实际情况自主决定。（1）学校自行管理。学校自行管理是指学校体育设施向社会开放由学校根据实际情况自行管理。学校可采用刷卡进校园的方式管理，社区居民和青少年学生凭市民卡、学生证、身份证等有效证件进入校园体育场所进行体育锻炼。学校是学校体育设施的管理者，学校体育设施对外开放后，自行管理便于其发现问题并及时解决，可以有针对性地调整与之不相适应的地方。学校自我管理模式更具有灵活性、便捷性，有利于保障教学管理秩序正常运行与满足学生参与体育活动的需求。（2）学校与乡镇（街道）联合管理。学校与乡镇（街道）联合管理是指学校与所在街道（镇）、社区、村委等联合对学校体育设施向社会开放进行管理。学校应与联合管理单位签订使用协议，明确双方的权利义务，以减轻学校的管理负担，实现多方受益。乡镇（街道）属于基层行政机关，对当地辖区的群众更为了解，且其具有一定的行政职权，对群众更有拘束力，比学校自行管理更具有权威性，更有利于对学校体育设施对外开放进行管理。（3）学校组建青少年体育俱乐部进行管理。根据《中共广东省委、广东省人民政府关于加强青少年体育增强青少年体质的意见》（粤发〔2008〕22号）和《广东省青少年体育俱乐部创建管理办法》的规定，青少年体育俱乐部是指创建单位依托自身的体育场馆设施及师资队伍，建立面向青少年的社会化、公益性体育组织。其主要任务是开展体育活动，传授运动技能，培养青少年体育兴趣、爱好的终身体育锻炼习惯，增强青少年体质，发现和培养体育人才。学校组建青少年体育俱乐部进行管理，是指经各级体育主管部门批准成立的，并依托学校体育场馆设施开展青少年体育活动，在民政部门注册的民办非企业。将学校相应体育设施向社会开放委托该俱乐部管理，学校应与该俱乐部签订使用协议，明确双方的权利义务。青少年体育俱乐部是由政府体育部门根据高等学校、大中型体育活动场所、体育社会组织单位申报批准成立，以培养青少年体育兴趣、爱好为目的的社会体育组织，具有公益性。不同级别的青少年体育俱乐部由各级政府从发行体育彩票得到的公益金进行资助。[①] 青少年体育俱乐部分为国家级、省级、市级三级。广东省体育局印发《关于进一步加强青少年体育

---

① 参见陈一曦、耿铭阁、林向阳《青少年体育俱乐部标准化管理体系构建研究》，载《福建师范大学学报（自然科学版）》2018年第5期。

俱乐部建设的通知》（粤体青〔2018〕16号）明确提出：大力发展青少年体育俱乐部，积极推进青少年体育俱乐部能力建设，充分发挥青少年体育俱乐部作用。青少年体育俱乐部是一个公益性的社会体育组织，由青少年体育俱乐部对学习体育设施对外开放进行管理，有利于完善学校体育设备对外开放内部治理结构，而且更为专业。（4）外包管理。外包管理是指学校通过公开招标的方式，将体育设施向社会开放承包给有资质的外单位管理。学校应与承包单位签订合同，明确双方的权利和义务，根据合同约定，承包单位可以有偿使用学校的体育设施。学校委托专门的管理机构对学校体育设施对外开放进行管理。实行外包管理可以降低学校管理成本和人力资源成本，充分利用社会资源，学校可以将人力、物力、资源集中于学校的教学管理等核心工作上。

（二）由县级以上人民政府通过购买服务的方式统一实施外包管理。学校向社会开放体育设施的，可以由县级以上人民政府通过购买服务的方式统一实施外包管理。根据《国务院办公厅转发文化部等部门关于做好政府向社会力量购买公共文化服务工作意见的通知》（国办发〔2015〕37号），对政府购买公共文化服务作了如下规定。（1）购买主体。政府向社会力量购买公共文化服务的主体是承担提供公共文化与体育服务的各级行政机关。《条例》本条明确购买公共服务的主体为县级以上人民政府。（2）承接主体。承接政府向社会力量购买公共文化服务的主体主要为具备提供公共文化服务能力，且依法在登记管理部门登记或经国务院批准免予登记的社会组织和符合条件的事业单位，以及依法在工商管理或行业主管部门登记成立的企业、机构等社会力量。各地要结合本地实际和拟购买公共文化服务的内容、特点，明确具体条件，秉持公开、公平、公正的遴选原则，科学选定承接主体。（3）资金来源。政府向社会力量购买公共文化服务所需资金列入财政预算，从部门预算经费或经批准的专项资金等既有预算中统筹安排。《条例》本条规定由县级以上人民政府通过购买服务的方式统一实施外包管理，这是政府对学校将体育设施实施对外开放的一种补贴支持。由政府统一实施外包管理，学校就不用再额外支出管理费用，从而可以减少学校的对外开放成本。

三、对新建学校体育设施的要求

学校是以教书育人为目标的社会组织，学校的一切管理工作都应当从属于且服务于"教育人和培养人"的目标。教育教学活动是学校教育和培养学生的基本组织形式，也是学生基本素质得以提升的基本途径。同时，学校体育设施是整个社会体育设施的重要组成部分，有必要充分发挥其作用，促进全民健身活动的开展。为此，新建公办学校的体育设施应当在规划和建设的时候，将体育设施与教学区、生活区相对隔离，以便充分发挥体育设施的作用。

《教育部、国家体育总局关于推进学校体育场馆向社会开放的实施意见》（教体艺〔2017〕1号）要求："学校体育场馆区域与学校教学区域相对独立或隔离，体育场馆开放不影响学校其他工作的正常进行。"学校发挥体育设施资源共享作用的前提是优先保障学校各项教育教学活动正常运行。换言之，学校体育设施向社会开放是在满足本校师生日常体育健身活动需求的前提下进行的，因而，学校体育设施的建设也应当与学校教学区域相对独立、隔离，开放体育设施后不影响学校教学、训练、竞赛、课外体育活动和学校其他各项正常工作的秩序。针对已建成但体育设施未与教学、生活区域隔离的公办学校，应当由县级以上人民政府教育、体育主管部门指导学校进行改造或者采取必要的措施推动其开放体育设施。

第三十五条　体育设施开放保障

各级人民政府应当对实施免费或者低收费向公众开放的公共体育设施、学校体育设施和社会体育设施，通过政府购买服务、补贴等形式给予支持；全民健身场所的水、电、气价格不得高于一般工业标准。

【释义】本条是关于全民健身设施开放保障的规定。

本条从两个方面对实施免费或者低收费向公众开放的公共体育设施、学校体育设施和社会体育设施的政府支持作了规定。

一、通过政府购买服务、补贴等形式给予支持

政府在全民健身工作中发挥更重要作用是现实要求，对全民健身事业提供更加充分、更有针对性的财政保障与支持是政府的重要职责。政府对向社会公众免费或者低收费开放的体育设施予以支持，目的在于鼓励更多的公共体育设施、学校体育设施和社会体育设施向社会公众实施免费开放或者低收费开放，从而有利于解决健身设施供给不足与公众体育活动需求剧增的矛盾。

（一）政府给予全面健身设施支持的前提条件。由于公共体育设施、学校体育设施和社会体育设施向社会公众实施免费开放或者低收费开放，会额外增加人工管理、设施检查维修、保养等成本，因此，政府给予全面健身设施支持的前提条件是免费或者低收费向公众开放的公共体育设施、学校体育设施和社会体育设施。所谓免费开放是指完全不向公众收取任何费用，公众可以无偿使用。所谓低收费，是指以市场价格为衡量标准，低于市场价格向公众收取费用。但是，市场价格在我国并无统一标准，我国各个地区的经济发展情况都不一样，因此，市场价格应当根据当地的经济水平发展来决定。所谓社会体育设施，是指由社会力量投资建设，向特定人群开放的非营利性体育设施，如国家机关、社会团体组织、企事业单位的体育设施；或者向不特定人群开放的营利性体育设施，如商业健身房、游泳馆等。

（二）政府给予全面健身设施支持的形式。政府给予全面健身设施支持的形式主要有政府购买服务、补贴等。所谓购买服务，是指通过发挥市场机制作用，把政府直接提供的一部分公共服务事项以及政府履职所需服务事项，按照一定的方式和程序，交由具备条件的社会力量和事业单位承担，并由政府根据合同约定向其支付费用。所谓补贴，是一种政府为了获取某些具有重要的公共利益或战略价值的产品和服务，以实现政府特定的政策目标，而运用财政收入来资助企业等进行生产的方法。《条例》本条规定通过政府购买服务、补贴等形式给予支持，目的在于减少体育设施管理单位的开放成本，因此，支持的形式不仅限于政府购买服务、补贴的形式，其他与其性质相同、能起到相同作用效果的支持形式只要法律没有禁止，都是允许的。

二、全民健身场所的水、电、气价格不得高于一般工业标准

《国务院关于加快发展体育产业促进体育消费的若干意见》（国发〔2014〕46号）、《国务院办公厅关于加快发展健身休闲产业的指导意见》（国办发〔2016〕77号）、《国务院办公厅关于进一步激发社会领域投资活力的意见》（国办发〔2017〕21号）均明确要求，体育场馆等健身场所的水、电、气、热价格按不得高于一般工业标准执行。《条例》以地方性法规形式规定全民健身场所的水、电、气价格不得高于一般工业标准，可以有效降低全民健身场所的运行成本，减轻全民健身场所的负担。

第四章　全民健身服务与保障

本章共十三条，内容涉及政府购买公共服务机制、体育社会组织培育、体育社会组织规范发展、完善政府信息服务、引导社会力量提供信息服务、社会体育指导、国民体质监测、公民体质测定、评估与评价、高危险性体育项目安全管理、群众体育安全管理、开展科学健身服务、鼓励社会力量支持全民健身事业。

本章的目的在于明确政府及各有关部门的责任，在安全、科学、充分、便捷等方面为群众参与全民健身活动提供保障，不断提高公共服务水平，使群众在全民健身活动中的合法权益得以实现。《全民健身条例》对全民健身服务和保障作了规定。《条例》对《全民健身条例》进行了补充和细化。因此，实践中，必须将《全民健身条例》和《条例》中的各项规定有机地结合起来，予以贯彻执行。《全民健身条例》和《条例》中没有具体规定的，应当根据总则规定、依据相关规章、参考相关规范性文件执行。

第三十六条　政府购买公共服务机制

县级以上人民政府体育主管部门应当会同财政主管部门建立本级政府购买全民健身公共服务的机制，制定购买服务目录，确定购买服务的种类、性质和内容，向公民提供体育健身服务。

【释义】本条是关于建立政府购买全民健身公共服务机制的规定。

政府向社会力量购买公共服务，对创新公共服务供给模式，构建多层次、多方式的公共服务供给体系，提供更加方便、快捷、优质、高效的公共服务具有重要意义。政府向社会力量购买全民健身公共服务，是提高全民健身公共服务质量和效益的必然要求，对不断满足人民群众日益增长的多元化体育健身需求有积极意义。《全民健身计划（2016—2020年）》对此作了规定，要求县级以上地方人民政府应当将全民健身工作相关经费纳入财政预算，依据政府购买服务总体要求和有关规定，制定政府购买全民健身公共服务的目录、办法及实施细则，加大对基层健身组织和健身赛事活动等的购买比重。目前，广东省政府购买全民健身公共服务制度在购买主体、承接主体、购买方式和购买资金等方面尚存在须进一步完善的地方。为此，《条例》本条结合广东实际，参考财政部、民政部、工商总局印发的《政府购买服务管理办法（暂行）》（财综〔2014〕96号）①和财政部、民政部印发的《关于通过政府购买服务支持社会组织培育发展指导

---

① 中华人民共和国财政部令第102号《政府购买服务管理办法》于2020年1月公布，自2020年3月1日起施行。财政部、民政部、工商总局2014年12月15日发布的《政府购买服务管理办法（暂行）》（财综〔2014〕96号）同时废止。——编者注

意见》（财综〔2016〕54 号）等有关政策文件，对建立政府购买全民健身公共服务机制作了具体规定。

一、明确了建立政府购买全民健身公共服务机制的主体

体育主管部门是全民健身的主管部门。根据《全民健身计划（2016—2020 年）》规定，县级以上地方人民政府应当将全民健身工作相关经费纳入财政预算，并随着国民经济的发展逐步增加对全民健身的投入。安排一定比例的彩票公益金等财政资金，通过设立体育场地设施建设专项投资基金和政府购买服务等方式，鼓励社会力量投资建设体育场地设施，支持群众健身消费。依据政府购买服务总体要求和有关规定，制定政府购买全民健身公共服务的目录、办法及实施细则，加大对基层健身组织和健身赛事活动等的购买比重。而财政主管部门是政府经费的主管部门。因此，《条例》规定由县级以上人民政府体育主管部门会同财政主管部门建立本级政府购买全民健身公共服务机制。

二、明确了建立政府购买全民健身公共服务机制的内容

根据《条例》规定，政府购买全民健身公共服务机制的主要内容是制定购买服务目录，确定购买服务的种类、性质和内容。制定政府购买全民健身公共服务目录，明确哪些可以买、哪些不能买，是顺利开展相关工作的前提和基础。2013 年 11 月 12 日中共第十八届中央委员会第三次全体会议通过的《中共中央关于全面深化改革若干重大问题的决定》要求："推广政府购买服务，凡属事务性管理服务，原则上都要引入竞争机制，通过合同、委托等方式向社会购买。"《国务院办公厅关于政府向社会力量购买服务的指导意见》（国办发〔2013〕96 号）提出："加大政府购买服务力度，到 2020 年在全国基本建立比较完善的政府向社会力量购买服务制度。"2015 年 5 月，《国务院办公厅转发文化部等部门关于做好政府向社会力量购买公共文化服务工作意见的通知》（国办发〔2015〕37 号）指出："到 2020 年，在全国基本建立比较完善的政府向社会力量购买公共文化服务体系，形成与经济社会发展水平相适应、与人民群众精神文化和体育健身需求相符合的公共文化资源配置机制和供给机制，社会力量参与和提供公共文化服务的氛围更加浓厚，公共文化服务内容日益丰富，公共文化服务质量和效率显著提高。"该通知同时公布了《政府向社会力量购买公共文化服务指导性目录》。县级以上人民政府体育主管部门会同财政主管部门制定购买服务目录时，应当依照《中共中央关于全面深化改革若干重大问题的决定》提出的"凡属事务性管理服务，原则上都要引入竞争机制，通过合同、委托等方式向社会购买"的要求和《政府购买服务管理办法》的相关规定，遵循有利于转变政府职能，有利于降低服务成本，有利于提升服务质量水平和资金效益的原则，在准确把握公众需求的基础上，全面梳理并主动提出购买服务的内容和事项，明确购买的服务种类、性质和内容。各地在制定购买服务目录的过程中，应突出重点，突出公共性和公益性，重点考虑、优先安排与保障和改善与全民健身密切相关的项目，并适当向基层、农村、公益组织倾斜，推动全民健身事业均衡发展。

三、明确了建立政府购买全民健身公共服务机制的目的

根据《条例》规定，政府购买全民健身公共服务机制的目的是向公民提供体育健身服务。为此，政府在购买服务时必须明确购买标准，坚持公开择优，通过公开公平、竞争择优方式选择社会组织承接政府购买服务，完善购买服务的资金保障，加强绩效评价与监管机制,提升政府购买全民健身公共服务公信力,以便通过购买服务为公民提供更优质的体育健身服务。

第三十七条　体育社会组织培育

县级以上人民政府及其有关部门应当加强体育社会组织承接政府购买服务的能力建设,可以探索设立孵化培育资金,建设孵化基地,为初创的体育社会组织提供公益创投、补贴奖励、活动场地、费用减免等支持。

鼓励将闲置的办公用房、福利设施、体育场地附属设施等国有或者集体所有资产,通过无偿使用等优惠方式提供给体育社会组织开展全民健身公益活动。

【释义】本条是关于体育社会组织培育的规定。

体育社会组织是指在民政部门登记或备案,以有效满足居民体育需求、重点服务基层全民健身为主要职责的各类社会组织。本条根据有关国家政策,结合广东实际,对体育社会组织的培育和扶持措施作了具体规定。

一、加强体育社会组织承接政府购买服务的能力建设

体育社会组织的能力决定了承接全民健身公共服务的水平质量。国际经验表明,提升社会组织能力是通过强化能力建设来实现的。当前,在政府"转身"与社会"承接"的过程中,相当数量的体育社会组织还不具备充分承接的能力,主要表现在专业素质不够高,内部治理不健全,政社不分,独立运作能力较弱,筹集和整合社会资源能力不强等方面。而体育设施、体育场地和体育资金的缺乏是制约体育社会组织能力发展的主要原因。为此,需要对体育社会组织进行扶持与培育,以进一步提升其承接政府购买服务的能力。财政部、民政部印发的《关于通过政府购买服务支持社会组织培育发展的指导意见》(财综〔2016〕54号)提出,加强社会组织承接政府购买服务培训和示范平台建设,采取孵化培育、人员培训、项目指导、公益创投等多种途径和方式,进一步支持社会组织培育发展。鼓励在街道(乡镇)成立社区社会组织联合会,联合业务范围内的社区社会组织承接政府购买服务,带动社区社会组织健康有序发展。为此,《条例》本条第一款从两个方面作了规定。

(一)探索设立孵化培育资金,建设孵化基地。孵化培育机制的关键和核心是政府为服务对象所提供的具体孵化培育服务内容。《条例》本条主要从两个方面对县级以上人民政府及其有关部门职责作了规定:(1)探索设立孵化培育资金。资金是体育社会组织发展的重要因素。设立孵化培育资金的目的主要是为孵化培育对象提供数量不等的启动或资助基金,以帮助它们解决创业和发展初期面临的资金匮乏等难题。例如,可考虑从体育彩票资金中拿出适当比例,并以吸收社会捐助等形成孵化培育资金池,这样既可对一些有较强潜力的体育社会组织提供启动资金,也可通过定期对体育社会组织、行业协会进行评估考核,对其中的优秀者给予适当奖励,扶优罚劣,让能力强、内部治理规范的体育社会组织能够发展得更快、更好。(2)探索建设孵化基地。建设孵化基地可以减轻体育社会组织设立者的负担,为他们提供硬件、软件两个方面的支持与服务。在硬件方面,为孵化培育对象提供必需的工作条件,主要包括办公场所、活动场所以及办公桌、办公椅、电脑等基础性设施。在软件服务方面,主要是指通过教育培训等方式来提高孵化培育对象的公共服务供给能力和可持续发展能力,或者通过连接各方资源、构建开放的资源平台,以为孵化培育对象提供其成长和发展所需的各种资源要素。

(二)为初创的体育社会组织提供公益创投、补贴奖励、活动场地、费用减免等支持。《条例》本条对县级以上人民政府及其有关部门设立孵化培育资金,建设孵化基地,培育体育社会组织所采取的相关方式作了规定:(1)公益创投。中国的公益创投可以界定为政府主导下的,通过资源平台的搭建,借助专业技术和管理的支撑,培育和发展服务于社区居民的非营利性组织的方式。如采取公益创投之孵化器模式的上海浦东新区的塘桥社区,采用区、街实体孵化组织平台联动模式,组建区、街社会组织服务中心,并配套相应社会组织孵化园,引导和带动更多居民走出家门,融入社区,参与健身。①(2)补贴奖励。补贴是政府补贴,这里的政府补贴是指各级地方政府向体育社会组织提供的财政帮助。奖励是指为扶持体育社会组织做大做强,激发其发展活力,政府对符合条件的体育社会组织给予资金上的奖励。(3)活动场地。顾名思义,即政府为体育社会组织提供举办活动、日常办公等的场地。(4)费用减免。费用减免是指对经济上有困难的体育社会组织进行举办活动、日常维护等费用上的一定程度上的减缓政策。(5)"等支持"。这里的"等",意味着县级以上人民政府及其有关部门可以通过设立孵化培育资金、建设孵化基地提供上述四种以外的支持,以有利于体育社会组织提供体育公共服务,不违反法律规定为原则。因此,县级以上人民政府及其有关部门应当不断探索,为体育社会组织提供多渠道支持。

二、鼓励提供闲置的办公用房、福利设施、体育场地附属设施等国有或者集体所有资产

《民政部关于大力培育发展社区社会组织的意见》(民发〔2017〕191号)要求:"依托街道(乡镇)社区服务中心、城乡社区服务站等设施,建立社区社会组织综合服务平台,鼓励将闲置的宾馆、办公用房、福利设施等国有或集体所有资产,通过无偿使用等优惠方式提供给社区社会组织开展公益活动。"依照《条例》本条规定,鼓励将闲置的办公用房、福利设施、体育场地附属设施等国有或者集体所有资产,通过无偿使用等优惠方式供给。给予的对象由"社区社会组织"扩大到所有"体育社会组织",即进一步扩大了有权以"无偿使用等优惠方式"使用闲置的办公用房、福利设施、体育场地附属设施等国有或者集体所有资产的主体范围。其目的就是要扩大受益面,使体育社会组织拥有更多场所以开展全民健身公益活动,进一步满足人民群众日益增长的体育健身需求。但必须注意的是,体育社会组织对政府以无偿使用等优惠方式提供的闲置办公用房、福利设施、体育场地附属设施等国有或者集体所有资产,只能用于开展全民健身公益活动,而不能用于自身办公等非直接的全民健身公益活动。对于这一点,《关于全面推开行业协会商会与行政机关脱钩改革的实施意见》(发改体改〔2019〕1063号)也有所规定。该文件规定改革的具体任务之一是:"资产财务分离规定。取消对行业协会商会的直接财政拨款,通过政府购买服务等方式支持其发展。行业协会商会执行民间

---

① 《浦东新区塘桥社区居家健康服务社开展"2018市民健康走"活动》,见上海市民政局官网(https://mzj.sh.gov.cn/node1/n17/n95/n97/u1ai107126.html),访问日期:2019年5月13日。

非营利组织会计制度,单独建账、独立核算。业务主管单位负责对其主管的行业协会商会资产财务状况进行全面摸底和清查登记,财政部门按照'严界定、宽使用'的原则批复资产核实情况。脱钩过程中,要严格执行国有资产管理和处置的有关规定,严禁隐匿、私分国有资产,防止国有资产流失。行业协会商会占用的行政办公用房,按照有关规定进行腾退,实现办公场所独立。"

第三十八条 体育社会组织规范发展

县级以上人民政府体育主管部门应当推动体育总会、基层体育社会组织建设,开展业务指导,促进体育社会组织规范化发展。

县级以上人民政府体育、民政主管部门应当指导武术、太极拳、健身气功等体育社会组织建设,扶持推广民族民俗民间传统运动项目,引导公众科学健身。

【释义】本条是关于体育社会组织规范发展的规定。

一、明确了县级以上人民政府体育主管部门推动体育总会规范化发展的义务

加强体育社团组织建设和指导服务,对转变体育发展方式、完善社会管理体系建设具有重要意义和深远影响。为保证体育社会组织规范化发展,体育主管部门应当加强对体育社会组织的指导服务,加强体育总会的规范化发展,以达到推进体育社会组织品牌化发展的目的,并在社区建设中发挥作用,形成架构清晰、类型多样、服务多元、竞争有序的现代体育社会组织发展新局面。

(一)组织建设。由县级以上人民政府体育主管部门推动体育总会的设立,使省、市、县、乡四个层面均部署有体育总会,构成一个横向到边、纵向到底的全民健身组织网络体系,这既是一件基础性工作,又是一件关键性工作,对全民健身事业的发展起到非常重要的作用。同时,县级以上人民政府体育主管部门应当高度重视并大力推动体育总会的内部治理工作,指导体育总会进一步优化内部机构设置、完善与细化内部规章制度、优化人员构成与结构,逐步形成新时期有利于本区域体育事业发展的组织架构,建立起与职能相匹配的管理体制与机制,从而更好地发挥管理枢纽的作用。

(二)业务指导。为提升体育总会的管理与服务能力,有必要建立一支相对稳定的专业管理队伍。县级以上人民政府体育主管部门应切实履行其作为业务指导单位的职责,采用"走出去"与"请进来"相结合的方式,整合本地与外地的优势资源,采用多种灵活有效的方式着力提高体育总会人员,尤其是业务指导部门人员的专业素养与业务指导能力。

二、明确了县级以上人民政府体育主管部门推动基层体育社会组织规范化发展的义务

城乡基层体育社会组织是指在县级民政部门登记或备案,以街道、乡镇或城乡社区为主要活动区域,满足城乡社区居民体育需求、服务基层全民健身的各类体育社会组织。加强基层体育社会组织建设,既是构建覆盖城乡比较健全的全民健身公共服务体系的迫切需要,也是服务基层体育事业发展,有组织地开展全民健身活动,不断满足广大群众日益增长的体育健身需求的重要保证,更是创新社会管理模式、运用社会力量弥补基层公共体育服务力量不足、提升基层公共体育服务能力和服务水平的重要举措。《全民健身条例》第三条规定："国家推动基层文化体育组织建设，鼓励体育类社会团体、体育类民办非企业单位等群众性体育组织开展全民健身活动。"《全民健身计划（2016—2020年）》提出，加强对基层文化体育组织的指导服务，重点培育发展在基层开展体育活动的城乡社区服务类社会组织，鼓励基层文化体育组织依法依规进行登记。依据《条例》本条要求，县级以上人民政府体育主管部门应当加强基层体育社团组织建设和指导服务，重点培育发展在基层开展体育活动的城乡社区服务类体育社会组织，推动基层体育社会组织规范化、专业化建设，是创新社会管理、转变体育发展方式的内在要求。县级以上人民政府体育主管部门应当采取以下措施来推动基层体育社会组织的规范化发展。

（一）组织建设。县级以上人民政府体育主管部门指导各乡镇（街道）结合实际，可以考虑逐步成立覆盖面广的人群体育协会和社会广泛参与的体育协会，鼓励成立乡镇（街道）农民体育协会，不断健全学校、机关、社区体育社会组织，不断推进基层体育社会组织发展，使各级各类体育社会组织向基层延伸。在基层体育社会组织的内部治理方面，要按照国家及广东省社会组织改革发展的政策要求，以规范化、社会化、实体化为目标，切实加强体育社会组织的自身建设，引导基层城乡体育社会组织完善权责明确、运转协调、监督有效的治理结构。要坚持非营利性原则，确保依照宗旨、在核准的业务范围内开展活动，确保其活动的合法性和规范性。要健全基层社会组织诚信服务和信息披露机制，主动公开服务项目、收费标准、制度建设、财务信息、活动信息、党务信息等各类信息，自觉接受乡镇、街道党委政府、居委会（村委会）和基层群众的监督。

（二）业务指导。县级以上人民政府体育主管部门是基层体育社会组织的业务指导单位，应充分发挥指导作用，指导基层体育组织开展群众性的体育活动、体育咨询、学术研究等，做好基层体育社会组织的培育发展工作，鼓励引导其参与社会管理，提供公共体育服务，为推动全民健身做贡献。

三、明确了县级以上人民政府体育、民政主管部门指导武术、太极拳、健身气功等体育社会组织规范化发展的方式

加强科学健身的指导，是提高群众参与全民健身水准和素养的重要途径。根据《全民健身计划（2016—2020年）》《"健康中国2030"规划纲要》的要求，各地区各部门要结合实际扶持推广武术、太极拳、健身气功等民族民俗民间传统和乡村农味农趣运动项目，鼓励开发适合不同人群、不同地域和不同行业特点的特色运动项目。近年来，随着整体社会文化环境以及生活条件的不断改善，人民群众对武术、太极拳、健身气功等各类具有较强专业性的体育运动项目的兴趣日益增强。广东省在这方面的发展情况总体趋势良好，但仍需要体育、民政主管部门积极作为，加强指导。《条例》本条第二款规定了县级以上人民政府体育、民政主管部门指导武术、太极拳、健身气功等体育社会组织规范化发展的方式。

（一）指导武术、太极拳、健身气功等体育社会组织建设。在推动全民健身的新形势下，县级以上人民政府体育、民政主管部门重视和加强武术、太极拳、健身气功等体育社会组织建设，对推进体育社会组织管理创新、提高全民健身水平具有十分重要的意义。根据《条例》规定，结合广东省实际，县级以上人民政府体育、民政主管部门应当从以下四个方面指导武术、太极拳、健身气功等体育社会组织建设：（1）加强武术、太极拳、健身气功等体育社会组织的管理网络建设。地方各级体育主管部门是本行政区域武术、太极拳、健身气功等体育社会组织的业务主管部门，负责当地武术、太极拳、健身气功等社会组织的建设和管理。如果武术、太极拳、健身气功等体育社会组织的管理网络本身不健全，就难以指导人民群众开展武术、太极拳、健身气功等体育活动。因此，县级以上人民政府体育主管部门应当建立健全省、市、县、镇（街）、社区（行政村）五级武术、太极拳、健身气功等组织管理网络和分级管理的工作机制。例如，健身气功建立了省、市、县、镇（街）、社区（行政村）五级健身气功组织管理网络。其中，省健身气功管理办公室负责全省健身气功政策法规制定、组织管理、培训指导、宣传、发动等工作；市级健身气功管理部门负责本地区健身气功工作的管理、活动组织、培训竞赛、宣传，以及情况收集；县（市、区）级健身气功管理部门负责健身气功站点审批、组织管理、各项活动开展、各站点动态情况掌握等；镇（街）与社区（行政村）级健身气功管理部门主要负责健身气功站点、队伍建设和管理，组织和传授健身气功方法。（2）引导设立登记。县级以上人民政府体育、民政主管部门，应当引导武术、太极拳、健身气功等体育社会组织依法依规进行设立登记。（3）加强登记管理。县级以上人民政府体育、民政主管部门应当加大执法检查力度，引导武术、太极拳、健身气功等体育社会组织不断完善包括章程在内的各项行业规章制度。如广东省每年对各地体育行政部门批准注册的健身气功站点进行年度检查，要求没有办理登记手续的，必须补办注册登记手续；凡名称不是"健身气功站点"的，必须重新注册登记为"健身气功站点"。（4）强化指导与管理。县级以上人民政府体育、民政主管部门要转变管理思路，创新管理方式，建立工作机制，畅通联系渠道，主动了解掌握本行政区域武术、太极拳、健身气功等体育社会组织的基本情况，积极开展政策和业务指导，依法依规加强对武术、太极拳、健身气功等体育社会组织的管理。

（二）扶持推广传统运动项目。《条例》本条还明确了县级以上人民政府体育、民政主管部门推广普及民族民俗民间传统运动项目的义务。《"健康中国2030"规划纲要》体现了国家对全民健身给予的高度重视，并将太极拳、健身气功等传统运动项目确定为重点扶持项目。根据《条例》规定，县级以上人民政府体育、民政主管部门可以通过降低准入门槛、积极组织活动，以及经费、技术、场地等多种形式扶持推广民族民俗民间传统运动项目，满足人民群众不断提升的多元化健身需要。例如，近年来广东省经费支持举办"百城千村健身气功交流展示活动""广东省健身气功站点联赛""健身气功社会体育指导员巡回教学志愿服务活动""健身气功社会体育指导员培训"等系列活动，有力地推动了健身气功的发展，有效地推广了健身气功这一传统运动项目。

四、明确了县级以上人民政府体育、民政主管部门指导体育社会组织规范化发展的目的

县级以上人民政府体育、民政主管部门指导体育社会组织建设，扶持推广民族民俗民间传统运动项目的在于引导公众科学健身。随着人们生活水平的不断提高，群众性的健身运动在全国各地蓬勃兴起。人们在进行健身锻炼时，必须遵循科学的方法，因地、因时、因人而异，这样才能获得最佳而持久的锻炼效果、促进身体健康。健身锻炼首先要根据自身的情况及所要达到的目的，选择适宜的运动项目。譬如，体弱多病者应循序渐进、逐步加大运动量。一开始，可选太极拳、太极剑、武术、健身气功、散步、慢跑、做健身体操等，然后随着体质的增强，循序渐进，逐步加大运动强度。老年人则适合进行散步、太极拳、武术、健身气功等体育活动。培育和发展武术、太极拳、健身气功等体育社会组织，既有利于促进体育社会组织的规范化发展，也有利于人们进一步了解武术、太极拳、健身气功等传统运动项目，推动这些民族民俗民间传统运动项目的进一步普及，引导公众科学健身，从而达到全民健身、强身健体的良好效果。

第三十九条　完善政府信息服务

县级以上人民政府应当建设全民健身管理服务资源库、公共服务信息平台，向公众公开体育设施目录、开放时段、优惠措施、健身指导、赛事活动等信息，制定并公布科学健身指南，为公众提供科学健身服务。

【释义】本条是关于完善政府信息服务的规定。

本条围绕完善政府信息服务，以为公众提供科学健身服务为目的从三个方面对政府职责作了规定。

一、明确了县级以上人民政府建设全民健身管理服务资源库、公共服务信息平台的义务

全民健身管理服务资源可以定义为各种关于全民健身需要利用的各种信息资源的总和，以电子数据的形式存储在非印刷型的载体中，通过网络、计算机或者终端等方式再现出来的相关的文字、图像、音频、视频、软件、数据库等多种形式再现出来的资源。其涉及的领域是全民健身管理服务。全民健身管理服务资源库以资源目录体系为纽带，以基础库的建设为基础，主要整合所需要的全民健身信息资源，为用户提供信息检索查询、资料下载、体育赛事活动信息公布等服务。全民健身公共服务信息平台，是政府及相关机构通过网络向公众公开关于全民健身工作信息、提供公众服务的无障碍交流渠道。建设全民健身公共服务信息平台，是保障广大人民群众便捷地获取全民健身信息服务、融入信息社会、平等分享社会发展进步的公共设施和公益事业的有效手段之一。全民健身面临着几个主要的问题，其中之一便是人民群众日益增长的健身锻炼需求与其获知健身场地、活动赛事、健身指导等公共体育服务信息的便捷程度的不匹配。由于两者不能有效对接，使得体育场地设施开放管理、体育赛事活动、体育健身等信息未能以更加便民的方式呈现在人民群众生活中。随着智能终端的多样化、网络连接的便捷化，人民生活方式飞速地发生着改变。为此，《全民健身计划（2016—2020年）》提出了强化全民健身科技创新的要求。推动移动互联网、云计算、大数据、物联网等现代信息技术手段与全民健身相结合，建设全民健身管理资源库、服务资源库和公共服务信息平台，使全民健身服务更加便捷、高效、精准。利用大数据技术及时分析经常参加体育锻炼的人数、体育设施的利用率，进行运动健身效果综合评价，提高全民健身指导水平和全民健身设施监管效率。建设全民健身管理服务资源库、公共体育服务信息平台，要求政府以公共体育基础数据库为内容支撑，通过数据整合、资源共享、智能调度、应用服务、大数据分析，构建全民健身公共服务体系，完善各类基础应用架构，建成覆盖其行政区域内体育资源的公共服务信息平台，实现互联互通，各领域跨界融合，开放联动发展，为全面提升体育治理体系和现代化治理能力，促进全民健身和全民健康深度融合，为市民享有便捷、高效、优质的体育公共服务提供信息支撑。《条例》本条在《全民健身计划（2016—2020年）》相关要求的基础上，结合公共体育服务均等化、标准化的要求，作出了具体规定。县级以上人民政府应积极建设全民健身管理资源库、服务资源库和公共服务信息平台。有关部门可以与民间科技企业合作，利用大数据技术及时分析经常参加体育锻炼的人数、体育设施利用率，进行运动健身效果综合评价，提高全民健身指导水平和全民健身设施监管效率。调查开放学校的体育场馆位置、数量和体育项目种类，同时，通过调查了解锻炼场所的开放时间、闲暇时间和人民群众意向锻炼时间，以及能够以错峰搭配得出最佳免费提供锻炼场所的时间，整合形成数据库并以公共服务信息平台的形式提供给人民群众，使人民群众可以通过平台了解相关的信息并根据自己的需求进行健身锻炼。除此之外，还可以通过平台发布健身指南和赛事信息，鼓励和引导人民群众更加积极并科学地开展健身活动。

二、明确了县级以上人民政府信息公开的义务

全民健身管理服务资源库、公共服务信息平台向公众公开的信息，应当包括但不限于下列5类信息。（1）体育设施目录。向公众公开公共体育设施目录是体育部门的一项法定职责，同时其也是责任单位。列入目录范围的公共体育设施应包括各级政府所属的体育中心、全民健身中心、体育公园、体育场、体育馆、游泳池，以及街道全民健身设施、社区全民健身设施、健身步道等。（2）开放时段。使公众知悉公开体育设施的开放时段，以便公众能合理安排自己健身的时间，从而提高全民健身的覆盖率。（3）优惠措施。关于体育设施的收费事宜和相关优惠措施应当被公开，相关单位应当按规定做好明码标价，让公众知悉收费标准及优惠措施，使相关收费及优惠信息能接受社会监督。（4）健身指导。健身指导是指在群众性健身活动、健美锻炼和健身操示范教学活动中，健身指导员从事技能传授和锻炼指导的行为。公开健身指导信息有助于群众选择更为专业的体育服务，学习科学健身知识，树立科学健身理念。（5）赛事活动。公开赛事活动信息有助于公众方便地获取关于体育活动的信息，以提高全民健身的热情，促使公众积极参与全民健身。

三、明确了县级以上人民政府制定并公布科学健身指南方面的义务

随着全民健身上升到国家战略，我国参与体育活动的老百姓越来越多，但体育活动在促进健康领域的诸多研究成果尚未充分应用于体育健身实践，多数居民在参加体育活动时有较大的盲目性，体育健身活动在增强体质、防控疾病方面尚有很大的提升空间。因此，亟待政府公布权威科学的全民健身指南，引导居民科学地从事体育健身活动。而出台科学健身指南应当以严谨的科研成果为基础，以广东省居民参加运动健身活动大数据为支撑，全面介绍不同体育活动方式的健身效果、体育健身强度监控方法，在科学检测与评价个体身体形态、机能、运动能力和体育活动习惯的基础上，突出介绍个体精准化体育健身的特点，制定科学、安全、有效的个性化体育活动方案。科学健身项目与指标的设计，既要注意其科学性，即所有运动能力测试与评价、体育健身活动方案及其标

准的要有中国人的实测数据作为依据；又要"接地气"，具有较强的可操作性，即根据各地区进行体育健身活动的特点，用通俗的、科普化的语言传递给公众。提出不同群体怎么选择运动方式，怎样进行体育运动的监控，每天练多少，每周练多少等科学健身方案。

第四十条　引导社会力量提供信息服务

县级以上人民政府应当引导社会力量发展健身信息聚合、智能健身硬件、健身在线培训教育，开发以移动互联网等技术为支撑的全民健身服务平台，提供场地预定、健身指导、体质测定、赛事活动参与等综合服务。

【释义】本条是关于引导社会力量提供信息服务的规定。

本条主要从方式和内容两个方面对县级以上人民政府引导社会力量提供信息服务作出了规定。

一、明确了引导社会力量提供信息服务的方式

《国务院办公厅关于加快发展健身休闲产业的指导意见》（国办发〔2016〕77号）明确提出："鼓励开发以移动互联网、大数据、云计算技术为支撑的健身休闲服务，推动传统健身休闲企业由销售导向向服务导向转变，提升场馆预定、健身指导、运动分析、体质监测、交流互动、赛事参与等综合服务水平。"随着广东省经济的快速发展，健身服务业在体育产业中所占比重不断提高，健身信息聚合、智能健身硬件、健身在线培训教育等全民健身新业态的发展成为现实所需。鼓励社会力量充分利用"互联网＋"等技术开拓全民健身产业制造领域和消费市场，一方面，可以提高体育消费在居民消费支出中所占比重；另一方面，可以激发群众进行健身锻炼的内在动机和提高体育产业的综合服务水平。综上所述，《条例》本条规定了县级以上人民政府鼓励社会力量建设全民健身信息服务平台的四种方式。

（一）发展健身信息聚合。在网络和数字化环境下，海量的信息资源既为用户带来了丰富的数据和信息，有利于用户对信息与数据的采取，又极大扩充了用户的信息量，同时也给用户带来了信息选择与使用方面的难题。所谓健身信息聚合，就是在挖掘、收集与分析用户的个性化健身需求信息的基础上，利用现代化技术手段对采集到的各类相关备选信息与数据进行比对、整合，淘汰明显不符合用户需求的信息，然后推送给用户、供其选择的过程。如"全城热炼"手机应用程序，是目前在健身信息聚合类产品方面具有一定知名度的手机应用程序，该应用程序主要为用户提供身边健身场馆的快速查询服务。通过手机应用程序把全国各个城市各个区域的详细的健身场所资源信息，包括课程设置、教练情况、收费情况、会员信息等整合起来，用户可以随时随地查看到附近的健身场所详情，并根据自己的实际情况和时间安排来进行选择和预约。

（二）发展智能健身硬件。智能硬件是继智能手机之后的一个科技概念，通过软、硬件结合的方式，对传统健身设备进行改造，进而让其拥有智能化的功能。若健身硬件智能化之后，硬件具备连接互联网服务的功能，形成"云＋端"的典型架构，将大大提高健身硬件的使用率。但是，对传统健身设备进行改造是一件耗时耗财的工作，一般市场主体缺乏承担的动力。依照《条例》本条规定,县级以上人民政府应当出台相关激励措施引导社会力量积极参与健身硬件的改造工程、大力发展智能健身硬件,为更好地推动全民健身提供更大、更有效的支持。

(三)发展健身在线培训教育。所谓健身在线培训教育,顾名思义,是以网络为介质的教学方式。通过网络,学员与教师即使相隔万里也可以开展教学活动;此外,借助网络课件,学员还可以随时随地进行学习,真正打破了时间和空间的限制。对于工作繁忙、学习时间不固定的职场人而言,网络远程教育是既方便又实惠的学习方式。县级以上人民政府应当鼓励、引导健身在线培训教育的开展,使其不限于何种形式与方法,为人民群众的日常健身提供便利,这也为社会力量推动全民健身活动的开展提供了制度保障。

(四)开发全民健身服务平台。随着科技对体育领域的渗透,特别是网络的普及,互联网对健身行业的影响越来越大且越来越重要。开发以移动互联网等技术为支撑的全民健身服务平台,能更好地实现全民健身。发挥政府的引导推动力,引导社会力量开发以移动互联网等技术为支撑的全民健身服务平台,提供场地预定、健身指导、体质测定、赛事活动参与等综合服务,能充分发挥社会力量的优势,不断激发公众参与健身的热情,更好地达到全民健身的目标。

二、明确了引导社会力量提供综合服务的内容

全民健身公共服务体系建设由政府主导,但政府并非建设的唯一主体。受计划经济体制下"全能政府"管理体制和观念的影响,政府是社会公共服务的唯一供给主体,既是公共服务的组织者,又是公共服务的生产者,社会力量难以参与到公共服务的供给当中。因此,《条例》规定县级以上人民政府应当鼓励并支持企业和社会组织等广大社会力量,共同参与公共服务体系建设,并明确了社会力量提供信息服务的主要内容,但这并非全部内容。

(一)提供场地预定。目前,全民健身理念深入人心,体育组织蓬勃发展,社会力量投入全民健身活动的积极性日益增长。相对于政府进行组织、规划,社会力量提供的场地预定更加便捷,不仅有效调动、发挥了体育组织等社会力量,更为群众健身活动提供了方便。这里所称的"场地",包含了室内、户外的体育健身活动所需的场馆、场所,如笼式球类场地、轮滑(滑板)场地、健身路径、健身步道、健身广场、拼装式游泳池等体育健身场地设施。

(二)健身指导。健身指导是指在群众性健身活动、健美锻炼和健身操示范教学活动中,健身指导员从事技能传授和锻炼指导的行为。《全民健身条例》第三十一条规定:"国家加强社会体育指导人员队伍建设,对全民健身活动进行科学指导。"《条例》第五条第一款也规定县级以上人民政府体育主管部门应当管理、培训社会体育指导员;发布科学健身指引,引导群众科学健身。因此,《条例》本条规定了县级以上人民政府应当鼓励社会组织为群众提供健身指导信息,帮助群众选择更为专业的体育服务、学习科学健身知识、树立科学健身理念。

(三)体质测定。国家体育总局发布的《国民体质监测工作规定》(体群字

〔2001〕6号）第二条规定："国民体质监测是指国家为了系统掌握国民体质状况，以抽样调查的方式，按照国家颁布的国民体质监测指标，在全国范围内定期对监测对象统一进行测试和对监测数据进行分析、研究。"其中，国民体质测定包括成年人、老年人、幼儿三部分人群。在实践中，许多体育组织、医疗机构等社会力量都具备国民体质测定的条件。通过政府购买服务、招标等方式，使社会力量参与中小学生体质测试工作，不仅减轻了政府行政压力，同时能够使社会力量更加深入地参与到全民健身活动中去。因此，《条例》本条规定县级以上人民政府应当鼓励、引导社会力量参与国民体质测定。

（四）赛事活动参与。社会组织参与赛事活动有助于公众更加方便地获取关于体育活动的信息，从而提高全民健身的热情。例如，国家发展改革委、体育总局等九部门联合印发《支持社会力量举办马拉松、自行车等大型群众性体育赛事行动方案（2017）》。在"健康中国"和"全民健身"的两大国家战略背景下，自行车和马拉松等群众参与性高的大型群众性体育赛事离不开政策的支持，更离不开社会力量的参与。因此，国家发展改革委、体育总局等九部门应当以做好赛事服务保障、完善支持政策、推动规范发展等方面为重点任务，吸引、支持社会力量参与举办大型群众性体育赛事。

第四十一条 社会体育指导

县级以上人民政府体育主管部门应当完善社会体育指导工作机制和组织体系，加强社会体育指导员协会、服务站、服务点建设和管理，加强公益和职业体育指导员队伍建设，设立公益性岗位，支持和保障社会体育指导员工作，发挥社会体育指导员的健身指导作用。社会体育指导员服务站、服务点应当配备社会体育指导员。

县级以上人民政府体育主管部门应当引导社会体育指导员发挥专业技术特长的优势，组织公民开展体育健身活动，传授体育健身技能，宣传科学健身知识。建立以社会体育指导员为主体，运动员、教练员、体育科技工作者、体育教师、体育专业学生、医务工作者等参与的全民健身志愿服务队伍，进学校、进社区为全民健身提供志愿服务。

【释义】本条是关于建立健全社会体育指导员制度的规定。

健身指导对于人们安全、科学地参与体育健身活动、增进人们身心健康、提高生活质量具有重要的意义。自1993年社会体育指导员技术等级制度实施以来，社会体育指导员已经成为推动全民健身事业发展的重要力量和宝贵的人才资源。规定基层组织加强对社会体育指导员协会、服务部、服务点的建设与管理，有助于充分发挥社会体育指导员的作用，为人民群众提供更科学、有效的健身指导，使全民健身服务真正扎根基层、惠及基层群众。《条例》本条从两个方面对政府在建立健全社会体育指导员制度中的职责作出了规定。

一、完善社会体育指导工作机制和组织体系

根据《社会体育指导员管理办法》（国家体育总局令第16号）第二条，社会体育指导员是指"不以收取报酬为目的，向公众提供传授健身技能、组织健身活动、宣传科学健身知识等全民健身志愿服务，并获得技术等级称号的人员"。围绕发挥社会体育指导员的健身指导作用,《条例》本条第一款从四个方面对县级以上人民政府体育主管部门完善社会体育指导工作机制和组织体系作出了规定。

(一)加强社会体育指导员协会、服务站、服务点建设和管理。这主要包括两个方面的内容。

1. 加强社会体育指导员协会建设和管理。社会体育指导员协会是由体育主管部门批准设立,在民政主管部门登记注册的社会体育指导员自律性组织。加强社会体育指导员协会的建设,就是要求县级以上人民政府体育主管部门建立健全市、县两级社会体育指导员协会,并建立孵化基地,为社会体育指导员协会提供办公场所、办公设备、人员培训、发展指导等必要的支持;制定扶持资助办法,设立扶持资金,帮助社会体育指导员协会实现持续健康发展;指导各级社会体育指导员协会建立健全工作机构、工作机制等。加强社会体育指导员协会的管理,就是要求县级以上人民政府体育主管部门强化对社会体育指导员协会日常监督检查,完善相关监督机制,并指导、监督社会体育指导员协会加强内部管理制度建设等。

2. 加强社会体育指导员服务站、服务点建设和管理。根据广东省体育局制定的《广东省社会体育指导员服务站评估资助试行办法》,社会体育指导员服务站是经各地级市体育行政部门批准,依托乡镇(街道)综合文化站、体委或体育组织成立,并在广东省群众体育网站注册,对辖区社会体育指导员进行管理、指导、服务,引导社会体育指导员上岗,组织群众开展各类体育健身活动,提高群众身体素质的社会体育组织。《条例》本条所称的"社会体育指导员服务点",是指为了更好地发挥社会体育指导员的价值,促进社会体育与大众健身群体的融合,在社区及村镇或者一定区域范围内建立的、由当地相关部门负责管理的社会体育固定服务站点。广东省体育局制定的《关于在社会体育组织开展社会体育指导员服务站建设工作的通知》(粤体群〔2017〕21号)和《关于开展社会体育指导员服务点建设工作的通知》(粤体群〔2017〕22号)对如何加强社会体育指导员服务站、服务点建设和管理作出了规定。如规定社会体育指导员服务总站应当有固定的办公场所,有开展工作所需的办公设备,有聘用的专职工作人员,有管理、指导辖区乡镇(街道)社会体育指导员服务站、社会体育组织社会体育指导员服务站开展工作;规定社会体育指导员服务站应当有固定的办公、活动场所,有开展工作所需的办公设备,有聘用的专职工作人员,该社会体育组织有100名以上已注册的社会体育指导员,有3名以上社会体育指导员具体负责服务站工作;等等。《广东省社会体育指导员服务站评估资助试行办法》(粤体群〔2014〕20号)第五条、第六条规定了社会体育指导员服务站在组织建设、活动开展、志愿服务、办公设备、经费保障五个方面的评估标准,从评估的视角规定了如何加强社会体育指导员服务站、服务点建设和管理。县级以上人民政府体育主管部门应当依据上述规定,根据本地实际和群众全民健身的实际需要,密切与相关部门协作,实现所有乡镇(街道)建有社会体育指导员服务站,行政村(社区)建有社会体育指导员服务点,为普及全民健身志愿服务提供强有力的组织保障。同时,还要建立健全社会体育指导员服务站、服务点管理的相关制度和政策,加强社会体育指导员服务站、服务点的管理。

(二)加强公益和职业体育指导员队伍建设。根据工作性质和组织管理模式的不同，我国存在两类社会体育指导员：公益体育指导员和职业体育指导员。县级以上人民政府体育主管部门应当根据《社会体育指导员管理办法》的要求，考虑公益和职业体育指导员的不同性质，加强职业体育指导员队伍建设，鼓励、引导在经营性健身场所从业的社会体育指导人员获得相应的"社会体育指导员"国家职业资格证书，使两类社会体育指导员相辅相成，在人民群众的健身活动中发挥更大作用。

(三)设立公益性岗位。公益性岗位是指由政府出资开发，以满足社区及居民公共利益为目的的管理和服务岗位。2010年，国务院政府工作报告中提出"多渠道开辟公益性就业岗位"。"公益岗位"这个词第一次出现在政府工作报告中，为政府公共体育指导服务提供了路径选择。《体育总局关于印发〈社会体育指导员发展规划（2011年—2015年）〉的通知》（体群字〔2011〕53号）提出："有条件的地区，争取设立社区社会体育指导员公益岗位。"自此，建立社会体育指导员公益岗位制度进入可操作阶段。《条例》规定，县级以上人民政府体育主管部门应当设立公益性岗位，支持和保障社会体育指导员工作，发挥社会体育指导员的健身指导作用。这里的公益性岗位种类不胜枚举，主要包括但不限于专职管理岗位、场馆培训公益教练、公园广场健身服务点公益岗位、"送教上门"体育培训公益教练岗位、健身路径科学使用公益指导岗位、健身路径文明使用劝导志愿服务岗位、大型赛事活动志愿服务岗位、健身服务点评估监督岗位、户外公共体育设施巡查志愿服务岗位、青少年业余训练评估监督岗位、全民健身赛事活动评估监督岗位、赛场急救志愿服务岗位和国民体质监测志愿服务岗位等。

(四)社会体育指导员服务站、服务点应当配备社会体育指导员。目前，越来越多的人加入到日常健身的队伍中来，同时也产生了一些问题。例如，部分市民健身的姿势不标准，导致身体肌肉拉伤；一些市民患有心脑血管疾病、糖尿病等慢性病，却因认为只要锻炼就会对身体有好处，而选择了一些并不适合他们的健身运动。因此，在每个社会体育指导员服务站点配备社会体育指导员是十分有必要的。社会体育指导员不仅是健身指导者，更是全民健康理念的推广者，他们在日常的教学中，把健康生活的理念带到学员当中，又通过学员影响到更多人。广东省体育局印发的《关于进一步加强广东省社会体育指导员工作的意见》（粤体群〔2014〕25号）规定："社会体育指导员服务站要聘请3名以上兼职的社会体育指导员开展指导工作。"

二、引导社会体育指导员提供健身服务

《条例》本条第二款从四个方面对县级以上人民政府体育主管部门引导社会体育指导员发挥专业优势，提供全民健身志愿服务作出了具体规定。

(一)引导社会体育指导员组织公民开展体育健身活动。社会体育指导员是科学健身的指导者、健康生活方式的引领者，可以称得上是全民健身的"领头雁"。广东省体育局印发的《关于进一步加强广东省社会体育指导员工作的意见》（粤体群〔2014〕25号）规定："社会体育指导员协会、社会体育指导员服务站要在社区（村委）、公园、广场建立社会体育指导员服务点，积极引导和委派社会体育指导员在健身广场、公园和

各类健身场所设立的社会体育指导员服务指导点常年开展科学、安全、方便、高效的健身指导服务工作,并做到'四个固定',即'固定时间、固定项目、固定人员、固定地点'指导群众科学健身。""要借助'全民健身日'、重要节庆和假日、重大赛事,组织体育健身技能和理论学术水平较高的社会体育指导员深入城市社区和农村村镇开展宣讲、辅导和交流活动,吸引更多的群众参加体育健身活动。"每个社会体育指导员所擅长的运动项目不尽相同,因此,县级以上人民政府体育主管部门应当引导社会体育指导员发挥各自的特长优势,这样不仅有利于资源优化,还能更好地带动全民健身。体育主管部门引导社会体育指导员组织公民开展体育健身活动应当对接群众需求,活动的方式灵活多样,可以利用互联网、微信公众号等现代信息技术为群众健身提供专业指导平台,引导社会体育指导员组织公民开展体育健身活动。

(二)引导社会体育指导员传授体育健身技能。社会体育指导员在全民健身工作中发挥着重要的作用,培训活动鼓励更多的社会体育指导员"动"起来,深入基层一线传授健身技能,带动市民广泛参与全民健身活动,以此提升市民体质、提高居民健康指数。因此,县级以上人民政府体育主管部门应当引导社会体育指导员进社区、进学校、进机关、进农村、进企业传授普及运动健身技能活动,将科学的健身方法送进基层,培养全民健身志愿服务骨干,建立科学健身示范站点,促进全民健身事业发展。

(三)引导社会体育指导员宣传科学健身知识。体育健身必须讲求科学,加强科学指导,做到科学健身。只有科学健身,才能达到增强体质、增进健康的目的。开展全民健身宣传还要在全社会广泛传播和普及科学健身知识,要通过各种通俗易懂、符合我国实际和大众接受习惯的体育健身知识的介绍,让广大群众了解科学健身的规律,掌握科学健身的方法,减少健身中的盲目性,克服不良的健身习惯,提高科学健身的能力和效果。因此,县级以上人民政府体育主管部门应当引导社会体育指导员针对各类健身活动,宣传与之相对应的、科学的健身知识。

(四)建立以社会体育指导员为主体,运动员、教练员、体育科技工作者、体育教师、体育专业学生、医务工作者等参与的全民健身志愿服务队伍。2010年12月13日,国家体育总局印发《建立全民健身志愿服务长效化机制工作方案》,要求形成以社会体育指导员队伍为主体,优秀运动员、教练员、体育科技工作者和体育教师、体育专业学生组成的全民健身志愿服务者队伍;充分利用各级体育总会、单项运动协会等体育组织和社团的影响力,推动全民健身运动广泛开展,并对组织协调机制、社会动员机制、培训管理机制、项目推动机制、表彰激励机制、评估检查机制等工作机制,以及保障措施作了具体规定。广东省体育局印发的《关于进一步加强广东省社会体育指导员工作的意见》(粤体群〔2014〕25号)规定:"各级体育行政部门要紧扣全民健身需求和体育事业发展,搭建广阔的社会参与平台,广泛动员社会各界积极投身全民健身志愿服务,吸纳有体育专长和志愿服务意愿的海内外各界人士共同参与全民健身志愿服务活动,实现组织倡导与社会参与的良性互动。要充分利用各级体育总会、单项运动协会等体育组织和社团的影响力,扩大体育系统参与全民健身志愿服务的范围,并发挥社会体育指导员的骨干带头作用,形成以社会体育指导员队伍为主体,优秀运动员、教练员、体育科技工作者和体育教师、体育专业学生组成的全民健身志愿服务者队伍，开展全民健身志愿服务活动。"县级以上人民政府体育主管部门应当根据条例规定，按照《关于印发〈建立全民健身志愿服务长效化机制工作方案〉广泛开展全民健身志愿服务活动的通知》（体群字〔2010〕201号）和《关于进一步加强广东省社会体育指导员工作的意见》（粤体群〔2014〕25号）的要求，利用省内各高校既有的优势资源，不断扩大全民健身志愿服务队伍，建立以社会体育指导员为主体，运动员、教练员、体育科技工作者、体育教师、体育专业学生、医务工作者等参与的全民健身志愿服务队伍，通过进学校、进社区，为全民健身提供志愿服务。同时，不断完善全民健身志愿服务长效化机制，使得全民健身志愿服务工作进入规范化、可持续发展的良性轨道。

第四十二条　国民体质监测

县级以上人民政府体育主管部门应当定期开展国民体质监测，完善体质健康监测体系，开发应用国民体质健康监测大数据，会同有关单位组织实施国民体质监测工作，向社会公布国民体质状况。学生的体质监测由县级以上人民政府教育主管部门定期组织实施，并向社会公布学生体质总体状况。

县级以上人民政府应当根据国民体质监测结果和全民健身活动状况调查结果，修订全民健身实施计划。

【释义】本条是关于组织实施国民体质监测工作的规定。

国民体质对于提升一个国家人民群众的健康水平具有重要的导向作用。为了及时掌握国民体质的变化状况，20世纪90年代中期开始，我国逐步建立完善了国民体质监测制度，以五年为一个周期开展国民体质监测工作，并定期公布监测结果。《条例》本条共分为两款，从三个层面对国民体质监测工作作出了规定。

一、县级以上人民政府体育主管部门在国民体质监测中的职责

《全民健身条例》第九条第一款、第二款规定："国家定期开展公民体质监测和全民健身活动状况调查。公民体质监测由国务院体育主管部门会同有关部门组织实施；其中，对学生的体质监测由国务院教育主管部门组织实施。"《条例》本条第一款在《全民健身条例》规定的基础上，强调县级以上人民政府体育主管部门应当定期开展国民体质监测和体质测定。其中关于国民体质监测包括以下三个方面。

（一）完善体质健康监测体系。国民体质监测，是国家为系统掌握国民体质状况，以抽样调查的方式，对照国家颁布的国民体质监测指标，在全国范围内定期对监测对象进行统一测试和对监测数据进行分析研究的工作。国民体质监测属于公共服务范畴，其工作范围涉及完善国民体质相关法律法规，重视体质研究，建立国民体质监测系统，推动全民健身，加强场馆等硬件设施的建设，加强营养、卫生等方面的工作。

（二）开发应用国民体质健康监测大数据。县级以上人民政府体育主管部门应当建设国民体质测定与运动健身指导站、社区国民体质监测点，开展常态化国民体质监测及运动与营养膳食指导服务。同时，推广"运动是良医"等理念，开发应用国民体质健康监测大数据，研究制定并推广普及健身指导方案、运动处方库和健身活动指南。

（三）会同有关单位组织实施国民体质监测工作，向社会公布国民体质状况。国民体质监测工作是一项涉及诸多领域的综合性工作，需要政府部门承担相应的领导责任，更需要多元力量的积极参与和协同配合。具体而言，各级体育主管部门应联合农业、科技、卫生等有关部门共同组织实施国民体质监测工作，从而获得更可靠的监测数据，并根据获得的监测数据适当调整全民健身指导方案，为广东省居民制定相应的运动处方。同时，应当定期向社会公布国民体质状况，为公众参与全民健身提供指引和参考。

二、县级以上人民政府教育主管部门在学生体质监测中的职责

《全民健身条例》第九条规定，"对学生的体质监测由国务院教育主管部门组织实施"。教育部制定的《学生体质健康监测评价办法》要求："各级教育行政部门以强化体育课程和课外锻炼为基础，以《国家学生体质健康标准》为依据，在本行政区域内统筹开展面向全体学生的体质健康测试，逐步建立健全包括学校测试上报、部门逐级审查、随机抽查复核、动态分析预测、信息反馈公示、评价结果应用等相关制度和管理措施在内的学生体质健康监测评价体系。"《教育部办公厅关于2015年开展国家学生体质健康标准测试和落实学校体育三个办法有关工作安排的通知》（教体艺厅函〔2015〕32号）对学生体质监测作了具体规定。根据《条例》本条规定，教育主管部门应当根据上述国家规定组织实施学生体质监测，并向社会公布学生体质总体状况。教育主管部门组织实施学生体质监测的方式可以根据当地实际做到灵活多样，如可以每年委托第三方机构定期对辖区中小学生体质健康水平进行监测，也可以亲自组织定期对辖区中小学生体质健康水平进行监测等。

三、国民体质监测结果与全民健身数据的运用

《全民健身条例》第十条规定："县级以上地方人民政府根据公民体质监测结果和全民健身活动状况调查结果，修订全民健身实施计划。"《条例》本条第二款也明确了县级以上人民政府应当根据国民体质监测结果和全民健身活动状况调查结果，修订全民健身实施计划。公民体质监测由国家体育主管部门负责组织有关领域的专家制定工作方案并于监测年度下达，监测工作使用的调查表式和抽样方案都要经国家统计部门审批后才能使用。除此之外，体质监测需要执行严格的工作程序，遵守操作规定，使用国家指定的监测器材和数据汇总方式，以进一步保证监测数据的准确性和科学性。这样的监测结果对保证政府获取客观准确的国民体质资料，系统掌握国民体质状况，推动全民健身活动的开展，促进经济建设和社会发展，进而调整各方面政策方针具有重要的参考价值。县级以上人民政府应当针对公民体质监测状况和参加全民健身活动的情况，认真分析，查找原因，检查工作，并适时修订全民健身实施计划。这一方面反映了公民体质监测和全民健身活动状况调查的重要意义，另一方面也使得全民健身实施计划更加科学、更加实用、更加有效。

第四十三条 公民体质测定

县级以上人民政府体育主管部门应当加强体质测定与运动健身指导站的建设与管理，支持和保障其开展常态化体质测定，科学指导健身。

从事体质测定的单位，应当具备国家规定的条件。对公民进行体质测定时，应当按照国家体质测定标准规范操作，为被测定者提供测定结果，对个人测定结果保密，并给予科学健身指导。

【释义】 本条是关于公民体质测定的规定。

体质测定，就是对人体形态和机能与身体素质的测评。体质测定通常包括三个方面。（1）人体形态测定：身高、坐高、体重、臂围、胸围等项目；（2）机能测定：肺活量、脉搏、血压等项目；（3）身体素质测定：背力、握力、仰卧起坐、俯卧撑、引体向上、屈臂悬垂、立定跳远、纵跳摸高、跳绳、跑等项目。个体体质的不同，表现为在生理状态下对外界刺激的反应和适应上的某些差异性，以及发病过程中对某些致病因子的易感性和疾病发展的倾向性。公民体质测定有别于医院的体检，体质测定既能反映人体最基本的体质状况，又能反映受试者是否参加体育锻炼，以及锻炼方法是否得当、锻炼效果是否显著，并针对体质测定的结果，为测试者提供科学健身的原则和方法、个性化的运动处方，给予其科学健身指导。国民体质测定包括身高、体重、握力、纵跳、俯卧撑、仰卧起坐、坐位体前屈、闭眼单脚站立、肺活量、台阶测试10个基本项目，在此基础上根据服务对象和服务特点的不同，还可以增加心肺功能、体成分、骨密度、亚健康、平衡能力等可选项目。《条例》本条分两款，对县级以上人民政府体育主管部门在公民体质测定中的职责和对从事体质测定单位的要求作了明确规定。

一、明确县级以上人民政府体育主管部门在公民体质测定中的职责

公民体质测定重在广泛参与，只有让更多的人接受体质测定服务，才能进一步促进全民健身和全民健康。对公民体质测定的规定起源于《中华人民共和国体育法》第十一条："国家推行全民健身计划，实施体育锻炼标准，进行体质监测。"《条例》本条第一款从手段和目的两个方面规定了县级以上人民政府体育主管部门在公民体质测定中的职责。

（一）加强体质测定与运动健身指导站的建设与管理。加强体质测定与运动健身指导站的建设与管理是县级以上人民政府体育主管部门履行公民体质测定相关职责的手段和路径。这主要包括两个方面：（1）加强体质测定与运动健身指导站的建设，即要求县级以上人民政府体育主管部门按照国民体质测定与运动健身指导站建设的标准①，依托辖区内的体育场所建立"省、市、县"三级体质测定与运动健身指导站网络，使科学健身指导切实服务群众，切实发挥政府的公共体育服务职能；要求县级以上人民政府体育主管部门将运动健身指导站工作纳入年度工作计划，将该工作经费列入预算、合理配置人员等。（2）加强体质测定与运动健身指导站的管理，即要求县级以上人民政府体育主管部门引导运动健身指导站建立健全体质测定管理制度、体质测定工作流程、体质测定数据管理制度、体质测定器材使用登记制度以及意外伤害及诱发疾病应急处置预案等各项管理制度；将运动健身指导站及工作人员以及辖区体育场馆、健身俱乐部等各服务点工作人员纳入管理并进行注册登记；指导运动健身指导站开展体质测定与运动健

---

① 参见《广东省体育局关于开展广东省体质测定与运动健身指导站建设工作的通知》（粤体群〔2013〕7号）之附件《广东省国民体质测定与运动健身指导站建设标准》。该标准主要内容如下。

一、市级国民体质测定与运动健身指导站

1. 基本条件。

（1）场地：设在公共体育场馆（如全民健身中心、体育馆、体育公园等），方便对群众开放；要求有200 ㎡以上的室内测试、办公场所，并安装空调及配置相关办公设备（电话、传真、电脑、网线）。

（2）人员：专职人员2～3名，其中专职管理人员1名（可由技术人员兼任），技术人员1～2名；组建一支15人以上的测试队伍，人员应相对稳定，便于管理，其中女性或男性不少于3人，有工作任务时，可召集回来开展工作。

（3）设备条件：应配备以下器材，其中第1～3项为必配器材，第4～8项为选配器材。①国民体质监测器材两套（体质状况评定），其中一套为便携式器材。每套监测器材应包括以下测试仪器：身高体重测试仪、肺活量测试仪、台阶试验测试仪、握力测试仪、闭眼单足站立测试仪、反应时测试仪、纵跳测试仪、俯卧撑测试仪、仰卧起坐测试仪、坐位体前屈测试仪、血压脉搏计。②国民体质测定与健身指导管理软件。③人体成分分析仪2台（多频段生物电阻抗分析技术；支持数据无线上传；使用广东省人群电阻－身体成分标准，进行原始数据与测量指标的转换；能与广东省国民体质监测身体成分数据采集系统连接）。④脊柱电子测量仪（关节运动障碍检测）。⑤超声骨密度测量仪（骨密度评估）。⑥功率自行车（运动心肺能力评估）。⑦动脉硬化测试仪（血管机能评估）。⑧肌肉功能综合分析仪（肌肉功能综合分析）。

2. 人员要求。

指导站的上岗工作人员必须经过省国民体质监测中心培训并持有结业证书。专职管理人员应具备专业的管理知识和较强的组织协调能力。专职技术人员应熟悉电脑操作，有一定的统计、科学健身指导和医学知识，确保在测试过程中如发生意外事故时能够及时进行处理，同时，能分析体质评定报告。专兼职人员都应熟悉掌握各测试项目的操作使用及出具运动处方。

二、县（市、区）级国民体质测定与运动健身指导站

1. 基本条件。

（1）场地：设在公共体育场馆（如全民健身中心、体育馆、体育公园等），方便对群众开放；要求有150 ㎡以上的室内测试和办公场地，并安装空调和电话（网线）。

（2）人员条件：专职技术人员1～2名，组建相对稳定的15人的测试队（必须具备至少2名男性或女性）。

（3）设备条件：配备以下测试器材、设备2台。①国民体质监测器材两套（体质状况评定），其中一套为便携式器材。每套监测器材应包括以下测试仪器：身高体重测试仪、肺活量测试仪、台阶试验测试仪、握力测试仪、闭眼单足站立测试仪、反应时测试仪、纵跳测试仪、俯卧撑测试仪、仰卧起坐测试仪、坐位体前屈测试仪、血压脉搏计。②人体成分分析仪（多频段生物电阻抗分析技术；支持数据无线上传；使用广东省人群电阻－身体成分标准，进行原始数据与测量指标的转换；能与广东省国民体质监测身体成分数据采集系统连接）。③安装体质评定软件的电脑。④打印机等。

2. 人员要求。

专职人员应具备较强的组织协调能力，熟悉电脑操作，有一定的统计、科学健身指导和医学知识，确保测试时发生意外事故时能够及时进行处理；专职和测试队人员都应熟悉掌握各测试项目的操作规范及结果评价。

身指导工作，规范开展体质测定工作；实施《广东省体质测定与运动健身指导站评估资助办法》，根据服务绩效评估结果，对工作开展较好的运动健身指导站给予资助等。

（二）支持和保障运动健身指导站开展常态化体质测定，科学指导健身。县级以上人民政府体育主管部门加强体质测定与运动健身指导站的建设与管理的目的在于支持和保障运动健身指导站开展常态化体质测定，科学指导健身。为人民群众提供免费体质测定服务，开展常态化体质测定，检测数据将为政府制定全民健身计划和指导意见提供有力依据；科学指导健身，为群众科学健身提供测试和指导将有助于群众科学健身、增强体质，推动全民健身可持续发展。县级以上人民政府体育主管部门在加强体质测定与运动健身指导站的建设、管理工作中必须始终把握这一目的。例如，广东省在体质测定与运动健身指导站评估中规定，运动健身指导站每周5天时间向社会开放并有工作人员在岗，接受群众咨询及预约；有对受测人员开具科学健身运动处方；有建立受测人员测试数据档案；每年有对3000名以上的群众开展体质测定，并对其中600名以上群众进行运动健身跟踪指导；每年有举办6次以上科学健身指导讲座；每年有将日常开展的体质测定人数及测定数据报送省国民体质监测中心；除日常开展体质测定工作外，每年有按照省、市体育行政部门分配的体质监测人群数量，集中开展体质监测工作，并向省国民体质监测中心提交体质监测人群数据。这些规定，不仅有助于体质测定与运动健身指导站规范管理，而且有力地支持和保障运动健身指导站开展常态化体质测定，科学指导健身。

二、对从事体质测定的单位的要求

体质测定是一项专业性较强的工作，从事国民体质测定的单位，应当有合格的体质测定和健身指导人员，有符合体质测定项目要求的场地和器材，有处理测试数据的设备，并且其工作过程中应当遵守相关工作要求和职业道德。为此，《条例》本条第二款对从事公民体质测定的单位提出了具体要求。

（一）从事体质测定的单位的资格要件。《条例》规定，从事体质测定的单位，应当具备国家规定的条件。体育总局、教育部等发布的《国民体质测定标准施行办法》（体群字〔2003〕69号）第十一条规定了体质测定站应当具备的基本条件："有培训合格的体质测定人员，有符合体质测试项目要求的器材和场地，有对伤害事故及时救护的条件，有测试数据处理及健身指导的设备和人员。"从事体质测定的单位，应当具备这些条件。

（二）体质测定单位从事体质测定的要求。体质测定单位从事体质测定，需要遵守下列三个要求：（1）按照《国家体质测定标准》规范操作。国民体质测定服务是一个系统的流程，包含体质测试、体质评价、专家咨询、运动建议、运动干预及健康管理等环节。虽然不同环节对工作人员有不同的要求，但在整个体质测试过程中，需要一批具有丰富实操经验和相关理论知识的人员，以确保测试的准确性以及测试结果的合法化、科学化使用。根据《国民体质测定标准施行办法》第十二条规定，"开展体质测定应当严格按照《国家体质测定标准》规范操作"，体质测定单位从事体质测定时，应当按照《国民体质测定标准》规范操作。（2）为被测定者提供测定结果，并对个人测定结果保密。根据《国民体质测定标准施行办法》第十二条之规定："开展体质测定应当严格按照《国民体质测定标准》规范操作,为受试者提供测定结果并给予科学健身指导;保存测定数据和资料;对受试者的测定结果保密",对公民进行体质测定服务时,需要具有体质测定相关知识和实操经验的人员按照国家体质测定标准规范操作。完成体质测定后,要为被测定者提供测定结果,使被测定者知悉自己的体质情况,选择适合自己的运动处方,从而不断提高自身的身体素质。而从事体质测定的单位,应当对个人测定结果保密。当然,个人的体质测定结果属于个人信息的一部分,未经本人同意,任何单位或者个人不得擅自公开测定结果。(3)给予被测定者科学健身指导。科学文明原则作为《条例》的立法原则之一,科学健身这一概念贯穿于《条例》始终。《国民体质测定标准施行办法》第十二条也明确规定,体质测定单位应当"为受试者提供测定结果并给予科学健身指导"。因此,体质测定单位应当针对被测定者的测定结果,有针对性地对其进行科学健身指导,告知其特定的健身注意事项,矫正其健身误区,帮助被测定者更好地开展健身活动。

第四十四条 评估与评价

县级以上人民政府应当建立健全全民健身公共服务绩效评估制度。

县级以上人民政府体育主管部门应当会同有关部门对全民健身实施计划推进情况及重点目标、重大项目的实施进度进行专项评估,将评估结果向本级人民政府报告。

县级以上人民政府应当将学校体育工作列入政府履行教育职责评价指标体系。县级以上人民政府教育主管部门应当将学校体育工作作为评价、考核学校工作的一项基本内容,定期对学校体育工作进行督导、检查。

【释义】本条是关于全民健身评估与评价的规定。

本条分三款,分别对全民健身评估与评价作了规定。

一、全民健身公共服务绩效评估

"全民健身公共服务绩效评估"是指政府为了满足社会公众体育健身需求而进行的一系列的管理活动与对实现公众体育利益有效性的测量和评价。《全民健身条例》规定,县级以上地方人民政府应当对全民健身计划实施情况进行评估。《全民健身计划(2016—2020年)》也提出,县级以上地方人民政府要制定本地全民健身实施计划并对实施情况进行全面评估。建立健全全民健身公共服务绩效评估制度,对全民健身计划实施情况进行评估,就是要求各地结合全民健身计划以及本地区全民健身计划的内容,对本地区全民健身工作的工作水平、工作质量、主要成就和不足等方面,进行全面、综合的考核和评定。通过对政府在全民健身公共服务的绩效评估,有利于形成严格的过程监管以及多方监督机制,从而增强政府对社会职责的意识、提高其服务能力。因此,《条例》本条规定了县级以上人民政府要建立健全全民健身公共服务绩效评估制度,从而实现评估的制度化。

需要指出的是,鉴于县级以上人民政府均建立全民健身公共服务绩效评估指标体系易导致混乱、可操作性不强等问题,全民健身公共服务绩效评估是单独建立指标体系予以实施还是并入政府公共服务相关评估体系一并实施尚不确定,同时,考虑到《条例》本条所依据的《全民健身计划(2016—2020年)》已到期,而新的全民健身计划可能会有不一样的规定，为处理好法的稳定性与现实发展需要的关系，仅对县级以上政府建立健全全民健身公共服务绩效评估制度作了原则性规定。

二、全民健身计划重点目标、重点项目的专项评估

《条例》本条第二款从三个方面对专项评估作出规定，并强调要将评估结果向本级人民政府报告。

（一）全民健身实施计划推进情况专项评估。定期检查全民健身各项工作的进展情况，对不同的工作制定不同的评价标准，并配套相应的激励措施，以形成有效的专项评估机制。掌握各区域全民健身工作开展现状，科学评价全民健身各项工作成效。总结全民健身工作中的经验，发现其中存在的问题，采取措施解决全民健身工作中的突出问题，加强对全民健身评估与评价工作的规范化管理，谋划下一周期全民健身各项工作发展方向和思路。

（二）全民健身重点目标的实施进度专项评估。全民健身的目标在于提高全民的体质。全民健身重点目标的实施进度之所以需要进行专项评估，是因为该类项目有可能涉及政府财政资金的使用绩效问题，也有可能涉及对政府相关部门年度工作绩效的评估考核问题。因此，《条例》本条要求县级以上人民政府体育主管部门应当会同有关部门针对当前阶段本行政区域内的全民健身工作中的重点目标的实施情况和进度进行监督、评估。《广东省全民健身实施计划（2016—2020年）》（粤府〔2016〕119号）中指出：以增强人民体质、提高健康水平为根本目标；发展目标分两个阶段进行，分别为2016—2018年和2019—2020年；广东省应对全民健身重点目标的实施进度进行专项评估，各级政府也应该根据本区域设立的全民健身重点目标进行专项评估。

（三）全民健身重大项目的实施进度专项评估。全民健身工作作为体育事业和体育工作的一个重要组成部分，理所当然成为县级以上人民政府体育主管部门的工作内容之一，体育主管部门负责组织实施全民健身责无旁贷。而在全民健身重大项目具体落实工作过程中，难免会遇到各种需要协调解决的问题，比如涉及资金支持、活动开展、场地设施的建设和维修、全民健身组织的建设和完善、安全保障等各个方面的工作。同时，该项工作还涉及政府其他部门，需要财政、规划、园林、民政、教育、科技、公安等部门的积极支持和配合。因此，县级以上人民政府体育主管部门应当定期会同有关部门对全民健身重大项目的实施进度进行专项评估，确保重大项目有效完成。

三、学校体育工作的评价、考核

《条例》本条第三款是关于学校体育工作评价、考核的规定，是全民健身总体工作评价中特别重要的一环。《学校体育工作条例》第二条明确指出："学校体育工作是指普通中小学校、农业中学、职业中学、中等专业学校、普通高等学校的体育课教学、课外体育活动、课余体育训练和体育竞赛。"习总书记高度重视学校体育工作，指出"身体是人生一切奋斗成功的本钱，少年儿童要注意加强体育锻炼"。他强调，家庭、学校、社会都要为少年儿童增强体魄创造条件，让他们像小树那样健康成长，长大后成为建设祖国的栋梁之材。因此，学校体育工作的正常开展不仅是学校应该履行的义务，也是衡量政府是否切实履行好职责的重要指标。

（一）将学校体育工作列入政府履行教育职责评价指标体系。学校体育工作作为全民健身事业不可或缺的组成部分，学校体育工作的正常开展不仅是学校应该履行的义务，也是衡量政府是否切实履行好职责的重要指标。《国务院办公厅关于强化学校体育促进学生身心健康全面发展的意见》提出，各地要把学校体育工作列入政府政绩考核指标、教育行政部门与学校负责人业绩考核评价指标。将学校体育工作列入政府政绩考核指标，有利于促使各地政府足够地重视学校体育教育，加强对学校体育教育工作的监督和管理，保障学校体育教学的顺利开展。学校体育工作基础薄弱、面广量大、点多线长，覆盖各级各类教育，是教育改革中的一块"硬骨头"，需要将其列入政府履行教育职责评价指标体系，不断促进政府推动学校体育工作有效进行。

（二）将学校体育工作作为评价、考核学校工作的一项基本内容。将学校体育工作列为评价、考核学校工作的一项基本内容，有利于加强学校对体育工作的重视。将学校体育工作升级为学校工作的基本要求，有利于推动学生进行体育锻炼，促进全民健身。

（三）定期对学校体育工作进行督导、检查。《条例》本条款还强调了县级以上人民政府教育主管部门应当对学校体育工作进行考评并定期对学校体育工作进行督导、检查。所谓"学校体育督导"，是由教育督导评估机构组织及其成员根据国家的教育方针、政策、法规和学校体育科学理论，运用科学的方法和手段，对下一级政府、下一级教育行政部门的学校体育工作进行监督、检查、评价和指导，并向同级政府和教育行政部门报告督导结果、提出意见和建议，从而促进学校体育事业健康发展，确保学校体育目标的实现。学校体育作为群众体育的重要组成部分，各级教育行政部门应当健全学校体育管理机构，加强对学校体育工作的指导和检查。在《教育部关于印发〈学生体质健康监测评价办法〉等三个文件的通知》（教体艺〔2014〕3号）中明确指出："各地要将学校体育工作评估作为监测教育发展和考核学校工作的重要途径纳入教育督导检查计划，并建立学校体育工作专项督导制度和重点地区学校体育工作挂牌督导制度。要认真总结学校体育工作经验，及时发现问题，不断改进工作。"《全民健身计划（2016—2020年）》提出，加强学校体育教育，将提高青少年的体育素养和养成健康行为方式作为学校教育的重要内容，把学生体质健康水平纳入工作考核体系，加强学校体育工作绩效评估和行政问责。《学校体育工作条例》和《国务院办公厅关于强化学校体育促进学生身心健康全面发展的意见》也强调了这一点。

第四十五条　高危险性体育项目安全管理

经营列入国家高危险性体育项目目录的体育项目应当依法办理行政许可，使用的场所和设施器材应当符合国家相关标准。

县级以上人民政府体育主管部门应当加强对高危险性体育项目经营活动的监督检查。

【释义】本条是关于高危险性体育项目安全管理的规定。

随着经济社会发展和人民群众生活水平的提高，越来越多的体育健身场所为群众提供健身服务，成为全民健身服务体系重要的组成部分。由于人民群众的健身需求趋于多元化，其选择参与的体育项目越来越丰富，涉及专业性强、技术要求高、直接关系人身安全、具有一定危险性的体育项目也逐渐增多。社会上存在着大量的体育经营活动场所或体育经营活动，一些高危险性项目的隐患和可能对从事健身活动人群造成的伤害等问题，仅靠市场和社会自律难以解决。为了保障公民在健身活动中的安全，降低高危险性体育项目的事故发生率，《全民健身条例》对此作了三方面规定：一是要求以对高危险性体育项目进行健身指导为职业的社会体育指导人员，应当依照国家有关规定取得职业资格证书；二是明确开立经营高危险性体育项目的企业、个体工商户需要取得许可，并规定了许可的条件和程序；三是明确体育主管部门对高危险性体育项目经营活动的监督检查职责。在此基础上，《条例》本条分两款对经营高危险性体育项目作出了提示性规定。

一、高危险性体育项目许可准入

高危险性体育项目，指的是专业性强、技术要求高、与人身安全密切相关的体育项目。《全民健身条例》第三十二条在规定经营高危险性体育项目需要取得许可及其许可条件和程序的基础上，明确规定"国务院体育主管部门应当会同有关部门制定、调整高危险性体育项目目录，经国务院批准后予以公布"。2013年5月1日，国家体育总局等五部门联合发布的《第一批高危险性体育项目目录公告》（国家体育总局、人力资源和社会保障部、国家工商行政管理总局、国家质量监督检验检疫总局、国家安全生产监督管理总局公告第16号）明确规定游泳、高山滑雪、自由式滑雪、单板滑雪，潜水，攀岩四大类为高危险性体育项目。根据《条例》规定，除法律行政法规另有规定的以外，高危险性体育项目的范围应当以国家公布的高危险性体育项目目录为准。也就是说，地方性法规与此不一致的，应当以国家公布的高危险性体育项目目录为准。对经营高危险性体育项目设定许可，主要是为了加强对高危体育项目的监管，保障人民群众在全民健身活动中的安全。根据《全民健身条例》规定，经营高危险性体育项目的企业、个体工商户应当向县级以上地方人民政府体育主管部门提出申请，并明确体育主管部门的这一许可决定是在工商登记之前的前置性许可。在获得体育主管部门的许可后，方可持批准文件到工商行政管理部门办理相关登记手续。因此，《条例》本条在上位法规定的基础上提示性规定经营高危险性体育项目应当依法取得行政许可，目的在于强化高危体育项目的许可准入，保障体育活动的安全。同时，考虑到经营高危险性体育项目存在一定的危险因素，《条例》对这些企业、个体工商户所使用的场所和设施器材等作出了提示性规定。根据2013年印发的《经营高危险性体育项目许可管理办法》（国家体育总局令第17号）要求，经营高危险性体育项目的条件有：相关体育设施必须符合国家标准，具有达到规定数量、取得国家职业资格证书的社会体育指导人员和救助人员，具有安全生产岗位责任制、安全操作规程、突发事件应急预案、体育设施、设备、器材安全检查制度等安全保障制度和措施，以及法律、法规规定的其他条件。这意味着，经营高危险性体育项目依托的体育设施要符合国家标准。这里所指的标准，既包括体育设施硬件方面的技术数据等产品、器材标准，也包括体育场所开放条件与技术要求这样的服务标准，而不是仅限于本条规定的使用的场所和设施器材。

二、高危险性体育项目经营活动的监督检查

由于我国的健身休闲市场总体上尚处于起步阶段，健身场所在服务水平、管理水平、卫生条件、场地标准、安全设施等各方面的条件不尽相同，目前，社会上还有相当一部分健身场所存在着明显的服务瑕疵甚至安全隐患。为此，《中华人民共和国体育法》就体育主管部门对体育经营活动进行管理和监督作出了专门规定："县级以上各级人民政府体育行政部门对以健身、竞技等体育活动为内容的经营活动，应当按照国家有关规定加强管理和监督。"《中华人民共和国行政许可法》规定设"监督检查"专章，围绕监督检查机制，在严格行政机关监督检查责任方面提出了具体要求。《全民健身条例》明确规定："县级以上地方人民政府体育主管部门对高危险性体育项目经营活动，应当依法履行监督检查职责。"为了解决一些行政机关"重许可、轻监管"或者"只许可、不监管"，导致高危险性体育项目经营缺乏有效监管的现象时有发生的问题，在遵循上位法的前提下，《条例》重申了县级以上地方人民政府体育主管部门对经营高危险性项目的监督检查职责。事实上，县级以上地方人民政府体育主管部门履行对高危险性体育项目经营活动的监督检查责任，主要是对被许可人的监督检查。按照《中华人民共和国行政许可法》要求，行政机关可以依法对被许可人生产经营场所进行实地检查。对于经营高危险性体育项目的主体，不论是经营一次性的活动，还是有相对固定的健身场所，县级以上人民政府体育主管部门都应当加强日常监督检查，督促经营高危险性体育项目的主体应符合国家规定的条件和标准，确保安全。为了防止权力被滥用，在实施监督检查时，体育主管部门不得妨碍被许可人正常的经营活动，不得索取或者收受被许可人的财物，也不得提出与实现监督职责无关的要求，谋取其他利益。

第四十六条　群众体育安全管理

县级以上人民政府体育主管部门应当依照国家规定建立健全公共体育场馆、群众体育活动安全管理制度，加强对从业人员的安全技能培训，强化日常安全检查、风险提示和监督管理。

健身场所管理单位应当建立安全管理制度，加强健身安全提示与指引，确保场地、设备和器材符合国家安全标准。

健身活动的组织者应当充分考虑健身活动的风险因素，加强对健身活动的安全管理，按照有关规定制定突发事件应急预案。

参加健身活动的公众应当提高自身安全意识，遵守健身场所安全管理规定，按照健身活动组织者的安全要求和安排开展活动。

鼓励全民健身活动组织者、健身场所管理者和参加全民健身活动的公民依法投保有关责任保险、意外伤害保险。鼓励保险机构创新保险产品和服务方式，拓展全民健身方面的险种业务。

【释义】本条是关于群众体育安全管理的规定。

随着经济发展和人民生活水平提高，广大人民群众参与体育活动的热情日益高涨，全民健身已成为现代生活的重要组成部分。同时，群众体育活动具有规模大、涉及面广、社会影响力大等特点，这对群众体育活动安全管理工作提出了更高要求。《条例》本条结合广东省实际，从五个方面对群众体育活动安全管理作出规定。

一、明确体育主管部门在群众体育安全管理中的责任

强化政府部门对群众体育安全管理的责任，是因为开展全民健身工作、发展全民健身事业，离不开建立健全有效的安全管理制度。尤其是对于大型全民健身活动，由于参加的人数比较多，涉及的各种事务与关系面比较广，所形成的社会影响范围比较大，关系到一定的公共利益、公共秩序和公共安全，存在着一定的安全隐患和安全责任问题。为了全民健身活动的安全、参与公众的安全和可能影响到的更大的社会公共安全，必须加强群众体育的安全管理。国家体育总局曾多次反复强调体育活动的安全管理问题，并下发了《关于对体育场所和体育活动开展安全生产隐患排查治理工作的通知》（体经字〔2008〕429号），强化对体育活动安全管理的工作。可以说，是否建立健全公共体育场地、群众体育活动安全监管机制，是否切实有效落实相关安全规范制度的运行，关系到普通百姓的日常生活和全民健身事业的发展保障，这也是政府公共服务的重要内容和职责。《条例》本条对体育主管部门对群众体育安全管理的责任从三个层面作了规定。

（一）依照国家规定建立健全公共体育场馆、群众体育活动安全管理制度。公共体育场馆既是全民健身的场所，也是体育赛事的载体。在开放期间，公共体育场馆是人员大量集中的地方，必须做好相应的安全预防和事故应急处理。而要做好公共体育场馆的安全预防和事故应急处理，应建立健全相应的安全管理制度。随着全民健身活动的不断推进，群众参与体育赛事活动的热情不断高涨，如何保障参与者安全、避免出现群体性伤害事件是一个重要的难题。而且，群众性体育赛事活动中存在着相关安全技术标准缺少、赛事组织者逃避安全监管、安全保卫措施缺失、安全监管责任不明确等问题。要解决这些问题，也必须依照国家规定建立健全群众体育活动安全管理制度。这里的国家规定主要是指相关体育设施、体育活动场所的国家安全标准，以及国家体育总局等发布的有关公共体育场馆、群众体育活动安全的规定，如《关于对体育场所和体育活动开展安全生产隐患排查治理工作的通知》（体经字〔2008〕429号）、《加强全国足球比赛安全管理工作的规定（试行）》（公通字〔2012〕60号，公安部与国家体育总局联合发文）、《体育总局办公厅关于开展安全生产大检查的通知》（体办字〔2017〕175号）等。

（二）加强对体育从业人员的安全技能培训。体育从业人员不仅是帮助健身爱好者科学健身、增强体质的良师益友，而且在构建全民健身体系中发挥着不可替代的重要作用，成为推进我国全民健身事业发展的一支重要力量。对从业人员的安全技能培训是推进全民健身事业的重要组成部分，也是保证全民健身事业安全进行的环节。2018年，广东全省各地举办二、三级社会体育指导员培训达213期，培训人数近2万人，通过培训，不断增加社会体育指导员的体育健身知识和提升其对全民健身活动组织、指导、管理的能力。各地政府有关部门应该积极加强对体育从业人员的安全技能培训，增强他们的安全指导能力，从而促进全民健身事业更好地发展。

（三）强化日常安全检查、风险提示和监督管理。各级有关政府部门应当认真贯彻落实安全监管工作，将安全生产风险排查工作常态化、制度化，常抓不懈；为依法开展的大型群众性全民健身活动提供安全、医疗、交通等保障并给予风险提示，确保大型群众体育活动的安全进行；对于大型活动和关键时点派出专人到现场指导安全活动工作，提示并排除各种风险；定期对公共体育设施的建设和运行状况进行监督检查，遏制安全隐患；加强安全生产队伍建设和安全知识普及，强化日常监督管理，强化日常安全检查、风险提示和监督管理；开展随机抽查、定期专项检查工作，确保群众体育活动安全运行，坚决遏制安全事故发生，构建健康广东、平安广东的全民健身安全环境。

二、明确健身场所管理单位在群众体育安全管理中的责任

《条例》本条第二款规定了健身场所管理单位除了要建立并完善安全管理制度外，还应当加强健身安全提示与指引，并确保健身场地、设备和器材符合国家安全标准。

（一）建立并完善安全管理制度，确保场地、设备与器材符合国家安全标准。《体育场馆运营管理办法》指出，体育场馆运营单位应当完善安全管理制度，健全应急救护措施和突发公共事件预防预警及应急处置预案，定期开展安全检查、培训和演习。《公共文化体育设施条例》也强调，公共文化体育设施管理单位应当建立、健全安全管理制度，依法配备安全保护设施、人员，保证公共文化体育设施的完好，确保公众安全。公共体育设施内设置的专业性强、技术要求高的体育项目，应当符合国家规定的安全服务技术要求。此外，《教育部、国家体育总局关于推进学校体育场馆向社会开放的实施意见》（教体艺〔2017〕1号）要求，根据体育器材设施及场地的安全风险进行分类管理，防范和消除安全隐患。《中华人民共和国突发事件应对法》规定，国家要建立健全突发事件应急预案，其中包括公共场所和其他人员密集场所的经营单位或管理单位应当制定具体应急预案。《大型群众性活动安全管理条例》（国务院令第505号）也强调，大型群众性活动的场所管理者要具体负责保障活动场所、设施符合国家安全标准和安全规定，保障监控设备和消防设施、器材配置齐全、完好有效，维护安全秩序，等等。健身场所的管理单位应当按照上述法律法规政策的规定，建立安全管理制度，确保场地、设备与器材符合国家安全标准。

（二）加强健身安全提示与指引。健身场所管理单位不仅要建立健全安全管理制度，确保健身场地、设备与器材符合国家安全标准，而且要加强健身安全提示与指引。健身场所管理单位作为体育场所设施管理单位，在向社会公众提供设施使用的服务时，应当既要方便社会公众使用设施，又要确保设施的完好。在体育场所设施中，有些设施，比如一些体育器材、器械比较新颖，或者功能比较复杂，如果没有指导人员或者使用说明，很少有人能够正确使用。而盲目使用的话，既达不到锻炼效果，还有可能对身体造成损害，对器材也会造成不必要的磨损。这就要求健身场所管理单位除了要配备一定的专业人员进行现场指导外，还应当针对设施的特点，对易于产生的错误操作、有可能造成的使用者人身伤害或者其他损害、有可能造成的设施毁损、不适宜使用设施的人群等方面作出明确的说明，并将设施的使用方法和注意事项等明示给使用者，使公众合理、安全地使用设施。这是健身场所管理单位必须履行的法定义务，一方面，可以最大程度地保护使用者的安全，避免其因使用设施不当造成人身伤害或者其他损害；另一方面，可以避免设施因使用不当造成损坏，降低维修频率、减少维修时间、延长使用寿命。

三、明确健身活动组织者在群众体育安全管理中的责任

随着全民健身活动的全面开展，对健身活动组织者在活动中承担的安全管理责任要求也愈加严格。这主要是为了确保参加健身活动的公众能够安全参与，保障公众合法权益。《中华人民共和国消防法》专门规定了举办大型群众性活动的消防安全内容。该法规定举办大型群众性活动，承办人应当依法向公安机关申请安全许可，制定灭火和应急疏散预案并组织演练，明确消防安全责任分工，确定消防安全管理人员，保持消防设施和消防器材配置齐全、完好有效，保证疏散通道、安全出口、疏散指示标志、应急照明

和消防车通道符合消防技术标准和管理规定。《国家突发公共事件总体应急预案》对应急预案的组织体系、运行机制、应急保障、监督管理等作出一系列规定,其中明确举办大型会展和文化体育等重大活动,主办单位应当制定应急预案。《大型群众性活动安全管理条例》对包括大型体育活动在内的大型群众性活动组织者或承办者的安全管理责任作出较为全面的规定。根据该条例的规定,大型群众性活动的承办者对其承办活动的安全负责。承办者应当制订大型群众性活动安全工作方案,并具体负责落实该安全工作方案和安全责任制度,为大型群众性活动的安全工作提供必要的保障,等等。根据《大型群众性活动安全管理条例》,举办大型群众性活动,承办者须落实各项安全责任、进行安全管理。(1)应当制订大型群众性活动安全工作方案,包括活动的时间、地点、内容及组织方式,安全工作人员的数量、任务分配和识别标志,活动场所消防安全措施,活动场所可容纳的人员数量以及活动预计参加人数,治安缓冲区域的设定及其标识,入场人员的票证查验和安全检查措施,车辆停放、疏导措施,现场秩序维护、人员疏导措施,应急救援预案。(2)要具体负责各种安全事项,包括落实大型群众性活动安全工作方案和安全责任制度,明确安全措施、安全工作人员岗位职责,开展大型群众性活动安全宣传教育;保障临时搭建的设施、建筑物的安全,消除安全隐患;按照负责许可的公安机关的要求,配备必要的安全检查设备,对参加大型群众性活动的人员进行安全检查;落实医疗救护、灭火、应急疏散等应急救援措施并组织演练;配备与大型群众性活动安全工作需要相适应的专业保安人员以及其他安全工作人员;等等。在大型群众性活动举办过程中发生公共安全事故、治安案件的,安全责任人应当立即启动应急救援预案,并立即报告公安机关。以上这些法规文件都旨在强化承办人或主办单位作为群众体育活动的组织者的安全管理责任,要求组织者应当按照规定的内容和程序进行各项安全工作准备和操作,做到安全措施有效、活动场所和设施符合安全要求。

《条例》本条第三款正是在上述法律法规基础上,明确规定了健身活动组织者的责任,要求健身活动的组织者认真履行安全职责。

(一)加强对健身活动的安全管理。健身活动的安全管理主要包括健身活动本身的安全、消防安全、治安安全,以及设施、建筑物的安全等方面。

(二)制定突发事件应急预案。《条例》本条规定,健身活动的组织者应当按照有关规定制定突发事件应急预案。这里的"按照有关规定制定"包括两层含义。一是组织者是否需要制定应急预案按照有关规定执行。根据《中华人民共和国突发事件应对法》《大型群众性活动安全管理条例》等文件规定,体育赛事等大型群众性活动的组织者,应当制定应急预案。二是应急预案具体包括的内容也要按照有关规定执行。根据有关规定,健身活动的应急预案至少应当包括应急预案的使用范围、组织体制、预防和预警机制、信息报告机制、应急响应(处置)、后期(善后)处理等内容。健身活动组织者应切实依照上述相关法律法规做好安全工作,保障参与健身活动的公众的人身财产安全。

四、群众体育安全管理中健身活动参与者的行为规范

随着全民健身的普遍开展,应大力推动公众科学健身、文明健身,在健身过程中要遵守相应的安全规范。提高自身安全意识,自觉遵守健身场所或体育场所安全管理规定,是公民文明健身素养的折射,也是保障他人和自身合法权益以及维护公共秩序的需要。参与健身活动的公众应当提高自身安全意识,做到安全警钟长鸣,不得放松,以免损害自身、他人权益甚至公共利益。依靠公众自觉、树立安全健身意识并恪守安全规范,有利于形成健康科学文明的社会健身风尚,保障全民健身事业的持续发展。

五、鼓励健身活动各相关主体积极购买保险

全民健身活动的目的是锻炼身体、增强体质。但是,意外事故在生活中随时有可能发生,在全民健身活动中也不例外。《全民健身条例》指出,国家鼓励全民健身活动组织者和健身场所管理者依法投保有关责任保险,鼓励参加全民健身活动的公民依法投保意外伤害保险。《体育场馆运营管理办法》明确,体育场馆运营单位应当投保有关责任保险,提供意外伤害险购买服务并尽到提示购买义务。《教育部、国家体育总局关于推进学校体育场馆向社会开放的实施意见》也要求推动县级以上人民政府根据国家有关规定为开放学校购买专项责任保险,鼓励引导学校、社会组织、企事业单位和个人购买运动伤害类保险。因此,《条例》本款在以上法规规章文件基础上就全民健身活动中的有关保险事宜作了鼓励性规定。

(一) 鼓励全民健身活动组织者、健身场所管理者依法投保有关责任保险。《中华人民共和国保险法》第二条规定,保险是投保人根据合同约定,向保险人支付保险费,保险人对于合同约定的可能发生的事故因其发生所造成的财产损失承担赔偿保险金责任,或者当被保险人死亡、伤残、疾病或者达到合同约定的年龄、期限等条件时承担给付保险金责任的商业保险行为。而责任保险是以被保险人的法律赔偿风险为承保对象的一类保险,属于广义财产保险范畴。它适用于一切可能造成他人财产损失与人身伤亡的各种单位、家庭或个人。具体而言,其适用范围包括:各种公众活动场所的所有者、经营管理者,各种产品的生产者、销售者、维修者,各种运输工具的所有者、经营管理者或驾驶员,各种需要雇佣员工的单位,各种提供职业技术服务的单位,城乡居民家庭或个人。根据业务内容的不同,责任保险可以分为公众责任保险、产品责任保险、雇主责任保险、职业责任保险和第三者责任保险等五类业务,其中每一类业务又由若干具体的险种构成。人们参与健身活动时,有可能由于全民健身活动组织者或者健身场所管理者的过失而造成人身伤害。一旦发生这样的事故,不仅影响锻炼身体、增强体质的效果,而且有可能与组织者或管理者产生经济赔偿等一系列纠纷。为了保障人民群众在健身活动中的合法权益,在此类责任事故发生时,有必要及时给予受害方一定的经济赔偿。全民健身活动组织者或者健身场所管理者投保责任保险中的公众责任险和产品责任险,对于分散经营风险、顺利开展活动、正常经营场所,可以起到非常重要的作用。实践中,从体育行业投保的情况看,自愿投保公众责任险或其他相关保险的为大多数,一些重大体育赛事、体育活动的组织者也愿意主动投保相应责任保险。因此,《条例》本款鼓励全民健身活动组织者、健身场所管理者依照《中华人民共和国保险法》以及国家其他有关规定,投保有关责任保险。

(二) 鼓励参加全民健身活动的公民投保意外伤害保险。意外伤害保险是人身保险的一种,指的是在保险有效期间内,如果被保险人遭受意外伤害而在责任期限内不幸残疾或身故,由保险公司给付残疾保险金或身故保险金。意外伤害保险的投保人为公民。

对于公民在全民健身活动中不可预见的、可能受到的意外伤害，公民投保意外伤害保险作为其他责任保险的补充，可以在意外发生时候得到更多赔付，有助于受到伤害后身体得到更加有效的救治，尽快康复。因此，国家鼓励参加全民健身活动的公民依法投保意外伤害保险。

（三）鼓励保险机构创新开发与全民健身相关的保险产品和服务方式。为全面保障全民健身活动的顺利举办和获得广大民众的广泛参与，《全民健身计划（2016—2020年）》鼓励保险机构创新开发与全民健身相关的保险产品。《国务院关于加快发展体育产业促进体育消费的若干意见》（国发〔2014〕46号）鼓励保险公司围绕健身休闲、竞赛表演、场馆服务、户外运动等需求推出多样化保险产品。《国务院办公厅关于加快发展健身休闲产业的指导意见》（国办发〔2016〕77号）引导保险公司根据健身休闲运动特点和不同年龄段人群身体状况，开发场地责任保险、运动人身意外伤害保险。积极推动青少年参加体育活动相关责任保险发展。《条例》本条第五款正是根据上述文件的要求，设置了鼓励条款，鼓励保险机构创新保险产品和服务方式，拓展体育公共服务、学校体育、社区体育、运动伤害等全民健身方面的险种业务。

第四十七条 开展科学健身服务

县级以上人民政府卫生健康、体育等主管部门应当推行体医结合的疾病管理与健康服务模式，推进运动处方库建设，设立医疗运动康复门诊，发挥全民健身在健康促进、慢性病预防和康复等方面的作用。

【释义】本条是关于开展科学健身服务的规定。

党和国家出台的《"健康中国2030"规划纲要》《全民健身计划（2016—2020年）》《国务院关于加快发展体育产业促进体育消费的若干意见》等一系列有关健康健身的政策文件中，都对运动处方相关工作提出了明确要求，并将之视为实施健康中国和全民健身国家战略的具体举措。2016年8月，习近平总书记在全国卫生与健康大会上明确提出，要"推动全民健身与全民健康的深度融合"。国家体育总局坚决贯彻落实习近平总书记的指示和党中央国务院出台的各项政策文件，坚持以人民为中心的发展思想，顺应人民群众的实际需求，高度重视体医融合工作，致力推动运动处方库建设、运动处方培训、筹建健身与健康融合中心试点，以及以科学健身为主题的健康中国行等体医融合工作。为此，《条例》本条为发挥全民健身在健康促进、慢性病预防和康复等方面的作用，从三个方面对县级以上人民政府卫生健康、体育等主管部门开展科学健身服务的职责作了规定。

一、推行体医结合的疾病管理与健康服务模式

体医结合是体育和医学的结合，是将运动医学、保健体育、康复医学、医学营养、健康评估、运动处方等众多学科知识结合，实现相互补充、渗透、促进。① 体育主动融入健康中国建设，既是当代体育改革发展的时代责任，也是推动体育面向经济社会大局

---

① 参见张鲲、杨丽娜、张嘉旭《健康中国："体医结合"至"体医融合"的模式初探》，载《福建体育科技》2017年第6期。

和人的全面发展，实现科学发展、创新发展的必然要求。传统的医疗方式可以使人恢复健康，但是并非长久、持久之计，因此，要通过开展全民健身活动，将体育活动与医疗相结合。《国务院办公厅关于加快发展健身休闲产业的指导意见》（国办发〔2016〕77号）提出要推动"体医结合"，加强科学健身指导，积极推广覆盖全生命周期的运动健康服务，发展运动医学和康复医学。《"健康中国2030"规划纲要》也指出，应加强体医融合和非医疗健康干预。各县级以上人民政府卫生健康、体育等主管部门应发布体育健身活动指南，建立完善针对不同人群、不同环境、不同身体状况的运动处方库，推动形成体医结合的疾病管理与健康服务模式，发挥全民科学健身在健康促进、慢性病预防和康复等方面的积极作用。《条例》本条明确了县级以上人民政府卫生健康、体育等主管部门应当推行体医结合的疾病管理与健康服务模式的义务，将医疗和体育两大系统的人力、物力、信息等资源充分共享，以培养体医复合型人才、建立运动医学专科医院及设立信息共享、互助平台等疾病管理与服务模式，以推进我国"体医结合"落地。

二、推进运动处方库建设

运动处方，是指对从事体育锻炼者或病人，按照其健康、体力以及心血管功能状况，用处方的形式规定运动种类、运动强度、运动时间及运动频率，并提出运动中的注意事项；是指导人们有目的、有计划地科学锻炼的一种方法，对心血管、呼吸、运动、消化、神经系统具有重要的生理作用。党和国家出台的《"健康中国2030"规划纲要》《全民健身计划（2016—2020年）》《国务院关于加快发展体育产业促进体育消费的若干意见》等一系列关于健康和全民健身的政策文件中，都对运动处方工作提出了明确要求，并将之视为实施健康中国和全民健身国家战略的具体举措。为积极推进群众体育与医疗卫生深度融合，坚持把保障人民健康放在优先发展的战略位置，2018年，广东省卫康委联合体育主管等部门，共同举办广东省运动处方师和广东省社区医生开具运动处方培训班，并积极支持广东省体质健康管理学会举办两期广东省社区医生开具运动处方培训班。来自全省各地的社区医生和体质测定站工作人员近200人参加了培训，培训效果良好，受到了学员的普遍好评。运动处方的制定和实施涉及体育训练、运动医学、康复医学等多学科领域，面向医护群体开展运动处方的培训是探索体医融合新路径的具体体现，对治"未病"，加强患病人群的非医疗健康干预，推动形成体医融合的疾病管理与健康服务模式具有重要意义。县级以上人民政府卫生健康、体育等主管部门应制定体育锻炼标准和科学运动指南，建立和完善针对不同人群、不同环境、不同身体状况的运动处方库，形成体医结合的健康管理和服务模式，对高血压病、糖尿病、肥胖症等慢性病开展运动干预。

三、设立医疗运动康复门诊

医疗运动康复门诊是为了达到全民康复目的，侧重应用医学科学技术和康复工程等手段，并且和社会康复、职业康复相互配合，使病、伤、残（包括先天性残）患者已经丧失的功能尽快地、尽最大可能地得到恢复和重建，让他们在体格上、精神上、社会上和经济上的能力得到尽可能的恢复，令他们重新走向正常生活、重新走向工作、重新走向社会的场所。医疗运动康复具有使患者恢复到原来正常或良好的状态，以及最大程度地恢复生活与劳动能力、重返社会与家庭的作用。县级以上人民政府卫生健康、体育等主管部门应当通力合作，在医院、体质测定站设立医疗运动康复门诊，并通过资金支持、技术指导提高医疗运动康复门诊的技术水平，同时，采取各种措施鼓励高等院校、科研机构等社会力量设立医疗运动康复门诊，发挥全民健身在健康促进、慢性病预防和康复等方面的作用。

第四十八条　鼓励社会力量支持全民健身事业

社会力量通过公益性社会组织或者县级以上人民政府及其有关部门用于全民健身事业的公益性捐赠，符合税法规定的部分，可以在计算企业所得税和个人所得税时依法从其应纳税所得额中扣除。社会力量举办或者参与举办全民健身体育赛事活动的，县级以上人民政府及其有关部门可以在场地、技术、资金等方面给予支持。

【释义】本条是关于鼓励社会力量支持全民健身事业的规定。

全民健身是由政府主导、全社会共同参与的一项事业。政府起主导作用，但只能提供基本的公共体育服务，要满足各地多层次、多样化、适合不同人群的全民健身需求，需要全社会共同参与。只有广泛调动社会力量对全民健身事业提供支持和帮助，才能够有效利用社会丰富的资金、组织和人才的资源来为群众提供多元化、多层次的全民健身产品和服务，补充政府力量和资金的不足。所以，动员社会力量来参与全民健身公益事业非常重要。

类似地，《全民健身计划（2016—2020年）》规定，县级以上地方人民政府应当鼓励社会力量投资建设体育场地设施，支持群众健身消费。《国家发展改革委、体育总局关于印发"十三五"公共体育普及工程实施方案的通知》（发改社会〔2016〕2850号）也明确提出："鼓励社会力量建设体育设施。鼓励企业、个人和境外资本投资建设、运营各类体育场地，支持社会力量捐资建设公共体育服务设施，各地要采取公建民营、民办公助、委托管理、PPP和政府购买服务等方式予以支持。""各地要建立稳定的公共体育设施建设投入保障机制，对公共体育设施日常运行和维护给予经费补助。落实体育设施建设和运营税费减免政策，执行好水、电、气、热等方面的价格政策。"在此基础上，本条从税收优惠和场地、技术、资金等方面的支持作出规定以鼓励社会力量支持全民健身事业。

一、税收优惠

根据《中华人民共和国公益事业捐赠法》的规定，捐赠人可以按照税法的有关规定享受优惠的具体措施有：（1）公司和其他企业依法捐赠财产用于公益事业，依照法律、行政法规的规定享受企业所得税方面的优惠；（2）自然人和个体工商户依法捐赠财产用于公益事业，依照法律、行政法规的规定享受个人所得税方面的优惠；（3）境外向公益性社会团体和公益性非营利的事业单位捐赠的用于公益事业的物资，依照法律、行政法规的规定减征或者免征进口关税和进口环节的增值税。《国务院关于加快发展体育产业促进体育消费的若干意见》规定，体育场馆自用的房产和土地，可享受有关房产税和城镇土地使用税优惠。企业捐赠体育服装、器材装备，支持贫困和农村地区体育事业发展，对符合税收法律法规规定条件向体育事业的捐赠，按照相关规定在计算应纳税所得额时扣除。《条例》鼓励社会力量对全民健身事业的公益性捐赠，并规定两种主要的捐赠的方式：一是将财产捐赠给县级以上人民政府及其有关部门，由县级以上人民政府或有关部门用于全民健身事业；二是将财产捐赠给公益性社会组织，如各种公共文化体育设施基金会等，用以间接资助全民健身公益事业发展。对于以上公益性捐赠，符合税法规定的，可以在计算所得税中予以扣除。

二、场地、技术、资金等方面的支持

《国务院关于加快发展体育产业促进体育消费的若干意见》提出了加大体育设施建设投入，通过政府购买等方式支持群众健身。《条例》本条在此基础上规定县级以上人民政府及其有关部门对社会力量举办或者参与举办全民健身体育赛事活动的，可以通过场地、技术、资金等方面给予支持。

第五章　法律责任

本章共四条，包括违法活动的法律责任、违反设施管理规定的法律责任、侵占或损坏公共体育设施的法律责任，以及工作人员不依法履职的法律责任。《全民健身条例》《中华人民共和国治安管理处罚法》《公共文化体育设施条例》等法律法规对全民健身中的相关违法行为法律责任作了较为全面的规定。根据《中华人民共和国立法法》不重复上位法的规定，《条例》仅在上述法律法规规定的基础上作了相应补充。因此，在实践中必须将《条例》规定与相关法律法规规定结合起来，一并贯彻执行。

第四十九条　违法活动的法律责任

利用全民健身活动从事侵害他人合法权益、扰乱公共秩序及危害公共安全等违法行为，构成违反治安管理行为的，由公安机关依法给予处罚；构成犯罪的，依法追究刑事责任。

【释义】本条规定了关于利用全民健身活动从事违法活动的法律责任。

一、违法行为主体

本条规定的违法行为的主体是一般主体，即任何组织和个人都有可能成为本违法行为的主体。也就是说，在全民健身活动中，组织或个人如有违反《中华人民共和国治安管理处罚法》以及《条例》第二十条规定的行为，也会成为违法行为的主体，将依法受到法律的追究。

二、违法行为

依照《条例》第二十条规定，举办、参加全民健身活动应当遵守道路交通安全、噪声污染防治等相关规定，遵守社会公德，崇尚科学、文明健身，遵守健身场所规章制度，爱护健身设施和环境卫生；不得侵害他人合法权益、影响他人的正常工作和生活。任何组织或者个人不得借全民健身名义从事危害公共安全、扰乱公共秩序等违法活动，在健身活动中不得宣扬邪教、封建迷信、色情、暴力和其他违背公序良俗的内容，不得利用全民健身活动进行赌博。《条例》本条规定的违法行为是指在全民健身活动中，侵害他人合法权益、扰乱公共秩序及危害公共安全，或者有宣扬封建迷信等不健康内容、损毁公私财物、损害公民身心健康等扰乱公共秩序、妨害社会管理的行为。

三、法律责任

对于上述违法行为，由公安机关依法给予处罚；构成犯罪的，依法追究刑事责任。

《中华人民共和国治安管理处罚法》第五十八条规定："违反关于社会生活噪声污染防治的法律规定，制造噪声干扰他人正常生活的，处警告；警告后不改正的，处二百元以上五百元以下罚款。"

《中华人民共和国刑法》第二百七十五条规定："故意毁坏公私财物，数额较大或者有其他严重情节的，处三年以下有期徒刑、拘役或者罚金；数额巨大或者有其他特别严重情节的，处三年以上七年以下有期徒刑。"

《中华人民共和国治安管理处罚法》第二十三条的规定，扰乱机关、团体、企业、事业单位秩序，致使工作、生产、营业、医疗、教学、科研不能正常进行，尚未造成严重损失的；扰乱车站、港口、码头、机场、商场、公园、展览馆或者其他公共场所秩序的；扰乱公共汽车、电车、火车、船舶、航空器或者其他公共交通工具上的秩序的。有上述行为之一的，处警告或者二百元以下罚款；情节较重的，处五日以上十日以下拘留，可以并处五百元以下罚款。

《中华人民共和国治安管理处罚法》第二十四条的规定，强行进入场内的；违反规定，在场内燃放烟花爆竹或者其他物品的；展示侮辱性标语、条幅等物品的；围攻裁判员、运动员或者其他工作人员的；向场内投掷杂物，不听制止的。有上述行为之一扰乱文化、体育等大型群众性活动秩序的，处警告或者二百元以下罚款；情节严重的，处五日以上十日以下拘留，可以并处五百元以下罚款。因扰乱体育比赛秩序被处以拘留处罚的，可以同时责令其十二个月内不得进入体育场馆观看同类比赛；违反规定进入体育场馆的，强行带离现场。

《中华人民共和国治安管理处罚法》第二十七条的规定，组织、教唆、胁迫、诱骗、煽动他人从事邪教、会道门活动或者利用邪教、会道门、迷信活动，扰乱社会秩序、损害他人身体健康的；冒用宗教、气功名义进行扰乱社会秩序、损害他人身体健康活动的。有上述行为之一的，处十日以上十五日以下拘留，可以并处一千元以下罚款；情节较轻的，处五日以上十日以下拘留，可以并处五百元以下罚款。

《中华人民共和国刑法》第一百二十条之三条的规定，以制作、散发宣扬恐怖主义、极端主义的图书、音频视频资料或者其他物品，或者通过讲授、发布信息等方式宣扬恐怖主义、极端主义的，或者煽动实施恐怖活动的，处五年以下有期徒刑、拘役、管制或者剥夺政治权利，并处罚金；情节严重的，处五年以上有期徒刑，并处罚金或者没收财产。

《中华人民共和国治安管理处罚法》第五十五条的规定，煽动、策划非法集会、游行、示威，不听劝阻的，处十日以上十五日以下拘留。

《中华人民共和国刑法》第二百九十条的规定，聚众扰乱社会秩序，情节严重，致使工作、生产、营业和教学、科研、医疗无法进行，造成严重损失的，对首要分子，处三年以上七年以下有期徒刑；对其他积极参加的，处三年以下有期徒刑、拘役、管制或者剥夺政治权利。聚众冲击国家机关，致使国家机关工作无法进行，造成严重损失的，对首要分子，处五年以上十年以下有期徒刑；对其他积极参加的，处五年以下有期徒刑、拘役、管制或者剥夺政治权利。多次扰乱国家机关工作秩序，经行政处罚后仍不改正，造成严重后果的，处三年以下有期徒刑、拘役或者管制。多次组织、资助他人非法聚集，扰乱社会秩序，情节严重的，依照前款的规定处罚。

《中华人民共和国刑法》第二百九十一条的规定，聚众扰乱车站、码头、民用航空站、商场、公园、影剧院、展览会、运动场或者其他公共场所秩序，聚众堵塞交通或者破坏交通秩序，抗拒、阻碍国家治安管理工作人员依法执行职务，情节严重的，对首要分子，处五年以下有期徒刑、拘役或者管制。

第五十条　违反设施管理规定的法律责任

擅自改变公共体育设施用途的，由县级以上人民政府体育主管部门责令限期改正，没收违法所得，违法所得五千元以上的，并处违法所得二倍以上五倍以下的罚款；没有违法所得或者违法所得五千元以下的，可以处一万元以下的罚款；对负有责任的主管人员和其他直接责任人员，依法给予处分。

【释义】本条规定了关于全民健身设施所在场所管理单位违法行为的法律责任。

《公共文化体育设施条例》第三十一条规定："公共文化体育设施管理单位，有下列行为之一的，由文化行政主管部门、体育行政主管部门依据各自职责责令限期改正，没收违法所得，违法所得5000元以上的，并处违法所得2倍以上5倍以下的罚款；没有违法所得或者违法所得5000元以下的，可以处1万元以下的罚款；对负有责任的主管人员和其他直接责任人员，依法给予行政处分：（一）开展与公共文化体育设施功能、用途不相适应的服务活动的；（二）违反本条例规定出租公共文化体育设施的。"《条例》对上位法的立法精神和规定予以继承。

一、违法行为主体

《条例》本条的违法行为主体是指特定主体，即"全民健身设施所在场所的管理单位"。也就是说，只有全民健身设施所在场所的管理单位，才有可能成为本违法行为的主体，其他组织和个人都不会成为本违法行为的主体。这里的"全民健身设施所在场所的管理单位"，是指公共体育设施所在场所的管理单位和其他向公众开放用于开展全民健身活动的设施所在场所的管理单位。

二、违法行为

《条例》第二十四条规定任何组织或者个人不得侵占、损坏公共体育设施，或者擅自改变公共体育设施用途。《条例》本条所规定违法行为为擅自改变公共体育设施用途。需要注意以下两点。

（一）关于擅自。"擅自"是指未经有权机关依法批准改变体育设施用途。这里的"法"是广义的，包括法律、法规、规章以及依法制定的规范性文件等相关规定。这里的"有权机关"不仅仅包含体育主管部门，也包括其他依法有权变更或同意变更公共体育设施用途的主体。

（二）关于"改变公共体育设施用途"。公共体育设施，是指由各级人民政府举办或者社会力量举办的，向公众开放用于开展文化体育活动的公益性的体育场馆等建筑物、场地和设备。公共体育设施是为公众体育健身服务的，应当用于开展体育活动。所谓改变公共体育设施用途，是指将公共体育设施用于开展体育活动之外的其他活动。如果确实临时改变用途的，须遵守《公共文化体育设施条例》第二十二条规定："公共体育设施管理单位不得将设施的主体部分用于非体育活动。但是，因举办公益性活动或者大型文化活动等特殊情况临时出租的除外。临时出租时间一般不得超过10日；租用期满，租用者应当恢复原状，不得影响该设施的功能、用途。"

三、法律责任

全民健身设施所在场所的管理单位有上述行为的，由县级以上人民政府体育主管部门责令限期改正，没收违法所得，违法所得五千元以上的，并处违法所得二倍以上五倍以下的罚款；没有违法所得或者违法所得五千元以下的，可以处一万元以下的罚款；对负有责任的主管人员和其他直接责任人员，依法给予处分。

（一）责令限期改正，没收违法所得并处罚款。责令限期改正，是指体育主管部门对于违反相关公共体育设施管理法律法规的当事人，除要求违法行为人立即停止违法行为外，还要求其在一定期限内采取改正措施，消除其违法行为造成的危害后果，恢复合法状态的一种行政处罚。《中华人民共和国行政处罚法》第二十八条规定："行政机关实施行政处罚时，应当责令当事人改正或者限期改正违法行为。"没收违法所得，是指有行政处罚权的行政主体依法将违法行为人的违法所得收归国有的处罚形式。违法所得，是指违法行为人从事非法经营等获得的利益。《条例》本条"违法所得"指的是通过擅自改变公共体育设施用途获得的利益。最后，关于罚款，需要根据违法所得情况进行区分：违法所得五千元以上的，应当处以违法所得二倍以上五倍以下的罚款；对于没有违法所得或者违法所得五千元以下的，可以处一万元以下的罚款。

（二）对负有直接责任的主管人员和其他直接责任人员，依法给予处分。这里所说的"处分"包括行政处分和政务处分。（详见本书《条例》第五十二条的释义）。本条所说处分的实施主体是监察机关或者相应行政机关。处分的对象是对擅自改变公共体育设施用途负有责任的主管人员和其他直接责任人员。这里的"主管人员和其他直接责任人员"既包括公共体育设施管理者中的主管人员和其他直接责任人员，也包括相关主管部门中的主管人员和其他直接责任人员。这里的依法主要是指《中华人民共和国公务员法》《中华人民共和国监察法》《行政机关公务员处分条例》《公职人员政务处分暂行规定》等法律法规。

第五十一条 侵占、损坏公共体育设施的法律责任

侵占、损坏公共体育设施的，由县级以上人民政府体育主管部门责令限期改正，恢复原状，造成设施损坏的，依法承担民事责任；构成违反治安管理行为的，由公安机关依法给予处罚；构成犯罪的，依法追究刑事责任。

【释义】本条规定了关于侵占、损坏公共体育设施的法律责任。

《中华人民共和国体育法》第五十条规定，侵占、破坏公共体育设施的，由体育行政部门责令限期改正，并依法承担民事责任。《公共文化体育设施条例》第二十三条规定，公众在使用公共文化体育设施时，应当遵守公共秩序，爱护公共文化体育设施。任何单位或者个人不得损坏公共文化体育设施。《条例》在此基础上作了细化和补充。

一、违法行为主体

《条例》本条规定的违法行为的主体是一般主体，即任何组织和个人都有可能成为本违法行为的主体。也就是说，在全民健身活动，存在违反《条例》第二十四条规定的行为之组织或个人，都会成为本违法行为的主体，将依法受到法律的追究。

二、违法行为

《条例》第二十四条规定："任何组织或者个人不得侵占、损坏公共体育设施，或者擅自改变公共体育设施用途。"《条例》本条规定的违法行为是侵占、损害公共体育设施。"侵占公共体育设施"是指以非法占有为目的，将公共体育设施非法占为己有的行为。"损坏公共体育设施"是指行为使公共体育设施失去原来的使用价值，或者使其使用价值降低、使用效果变差等情形。实践中，只要存在"侵占公共体育设施""损坏公共体育设施"行为之一者，都应当承担《条例》本条所规定的法律责任。

三、法律责任

《条例》本条规定的法律责任包括行政责任、民事责任和刑事责任。

（一）行政责任。依照《条例》本条规定，县级以上人民政府体育主管部门接到举报或者发现有侵占、损坏公共体育设施行为的，应当责令行为人限期改正（详见本书《条例》第五十条的释义）、恢复原状。恢复原状，是指将被侵占、被损害的公共体育设施恢复到原本不受侵害的圆满状态。《中华人民共和国治安管理处罚法》第二十六条规定，强拿硬要或者任意损毁、占用公私财物的，处五日以上十日以下拘留，可以并处五百元以下罚款；情节较重的，处十日以上十五日以下拘留，可以并处一千元以下罚款。该法第四十九条规定，故意损毁公私财物的，处五日以上十日以下拘留，可以并处五百元以下罚款；情节较重的，处十日以上十五日以下拘留，可以并处一千元以下罚款。侵占、损坏公共体育设施行为构成违反治安管理行为的，由公安机关依照《中华人民共和国治安管理处罚法》予以处罚。

（二）民事责任。根据《条例》本条规定，当事人损坏公共体育设施，或者因侵占而导致公共体育设施损坏的，应当依照《中华人民共和国民法总则》[①]《中华人民共和国侵权责任法》等相关法律法规承担民事赔偿等民事责任。

（三）刑事责任。《中华人民共和国刑法》第二百七十五条规定："故意毁坏公私财物，数额较大或者有其他严重情节的，处三年以下有期徒刑、拘役或者罚金；数额巨大或者有其他特别严重情节的，处三年以上七年以下有期徒刑。"如果侵占、损坏公共体育设施的行为构成犯罪的，司法机关应当依照《中华人民共和国刑法》的相关规定追究犯罪人的刑事责任。

---

① 2021年1月1日起，《中华人民共和国民法典》施行，《中华人民共和国民法总则》废止。现应当依照《中华人民共和国民法典》总则编执行。——编者注

第五十二条　工作人员不依法履职的法律责任

县级以上人民政府及其有关部门的工作人员在全民健身工作中违反本条例规定，不依法履行职责或者发现违法行为不予依法查处的，依法给予处分；构成犯罪的，依法追究刑事责任。

【释义】本条规定了关于工作人员不依法履职的法律责任。

《全民健身条例》第三十九条规定："县级以上人民政府及其有关部门的工作人员在全民健身工作中玩忽职守、滥用职权、徇私舞弊的，依法给予处分；构成犯罪的，依法追究刑事责任。"《公共文化体育设施条例》第二十八条规定："文化、体育、城乡规划、建设、土地等有关行政主管部门及其工作人员，不依法履行职责或者发现违法行为不予依法查处的，对负有责任的主管人员和其他直接责任人员，依法给予行政处分；构成犯罪的，依法追究刑事责任。"《条例》在此基础上进行了细化。

一、违法主体

《条例》本条违法行为的主体是特定主体，即县级以上人民政府及其有关部门的工作人员。这里的"有关部门"指在全民健身工作中负有责任的体育、教育、住房城乡建设、国土资源等部门，除上述的县级以上人民政府及其有关部门工作人员以外的其他人员，如公司、企业的工作人员，都不能成为本违法行为的主体。

二、违法行为

《条例》本条所指的违法行为有两种，一是不依法履行职责的行为，二是发现违法行为不予依法查处的行为。不依法履行职责的行为是指不履行《条例》第四至五条、第十二至十五条、第二十一至二十三条、第三十六条、第三十九至四十七条等规定的职责的行为。

三、违法责任

（一）给予处分。根据《中华人民共和国公务员法》《行政机关公务员处分条例》等的规定，按照行为人违法情节轻重，分别给予警告、记过、记大过、降级、撤职、开除处分。需要注意的是，根据2018年公布的《公职人员政务处分暂行规定》第十九条的规定："对公职人员的同一违法行为，监察机关已经给予政务处分的，任免机关、单位不再给予处分；任免机关、单位已经给予处分的，监察机关不再给予政务处分。"即对于公职人员的违法行为，监察机关以及公职人员的任免机关、单位都有权给予其处分，但是两者不能同时作出处分。

（二）构成犯罪的，依法追究刑事责任。主要是根据《中华人民共和国刑法》第三百九十七条的规定，国家机关工作人员滥用职权或者玩忽职守，致使公共财产、国家和人民利益遭受重大损失的，处三年以下有期徒刑或者拘役；情节特别严重的，处三年以上七年以下有期徒刑。《中华人民共和国刑法》另有规定的，依照规定。国家机关工作人员徇私舞弊，犯前款罪的，处五年以下有期徒刑或者拘役；情节特别严重的，处五年以上十年以下有期徒刑。《中华人民共和国刑法》另有规定的，依照规定。

第六章 附 则

本章仅有一条，明确《条例》的施行日期。

第五十三条 施行日期

本条例自 2019 年 7 月 1 日起施行。

【释义】本条是关于施行日期的规定。

条例的施行日期即条例的生效日期。《条例》于 2019 年 5 月 21 日经广东省第十三届人民代表大会常务委员会第十二次会议通过，并由广东省人民代表大会常务委员会于 2019 年 5 月 21 日发布，自 2019 年 7 月 1 日起施行。

一、关于法的公布和实施

法的公布是指立法机关以一定的形式将通过的法律予以正式公布。只有将制定的法律通过法定的程序和方式公布，法律才能正式生效。根据《中华人民共和国立法法》和《广东省地方立法条例》规定，省人民代表大会常务委员会通过的地方性法规，由常务委员会发布公告予以公布；在地方性法规公布后，应当及时在本级人民代表大会常务委员会公报、指定网站与本行政区域范围内发行的报纸上刊登；在《广东省人民代表大会常务委员会公报》上刊登的广东省地方性法规文本为标准文本。

此外，需要注意的是，法的公布日期不等于法的实施日期。目前，我国关于法的生效日期有两种，一种是公布之日即生效；一种是延后生效，即公布之日起一段时间后生效。《条例》属于后者。

二、关于法的溯及力问题

法的溯及力是指法溯及既往的效力。法的溯及力问题，则是指新法颁布以后对其生效以前所发生的事件和行为是否适用的问题。依现代法治之精神，法律一般不溯及既往，即只对法律施行后发生的时间和行为产生效力。但法不溯及既往的原则也非牢不可破，《中华人民共和国立法法》第九十三条对法的溯及力作了规定，即"法律、行政法规、地方性法规、自治条例和单行条例、规章不溯及既往，但为了更好地保护公民、法人和其他组织的权利和利益而作的特别规定除外"。《条例》本条规定："本条例自 2019 年 7 月 1 日起施行。"这是指 2019 年 7 月 1 日之日起的全民健身活动的开展和服务，全民健身设施的建设、使用和管理受《条例》调整；在此日期以前的相关活动不适用《条例》，即《条例》无溯及力，不溯及既往。

下 编
全民健身公共服务相关法律法规

法　律　类

中华人民共和国体育法[①]

（2016年11月7日修正）

第一章　总　　则

第一条　为了发展体育事业，增强人民体质，提高体育运动水平，促进社会主义物质文明和精神文明建设，根据宪法，制定本法。

第二条　国家发展体育事业，开展群众性的体育活动，提高全民族身体素质。体育工作坚持以开展全民健身活动为基础，实行普及与提高相结合，促进各类体育协调发展。

第三条　国家坚持体育为经济建设、国防建设和社会发展服务。体育事业应当纳入国民经济和社会发展计划。

国家推进体育管理体制改革。国家鼓励企业事业组织、社会团体和公民兴办和支持体育事业。

第四条　国务院体育行政部门主管全国体育工作。国务院其他有关部门在各自的职权范围内管理体育工作。

县级以上地方各级人民政府体育行政部门或者本级人民政府授权的机构主管本行政区域内的体育工作。

第五条　国家对青年、少年、儿童的体育活动给予特别保障，增进青年、少年、儿童的身心健康。

第六条　国家扶持少数民族地区发展体育事业，培养少数民族体育人才。

第七条　国家发展体育教育和体育科学研究，推广先进、实用的体育科学技术成果，依靠科学技术发展体育事业。

第八条　国家对在体育事业中做出贡献的组织和个人，给予奖励。

第九条　国家鼓励开展对外体育交往。对外体育交往坚持独立自主、平等互利、相互尊重的原则，维护国家主权和尊严，遵守中华人民共和国缔结或者参加的国际条约。

[①] 1995年8月29日，全国人民代表大会常务委员会通过；根据2009年8月27日《全国人民代表大会常务委员会关于修改部分法律的决定》第一次修正；根据2016年11月7日《全国人民代表大会常务委员会关于修改〈中华人民共和国对外贸易法〉等十二部法律的决定》第二次修正。

第二章　社会体育

第十条　国家提倡公民参加社会体育活动，增进身心健康。

社会体育活动应当坚持业余、自愿、小型多样，遵循因地制宜和科学文明的原则。

第十一条　国家推行全民健身计划，实施体育锻炼标准，进行体质监测。

国家实行社会体育指导员技术等级制度。社会体育指导员社会体育活动进行指导。

第十二条　地方各级人民政府应当为公民参加社会体育活动创造必要的条件，支持、扶助群众性体育活动的开展。

城市应当发挥居民委员会等社区基层组织的作用，组织居民开展体育活动。

农村应当发挥村民委员会、基层文化体育组织的作用，开展适合农村特点的体育活动。

第十三条　国家机关、企业事业组织应当开展多种形式的体育活动，举办群众性体育竞赛。

第十四条　工会等社会团体应当根据各自特点，组织体育活动。

第十五条　国家鼓励、支持民族、民间传统体育项目的发掘、整理和提高。

第十六条　全社会应当关心、支持老年人、残疾人参加体育活动。各级人民政府应当采取措施，为老年人、残疾人参加体育活动提供方便。

第三章　学校体育

第十七条　教育行政部门和学校应当将体育作为学校教育的组成部分，培养德、智、体等全面发展的人才。

第十八条　学校必须开设体育课，并将体育课列为考核学生。学业成绩的科目。

学校应当创造条件为病残学生组织适合其特点的体育活动。

第十九条　学校必须实施国家体育锻炼标准，对学生在校期间每天用于体育活动的时间给予保证。

第二十条　学校应当组织多种形式的课外体育活动，开展课外训练和体育竞赛，并根据条件每学年举行一次全校性的体育运动会。

第二十一条　学校应当按照国家有关规定，配备合格的体育教师，保障体育教师享受与其工作特点有关的待遇。

第二十二条　学校应当按照国务院教育行政部门规定的标准配置体育场地、设施和器材。

学校体育场地必须用于体育活动，不得挪作他用。

第二十三条　学校应当建立学生体格健康检查制度。教育。体育和卫生行政部门应当加强对学生体质的监测。

第四章　竞技体育

第二十四条　国家促进竞技体育发展，鼓励运动员提高体育运动技术水平，在体育竞赛中创造优异成绩，为国家争取荣誉。

第二十五条 国家鼓励、支持开展业余体育训练,培养优秀的体育后备人才。

第二十六条 参加国内、国际重大体育竞赛的运动员和运动队,应当按照公平、择优的原则选拔和组建。具体办法由国务院体育行政部门规定。

第二十七条 培养运动员必须实行严格、科学、文明的训练和管理;对运动员进行爱国主义、集体主义和社会主义教育,以及道德和纪律教育。

第二十八条 国家对优秀运动员在就业或者升学方面给予优待。

第二十九条 全国性的单项体育协会对本项目的运动员实行注册管理。经注册的运动员,可以根据国务院体育行政部门的规定,参加有关的体育竞赛和运动队之间的人员流动。

第三十条 国家实行运动员技术等级、裁判员技术等级和教练员专业技术职务等级制度。

第三十一条 国家对体育竞赛实行分级分类管理。

全国综合性运动会由国务院体育行政部门管理或者由国务院体育行政部门会同有关组织管理。

全国单项体育竞赛由该项运动的全国性协会负责管理。

地方综合性运动会和地方单项体育竞赛的管理办法由地方人民政府制定。

第三十二条 在竞技体育活动中发生纠纷,由体育仲裁机构负责调解、仲裁。

体育仲裁机构的设立办法和仲裁范围由国务院另行规定。

第三十三条 体育竞赛实行公平竞争的原则。体育竞赛的组织者和运动员、教练员、裁判员应当遵守体育道德,不得弄虚作假、营私舞弊。

在体育运动中严禁使用禁用的药物和方法。禁用药物检测机构应当对禁用的药物和方法进行严格检查。

严禁任何组织和个人利用体育竞赛从事赌博活动。

第三十四条 在中国境内举办的重大体育竞赛,其名称、徽记、旗帜及吉祥物等标志按照国家有关规定予以保护。

第五章 体育社会团体

第三十五条 国家鼓励、支持体育社会团体按照其章程,组织和开展体育活动,推动体育事业的发展。

第三十六条 各级体育总会是联系、团结运动员和体育工作者的群众性体育组织,应当在发展体育事业中发挥作用。

第三十七条 中国奥林匹克委员会是以发展和推动奥林匹克运动为主要任务的体育组织,代表中国参与国际奥林匹克事务。

第三十八条 体育科学社会团体是体育科学技术工作者的学术性群众组织,应当在发展体育科技事业中发挥作用。

第三十九条 全国性的单项体育协会管理该项运动的普及与提高工作,代表中国参加相应的国际单项体育组织。

第六章 保障条件

第四十条 县级以上各级人民政府应当将体育事业经费、体育基本建设资金列入本级财政预算和基本建设投资计划，并随着国民经济的发展逐步增加对体育事业的投入。

第四十一条 国家鼓励企业事业组织和社会团体自筹资金发展体育事业，鼓励组织和个人对体育事业的捐赠和赞助。

第四十二条 国家有关部门应当加强对体育资金的管理，任何组织和个人不得挪用、克扣体育资金。

第四十三条 县级以上各级人民政府体育行政部门对以健身、竞技等体育活动为内容的经营活动，应当按照国家有关规定加强管理和监督。

第四十四条 县级以上地方各级人民政府应当按照国家对城市公共体育设施用地定额指标的规定，将城市公共体育设施建设纳入城市建设规划和土地利用总体规划，合理布局，统一安排。

城市在规划企业、学校、街道和居住区时，应当将体育设施纳入建设规划。

乡、民族乡、镇应当随着经济发展，逐步建设和完善体育设施。

第四十五条 公共体育设施应当向社会开放，方便群众开展体育活动，对学生、老年人、残疾人实行优惠办法，提高体育设施的利用率。

任何组织和个人不得侵占、破坏公共体育设施。因特殊情况需要临时占用体育设施的，必须经体育行政部门和建设规划部门批准，并及时归还；按照城市规划改变体育场地用途的，应当按照国家有关规定，先行择地新建偿还。

第四十六条 国家发展体育专业教育，建立各类体育专业院校、系、科，培养运动、训练、教学、科学研究、管理以及从事群众体育等方面的专业人员。

国家鼓励企业事业组织、社会团体和公民依法举办体育专业教育。

第七章 法律责任

第四十七条 在竞技体育中从事弄虚作假等违反纪律和体育规则的行为，由体育社会团体按照章程规定给予处罚；对国家工作人员中的直接责任人员，依法给予行政处分。

第四十八条 在体育运动中使用禁用的药物和方法的，由体育社会团体按照章程规定给予处罚；对国家工作人员中的直接责任人员，依法给予行政处分。

第四十九条 利用竞技体育从事赌博活动的，由体育行政部门协助公安机关责令停止违法活动，并由公安机关依照治安管理处罚条例的有关规定给予处罚。

在竞技体育活动中，有贿赂、诈骗、组织赌博行为，构成犯罪的，依法追究刑事责任。

第五十条 侵占、破坏公共体育设施的，由体育行政部门责令限期改正，并依法承担民事责任。

有前款所列行为，违反治安管理的，由公安机关依照治安管理处罚条例的有关规定给予处罚；构成犯罪的，依法追究刑事责任。

第五十一条 在体育活动中,寻衅滋事、扰乱公共秩序的,给予批评、教育并予以制止;违反治安管理的,由公安机关依照治安管理处罚条例的规定给予处罚;构成犯罪的,依法追究刑事责任。

第五十二条 违反国家财政制度、财务制度,挪用、克扣体育资金的,由上级机关责令限期归还被挪用、克扣的资金,并对直接负责的主管人员和其他直接责任人员,依法给予行政处分;构成犯罪的,依法追究刑事责任。

第八章 附 则

第五十三条 军队开展体育活动的具体办法由中央军事委员会依照本法制定。

第五十四条 本法自1995年10月1日起施行。

中华人民共和国城乡规划法[①]

（2019年4月23日修正）

第一章 总 则

第一条 为了加强城乡规划管理，协调城乡空间布局，改善人居环境，促进城乡经济社会全面协调可持续发展，制定本法。

第二条 制定和实施城乡规划，在规划区内进行建设活动，必须遵守本法。

本法所称城乡规划，包括城镇体系规划、城市规划、镇规划、乡规划和村庄规划。城市规划、镇规划分为总体规划和详细规划。详细规划分为控制性详细规划和修建性详细规划。

本法所称规划区，是指城市、镇和村庄的建成区以及因城乡建设和发展需要，必须实行规划控制的区域。规划区的具体范围由有关人民政府在组织编制的城市总体规划、镇总体规划、乡规划和村庄规划中，根据城乡经济社会发展水平和统筹城乡发展的需要划定。

第三条 城市和镇应当依照本法制定城市规划和镇规划。城市、镇规划区内的建设活动应当符合规划要求。

县级以上地方人民政府根据本地农村经济社会发展水平，按照因地制宜、切实可行的原则，确定应当制定乡规划、村庄规划的区域。在确定区域内的乡、村庄，应当依照本法制定规划，规划区内的乡、村庄建设应当符合规划要求。

县级以上地方人民政府鼓励、指导前款规定以外的区域的乡、村庄制定和实施乡规划、村庄规划。

第四条 制定和实施城乡规划，应当遵循城乡统筹、合理布局、节约土地、集约发展和先规划后建设的原则，改善生态环境，促进资源、能源节和综合利用，保护耕地等自然资源和历史文化遗产，保持地方特色、民族特色和传统风貌，防止污染和其他公害，并符合区域人口发展、国防建设、防灾减灾和公共卫生、公共安全的需要。

在规划区内进行建设活动，应当遵守土地管理、自然资源和环境保护等法律、法规的规定。

县级以上地方人民政府应当根据当地经济社会发展的实际，在城市总体规划、镇总体规划中合理确定城市、镇的发展规模、步骤和建设标准。

第五条 城市总体规划、镇总体规划以及乡规划和村庄规划的编制，应当依据国民经济和社会发展规划，并与土地利用总体规划相衔接。

[①] 2007年10月28日，第十届全国人民代表大会常务委员会第三十次会议通过；根据2015年4月24日《全国人民代表大会常务委员会关于修改〈中华人民共和国港口法〉等七部法律的决定》第一次修正；根据2019年4月23日《全国人民代表大会常务委员会关于修改〈中华人民共和国建筑法〉等八部法律的决定》第二次修正。

第六条 各级人民政府应当将城乡规划的编制和管理经费纳入本级财政预算。

第七条 经依法批准的城乡规划，是城乡建设和规划管理的依据，未经法定程序不得修改。

第八条 城乡规划组织编制机关应当及时公布经依法批准的城乡规划。但是，法律、行政法规规定不得公开的内容除外。

第九条 任何单位和个人都应当遵守经依法批准并公布的城乡规划，服从规划管理，并有权就涉及其利害关系的建设活动是否符合规划的要求向城乡规划主管部门查询。

任何单位和个人都有权向城乡规划主管部门或者其他有关部门举报或者控告违反城乡规划的行为。城乡规划主管部门或者其他有关部门对举报或者控告，应当及时受理并组织核查、处理。

第十条 国家鼓励采用先进的科学技术，增强城乡规划的科学性，提高城乡规划实施及监督管理的效能。

第十一条 国务院城乡规划主管部门负责全国的城乡规划管理工作。

县级以上地方人民政府城乡规划主管部门负责本行政区域内的城乡规划管理工作。

第二章 城乡规划的制定

第十二条 国务院城乡规划主管部门会同国务院有关部门组织编制全国城镇体系规划，用于指导省域城镇体系规划、城市总体规划的编制。

全国城镇体系规划由国务院城乡规划主管部门报国务院审批。

第十三条 省、自治区人民政府组织编制省域城镇体系规划，报国务院审批。

省域城镇体系规划的内容应当包括：城镇空间布局和规模控制，重大基础设施的布局，为保护生态环境、资源等需要严格控制的区域。

第十四条 城市人民政府组织编制城市总体规划。

直辖市的城市总体规划由直辖市人民政府报国务院审批。省、自治区人民政府所在地的城市以及国务院确定的城市的总体规划，由省、自治区人民政府审查同意后，报国务院审批。其他城市的总体规划，由城市人民政府报省、自治区人民政府审批。

第十五条 县人民政府组织编制县人民政府所在地镇的总体规划，报上一级人民政府审批。其他镇的总体规划由镇人民政府组织编制，报上一级人民政府审批。

第十六条 省、自治区人民政府组织编制的省域城镇体系规划，城市、县人民政府组织编制的总体规划，在报上一级人民政府审批前，应当先经本级人民代表大会常务委员会审议，常务委员会组成人员的审议意见交由本级人民政府研究处理。

镇人民政府组织编制的镇总体规划，在报上一级人民政府审批前，应当先经镇人民代表大会审议，代表的审议意见交由本级人民政府研究处理。

规划的组织编制机关报送审批省域城镇体系规划、城市总体规划或者镇总体规划，应当将本级人民代表大会常务委员会组成人员或者镇人民代表大会代表的审议意见和根据审议意见修改规划的情况一并报送。

第十七条 城市总体规划、镇总体规划的内容应当包括：城市、镇的发展布局，功能分区，用地布局，综合交通体系，禁止、限制和适宜建设的地域范围，各类专项规划等。

规划区范围、规划区内建设用地规模、基础设施和公共服务设施用地、水源地和水系、基本农田和绿化用地、环境保护、自然与历史文化遗产保护以及防灾减灾等内容，应当作为城市总体规划、镇总体规划的强制性内容。

城市总体规划、镇总体规划的规划期限一般为二十年。城市总体规划还应当对城市更长远的发展作出预测性安排。

第十八条 乡规划、村庄规划应当从农村实际出发，尊重村民意愿，体现地方和农村特色。

乡规划、村庄规划的内容应当包括：规划区范围，住宅、道路、供水、排水、供电、垃圾收集、畜禽养殖场所等农村生产、生活服务设施、公益事业等各项建设的用地布局、建设要求，以及对耕地等自然资源和历史文化遗产保护、防灾减灾等的具体安排。乡规划还应当包括本行政区域内的村庄发展布局。

第十九条 城市人民政府城乡规划主管部门根据城市总体规划的要求，组织编制城市的控制性详细规划，经本级人民政府批准后，报本级人民代表大会常务委员会和上一级人民政府备案。

第二十条 镇人民政府根据镇总体规划的要求，组织编制镇的控制性详细规划，报上一级人民政府审批。县人民政府所在地镇的控制性详细规划，由县人民政府城乡规划主管部门根据镇总体规划的要求组织编制，经县人民政府批准后，报本级人民代表大会常务委员会和上一级人民政府备案。

第二十一条 城市、县人民政府城乡规划主管部门和镇人民政府可以组织编制重要地块的修建性详细规划。修建性详细规划应当符合控制性详细规划。

第二十二条 乡、镇人民政府组织编制乡规划、村庄规划，报上一级人民政府审批。村庄规划在报送审批前，应当经村民会议或者村民代表会议讨论同意。

第二十三条 首都的总体规划、详细规划应当统筹考虑中央国家机关用地布局和空间安排的需要。

第二十四条 城乡规划组织编制机关应当委托具有相应资质等级的单位承担城乡规划的具体编制工作。

从事城乡规划编制工作应当具备下列条件，并经国务院城乡规划主管部门或者省、自治区、直辖市人民政府城乡规划主管部门依法审查合格，取得相应等级的资质证书后，方可在资质等级许可的范围内从事城乡规划编制工作：

（一）有法人资格；
（二）有规定数量的经相关行业协会注册的规划师；
（三）有规定数量的相关专业技术人员；
（四）有相应的技术装备；
（五）有健全的技术、质量、财务管理制度。

编制城乡规划必须遵守国家有关标准。

第二十五条 编制城乡规划，应当具备国家规定的勘察、测绘、气象、地震、水文、环境等基础资料。

县级以上地方人民政府有关主管部门应当根据编制城乡规划的需要，及时提供有关基础资料。

第二十六条 城乡规划报送审批前，组织编制机关应当依法将城乡规划草案予以公告，并采取论证会、听证会或者其他方式征求专家和公众的意见。公告的时间不得少于三十日。

组织编制机关应当充分考虑专家和公众的意见，并在报送审批的材料中附具意见采纳情况及理由。

第二十七条 省域城镇体系规划、城市总体规划、镇总体规划批准前，审批机关应当组织专家和有关部门进行审查。

第三章 城乡规划的实施

第二十八条 地方各级人民政府应当根据当地经济社会发展水平，量力而行，尊重群众意愿，有计划、分步骤地组织实施城乡规划。

第二十九条 城市的建设和发展，应当优先安排基础设施以及公共服务设施的建设，妥善处理新区开发与旧区改建的关系，统筹兼顾进城务工人员生活和周边农村经济社会发展、村民生产与生活的需要。

镇的建设和发展，应当结合农村经济社会发展和产业结构调整，优先安排供水、排水、供电、供气、道路、通信、广播电视等基础设施和学校、卫生院、文化站、幼儿园、福利院等公共服务设施的建设，为周边农村提供服务。

乡、村庄的建设和发展，应当因地制宜、节约用地，发挥村民自治组织的作用，引导村民合理进行建设，改善农村生产、生活条件。

第三十条 城市新区的开发和建设，应当合理确定建设规模和时序，充分利用现有市政基础设施和公共服务设施，严格保护自然资源和生态环境，体现地方特色。

在城市总体规划、镇总体规划确定的建设用地范围以外，不得设立各类开发区和城市新区。

第三十一条 旧城区的改建，应当保护历史文化遗产和传统风貌，合理确定拆迁和建设规模，有计划地对危房集中、基础设施落后等地段进行改建。

历史文化名城、名镇、名村的保护以及受保护建筑物的维护和使用，应当遵守有关法律、行政法规和国务院的规定。

第三十二条 城乡建设和发展，应当依法保护和合理利用风景名胜资源，统筹安排风景名胜区及周边乡、镇、村庄的建设。

风景名胜区的规划、建设和管理，应当遵守有关法律、行政法规和国务院的规定。

第三十三条 城市地下空间的开发和利用，应当与经济和技术发展水平相适应，遵循统筹安排、综合开发、合理利用的原则，充分考虑防灾减灾、人民防空和通信等需要，并符合城市规划，履行规划审批手续。

第三十四条 城市、县、镇人民政府应当根据城市总体规划、镇总体规划、土地利用总体规划和年度计划以及国民经济和社会发展规划，制定近期建设规划，报总体规划审批机关备案。

近期建设规划应当以重要基础设施、公共服务设施和中低收入居民住房建设以及生态环境保护为重点内容，明确近期建设的时序、发展方向和空间布局。近期建设规划的规划期限为五年。

第三十五条 城乡规划确定的铁路、公路、港口、机场、道路、绿地、输配电设施及输电线路走廊、通信设施、广播电视设施、管道设施、河道、水库、水源地、自然保护区、防汛通道、消防通道、核电站、垃圾填埋场及焚烧厂、污水处理厂和公共服务设施的用地以及其他需要依法保护的用地，禁止擅自改变用途。

第三十六条 按照国家规定需要有关部门批准或者核准的建设项目，以划拨方式提供国有土地使用权的，建设单位在报送有关部门批准或者核准前，应当向城乡规划主管部门申请核发选址意见书。

前款规定以外的建设项目不需要申请选址意见书。

第三十七条 在城市、镇规划区内以划拨方式提供国有土地使用权的建设项目，经有关部门批准、核准、备案后，建设单位应当向城市、县人民政府城乡规划主管部门提出建设用地规划许可申请，由城市、县人民政府城乡规划主管部门依据控制性详细规划核定建设用地的位置、面积、允许建设的范围，核发建设用地规划许可证。

建设单位在取得建设用地规划许可证后，方可向县级以上地方人民政府土地主管部门申请用地，经县级以上人民政府审批后，由土地主管部门划拨土地。

第三十八条 在城市、镇规划区内以出让方式提供国有土地使用权的，在国有土地使用权出让前，城市、县人民政府城乡规划主管部门应当依据控制性详细规划，提出出让地块的位置、使用性质、开发强度等规划条件，作为国有土地使用权出让合同的组成部分。未确定规划条件的地块，不得出让国有土地使用权。

以出让方式取得国有土地使用权的建设项目，建设单位在取得建设项目的批准、核准、备案文件和签订国有土地使用权出让合同后，向城市、县人民政府城乡规划主管部门领取建设用地规划许可证。

城市、县人民政府城乡规划主管部门不得在建设用地规划许可证中，擅自改变作为国有土地使用权出让合同组成部分的规划条件。

第三十九条 规划条件未纳入国有土地使用权出让合同的，该国有土地使用权出让合同无效；对未取得建设用地规划许可证的建设单位批准用地的，由县级以上人民政府撤销有关批准文件；占用土地的，应当及时退回；给当事人造成损失的，应当依法给予赔偿。

第四十条 在城市、镇规划区内进行建筑物、构筑物、道路、管线和其他工程建设的，建设单位或者个人应当向城市、县人民政府城乡规划主管部门或者省、自治区、直辖市人民政府确定的镇人民政府申请办理建设工程规划许可证。

申请办理建设工程规划许可证，应当提交使用土地的有关证明文件、建设工程设计方案等材料。需要建设单位编制修建性详细规划的建设项目，还应当提交修建性详细规划。对符合控制性详细规划和规划条件的，由城市、县人民政府城乡规划主管部门或者省、自治区、直辖市人民政府确定的镇人民政府核发建设工程规划许可证。

城市、县人民政府城乡规划主管部门或者省、自治区、直辖市人民政府确定的镇人民政府应当依法将经审定的修建性详细规划、建设工程设计方案的总平面图予以公布。

第四十一条 在乡、村庄规划区内进行乡镇企业、乡村公共设施和公益事业建设的，建设单位或者个人应当向乡、镇人民政府提出申请，由乡、镇人民政府报城市、县人民政府城乡规划主管部门核发乡村建设规划许可证。

在乡、村庄规划区内使用原有宅基地进行农村村民住宅建设的规划管理办法，由省、自治区、直辖市制定。

在乡、村庄规划区内进行乡镇企业、乡村公共设施和公益事业建设以及农村村民住宅建设，不得占用农用地；确需占用农用地的，应当依照《中华人民共和国土地管理法》有关规定办理农用地转用审批手续后，由城市、县人民政府城乡规划主管部门核发乡村建设规划许可证。

建设单位或者个人在取得乡村建设规划许可证后，方可办理用地审批手续。

第四十二条 城乡规划主管部门不得在城乡规划确定的建设用地范围以外作出规划许可。

第四十三条 建设单位应当按照规划条件进行建设；确需变更的，必须向城市、县人民政府城乡规划主管部门提出申请。变更内容不符合控制性详细规划的，城乡规划主管部门不得批准。城市、县人民政府城乡规划主管部门应当及时将依法变更后的规划条件通报同级土地主管部门并公示。

建设单位应当及时将依法变更后的规划条件报有关人民政府土地主管部门备案。

第四十四条 在城市、镇规划区内进行临时建设的，应当经城市、县人民政府城乡规划主管部门批准。临时建设影响近期建设规划或者控制性详细规划的实施以及交通、市容、安全等的，不得批准。

临时建设应当在批准的使用期限内自行拆除。

临时建设和临时用地规划管理的具体办法，由省、自治区、直辖市人民政府制定。

第四十五条 县级以上地方人民政府城乡规划主管部门按照国务院规定对建设工程是否符合规划条件予以核实。未经核实或者经核实不符合规划条件的，建设单位不得组织竣工验收。

建设单位应当在竣工验收后六个月内向城乡规划主管部门报送有关竣工验收资料。

第四章　城乡规划的修改

第四十六条 省域城镇体系规划、城市总体规划、镇总体规划的组织编制机关，应当组织有关部门和专家定期对规划实施情况进行评估，并采取论证会、听证会或者其他方式征求公众意见。组织编制机关应当向本级人民代表大会常务委员会、镇人民代表大会和原审批机关提出评估报告并附具征求意见的情况。

第四十七条 有下列情形之一的，组织编制机关方可按照规定的权限和程序修改省域城镇体系规划、城市总体规划、镇总体规划：

（一）上级人民政府制定的城乡规划发生变更，提出修改规划要求的；

（二）行政区划调整确需修改规划的；

（三）因国务院批准重大建设工程确需修改规划的；
（四）经评估确需修改规划的；
（五）城乡规划的审批机关认为应当修改规划的其他情形。

修改省域城镇体系规划、城市总体规划、镇总体规划前，组织编制机关应当对原规划的实施情况进行总结，并向原审批机关报告；修改涉及城市总体规划、镇总体规划强制性内容的，应当先向原审批机关提出专题报告，经同意后，方可编制修改方案。

修改后的省域城镇体系规划、城市总体规划、镇总体规划，应当依照本法第十三条、第十四条、第十五条和第十六条规定的审批程序报批。

第四十八条 修改控制性详细规划的，组织编制机关应当对修改的必要性进行论证，征求规划地段内利害关系人的意见，并向原审批机关提出专题报告，经原审批机关同意后，方可编制修改方案。修改后的控制性详细规划，应当依照本法第十九条、第二十条规定的审批程序报批。控制性详细规划修改涉及城市总体规划、镇总体规划的强制性内容的，应当先修改总体规划。

修改乡规划、村庄规划的，应当依照本法第二十二条规定的审批程序报批。

第四十九条 城市、县、镇人民政府修改近期建设规划的，应当将修改后的近期建设规划报总体规划审批机关备案。

第五十条 在选址意见书、建设用地规划许可证、建设工程规划许可证或者乡村建设规划许可证发放后，因依法修改城乡规划给被许可人合法权益造成损失的，应当依法给予补偿。

经依法审定的修建性详细规划、建设工程设计方案的总平面图不得随意修改；确需修改的，城乡规划主管部门应当采取听证会等形式，听取利害关系人的意见；因修改给利害关系人合法权益造成损失的，应当依法给予补偿。

第五章 监督检查

第五十一条 县级以上人民政府及其城乡规划主管部门应当加强对城乡规划编制、审批、实施、修改的监督检查。

第五十二条 地方各级人民政府应当向本级人民代表大会常务委员会或者乡、镇人民代表大会报告城乡规划的实施情况，并接受监督。

第五十三条 县级以上人民政府城乡规划主管部门对城乡规划的实施情况进行监督检查，有权采取以下措施：
（一）要求有关单位和人员提供与监督事项有关的文件、资料，并进行复制；
（二）要求有关单位和人员就监督事项涉及的问题作出解释和说明，并根据需要进入现场进行勘测；
（三）责令有关单位和人员停止违反有关城乡规划的法律、法规的行为。

城乡规划主管部门的工作人员履行前款规定的监督检查职责，应当出示执法证件。被监督检查的单位和人员应当予以配合，不得妨碍和阻挠依法进行的监督检查活动。

第五十四条 监督检查情况和处理结果应当依法公开，供公众查阅和监督。

第五十五条 城乡规划主管部门在查处违反本法规定的行为时，发现国家机关工作人员依法应当给予行政处分的,应当向其任免机关或者监察机关提出处分建议。

第五十六条 依照本法规定应当给予行政处罚,而有关城乡规划主管部门不给予行政处罚的,上级人民政府城乡规划主管部门有权责令其作出行政处罚决定或者建议有关人民政府责令其给予行政处罚。

第五十七条 城乡规划主管部门违反本法规定作出行政许可的,上级人民政府城乡规划主管部门有权责令其撤销或者直接撤销该行政许可。因撤销行政许可给当事人合法权益造成损失的,应当依法给予赔偿。

第六章 法律责任

第五十八条 对依法应当编制城乡规划而未组织编制,或者未按法定程序编制、审批、修改城乡规划的,由上级人民政府责令改正,通报批评;对有关人民政府负责人和其他直接责任人员依法给予处分。

第五十九条 城乡规划组织编制机关委托不具有相应资质等级的单位编制城乡规划的,由上级人民政府责令改正,通报批评;对有关人民政府负责人和其他直接责任人员依法给予处分。

第六十条 镇人民政府或者县级以上人民政府城乡规划主管部门有下列行为之一的,由本级人民政府、上级人民政府城乡规划主管部门或者监察机关依据职权责令改正,通报批评;对直接负责的主管人员和其他直接责任人员依法给予处分:

(一)未依法组织编制城市的控制性详细规划、县人民政府所在地镇的控制性详细规划的;

(二)超越职权或者对不符合法定条件的申请人核发选址意见书、建设用地规划许可证、建设工程规划许可证、乡村建设规划许可证的;

(三)对符合法定条件的申请人未在法定期限内核发选址意见书、建设用地规划许可证、建设工程规划许可证、乡村建设规划许可证的;

(四)未依法对经审定的修建性详细规划、建设工程设计方案的总平面图予以公布的;

(五)同意修改修建性详细规划、建设工程设计方案的总平面图前未采取听证会等形式听取利害关系人的意见的;

(六)发现未依法取得规划许可或者违反规划许可的规定在规划区内进行建设的行为,而不予查处或者接到举报后不依法处理的。

第六十一条 县级以上人民政府有关部门有下列行为之一的,由本级人民政府或者上级人民政府有关部门责令改正,通报批评;对直接负责的主管人员和其他直接责任人员依法给予处分:

(一)对未依法取得选址意见书的建设项目核发建设项目批准文件的;

(二)未依法在国有土地使用权出让合同中确定规划条件或者改变国有土地使用权出让合同中依法确定的规划条件的;

(三)对未依法取得建设用地规划许可证的建设单位划拨国有土地使用权的。

第六十二条 城乡规划编制单位有下列行为之一的,由所在地城市、县人民政府城乡规划主管部门责令限期改正，处合同约定的规划编制费一倍以上二倍以下的罚款；情节严重的，责令停业整顿，由原发证机关降低资质等级或者吊销资质证书；造成损失的，依法承担赔偿责任：

（一）超越资质等级许可的范围承揽城乡规划编制工作的；

（二）违反国家有关标准编制城乡规划的。

未依法取得资质证书承揽城乡规划编制工作的，由县级以上地方人民政府城乡规划主管部门责令停止违法行为，依照前款规定处以罚款；造成损失的，依法承担赔偿责任。

以欺骗手段取得资质证书承揽城乡规划编制工作的，由原发证机关吊销资质证书，依照本条第一款规定处以罚款；造成损失的，依法承担赔偿责任。

第六十三条 城乡规划编制单位取得资质证书后，不再符合相应的资质条件的，由原发证机关责令限期改正；逾期不改正的，降低资质等级或者吊销资质证书。

第六十四条 未取得建设工程规划许可证或者未按照建设工程规划许可证的规定进行建设的，由县级以上地方人民政府城乡规划主管部门责令停止建设；尚可采取改正措施消除对规划实施的影响的，限期改正，处建设工程造价百分之五以上百分之十以下的罚款；无法采取改正措施消除影响的，限期拆除，不能拆除的，没收实物或者违法收入，可以并处建设工程造价百分之十以下的罚款。

第六十五条 在乡、村庄规划区内未依法取得乡村建设规划许可证或者未按照乡村建设规划许可证的规定进行建设的，由乡、镇人民政府责令停止建设、限期改正；逾期不改正的，可以拆除。

第六十六条 建设单位或者个人有下列行为之一的，由所在地城市、县人民政府城乡规划主管部门责令限期拆除，可以并处临时建设工程造价一倍以下的罚款：

（一）未经批准进行临时建设的；

（二）未按照批准内容进行临时建设的；

（三）临时建筑物、构筑物超过批准期限不拆除的。

第六十七条 建设单位未在建设工程竣工验收后六个月内向城乡规划主管部门报送有关竣工验收资料的，由所在地城市、县人民政府城乡规划主管部门责令限期补报；逾期不补报的，处一万元以上五万元以下的罚款。

第六十八条 城乡规划主管部门作出责令停止建设或者限期拆除的决定后，当事人不停止建设或者逾期不拆除的，建设工程所在地县级以上地方人民政府可以责成有关部门采取查封施工现场、强制拆除等措施。

第六十九条 违反本法规定，构成犯罪的，依法追究刑事责任。

第七章 附　　则

第七十条 本法自 2008 年 1 月 1 日起施行。《中华人民共和国城市规划法》同时废止。

中华人民共和国公职人员政务处分法

(2020年6月20日)

第一章 总 则

第一条 为了规范政务处分,加强对所有行使公权力的公职人员的监督,促进公职人员依法履职、秉公用权、廉洁从政从业、坚持道德操守,根据《中华人民共和国监察法》,制定本法。

第二条 本法适用于监察机关对违法的公职人员给予政务处分的活动。

本法第二章、第三章适用于公职人员任免机关、单位对违法的公职人员给予处分。处分的程序、申诉等适用其他法律、行政法规、国务院部门规章和国家有关规定。

本法所称公职人员,是指《中华人民共和国监察法》第十五条规定的人员。

第三条 监察机关应当按照管理权限,加强对公职人员的监督,依法给予违法的公职人员政务处分。

公职人员任免机关、单位应当按照管理权限,加强对公职人员的教育、管理、监督,依法给予违法的公职人员处分。

监察机关发现公职人员任免机关、单位应当给予处分而未给予,或者给予的处分违法、不当的,应当及时提出监察建议。

第四条 给予公职人员政务处分,坚持党管干部原则,集体讨论决定;坚持法律面前一律平等,以事实为根据,以法律为准绳,给予的政务处分与违法行为的性质、情节、危害程度相当;坚持惩戒与教育相结合,宽严相济。

第五条 给予公职人员政务处分,应当事实清楚、证据确凿、定性准确、处理恰当、程序合法、手续完备。

第六条 公职人员依法履行职责受法律保护,非因法定事由、非经法定程序,不受政务处分。

第二章 政务处分的种类和适用

第七条 政务处分的种类为:

(一)警告;

(二)记过;

(三)记大过;

(四)降级;

(五)撤职;

---

① 2020年6月20日,第十三届全国人民代表大会常务委员会第十九次会议通过。

（六）开除。

第八条 政务处分的期间为：

（一）警告，六个月；

（二）记过，十二个月；

（三）记大过，十八个月；

（四）降级、撤职，二十四个月。

政务处分决定自作出之日起生效，政务处分期自政务处分决定生效之日起计算。

第九条 公职人员二人以上共同违法，根据各自在违法行为中所起的作用和应当承担的法律责任，分别给予政务处分。

第十条 有关机关、单位、组织集体作出的决定违法或者实施违法行为的，对负有责任的领导人员和直接责任人员中的公职人员依法给予政务处分。

第十一条 公职人员有下列情形之一的，可以从轻或者减轻给予政务处分：

（一）主动交代本人应当受到政务处分的违法行为的；

（二）配合调查，如实说明本人违法事实的；

（三）检举他人违纪违法行为，经查证属实的；

（四）主动采取措施，有效避免、挽回损失或者消除不良影响的；

（五）在共同违法行为中起次要或者辅助作用的；

（六）主动上交或者退赔违法所得的；

（七）法律、法规规定的其他从轻或者减轻情节。

第十二条 公职人员违法行为情节轻微，且具有本法第十一条规定的情形之一的，可以对其进行谈话提醒、批评教育、责令检查或者予以诫勉，免予或者不予政务处分。

公职人员因不明真相被裹挟或者被胁迫参与违法活动，经批评教育后确有悔改表现的，可以减轻、免予或者不予政务处分。

第十三条 公职人员有下列情形之一的，应当从重给予政务处分：

（一）在政务处分期内再次故意违法，应当受到政务处分的；

（二）阻止他人检举、提供证据的；

（三）串供或者伪造、隐匿、毁灭证据的；

（四）包庇同案人员的；

（五）胁迫、唆使他人实施违法行为的；

（六）拒不上交或者退赔违法所得的；

（七）法律、法规规定的其他从重情节。

第十四条 公职人员犯罪，有下列情形之一的，予以开除：

（一）因故意犯罪被判处管制、拘役或者有期徒刑以上刑罚（含宣告缓刑）的；

（二）因过失犯罪被判处有期徒刑，刑期超过三年的；

（三）因犯罪被单处或者并处剥夺政治权利的。

因过失犯罪被判处管制、拘役或者三年以下有期徒刑的，一般应当予以开除；案件情况特殊，予以撤职更为适当的，可以不予开除，但是应当报请上一级机关批准。

公职人员因犯罪被单处罚金，或者犯罪情节轻微，人民检察院依法作出不起诉决定或者人民法院依法免予刑事处罚的，予以撤职；造成不良影响的，予以开除。

第十五条 公职人员有两个以上违法行为的，应当分别确定政务处分。应当给予两种以上政务处分的，执行其中最重的政务处分；应当给予撤职以下多个相同政务处分的，可以在一个政务处分期以上、多个政务处分期之和以下确定政务处分期，但是最长不得超过四十八个月。

第十六条 对公职人员的同一违法行为，监察机关和公职人员任免机关、单位不得重复给予政务处分和处分。

第十七条 公职人员有违法行为，有关机关依照规定给予组织处理的，监察机关可以同时给予政务处分。

第十八条 担任领导职务的公职人员有违法行为，被罢免、撤销、免去或者辞去领导职务的，监察机关可以同时给予政务处分。

第十九条 公务员以及参照《中华人民共和国公务员法》管理的人员在政务处分期内，不得晋升职务、职级、衔级和级别；其中，被记过、记大过、降级、撤职的，不得晋升工资档次。被撤职的，按照规定降低职务、职级、衔级和级别，同时降低工资和待遇。

第二十条 法律、法规授权或者受国家机关依法委托管理公共事务的组织中从事公务的人员，以及公办的教育、科研、文化、医疗卫生、体育等单位中从事管理的人员，在政务处分期内，不得晋升职务、岗位和职员等级、职称；其中，被记过、记大过、降级、撤职的，不得晋升薪酬待遇等级。被撤职的，降低职务、岗位或者职员等级，同时降低薪酬待遇。

第二十一条 国有企业管理人员在政务处分期内，不得晋升职务、岗位等级和职称；其中，被记过、记大过、降级、撤职的，不得晋升薪酬待遇等级。被撤职的，降低职务或者岗位等级，同时降低薪酬待遇。

第二十二条 基层群众性自治组织中从事管理的人员有违法行为的，监察机关可以予以警告、记过、记大过。

基层群众性自治组织中从事管理的人员受到政务处分的，应当由县级或者乡镇人民政府根据具体情况减发或者扣发补贴、奖金。

第二十三条 《中华人民共和国监察法》第十五条第六项规定的人员有违法行为的，监察机关可以予以警告、记过、记大过。情节严重的，由所在单位直接给予或者监察机关建议有关机关、单位给予降低薪酬待遇、调离岗位、解除人事关系或者劳动关系等处理。

《中华人民共和国监察法》第十五条第二项规定的人员，未担任公务员、参照《中华人民共和国公务员法》管理的人员、事业单位工作人员或者国有企业人员职务的，对其违法行为依照前款规定处理。

第二十四条 公职人员被开除，或者依照本法第二十三条规定，受到解除人事关系或者劳动关系处理的，不得录用为公务员以及参照《中华人民共和国公务员法》管理的人员。

第二十五条 公职人员违法取得的财物和用于违法行为的本人财物，除依法应当由其他机关没收、追缴或者责令退赔的,由监察机关没收、追缴或者责令退赔;应当退还原所有人或者原持有人的,依法予以退还;属于国家财产或者不应当退还以及无法退还的,上缴国库。

公职人员因违法行为获得的职务、职级、衔级、级别、岗位和职员等级、职称、待遇、资格、学历、学位、荣誉、奖励等其他利益,监察机关应当建议有关机关、单位、组织按规定予以纠正。

第二十六条 公职人员被开除的,自政务处分决定生效之日起,应当解除其与所在机关、单位的人事关系或者劳动关系。

公职人员受到开除以外的政务处分,在政务处分期内有悔改表现,并且没有再发生应当给予政务处分的违法行为的,政务处分期满后自动解除,晋升职务、职级、衔级、级别、岗位和职员等级、职称、薪酬待遇不再受原政务处分影响。但是,解除降级、撤职的,不恢复原职务、职级、衔级、级别、岗位和职员等级、职称、薪酬待遇。

第二十七条 已经退休的公职人员退休前或者退休后有违法行为的,不再给予政务处分,但是可以对其立案调查;依法应当予以降级、撤职、开除的,应当按照规定相应调整其享受的待遇,对其违法取得的财物和用于违法行为的本人财物依照本法第二十五条的规定处理。

已经离职或者死亡的公职人员在履职期间有违法行为的,依照前款规定处理。

第三章 违法行为及其适用的政务处分

第二十八条 有下列行为之一的,予以记过或者记大过;情节较重的,予以降级或者撤职;情节严重的,予以开除:

(一)散布有损宪法权威、中国共产党领导和国家声誉的言论的;

(二)参加旨在反对宪法、中国共产党领导和国家的集会、游行、示威等活动的;

(三)拒不执行或者变相不执行中国共产党和国家的路线方针政策、重大决策部署的;

(四)参加非法组织、非法活动的;

(五)挑拨、破坏民族关系,或者参加民族分裂活动的;

(六)利用宗教活动破坏民族团结和社会稳定的;

(七)在对外交往中损害国家荣誉和利益的。

有前款第二项、第四项、第五项和第六项行为之一的,对策划者、组织者和骨干分子,予以开除。

公开发表反对宪法确立的国家指导思想,反对中国共产党领导,反对社会主义制度,反对改革开放的文章、演说、宣言、声明等的,予以开除。

第二十九条 不按照规定请示、报告重大事项,情节较重的,予以警告、记过或者记大过;情节严重的,予以降级或者撤职。

违反个人有关事项报告规定,隐瞒不报,情节较重的,予以警告、记过或者记大过。

篡改、伪造本人档案资料的,予以记过或者记大过;情节严重的,予以降级或者撤职。

第三十条 有下列行为之一的，予以警告、记过或者记大过；情节严重的，予以降级或者撤职：

（一）违反民主集中制原则，个人或者少数人决定重大事项，或者拒不执行、擅自改变集体作出的重大决定的；

（二）拒不执行或者变相不执行、拖延执行上级依法作出的决定、命令的。

第三十一条 违反规定出境或者办理因私出境证件的，予以记过或者记大过；情节严重的，予以降级或者撤职。

违反规定取得外国国籍或者获取境外永久居留资格、长期居留许可的，予以撤职或者开除。

第三十二条 有下列行为之一的，予以警告、记过或者记大过；情节较重的，予以降级或者撤职；情节严重的，予以开除：

（一）在选拔任用、录用、聘用、考核、晋升、评选等干部人事工作中违反有关规定的；

（二）弄虚作假，骗取职务、职级、衔级、级别、岗位和职员等级、职称、待遇、资格、学历、学位、荣誉、奖励或者其他利益的；

（三）对依法行使批评、申诉、控告、检举等权利的行为进行压制或者打击报复的；

（四）诬告陷害，意图使他人受到名誉损害或者责任追究等不良影响的；

（五）以暴力、威胁、贿赂、欺骗等手段破坏选举的。

第三十三条 有下列行为之一的，予以警告、记过或者记大过；情节较重的，予以降级或者撤职；情节严重的，予以开除：

（一）贪污贿赂的；

（二）利用职权或者职务上的影响为本人或者他人谋取私利的；

（三）纵容、默许特定关系人利用本人职权或者职务上的影响谋取私利的。

拒不按照规定纠正特定关系人违规任职、兼职或者从事经营活动，且不服从职务调整的，予以撤职。

第三十四条 收受可能影响公正行使公权力的礼品、礼金、有价证券等财物的，予以警告、记过或者记大过；情节较重的，予以降级或者撤职；情节严重的，予以开除。

向公职人员及其特定关系人赠送可能影响公正行使公权力的礼品、礼金、有价证券等财物，或者接受、提供可能影响公正行使公权力的宴请、旅游、健身、娱乐等活动安排，情节较重的，予以警告、记过或者记大过；情节严重的，予以降级或者撤职。

第三十五条 有下列行为之一，情节较重的，予以警告、记过或者记大过；情节严重的，予以降级或者撤职：

（一）违反规定设定、发放薪酬或者津贴、补贴、奖金的；

（二）违反规定，在公务接待、公务交通、会议活动、办公用房以及其他工作生活保障等方面超标准、超范围的；

（三）违反规定公款消费的。

第三十六条 违反规定从事或者参与营利性活动，或者违反规定兼任职务、领取报酬的，予以警告、记过或者记大过；情节较重的，予以降级或者撤职；情节严重的，予以开除。

第三十七条 利用宗族或者黑恶势力等欺压群众，或者纵容、包庇黑恶势力活动的，予以撤职；情节严重的，予以开除。

第三十八条 有下列行为之一，情节较重的，予以警告、记过或者记大过；情节严重的，予以降级或者撤职：

（一）违反规定向管理服务对象收取、摊派财物的；

（二）在管理服务活动中故意刁难、吃拿卡要的；

（三）在管理服务活动中态度恶劣粗暴，造成不良后果或者影响的；

（四）不按照规定公开工作信息，侵犯管理服务对象知情权，造成不良后果或者影响的；

（五）其他侵犯管理服务对象利益的行为，造成不良后果或者影响的。

有前款第一项、第二项和第五项行为，情节特别严重的，予以开除。

第三十九条 有下列行为之一，造成不良后果或者影响的，予以警告、记过或者记大过；情节较重的，予以降级或者撤职；情节严重的，予以开除：

（一）滥用职权，危害国家利益、社会公共利益或者侵害公民、法人、其他组织合法权益的；

（二）不履行或者不正确履行职责，玩忽职守，贻误工作的；

（三）工作中有形式主义、官僚主义行为的；

（四）工作中有弄虚作假、误导、欺骗行为的；

（五）泄露国家秘密、工作秘密，或者泄露因履行职责掌握的商业秘密、个人隐私的。

第四十条 有下列行为之一的，予以警告、记过或者记大过；情节较重的，予以降级或者撤职；情节严重的，予以开除：

（一）违背社会公序良俗，在公共场所有不当行为，造成不良影响的；

（二）参与或者支持迷信活动，造成不良影响的；

（三）参与赌博的；

（四）拒不承担赡养、抚养、扶养义务的；

（五）实施家庭暴力，虐待、遗弃家庭成员的；

（六）其他严重违反家庭美德、社会公德的行为。

吸食、注射毒品，组织赌博，组织、支持、参与卖淫、嫖娼、色情淫乱活动的，予以撤职或者开除。

第四十一条 公职人员有其他违法行为，影响公职人员形象，损害国家和人民利益的，可以根据情节轻重给予相应政务处分。

第四章　政务处分的程序

第四十二条　监察机关对涉嫌违法的公职人员进行调查,应当由二名以上工作人员进行。监察机关进行调查时,有权依法向有关单位和个人了解情况,收集、调取证据。有关单位和个人应当如实提供情况。

严禁以威胁、引诱、欺骗及其他非法方式收集证据。以非法方式收集的证据不得作为给予政务处分的依据。

第四十三条　作出政务处分决定前,监察机关应当将调查认定的违法事实及拟给予政务处分的依据告知被调查人,听取被调查人的陈述和申辩,并对其陈述的事实、理由和证据进行核实,记录在案。被调查人提出的事实、理由和证据成立的,应予采纳。不得因被调查人的申辩而加重政务处分。

第四十四条　调查终结后,监察机关应当根据下列不同情况,分别作出处理:

(一) 确有应受政务处分的违法行为的,根据情节轻重,按照政务处分决定权限,履行规定的审批手续后,作出政务处分决定;

(二) 违法事实不能成立的,撤销案件;

(三) 符合免予、不予政务处分条件的,作出免予、不予政务处分决定;

(四) 被调查人涉嫌其他违法或者犯罪行为的,依法移送主管机关处理。

第四十五条　决定给予政务处分的,应当制作政务处分决定书。

政务处分决定书应当载明下列事项:

(一) 被处分人的姓名、工作单位和职务;

(二) 违法事实和证据;

(三) 政务处分的种类和依据;

(四) 不服政务处分决定,申请复审、复核的途径和期限;

(五) 作出政务处分决定的机关名称和日期。

政务处分决定书应当盖有作出决定的监察机关的印章。

第四十六条　政务处分决定书应当及时送达被处分人和被处分人所在机关、单位,并在一定范围内宣布。

作出政务处分决定后,监察机关应当根据被处分人的具体身份书面告知相关的机关、单位。

第四十七条　参与公职人员违法案件调查、处理的人员有下列情形之一的,应当自行回避,被调查人、检举人及其他有关人员也有权要求其回避:

(一) 是被调查人或者检举人的近亲属的;

(二) 担任过本案的证人的;

(三) 本人或者其近亲属与调查的案件有利害关系的;

(四) 可能影响案件公正调查、处理的其他情形。

第四十八条　监察机关负责人的回避,由上级监察机关决定;其他参与违法案件调查、处理人员的回避,由监察机关负责人决定。

监察机关或者上级监察机关发现参与违法案件调查、处理人员有应当回避情形的,可以直接决定该人员回避。

第四十九条 公职人员依法受到刑事责任追究的,监察机关应当根据司法机关的生效判决、裁定、决定及其认定的事实和情节,依照本法规定给予政务处分。

公职人员依法受到行政处罚,应当给予政务处分的,监察机关可以根据行政处罚决定认定的事实和情节,经立案调查核实后,依照本法给予政务处分。

监察机关根据本条第一款、第二款的规定作出政务处分后,司法机关、行政机关依法改变原生效判决、裁定、决定等,对原政务处分决定产生影响的,监察机关应当根据改变后的判决、裁定、决定等重新作出相应处理。

第五十条 监察机关对经各级人民代表大会、县级以上各级人民代表大会常务委员会选举或者决定任命的公职人员予以撤职、开除的,应当先依法罢免、撤销或者免去其职务,再依法作出政务处分决定。

监察机关对经中国人民政治协商会议各级委员会全体会议或者其常务委员会选举或者决定任命的公职人员予以撤职、开除的,应当先依章程免去其职务,再依法作出政务处分决定。

监察机关对各级人民代表大会代表、中国人民政治协商会议各级委员会委员给予政务处分的,应当向有关的人民代表大会常务委员会,乡、民族乡、镇的人民代表大会主席团或者中国人民政治协商会议委员会常务委员会通报。

第五十一条 下级监察机关根据上级监察机关的指定管辖决定进行调查的案件,调查终结后,对不属于本监察机关管辖范围内的监察对象,应当交有管理权限的监察机关依法作出政务处分决定。

第五十二条 公职人员涉嫌违法,已经被立案调查,不宜继续履行职责的,公职人员任免机关、单位可以决定暂停其履行职务。

公职人员在被立案调查期间,未经监察机关同意,不得出境、辞去公职;被调查公职人员所在机关、单位及上级机关、单位不得对其交流、晋升、奖励、处分或者办理退休手续。

第五十三条 监察机关在调查中发现公职人员受到不实检举、控告或者诬告陷害,造成不良影响的,应当按照规定及时澄清事实,恢复名誉,消除不良影响。

第五十四条 公职人员受到政务处分的,应当将政务处分决定书存入其本人档案。对于受到降级以上政务处分的,应当由人事部门按照管理权限在作出政务处分决定后一个月内办理职务、工资及其他有关待遇等的变更手续;特殊情况下,经批准可以适当延长办理期限,但是最长不得超过六个月。

第五章 复审、复核

第五十五条 公职人员对监察机关作出的涉及本人的政务处分决定不服的,可以依法向作出决定的监察机关申请复审;公职人员对复审决定仍不服的,可以向上一级监察机关申请复核。

监察机关发现本机关或者下级监察机关作出的政务处分决定确有错误的,应当及时予以纠正或者责令下级监察机关及时予以纠正。

第五十六条　复审、复核期间，不停止原政务处分决定的执行。

公职人员不因提出复审、复核而被加重政务处分。

第五十七条　有下列情形之一的，复审、复核机关应当撤销原政务处分决定，重新作出决定或者责令原作出决定的监察机关重新作出决定：

（一）政务处分所依据的违法事实不清或者证据不足的；

（二）违反法定程序，影响案件公正处理的；

（三）超越职权或者滥用职权作出政务处分决定的。

第五十八条　有下列情形之一的，复审、复核机关应当变更原政务处分决定，或者责令原作出决定的监察机关予以变更：

（一）适用法律、法规确有错误的；

（二）对违法行为的情节认定确有错误的；

（三）政务处分不当的。

第五十九条　复审、复核机关认为政务处分决定认定事实清楚，适用法律正确的，应当予以维持。

第六十条　公职人员的政务处分决定被变更，需要调整该公职人员的职务、职级、衔级、级别、岗位和职员等级或者薪酬待遇等的，应当按照规定予以调整。政务处分决定被撤销的，应当恢复该公职人员的级别、薪酬待遇，按照原职务、职级、衔级、岗位和职员等级安排相应的职务、职级、衔级、岗位和职员等级，并在原政务处分决定公布范围内为其恢复名誉。没收、追缴财物错误的，应当依法予以返还、赔偿。

公职人员因有本法第五十七条、第五十八条规定的情形被撤销政务处分或者减轻政务处分的，应当对其薪酬待遇受到的损失予以补偿。

第六章　法律责任

第六十一条　有关机关、单位无正当理由拒不采纳监察建议的，由其上级机关、主管部门责令改正，对该机关、单位给予通报批评，对负有责任的领导人员和直接责任人员依法给予处理。

第六十二条　有关机关、单位、组织或者人员有下列情形之一的，由其上级机关，主管部门、任免机关、单位或者监察机关责令改正，依法给予处理：

（一）拒不执行政务处分决定的；

（二）拒不配合或者阻碍调查的；

（三）对检举人、证人或者调查人员进行打击报复的；

（四）诬告陷害公职人员的；

（五）其他违反本法规定的情形。

第六十三条　监察机关及其工作人员有下列情形之一的，对负有责任的领导人员和直接责任人员依法给予处理：

（一）违反规定处置问题线索的；

（二）窃取、泄露调查工作信息，或者泄露检举事项、检举受理情况以及检举人信息的；

（三）对被调查人或者涉案人员逼供、诱供，或者侮辱、打骂、虐待、体罚或者变相体罚的；

（四）收受被调查人或者涉案人员的财物以及其他利益的；

（五）违反规定处置涉案财物的；

（六）违反规定采取调查措施的；

（七）利用职权或者职务上的影响干预调查工作、以案谋私的；

（八）违反规定发生办案安全事故，或者发生安全事故后隐瞒不报、报告失实、处置不当的；

（九）违反回避等程序规定，造成不良影响的；

（十）不依法受理和处理公职人员复审、复核的；

（十一）其他滥用职权、玩忽职守、徇私舞弊的行为。

第六十四条 违反本法规定，构成犯罪的，依法追究刑事责任。

第七章 附 则

第六十五条 国务院及其相关主管部门根据本法的原则和精神，结合事业单位、国有企业等的实际情况，对事业单位、国有企业等的违法的公职人员处分事宜作出具体规定。

第六十六条 中央军事委员会可以根据本法制定相关具体规定。

第六十七条 本法施行前，已结案的案件如果需要复审、复核，适用当时的规定。尚未结案的案件，如果行为发生时的规定不认为是违法的，适用当时的规定；如果行为发生时的规定认为是违法的，依照当时的规定处理，但是如果本法不认为是违法或者根据本法处理较轻的，适用本法。

第六十八条 本法自 2020 年 7 月 1 日起施行。

行政法规、政策类

全民健身条例[①]

(2016年2月6日修正)

第一章 总　　则

第一条 为了促进全民健身活动的开展，保障公民在全民健身活动中的合法权益，提高公民身体素质，制定本条例。

第二条 县级以上地方人民政府应当将全民健身事业纳入本级国民经济和社会发展规划，有计划地建设公共体育设施，加大对农村地区和城市社区等基层公共体育设施建设的投入，促进全民健身事业均衡协调发展。

国家支持、鼓励、推动与人民群众生活水平相适应的体育消费以及体育产业的发展。

第三条 国家推动基层文化体育组织建设，鼓励体育类社会团体、体育类民办非企业单位等群众性体育组织开展全民健身活动。

第四条 公民有依法参加全民健身活动的权利。

地方各级人民政府应当依法保障公民参加全民健身活动的权利。

第五条 国务院体育主管部门负责全国的全民健身工作，国务院其他有关部门在各自职责范围内负责有关的全民健身工作。

县级以上地方人民政府主管体育工作的部门（以下简称"体育主管部门"）负责本行政区域内的全民健身工作，县级以上地方人民政府其他有关部门在各自职责范围内负责有关的全民健身工作。

第六条 国家鼓励对全民健身事业提供捐赠和赞助。

自然人、法人或者其他组织对全民健身事业提供捐赠的，依法享受税收优惠。

第七条 对在发展全民健身事业中做出突出贡献的组织和个人，按照国家有关规定给予表彰、奖励。

第二章 全民健身计划

第八条 国务院制定全民健身计划，明确全民健身工作的目标、任务、措施、保障等内容。

[①] 2009年8月30日，经国务院令第560号公布；根据2013年7月18日《国务院关于废止和修改部分行政法规的决定》第一次修正；根据2016年2月6日《国务院关于修改部分行政法规的决定》第二次修正。

县级以上地方人民政府根据本地区的实际情况制定本行政区域的全民健身实施计划。

制定全民健身计划和全民健身实施计划，应当充分考虑学生、老年人、残疾人和农村居民的特殊需求。

第九条 国家定期开展公民体质监测和全民健身活动状况调查。

公民体质监测由国务院体育主管部门会同有关部门组织实施；其中，对学生的体质监测由国务院教育主管部门组织实施。

全民健身活动状况调查由国务院体育主管部门组织实施。

第十条 国务院根据公民体质监测结果和全民健身活动状况调查结果，修订全民健身计划。

县级以上地方人民政府根据公民体质监测结果和全民健身活动状况调查结果，修订全民健身实施计划。

第十一条 全民健身计划由县级以上人民政府体育主管部门会同有关部门组织实施。县级以上地方人民政府应当加强组织和协调，对本行政区域全民健身计划实施情况负责。

县级以上人民政府体育主管部门应当在本级人民政府任期届满时会同有关部门对全民健身计划实施情况进行评估，并将评估结果向本级人民政府报告。

第三章 全民健身活动

第十二条 每年8月8日为全民健身日。县级以上人民政府及其有关部门应当在全民健身日加强全民健身宣传。

国家机关、企业事业单位和其他组织应当在全民健身日结合自身条件组织本单位人员开展全民健身活动。

县级以上人民政府体育主管部门应当在全民健身日组织开展免费健身指导服务。

公共体育设施应当在全民健身日向公众免费开放；国家鼓励其他各类体育设施在全民健身日向公众免费开放。

第十三条 国务院体育主管部门应当定期举办全国性群众体育比赛活动；国务院其他有关部门、全国性社会团体等，可以根据需要举办相应的全国性群众体育比赛活动。

地方人民政府应当定期举办本行政区域的群众体育比赛活动。

第十四条 县级人民政府体育主管部门应当在传统节日和农闲季节组织开展与农村生产劳动和文化生活相适应的全民健身活动。

第十五条 国家机关、企业事业单位和其他组织应当组织本单位人员开展工间（前）操和业余健身活动；有条件的，可以举办运动会，开展体育锻炼测验、体质测定等活动。

第十六条 工会、共青团、妇联、残联等社会团体应当结合自身特点，组织成员开展全民健身活动。

单项体育协会应当将普及推广体育项目和组织开展全民健身活动列入工作计划，并对全民健身活动给予指导和支持。

第十七条 基层文化体育组织、居民委员会和村民委员会应当组织居民开展全民健身活动,协助政府做好相关工作。

第十八条 鼓励全民健身活动站点、体育俱乐部等群众性体育组织开展全民健身活动,宣传科学健身知识;县级以上人民政府体育主管部门和其他有关部门应当给予支持。

第十九条 对于依法举办的群众体育比赛等全民健身活动,任何组织或者个人不得非法设置审批和收取审批费用。

第二十条 广播电台、电视台、报刊和互联网站等应当加强对全民健身活动的宣传报道,普及科学健身知识,增强公民健身意识。

第二十一条 学校应当按照《中华人民共和国体育法》和《学校体育工作条例》的规定,根据学生的年龄、性别和体质状况,组织实施体育课教学,开展广播体操、眼保健操等体育活动,指导学生的体育锻炼,提高学生的身体素质。

学校应当保证学生在校期间每天参加1小时的体育活动。

第二十二条 学校每学年至少举办一次全校性的运动会;有条件的,还可以有计划地组织学生参加远足、野营、体育夏(冬)令营等活动。

第二十三条 基层文化体育组织、学校、家庭应当加强合作,支持和引导学生参加校外体育活动。

青少年活动中心、少年宫、妇女儿童中心等应当为学生开展体育活动提供便利。

第二十四条 组织大型全民健身活动,应当按照国家有关大型群众性活动安全管理的规定,做好安全工作。

第二十五条 任何组织或者个人不得利用健身活动从事宣扬封建迷信、违背社会公德、扰乱公共秩序、损害公民身心健康的行为。

第四章 全民健身保障

第二十六条 县级以上人民政府应当将全民健身工作所需经费列入本级财政预算,并随着国民经济的发展逐步增加对全民健身的投入。

按照国家有关彩票公益金的分配政策由体育主管部门分配使用的彩票公益金,应当根据国家有关规定用于全民健身事业。

第二十七条 公共体育设施的规划、建设、使用、管理、保护和公共体育设施管理单位提供服务,应当遵守《公共文化体育设施条例》的规定。

公共体育设施的规划、建设应当与当地经济发展水平相适应,方便群众就近参加健身活动;农村地区公共体育设施的规划、建设还应当考虑农村生产劳动和文化生活习惯。

第二十八条 学校应当在课余时间和节假日向学生开放体育设施。公办学校应当积极创造条件向公众开放体育设施;国家鼓励民办学校向公众开放体育设施。

县级人民政府对向公众开放体育设施的学校给予支持,为向公众开放体育设施的学校办理有关责任保险。

学校可以根据维持设施运营的需要向使用体育设施的公众收取必要的费用。

第二十九条 公园、绿地等公共场所的管理单位,应当根据自身条件安排全民健身活动场地。县级以上地方人民政府体育主管部门根据实际情况免费提供健身器材。

居民住宅区的设计应当安排健身活动场地。

第三十条 公园、绿地、广场等公共场所和居民住宅区的管理单位,应当对该公共场所和居民住宅区配置的全民健身器材明确管理和维护责任人。

第三十一条 国家加强社会体育指导人员队伍建设,对全民健身活动进行科学指导。

国家对不以收取报酬为目的向公众提供传授健身技能、组织健身活动、宣传科学健身知识等服务的社会体育指导人员实行技术等级制度。县级以上地方人民政府体育主管部门应当免费为其提供相关知识和技能培训,并建立档案。

国家对以健身指导为职业的社会体育指导人员实行职业资格证书制度。以对高危险性体育项目进行健身指导为职业的社会体育指导人员,应当依照国家有关规定取得职业资格证书。

第三十二条 企业、个体工商户经营高危险性体育项目的,应当符合下列条件,并向县级以上地方人民政府体育主管部门提出申请:

(一)相关体育设施符合国家标准;

(二)具有达到规定数量的取得国家职业资格证书的社会体育指导人员和救助人员;

(三)具有相应的安全保障制度和措施。

县级以上人民政府体育主管部门应当自收到申请之日起30日内进行实地核查,做出批准或者不予批准的决定。批准的,应当发给许可证;不予批准的,应当书面通知申请人并说明理由。

国务院体育主管部门应当会同有关部门制定、调整高危险性体育项目目录,经国务院批准后予以公布。

第三十三条 国家鼓励全民健身活动组织者和健身场所管理者依法投保有关责任保险。

国家鼓励参加全民健身活动的公民依法投保意外伤害保险。

第三十四条 县级以上地方人民政府体育主管部门对高危险性体育项目经营活动,应当依法履行监督检查职责。

第五章 法律责任

第三十五条 学校违反本条例规定的,由县级以上人民政府教育主管部门按照管理权限责令改正;拒不改正的,对负有责任的主管人员和其他直接责任人员依法给予处分。

第三十六条 未经批准,擅自经营高危险性体育项目的,由县级以上地方人民政府体育主管部门按照管理权限责令改正;有违法所得的,没收违法所得;违法所得不足3万元或者没有违法所得的,并处3万元以上10万元以下的罚款;违法所得3万元以上的,并处违法所得2倍以上5倍以下的罚款。

第三十七条 高危险性体育项目经营者取得许可证后,不再符合本条例规定条件仍经营该体育项目的,由县级以上地方人民政府体育主管部门按照管理权限责令改正;有违法所得的,没收违法所得;违法所得不足3万元或者没有违法所得的,并处3万元以上10万元以下的罚款;违法所得3万元以上的,并处违法所得2倍以上5倍以下的罚款;拒不改正的,由原发证机关吊销许可证。

第三十八条 利用健身活动从事宣扬封建迷信、违背社会公德、扰乱公共秩序、损害公民身心健康的行为的,由公安机关依照《中华人民共和国治安管理处罚法》的规定给予处罚;构成犯罪的,依法追究刑事责任。

第三十九条 县级以上人民政府及其有关部门的工作人员在全民健身工作中玩忽职守、滥用职权、徇私舞弊的,依法给予处分;构成犯罪的,依法追究刑事责任。

第六章 附 则

第四十条 本条例自2009年10月1日起施行。

公共文化体育设施条例[①]

(2003年6月26日)

第一章 总 则

第一条 为了促进公共文化体育设施的建设,加强对公共文化体育设施的管理和保护,充分发挥公共文化体育设施的功能,繁荣文化体育事业,满足人民群众开展文化体育活动的基本需求,制定本条例。

第二条 本条例所称公共文化体育设施,是指由各级人民政府举办或者社会力量举办的,向公众开放用于开展文化体育活动的公益性的图书馆、博物馆、纪念馆、美术馆、文化馆(站)、体育场(馆)、青少年宫、工人文化宫等的建筑物、场地和设备。

本条例所称公共文化体育设施管理单位,是指负责公共文化体育设施的维护,为公众开展文化体育活动提供服务的社会公共文化体育机构。

第三条 公共文化体育设施管理单位必须坚持为人民服务、为社会主义服务的方向,充分利用公共文化体育设施,传播有益于提高民族素质、有益于经济发展和社会进步的科学技术和文化知识,开展文明、健康的文化体育活动。

任何单位和个人不得利用公共文化体育设施从事危害公共利益的活动。

第四条 国家有计划地建设公共文化体育设施。对少数民族地区、边远贫困地区和农村地区的公共文化体育设施的建设予以扶持。

第五条 各级人民政府举办的公共文化体育设施的建设、维修、管理资金,应当列入本级人民政府基本建设投资计划和财政预算。

第六条 国家鼓励企业、事业单位、社会团体和个人等社会力量举办公共文化体育设施。

国家鼓励通过自愿捐赠等方式建立公共文化体育设施社会基金,并鼓励依法向人民政府、社会公益性机构或者公共文化体育设施管理单位捐赠财产。捐赠人可以按照税法的有关规定享受优惠。

国家鼓励机关、学校等单位内部的文化体育设施向公众开放。

第七条 国务院文化行政主管部门、体育行政主管部门依据国务院规定的职责负责全国的公共文化体育设施的监督管理。

县级以上地方人民政府文化行政主管部门、体育行政主管部门依据本级人民政府规定的职责,负责本行政区域内的公共文化体育设施的监督管理。

第八条 对在公共文化体育设施的建设、管理和保护工作中做出突出贡献的单位和个人,由县级以上地方人民政府或者有关部门给予奖励。

[①] 经国务院令第382号公布。

第二章 规划和建设

第九条 国务院发展和改革行政主管部门应当会同国务院文化行政主管部门、体育行政主管部门，将全国公共文化体育设施的建设纳入国民经济和社会发展计划。

县级以上地方人民政府应当将本行政区域内的公共文化体育设施的建设纳入当地国民经济和社会发展计划。

第十条 公共文化体育设施的数量、种类、规模以及布局，应当根据国民经济和社会发展水平、人口结构、环境条件以及文化体育事业发展的需要，统筹兼顾，优化配置，并符合国家关于城乡公共文化体育设施用地定额指标的规定。

公共文化体育设施用地定额指标，由国务院土地行政主管部门、建设行政主管部门分别会同国务院文化行政主管部门、体育行政主管部门制定。

第十一条 公共文化体育设施的建设选址，应当符合人口集中、交通便利的原则。

第十二条 公共文化体育设施的设计，应当符合实用、安全、科学、美观等要求，并采取无障碍措施，方便残疾人使用。具体设计规范由国务院建设行政主管部门会同国务院文化行政主管部门、体育行政主管部门制定。

第十三条 建设公共文化体育设施使用国有土地的，经依法批准可以以划拨方式取得。

第十四条 公共文化体育设施的建设预留地，由县级以上地方人民政府土地行政主管部门、城乡规划行政主管部门按照国家有关用地定额指标，纳入土地利用总体规划和城乡规划，并依照法定程序审批。任何单位或者个人不得侵占公共文化体育设施建设预留地或者改变其用途。

因特殊情况需要调整公共文化体育设施建设预留地的，应当依法调整城乡规划，并依照前款规定重新确定建设预留地。重新确定的公共文化体育设施建设预留地不得少于原有面积。

第十五条 新建、改建、扩建居民住宅区，应当按照国家有关规定规划和建设相应的文化体育设施。

居民住宅区配套建设的文化体育设施，应当与居民住宅区的主体工程同时设计、同时施工、同时投入使用。任何单位或者个人不得擅自改变文化体育设施的建设项目和功能，不得缩小其建设规模和降低其用地指标。

第三章 使用和服务

第十六条 公共文化体育设施管理单位应当完善服务条件，建立、健全服务规范，开展与公共文化体育设施功能、特点相适应的服务，保障公共文化体育设施用于开展文明、健康的文化体育活动。

第十七条 公共文化体育设施应当根据其功能、特点向公众开放，开放时间应当与当地公众的工作时间、学习时间适当错开。

公共文化体育设施的开放时间，不得少于省、自治区、直辖市规定的最低时限。国家法定节假日和学校寒暑假期间，应当适当延长开放时间。

学校寒暑假期间，公共文化体育设施管理单位应当增设适合学生特点的文化体育活动。

第十八条 公共文化体育设施管理单位应当向公众公示其服务内容和开放时间。公共文化体育设施因维修等原因需要暂时停止开放的，应当提前7日向公众公示。

第十九条 公共文化体育设施管理单位应当在醒目位置标明设施的使用方法和注意事项。

第二十条 公共文化体育设施管理单位提供服务可以适当收取费用，收费项目和标准应当经县级以上人民政府有关部门批准。

第二十一条 需要收取费用的公共文化体育设施管理单位，应当根据设施的功能、特点对学生、老年人、残疾人等免费或者优惠开放，具体办法由省、自治区、直辖市制定。

第二十二条 公共文化设施管理单位可以将设施出租用于举办文物展览、美术展览、艺术培训等文化活动。

公共体育设施管理单位不得将设施的主体部分用于非体育活动。但是，因举办公益性活动或者大型文化活动等特殊情况临时出租的除外。临时出租时间一般不得超过10日；租用期满，租用者应当恢复原状，不得影响该设施的功能、用途。

第二十三条 公众在使用公共文化体育设施时，应当遵守公共秩序，爱护公共文化体育设施。任何单位或者个人不得损坏公共文化体育设施。

第四章　管理和保护

第二十四条 公共文化体育设施管理单位应当将公共文化体育设施的名称、地址、服务项目等内容报所在地县级人民政府文化行政主管部门、体育行政主管部门备案。

县级人民政府文化行政主管部门、体育行政主管部门应当向公众公布公共文化体育设施名录。

第二十五条 公共文化体育设施管理单位应当建立、健全安全管理制度，依法配备安全保护设施、人员，保证公共文化体育设施的完好，确保公众安全。

公共体育设施内设置的专业性强、技术要求高的体育项目，应当符合国家规定的安全服务技术要求。

第二十六条 公共文化体育设施管理单位的各项收入，应当用于公共文化体育设施的维护、管理和事业发展，不得挪作他用。

文化行政主管部门、体育行政主管部门、财政部门和其他有关部门，应当依法加强对公共文化体育设施管理单位收支的监督管理。

第二十七条 因城乡建设确需拆除公共文化体育设施或者改变其功能、用途的，有关地方人民政府在作出决定前，应当组织专家论证，并征得上一级人民政府文化行政主管部门、体育行政主管部门同意，报上一级人民政府批准。

涉及大型公共文化体育设施的，上一级人民政府在批准前，应当举行听证会，听取公众意见。

经批准拆除公共文化体育设施或者改变其功能、用途的，应当依照国家有关法律、行政法规的规定择地重建。重新建设的公共文化体育设施，应当符合规划要求，一般不得小于原有规模。迁建工作应当坚持先建设后拆除或者建设拆除同时进行的原则。迁建所需费用由造成迁建的单位承担。

第五章　法律责任

第二十八条　文化、体育、城乡规划、建设、土地等有关行政主管部门及其工作人员，不依法履行职责或者发现违法行为不予依法查处的，对负有责任的主管人员和其他直接责任人员，依法给予行政处分；构成犯罪的，依法追究刑事责任。

第二十九条　侵占公共文化体育设施建设预留地或者改变其用途的，由土地行政主管部门、城乡规划行政主管部门依据各自职责责令限期改正；逾期不改正的，由作出决定的机关依法申请人民法院强制执行。

第三十条　公共文化体育设施管理单位有下列行为之一的，由文化行政主管部门、体育行政主管部门依据各自职责责令限期改正；造成严重后果的，对负有责任的主管人员和其他直接责任人员，依法给予行政处分：

（一）未按照规定的最低时限对公众开放的；

（二）未公示其服务项目、开放时间等事项的；

（三）未在醒目位置标明设施的使用方法或者注意事项的；

（四）未建立、健全公共文化体育设施的安全管理制度的；

（五）未将公共文化体育设施的名称、地址、服务项目等内容报文化行政主管部门、体育行政主管部门备案的。

第三十一条　公共文化体育设施管理单位，有下列行为之一的，由文化行政主管部门、体育行政主管部门依据各自职责责令限期改正，没收违法所得，违法所得5000元以上的，并处违法所得2倍以上5倍以下的罚款；没有违法所得或者违法所得5000元以下的，可以处1万元以下的罚款；对负有责任的主管人员和其他直接责任人员，依法给予行政处分：

（一）开展与公共文化体育设施功能、用途不相适应的服务活动的；

（二）违反本条例规定出租公共文化体育设施的。

第三十二条　公共文化体育设施管理单位及其工作人员违反本条例规定，挪用公共文化体育设施管理单位的各项收入或者有条件维护而不履行维护义务的，由文化行政主管部门、体育行政主管部门依据各自职责责令限期改正；对负有责任的主管人员和其他直接责任人员，依法给予行政处分；构成犯罪的，依法追究刑事责任。

第六章　附　　则

第三十三条　国家机关、学校等单位内部的文化体育设施向公众开放的，由国务院文化行政主管部门、体育行政主管部门会同有关部门依据本条例的原则另行制定管理办法。

第三十四条　本条例自2003年8月1日起施行。

学校体育工作条例[①]

(2017年3月1日修正)

第一章 总 则

第一条 为保证学校体育工作的正常开展,促进学生身心的健康成长,制定本条例。

第二条 学校体育工作是指普通中小学校、农业中学、职业中学、中等专业学校、普通高等学校的体育课教学、课外体育活动、课余体育训练和体育竞赛。

第三条 学校体育工作的基本任务是:增进学生身心健康、增强学生体质;使学生掌握体育基本知识,培养学生体育运动能力和习惯;提高学生运动技术水平,为国家培养体育后备人才;对学生进行品德教育,增强组织纪律性,培养学生的勇敢、顽强、进取精神。

第四条 学校体育工作应当坚持普及与提高相结合、体育锻炼与安全卫生相结合的原则,积极开展多种形式的强身健体活动,重视继承和发扬民族传统体育,注意吸取国外学校体育的有益经验,积极开展体育科学研究工作。

第五条 学校体育工作应当面向全体学生,积极推行国家体育锻炼标准。

第六条 学校体育工作在教育行政部门领导下,由学校组织实施,并接受体育行政部门的指导。

第二章 体育课教学

第七条 学校应当根据教育行政部门的规定,组织实施体育课教学活动。

普通中小学校、农业中学、职业中学、中等专业学校各年级和普通高等学校的一、二年级必须开设体育课。普通高等学校对三年级以上学生开设体育选修课。

第八条 体育课教学应当遵循学生身心发展的规律,教学内容应当符合教学大纲的要求,符合学生年龄、性别特点和所在地区地理、气候条件。

体育课的教学形式应当灵活多样,不断改进教学方法,改善教学条件,提高教学质量。

第九条 体育课是学生毕业、升学考试科目。学生因病、残免修体育课或者免除体育课考试的,必须持医院证明,经学校体育教研室(组)审核同意,并报学校教务部门备案,记入学生健康档案。

[①] 1990年3月12日,经国家教育委员会令第8号、国家体育运动委员会令第11号公布;根据2017年3月1日《国务院关于修改和废止部分行政法规的决定》修正。

第三章 课外体育活动

第十条 开展课外体育活动应当从实际情况出发,因地制宜,生动活泼。

普通中小学校、农业中学、职业中学每天应当安排课间操,每周安排三次以上课外体育活动,保证学生每天有一小时体育活动的时间(含体育课)。

中等专业学校、普通高等学校除安排有体育课、劳动课的当天外,每天应当组织学生开展各种课外体育活动。

第十一条 学校应当在学生中认真推行国家体育锻炼标准的达标活动和等级运动员制度。

学校可根据条件有计划地组织学生远足、野营和举办夏(冬)令营等多种形式的体育活动。

第四章 课余体育训练与竞赛

第十二条 学校应当在体育课教学和课外体育活动的基础上,开展多种形式的课余体育训练,提高学生的运动技术水平。有条件的普通中小学校、农业中学、职业中学、中等专业学校经省级教育行政部门批准,普通高等学校经国家教育委员会批准,可以开展培养优秀体育后备人才的训练。

第十三条 学校对参加课余体育训练的学生,应当安排好文化课学习,加强思想品德教育,并注意改善他们的营养。普通高等学校对运动水平较高、具有培养前途的学生,报国家教育委员会批准,可适当延长学习年限。

第十四条 学校体育竞赛贯彻小型多样、单项分散、基层为主、勤俭节约的原则。学校每学年至少举行一次以田径项目为主的全校性运动会。

普通小学校际体育竞赛在学校所在地的区、县范围内举行,普通中学校际体育竞赛在学校所在地的自治州、市范围内举行。但经省、自治区、直辖市教育行政部门批准,也可以在本省、自治区、直辖市范围内举行。

第十五条 全国中学生运动会每三年举行一次,全国大学生运动会每四年举行一次。特殊情况下,经国家教育委员会批准可提前或者延期举行。

国家教育委员会根据需要,可以安排学生参加国际学生体育竞赛。

第十六条 学校体育竞赛应当执行国家有关的体育竞赛制度和规定,树立良好的赛风。

第五章 体育教师

第十七条 体育教师应当热爱学校体育工作,具有良好的思想品德、文化素养,掌握体育教育的理论和教学方法。

第十八条 学校应当在各级教育行政部门核定的教师总编制数内,按照教学计划中体育课授课时数所占的比例和开展课余体育活动的需要配备体育教师。除普通小学外,学校应当根据学校女生数量配备一定比例的女体育教师。承担培养优秀体育后备人才训练任务的学校,体育教师的配备应当相应增加。

第十九条 各级教育行政部门和学校应当有计划地安排体育教师进修培训。对体育教师的职务聘任、工资待遇应当与其他任课教师同等对待。按照国家有关规定，有关部门应当妥善解决体育教师的工作服装和粮食定量。

体育教师组织课间操（早操）、课外体育活动和课余训练、体育竞赛应当计算工作量。

学校对妊娠、产后的女体育教师，应当按照《女职工劳动保护规定》给予相应的照顾。

第六章 场地、器材、设备和经费

第二十条 学校的上级主管部门和学校应当按照国家或者地方制定的各类学校体育场地、器材、设备标准，有计划地逐步配齐。学校体育器材应当纳入教学仪器供应计划。新建、改建学校必须按照有关场地、器材的规定进行规划、设计和建设。

在学校比较密集的城镇地区，逐步建立中小学体育活动中心，并纳入城市建设规划。社会的体育场（馆）和体育设施应当安排一定时间免费向学生开放。

第二十一条 学校应当制定体育场地、器材、设备的管理维修制度，并由专人负责管理。

任何单位或者个人不得侵占、破坏学校体育场地或者破坏体育器材、设备。

第二十二条 各级教育行政部门和学校应当根据学校体育工作的实际需要，把学校体育经费纳入核定的年度教育经费预算内，予以妥善安排。

地方各级人民政府在安排年度学校教育经费时，应当安排一定数额的体育经费，以保证学校体育工作的开展。

国家和地方各级体育行政部门在经费上应当尽可能对学校体育工作给予支持。

国家鼓励各种社会力量以及个人自愿捐资支援学校体育工作。

第七章 组织机构和管理

第二十三条 各级教育行政部门应当健全学校体育管理机构，加强对学校体育工作的指导和检查。

学校体育工作应当作为考核学校工作的一项基本内容。普通中小学校的体育工作应当列入督导计划。

第二十四条 学校应当由一位副校（院）长主管体育工作，在制定计划、总结工作、评选先进时，应当把体育工作列为重要内容。

第二十五条 普通高等学校、中等专业学校和规模较大的普通中学，可以建立相应的体育管理部门，配备专职干部和管理人员。

班主任、辅导员应当把学校体育工作作为一项工作内容，教育和督促学生积极参加体育活动。学校的卫生部门应当与体育管理部门互相配合，搞好体育卫生工作。总务部门应当搞好学校体育工作的后勤保障。

学校应当充分发挥共青团、少先队、学生会以及大、中学生体育协会等组织在学校体育工作中的作用。

第八章 奖励与处罚

第二十六条 对在学校体育工作中成绩显著的单位和个人，各级教育、体育行政部门或者学校应当给予表彰、奖励。

第二十七条 对违反本条例，有下列行为之一的单位或者个人，由当地教育行政部门令其限期改正，并视情节轻重对直接责任人员给予批评教育或者行政处分：

（一）不按规定开设或者随意停止体育课的；

（二）未保证学生每天一小时体育活动时间（含体育课）的；

（三）在体育竞赛中违反纪律、弄虚作假的；

（四）不按国家规定解决体育教师工作服装、粮食定量的。

第二十八条 对违反本条例，侵占、破坏学校体育场地、器材、设备的单位或者个人，由当地人民政府或者教育行政部门令其限期清退和修复场地、赔偿或者修复器材、设备。

第九章 附　则

第二十九条 高等体育院校和普通高等学校的体育专业的体育工作不适用本条例。技工学校、工读学校、特殊教育学校、成人学校的学校体育工作参照本条例执行。

第三十条 国家教育委员会、国家体育运动委员会可根据本条例制定实施办法。

第三十一条 本条例自发布之日起施行。原教育部、国家体育运动委员会1979年10月5日发布的《高等学校体育工作暂行规定（试行草案）》和《中、小学体育工作暂行规定（试行草案）》同时废止。

社会团体登记管理条例[①]

(2016年2月6日修正)

总　　则

第一条　为了保障公民的结社自由，维护社会团体的合法权益，加强对社会团体的登记管理，促进社会主义物质文明、精神文明建设，制定本条例。

第二条　本条例所称社会团体，是指中国公民自愿组成，为实现会员共同意愿，按照其章程开展活动的非营利性社会组织。

国家机关以外的组织可以作为单位会员加入社会团体。

第三条　成立社会团体，应当经其业务主管单位审查同意，并依照本条例的规定进行登记。

社会团体应当具备法人条件。

下列团体不属于本条例规定登记的范围：

（一）参加中国人民政治协商会议的人民团体；

（二）由国务院机构编制管理机关核定，并经国务院批准免于登记的团体；

（三）机关、团体、企业事业单位内部经本单位批准成立、在本单位内部活动的团体。

第四条　社会团体必须遵守宪法、法律、法规和国家政策，不得反对宪法确定的基本原则，不得危害国家的统一、安全和民族的团结，不得损害国家利益、社会公共利益以及其他组织和公民的合法权益，不得违背社会道德风尚。

社会团体不得从事营利性经营活动。

第五条　国家保护社会团体依照法律、法规及其章程开展活动，任何组织和个人不得非法干涉。

第六条　国务院民政部门和县级以上地方各级人民政府民政部门是本级人民政府的社会团体登记管理机关（以下简称"登记管理机关"）。

国务院有关部门和县级以上地方各级人民政府有关部门、国务院或者县级以上地方各级人民政府授权的组织，是有关行业、学科或者业务范围内社会团体的业务主管单位（以下简称"业务主管单位"）。

法律、行政法规对社会团体的监督管理另有规定的，依照有关法律、行政法规的规定执行。

---

① 1998年10月25日，经国务院令第250号公布；根据2016年2月6日《国务院关于修改部分行政法规的决定》修正。

管 辖

第七条 全国性的社会团体，由国务院的登记管理机关负责登记管理；地方性的社会团体，由所在地人民政府的登记管理机关负责登记管理；跨行政区域的社会团体，由所跨行政区域的共同上一级人民政府的登记管理机关负责登记管理。

第八条 登记管理机关、业务主管单位与其管辖的社会团体的住所不在一地的，可以委托社会团体住所地的登记管理机关、业务主管单位负责委托范围内的监督管理工作。

成立登记

第九条 申请成立社会团体，应当经其业务主管单位审查同意，由发起人向登记管理机关申请登记。

筹备期间不得开展筹备以外的活动。

第十条 成立社会团体，应当具备下列条件：

（一）有50个以上的个人会员或者30个以上的单位会员；个人会员、单位会员混合组成的，会员总数不得少于50个；

（二）有规范的名称和相应的组织机构；

（三）有固定的住所；

（四）有与其业务活动相适应的专职工作人员；

（五）有合法的资产和经费来源，全国性的社会团体有10万元以上活动资金，地方性的社会团体和跨行政区域的社会团体有3万元以上活动资金；

（六）有独立承担民事责任的能力。

社会团体的名称应当符合法律、法规的规定，不得违背社会道德风尚。社会团体的名称应当与其业务范围、成员分布、活动地域相一致，准确反映其特征。全国性的社会团体的名称冠以"中国""全国""中华"等字样的，应当按照国家有关规定经过批准，地方性的社会团体的名称不得冠以"中国""全国""中华"等字样。

第十一条 申请登记社会团体，发起人应当向登记管理机关提交下列文件：

（一）登记申请书；

（二）业务主管单位的批准文件；

（三）验资报告、场所使用权证明；

（四）发起人和拟任负责人的基本情况、身份证明；

（五）章程草案。

第十二条 登记管理机关应当自收到本条例第十一条所列全部有效文件之日起60日内，作出准予或者不予登记的决定。准予登记的，发给《社会团体法人登记证书》；不予登记的，应当向发起人说明理由。

社会团体登记事项包括：名称、住所、宗旨、业务范围、活动地域、法定代表人、活动资金和业务主管单位。

社会团体的法定代表人，不得同时担任其他社会团体的法定代表人。

第十三条 有下列情形之一的，登记管理机关不予登记：

（一）有根据证明申请登记的社会团体的宗旨、业务范围不符合本条例第四条的规定的；

（二）在同一行政区域内已有业务范围相同或者相似的社会团体，没有必要成立的；

（三）发起人、拟任负责人正在或者曾经受到剥夺政治权利的刑事处罚，或者不具有完全民事行为能力的；

（四）在申请筹备时弄虚作假的；

（五）有法律、行政法规禁止的其他情形的。

第十四条 社会团体的章程应当包括下列事项：

（一）名称、住所；

（二）宗旨、业务范围和活动地域；

（三）会员资格及其权利、义务；

（四）民主的组织管理制度，执行机构的产生程序；

（五）负责人的条件和产生、罢免的程序；

（六）资产管理和使用的原则；

（七）章程的修改程序；

（八）终止程序和终止后资产的处理；

（九）应当由章程规定的其他事项。

第十五条 依照法律规定，自批准成立之日起即具有法人资格的社会团体，应当自批准成立之日起60日内向登记管理机关提交批准文件，申领《社会团体法人登记证书》。登记管理机关自收到文件之日起30日内发给《社会团体法人登记证书》。

第十六条 社会团体凭《社会团体法人登记证书》申请刻制印章，开立银行账户。社会团体应当将印章式样和银行账号报登记管理机关备案。

第十七条 社会团体的分支机构、代表机构是社会团体的组成部分，不具有法人资格，应当按照其所属于的社会团体的章程所规定的宗旨和业务范围，在该社会团体授权的范围内开展活动、发展会员。社会团体的分支机构不得再设立分支机构。

社会团体不得设立地域性的分支机构。

变更注销

第十八条 社会团体的登记事项需要变更的，应当自业务主管单位审查同意之日起30日内，向登记管理机关申请变更登记。

社会团体修改章程，应当自业务主管单位审查同意之日起30日内，报登记管理机关核准。

第十九条 社会团体有下列情形之一的，应当在业务主管单位审查同意后，向登记管理机关申请注销登记：

（一）完成社会团体章程规定的宗旨的；

（二）自行解散的；

（三）分立、合并的；

（四）由于其他原因终止的。

第二十条 社会团体在办理注销登记前，应当在业务主管单位及其他有关机关的指导下，成立清算组织，完成清算工作。清算期间，社会团体不得开展清算以外的活动。

第二十一条 社会团体应当自清算结束之日起 15 日内向登记管理机关办理注销登记。办理注销登记，应当提交法定代表人签署的注销登记申请书、业务主管单位的审查文件和清算报告书。

登记管理机关准予注销登记的，发给注销证明文件，收缴该社会团体的登记证书、印章和财务凭证。

第二十二条 社会团体处分注销后的剩余财产，按照国家有关规定办理。

第二十三条 社会团体成立、注销或者变更名称、住所、法定代表人，由登记管理机关予以公告。

监督管理

第二十四条 登记管理机关履行下列监督管理职责：

（一）负责社会团体的成立、变更、注销的登记；

（二）对社会团体实施年度检查；

（三）对社会团体违反本条例的问题进行监督检查，对社会团体违反本条例的行为给予行政处罚。

第二十五条 业务主管单位履行下列监督管理职责：

（一）负责社会团体成立登记、变更登记、注销登记前的审查；

（二）监督、指导社会团体遵守宪法、法律、法规和国家政策，依据其章程开展活动；

（三）负责社会团体年度检查的初审；

（四）协助登记管理机关和其他有关部门查处社会团体的违法行为；

（五）会同有关机关指导社会团体的清算事宜。

业务主管单位履行前款规定的职责，不得向社会团体收取费用。

第二十六条 社会团体的资产来源必须合法，任何单位和个人不得侵占、私分或者挪用社会团体的资产。

社会团体的经费，以及开展章程规定的活动按照国家有关规定所取得的合法收入，必须用于章程规定的业务活动，不得在会员中分配。

社会团体接受捐赠、资助，必须符合章程规定的宗旨和业务范围，必须根据与捐赠人、资助人约定的期限、方式和合法用途使用。社会团体应当向业务主管单位报告接受、使用捐赠、资助的有关情况，并应当将有关情况以适当方式向社会公布。

社会团体专职工作人员的工资和保险福利待遇，参照国家对事业单位的有关规定执行。

第二十七条 社会团体必须执行国家规定的财务管理制度，接受财政部门的监督；资产来源属于国家拨款或者社会捐赠、资助的，还应当接受审计机关的监督。

社会团体在换届或者更换法定代表人之前，登记管理机关、业务主管单位应当组织对其进行财务审计。

第二十八条 社会团体应当于每年3月31日前向业务主管单位报送上一年度的工作报告，经业务主管单位初审同意后，于5月31日前报送登记管理机关，接受年度检查。工作报告的内容包括：本社会团体遵守法律法规和国家政策的情况、依照本条例履行登记手续的情况、按照章程开展活动的情况、人员和机构变动的情况以及财务管理的情况。

对于依照本条例第十七条的规定发给《社会团体法人登记证书》的社会团体，登记管理机关对其应当简化年度检查的内容。

罚　　则

第二十九条 社会团体在申请登记时弄虚作假，骗取登记的，或者自取得《社会团体法人登记证书》之日起1年未开展活动的，由登记管理机关予以撤销登记。

第三十条 社会团体有下列情形之一的，由登记管理机关给予警告，责令改正，可以限期停止活动，并可以责令撤换直接负责的主管人员；情节严重的，予以撤销登记；构成犯罪的，依法追究刑事责任：

（一）涂改、出租、出借《社会团体法人登记证书》，或者出租、出借社会团体印章的；

（二）超出章程规定的宗旨和业务范围进行活动的；

（三）拒不接受或者不按照规定接受监督检查的；

（四）不按照规定办理变更登记的；

（五）违反规定设立分支机构、代表机构，或者对分支机构、代表机构疏于管理，造成严重后果的；

（六）从事营利性的经营活动的；

（七）侵占、私分、挪用社会团体资产或者所接受的捐赠、资助的；

（八）违反国家有关规定收取费用、筹集资金或者接受、使用捐赠、资助的。

前款规定的行为有违法经营额或者违法所得的，予以没收，可以并处违法经营额1倍以上3倍以下或者违法所得3倍以上5倍以下的罚款。

第三十一条 社会团体的活动违反其他法律、法规的，由有关国家机关依法处理；有关国家机关认为应当撤销登记的，由登记管理机关撤销登记。

第三十二条 筹备期间开展筹备以外的活动，或者未经登记，擅自以社会团体名义进行活动，以及被撤销登记的社会团体继续以社会团体名义进行活动的，由登记管理机关予以取缔，没收非法财产；构成犯罪的，依法追究刑事责任；尚不构成犯罪的，依法给予治安管理处罚。

第三十三条 社会团体被责令限期停止活动的，由登记管理机关封存《社会团体法人登记证书》、印章和财务凭证。

社会团体被撤销登记的，由登记管理机关收缴《社会团体法人登记证书》和印章。

第三十四条 登记管理机关、业务主管单位的工作人员滥用职权、徇私舞弊、玩忽职守构成犯罪的，依法追究刑事责任；尚不构成犯罪的，依法给予行政处分。

附　则

第三十五条　《社会团体法人登记证书》的式样由国务院民政部门制定。

对社会团体进行年度检查不得收取费用。

第三十六条　本条例施行前已经成立的社会团体，应当自本条例施行之日起1年内依照本条例有关规定申请重新登记。

第三十七条　本条例自发布之日起施行。1989年10月25日国务院发布的《社会团体登记管理条例》同时废止。

大型群众性活动安全管理条例[①]

(2007年9月14日)

第一章 总 则

第一条 为了加强对大型群众性活动的安全管理,保护公民生命和财产安全,维护社会治安秩序和公共安全,制定本条例。

第二条 本条例所称大型群众性活动,是指法人或者其他组织面向社会公众举办的每场次预计参加人数达到1000人以上的下列活动:

(一) 体育比赛活动;

(二) 演唱会、音乐会等文艺演出活动;

(三) 展览、展销等活动;

(四) 游园、灯会、庙会、花会、焰火晚会等活动;

(五) 人才招聘会、现场开奖的彩票销售等活动。

影剧院、音乐厅、公园、娱乐场所等在其日常业务范围内举办的活动,不适用本条例的规定。

第三条 大型群众性活动的安全管理应当遵循安全第一、预防为主的方针,坚持承办者负责、政府监管的原则。

第四条 县级以上人民政府公安机关负责大型群众性活动的安全管理工作。

县级以上人民政府其他有关主管部门按照各自的职责,负责大型群众性活动的有关安全工作。

第二章 安全责任

第五条 大型群众性活动的承办者(以下简称"承办者")对其承办活动的安全负责,承办者的主要负责人为大型群众性活动的安全责任人。

第六条 举办大型群众性活动,承办者应当制订大型群众性活动安全工作方案。大型群众性活动安全工作方案包括下列内容:

(一) 活动的时间、地点、内容及组织方式;

(二) 安全工作人员的数量、任务分配和识别标志;

(三) 活动场所消防安全措施;

(四) 活动场所可容纳的人员数量以及活动预计参加人数;

(五) 治安缓冲区域的设定及其标识;

(六) 入场人员的票证查验和安全检查措施;

[①] 经国务院令第505号公布。

（七）车辆停放、疏导措施；
（八）现场秩序维护、人员疏导措施；
（九）应急救援预案。

第七条 承办者具体负责下列安全事项：
（一）落实大型群众性活动安全工作方案和安全责任制度，明确安全措施、安全工作人员岗位职责，开展大型群众性活动安全宣传教育；
（二）保障临时搭建的设施、建筑物的安全，消除安全隐患；
（三）按照负责许可的公安机关的要求，配备必要的安全检查设备，对参加大型群众性活动的人员进行安全检查，对拒不接受安全检查的，承办者有权拒绝其进入；
（四）按照核准的活动场所容纳人员数量、划定的区域发放或者出售门票；
（五）落实医疗救护、灭火、应急疏散等应急救援措施并组织演练；
（六）对妨碍大型群众性活动安全的行为及时予以制止，发现违法犯罪行为及时向公安机关报告；
（七）配备与大型群众性活动安全工作需要相适应的专业保安人员以及其他安全工作人员；
（八）为大型群众性活动的安全工作提供必要的保障。

第八条 大型群众性活动的场所管理者具体负责下列安全事项：
（一）保障活动场所、设施符合国家安全标准和安全规定；
（二）保障疏散通道、安全出口、消防车通道、应急广播、应急照明、疏散指示标志符合法律、法规、技术标准的规定；
（三）保障监控设备和消防设施、器材配置齐全、完好有效；
（四）提供必要的停车场地，并维护安全秩序。

第九条 参加大型群众性活动的人员应当遵守下列规定：
（一）遵守法律、法规和社会公德，不得妨碍社会治安、影响社会秩序；
（二）遵守大型群众性活动场所治安、消防等管理制度，接受安全检查，不得携带爆炸性、易燃性、放射性、毒害性、腐蚀性等危险物质或者非法携带枪支、弹药、管制器具；
（三）服从安全管理，不得展示侮辱性标语、条幅等物品，不得围攻裁判员、运动员或者其他工作人员，不得投掷杂物。

第十条 公安机关应当履行下列职责：
（一）审核承办者提交的大型群众性活动申请材料，实施安全许可；
（二）制订大型群众性活动安全监督方案和突发事件处置预案；
（三）指导对安全工作人员的教育培训；
（四）在大型群众性活动举办前，对活动场所组织安全检查，发现安全隐患及时责令改正；
（五）在大型群众性活动举办过程中，对安全工作的落实情况实施监督检查，发现安全隐患及时责令改正；
（六）依法查处大型群众性活动中的违法犯罪行为，处置危害公共安全的突发事件。

第三章　安全管理

第十一条　公安机关对大型群众性活动实行安全许可制度。《营业性演出管理条例》对演出活动的安全管理另有规定的,从其规定。

举办大型群众性活动应当符合下列条件:

（一）承办者是依照法定程序成立的法人或者其他组织;

（二）大型群众性活动的内容不得违反宪法、法律、法规的规定,不得违反社会公德;

（三）具有符合本条例规定的安全工作方案,安全责任明确、措施有效;

（四）活动场所、设施符合安全要求。

第十二条　大型群众性活动的预计参加人数在1000人以上5000人以下的,由活动所在地县级人民政府公安机关实施安全许可;预计参加人数在5000人以上的,由活动所在地设区的市级人民政府公安机关或者直辖市人民政府公安机关实施安全许可;跨省、自治区、直辖市举办大型群众性活动的,由国务院公安部门实施安全许可。

第十三条　承办者应当在活动举办日的20日前提出安全许可申请,申请时,应当提交下列材料:

（一）承办者合法成立的证明以及安全责任人的身份证明;

（二）大型群众性活动方案及其说明,2个或者2个以上承办者共同承办大型群众性活动的,还应当提交联合承办的协议;

（三）大型群众性活动安全工作方案;

（四）活动场所管理者同意提供活动场所的证明。

依照法律、行政法规的规定,有关主管部门对大型群众性活动的承办者有资质、资格要求的,还应当提交有关资质、资格证明。

第十四条　公安机关收到申请材料应当依法做出受理或者不予受理的决定。对受理的申请,应当自受理之日起7日内进行审查,对活动场所进行查验,对符合安全条件的,做出许可的决定;对不符合安全条件的,做出不予许可的决定,并书面说明理由。

第十五条　对经安全许可的大型群众性活动,承办者不得擅自变更活动的时间、地点、内容或者扩大大型群众性活动的举办规模。

承办者变更大型群众性活动时间的,应当在原定举办活动时间之前向做出许可决定的公安机关申请变更,经公安机关同意方可变更。

承办者变更大型群众性活动地点、内容以及扩大大型群众性活动举办规模的,应当依照本条例的规定重新申请安全许可。

承办者取消举办大型群众性活动的,应当在原定举办活动时间之前书面告知做出安全许可决定的公安机关,并交回公安机关颁发的准予举办大型群众性活动的安全许可证件。

第十六条　对经安全许可的大型群众性活动,公安机关根据安全需要组织相应警力,维持活动现场周边的治安、交通秩序,预防和处置突发治安事件,查处违法犯罪活动。

第十七条 在大型群众性活动现场负责执行安全管理任务的公安机关工作人员,凭值勤证件进入大型群众性活动现场,依法履行安全管理职责。

公安机关和其他有关主管部门及其工作人员不得向承办者索取门票。

第十八条 承办者发现进入活动场所的人员达到核准数量时,应当立即停止验票;发现持有划定区域以外的门票或者持假票的人员,应当拒绝其入场并向活动现场的公安机关工作人员报告。

第十九条 在大型群众性活动举办过程中发生公共安全事故、治安案件的,安全责任人应当立即启动应急救援预案,并立即报告公安机关。

第四章 法律责任

第二十条 承办者擅自变更大型群众性活动的时间、地点、内容或者擅自扩大大型群众性活动的举办规模的,由公安机关处1万元以上5万元以下罚款;有违法所得的,没收违法所得。

未经公安机关安全许可的大型群众性活动由公安机关予以取缔,对承办者处10万元以上30万元以下罚款。

第二十一条 承办者或者大型群众性活动场所管理者违反本条例规定致使发生重大伤亡事故、治安案件或者造成其他严重后果构成犯罪的,依法追究刑事责任;尚不构成犯罪的,对安全责任人和其他直接责任人员依法给予处分、治安管理处罚,对单位处1万元以上5万元以下罚款。

第二十二条 在大型群众性活动举办过程中发生公共安全事故,安全责任人不立即启动应急救援预案或者不立即向公安机关报告的,由公安机关对安全责任人和其他直接责任人员处5000元以上5万元以下罚款。

第二十三条 参加大型群众性活动的人员有违反本条例第九条规定行为的,由公安机关给予批评教育;有危害社会治安秩序、威胁公共安全行为的,公安机关可以将其强行带离现场,依法给予治安管理处罚;构成犯罪的,依法追究刑事责任。

第二十四条 有关主管部门的工作人员和直接负责的主管人员在履行大型群众性活动安全管理职责中,有滥用职权、玩忽职守、徇私舞弊行为的,依法给予处分;构成犯罪的,依法追究刑事责任。

第五章 附 则

第二十五条 县级以上各级人民政府、国务院部门直接举办的大型群众性活动的安全保卫工作,由举办活动的人民政府、国务院部门负责,不实行安全许可制度,但应当按照本条例的有关规定,责成或者会同有关公安机关制订更加严格的安全保卫工作方案,并组织实施。

第二十六条 本条例自2007年10月1日起施行。

彩票管理条例[①]

(2009年5月4日)

第一章 总 则

第一条 为了加强彩票管理,规范彩票市场发展,维护彩票市场秩序,保护彩票参与者的合法权益,促进社会公益事业发展,制定本条例。

第二条 本条例所称彩票,是指国家为筹集社会公益资金,促进社会公益事业发展而特许发行、依法销售,自然人自愿购买,并按照特定规则获得中奖机会的凭证。

彩票不返还本金、不计付利息。

第三条 国务院特许发行福利彩票、体育彩票。未经国务院特许,禁止发行其他彩票。禁止在中华人民共和国境内发行、销售境外彩票。

第四条 彩票的发行、销售和开奖,应当遵循公开、公平、公正和诚实信用的原则。

第五条 国务院财政部门负责全国的彩票监督管理工作。国务院民政部门、体育行政部门按照各自的职责分别负责全国的福利彩票、体育彩票管理工作。

省、自治区、直辖市人民政府财政部门负责本行政区域的彩票监督管理工作。省、自治区、直辖市人民政府民政部门、体育行政部门按照各自的职责分别负责本行政区域的福利彩票、体育彩票管理工作。

县级以上各级人民政府公安机关和县级以上工商行政管理机关,在各自的职责范围内,依法查处非法彩票,维护彩票市场秩序。

第二章 彩票发行和销售管理

第六条 国务院民政部门、体育行政部门依法设立的福利彩票发行机构、体育彩票发行机构(以下简称"彩票发行机构"),分别负责全国的福利彩票、体育彩票发行和组织销售工作。

省、自治区、直辖市人民政府民政部门、体育行政部门依法设立的福利彩票销售机构、体育彩票销售机构(以下简称"彩票销售机构"),分别负责本行政区域的福利彩票、体育彩票销售工作。

第七条 彩票发行机构申请开设、停止福利彩票、体育彩票的具体品种(以下简称"彩票品种")或者申请变更彩票品种审批事项的,应当依照本条例规定的程序报国务院财政部门批准。

国务院财政部门应当根据彩票市场健康发展的需要,按照合理规划彩票市场和彩票

[①] 经国务院令第554号公布。

品种结构、严格控制彩票风险的原则,对彩票发行机构的申请进行审查。

第八条 彩票发行机构申请开设彩票品种,应当经国务院民政部门或者国务院体育行政部门审核同意,向国务院财政部门提交下列申请材料:

(一) 申请书;

(二) 彩票品种的规则;

(三) 发行方式、发行范围;

(四) 市场分析报告及技术可行性分析报告;

(五) 开奖、兑奖操作规程;

(六) 风险控制方案。

国务院财政部门应当自受理申请之日起 90 个工作日内,通过专家评审、听证会等方式对开设彩票品种听取社会意见,对申请进行审查并作出书面决定。

第九条 彩票发行机构申请变更彩票品种的规则、发行方式、发行范围等审批事项的,应当经国务院民政部门或者国务院体育行政部门审核同意,向国务院财政部门提出申请并提交与变更事项有关的材料。国务院财政部门应当自受理申请之日起 45 个工作日内,对申请进行审查并作出书面决定。

第十条 彩票发行机构申请停止彩票品种的,应当经国务院民政部门或者国务院体育行政部门审核同意,向国务院财政部门提出书面申请并提交与停止彩票品种有关的材料。国务院财政部门应当自受理申请之日起 10 个工作日内,对申请进行审查并作出书面决定。

第十一条 经批准开设、停止彩票品种或者变更彩票品种审批事项的,彩票发行机构应当在开设、变更、停止的 10 个自然日前,将有关信息向社会公告。

第十二条 因维护社会公共利益的需要,在紧急情况下,国务院财政部门可以采取必要措施,决定变更彩票品种审批事项或者停止彩票品种。

第十三条 彩票发行机构、彩票销售机构应当依照政府采购法律、行政法规的规定,采购符合标准的彩票设备和技术服务。

彩票设备和技术服务的标准,由国务院财政部门会同国务院民政部门、体育行政部门依照国家有关标准化法律、行政法规的规定制定。

第十四条 彩票发行机构、彩票销售机构应当建立风险管理体系和可疑资金报告制度,保障彩票发行、销售的安全。

彩票发行机构、彩票销售机构负责彩票销售系统的数据管理、开奖兑奖管理以及彩票资金的归集管理,不得委托他人管理。

第十五条 彩票发行机构、彩票销售机构可以委托单位、个人代理销售彩票。彩票发行机构、彩票销售机构应当与接受委托的彩票代销者签订彩票代销合同。福利彩票、体育彩票的代销合同示范文本分别由国务院民政部门、体育行政部门制定。

彩票代销者不得委托他人代销彩票。

第十六条 彩票销售机构应当为彩票代销者配置彩票投注专用设备。彩票投注专用设备属于彩票销售机构所有,彩票代销者不得转借、出租、出售。

第十七条 彩票销售机构应当在彩票发行机构的指导下,统筹规划彩票销售场所的布局。彩票销售场所应当按照彩票发行机构的统一要求,设置彩票销售标识,张贴警示标语。

第十八条 彩票发行机构、彩票销售机构、彩票代销者不得有下列行为:

(一)进行虚假性、误导性宣传;

(二)以诋毁同业者等手段进行不正当竞争;

(三)向未成年人销售彩票;

(四)以赊销或者信用方式销售彩票。

第十九条 需要销毁彩票的,由彩票发行机构报国务院财政部门批准后,在国务院民政部门或者国务院体育行政部门的监督下销毁。

第二十条 彩票发行机构、彩票销售机构应当及时将彩票发行、销售情况向社会全面公布,接受社会公众的监督。

第三章 彩票开奖和兑奖管理

第二十一条 彩票发行机构、彩票销售机构应当按照批准的彩票品种的规则和开奖操作规程开奖。

国务院民政部门、体育行政部门和省、自治区、直辖市人民政府民政部门、体育行政部门应当加强对彩票开奖活动的监督,确保彩票开奖的公开、公正。

第二十二条 彩票发行机构、彩票销售机构应当确保彩票销售数据的完整、准确和安全。当期彩票销售数据封存后至开奖活动结束前,不得查阅、变更或者删除销售数据。

第二十三条 彩票发行机构、彩票销售机构应当加强对开奖设备的管理,确保开奖设备正常运行,并配置备用开奖设备。

第二十四条 彩票发行机构、彩票销售机构应当在每期彩票销售结束后,及时向社会公布当期彩票的销售情况和开奖结果。

第二十五条 彩票中奖者应当自开奖之日起60个自然日内,持中奖彩票到指定的地点兑奖,彩票品种的规则规定需要出示身份证件的,还应当出示本人身份证件。逾期不兑奖的视为弃奖。

禁止使用伪造、变造的彩票兑奖。

第二十六条 彩票发行机构、彩票销售机构、彩票代销者应当按照彩票品种的规则和兑奖操作规程兑奖。

彩票中奖奖金应当以人民币现金或者现金支票形式一次性兑付。

不得向未成年人兑奖。

第二十七条 彩票发行机构、彩票销售机构、彩票代销者以及其他因职务或者业务便利知悉彩票中奖者个人信息的人员,应当对彩票中奖者个人信息予以保密。

第四章 彩票资金管理

第二十八条 彩票资金包括彩票奖金、彩票发行费和彩票公益金。彩票资金构成比例由国务院决定。

彩票品种中彩票资金的具体构成比例，由国务院财政部门按照国务院的决定确定。随着彩票发行规模的扩大和彩票品种的增加，可以降低彩票发行费比例。

第二十九条 彩票发行机构、彩票销售机构应当按照国务院财政部门的规定开设彩票资金账户，用于核算彩票资金。

第三十条 国务院财政部门和省、自治区、直辖市人民政府财政部门应当建立彩票发行、销售和资金管理信息系统，及时掌握彩票销售和资金流动情况。

第三十一条 彩票奖金用于支付彩票中奖者。彩票单注奖金的最高限额，由国务院财政部门根据彩票市场发展情况决定。

逾期未兑奖的奖金，纳入彩票公益金。

第三十二条 彩票发行费专项用于彩票发行机构、彩票销售机构的业务费用支出以及彩票代销者的销售费用支出。

彩票发行机构、彩票销售机构的业务费实行收支两条线管理，其支出应当符合彩票发行机构、彩票销售机构财务管理制度。

第三十三条 彩票公益金专项用于社会福利、体育等社会公益事业，不用于平衡财政一般预算。

彩票公益金按照政府性基金管理办法纳入预算，实行收支两条线管理。

第三十四条 彩票发行机构、彩票销售机构应当按照国务院财政部门的规定，及时上缴彩票公益金和彩票发行费中的业务费，不得截留或者挪作他用。财政部门应当及时核拨彩票发行机构、彩票销售机构的业务费。

第三十五条 彩票公益金的分配政策，由国务院财政部门会同国务院民政、体育行政等有关部门提出方案，报国务院批准后执行。

第三十六条 彩票发行费、彩票公益金的管理、使用单位，应当依法接受财政部门、审计机关和社会公众的监督。

彩票公益金的管理、使用单位，应当每年向社会公告公益金的使用情况。

第三十七条 国务院财政部门和省、自治区、直辖市人民政府财政部门应当每年向本级人民政府报告上年度彩票公益金的筹集、分配和使用情况，并向社会公告。

第五章 法律责任

第三十八条 违反本条例规定，擅自发行、销售彩票，或者在中华人民共和国境内发行、销售境外彩票构成犯罪的，依法追究刑事责任；尚不构成犯罪的，由公安机关依法给予治安管理处罚；有违法所得的，没收违法所得。

第三十九条 彩票发行机构、彩票销售机构有下列行为之一的，由财政部门责令停业整顿；有违法所得的，没收违法所得，并处违法所得3倍的罚款；对直接负责的主管人员和其他直接责任人员，依法给予处分；构成犯罪的，依法追究刑事责任：

（一）未经批准开设、停止彩票品种或者未经批准变更彩票品种审批事项的；

（二）未按批准的彩票品种的规则、发行方式、发行范围、开奖兑奖操作规程发行、销售彩票或者开奖兑奖的；

（三）将彩票销售系统的数据管理、开奖兑奖管理或者彩票资金的归集管理委托他人管理的；

（四）违反规定查阅、变更、删除彩票销售数据的；

（五）以赊销或者信用方式销售彩票的；

（六）未经批准销毁彩票的；

（七）截留、挪用彩票资金的。

第四十条　彩票发行机构、彩票销售机构有下列行为之一的，由财政部门责令改正；有违法所得的，没收违法所得；对直接负责的主管人员和其他直接责任人员，依法给予处分：

（一）采购不符合标准的彩票设备或者技术服务的；

（二）进行虚假性、误导性宣传的；

（三）以诋毁同业者等手段进行不正当竞争的；

（四）向未成年人销售彩票的；

（五）泄露彩票中奖者个人信息的；

（六）未将逾期未兑奖的奖金纳入彩票公益金的；

（七）未按规定上缴彩票公益金、彩票发行费中的业务费的。

第四十一条　彩票代销者有下列行为之一的，由民政部门、体育行政部门责令改正，处2000元以上1万元以下罚款；有违法所得的，没收违法所得：

（一）委托他人代销彩票或者转借、出租、出售彩票投注专用设备的；

（二）进行虚假性、误导性宣传的；

（三）以诋毁同业者等手段进行不正当竞争的；

（四）向未成年人销售彩票的；

（五）以赊销或者信用方式销售彩票的。

彩票代销者有前款行为受到处罚的，彩票发行机构、彩票销售机构有权解除彩票代销合同。

第四十二条　伪造、变造彩票或使用伪造、变造的彩票兑奖的，依法给予治安管理处罚；构成犯罪的，依法追究刑事责任。

第四十三条　彩票公益金管理、使用单位违反彩票公益金管理、使用规定的，由财政部门责令限期改正；有违法所得的，没收违法所得；在规定期限内不改正的，没收已使用彩票公益金形成的资产，取消其彩票公益金使用资格。

第四十四条　依照本条例的规定履行彩票管理职责的财政部门、民政部门、体育行政部门的工作人员，在彩票监督管理活动中滥用职权、玩忽职守、徇私舞弊，构成犯罪的，依法追究刑事责任；尚不构成犯罪的，依法给予处分。

第六章　附　　则

第四十五条　本条例自2009年7月1日起施行。

行政机关公务员处分条例[①]

(2007年6月1日)

第一章 总 则

第一条 为了严肃行政机关纪律，规范行政机关公务员的行为，保证行政机关及其公务员依法履行职责，根据《中华人民共和国公务员法》和《中华人民共和国行政监察法》，制定本条例。

第二条 行政机关公务员违反法律、法规、规章以及行政机关的决定和命令，应当承担纪律责任的，依照本条例给予处分。

法律、其他行政法规、国务院决定对行政机关公务员处分有规定的，依照该法律、行政法规、国务院决定的规定执行；法律、其他行政法规、国务院决定对行政机关公务员应当受到处分的违法违纪行为做了规定，但是未对处分幅度做规定的，适用本条例第三章与其最相类似的条款有关处分幅度的规定。

地方性法规、部门规章、地方政府规章可以补充规定本条例第三章未作规定的应当给予处分的违法违纪行为以及相应的处分幅度。除国务院监察机关、国务院人事部门外，国务院其他部门制定处分规章，应当与国务院监察机关、国务院人事部门联合制定。

除法律、法规、规章以及国务院决定外，行政机关不得以其他形式设定行政机关公务员处分事项。

第三条 行政机关公务员依法履行职务的行为受法律保护，非因法定事由，非经法定程序，不受处分。

第四条 给予行政机关公务员处分，应当坚持公正、公平和教育与惩处相结合的原则。

给予行政机关公务员处分，应当与其违法违纪行为的性质、情节、危害程度相适应。

给予行政机关公务员处分，应当事实清楚、证据确凿、定性准确、处理恰当、程序合法、手续完备。

第五条 行政机关公务员违法违纪涉嫌犯罪的，应当移送司法机关依法追究刑事责任。

[①] 经国务院令第495号公布。

第二章 处分种类和适用

第六条 行政机关公务员处分的种类为：

（一）警告；
（二）记过；
（三）记大过；
（四）降级；
（五）撤职；
（六）开除。

第七条 行政机关公务员受处分的期间为：

（一）警告，6个月；
（二）记过，12个月；
（三）记大过，18个月；
（四）降级、撤职，24个月。

第八条 行政机关公务员在受处分期间不得晋升职务和级别，其中，受记过、记大过、降级、撤职处分的，不得晋升工资档次；受撤职处分的，应当按照规定降低级别。

第九条 行政机关公务员受开除处分的，自处分决定生效之日起，解除其与单位的人事关系，不得再担任公务员职务。

行政机关公务员受开除以外的处分，在受处分期间有悔改表现，并且没有再发生违法违纪行为的，处分期满后，应当解除处分。解除处分后，晋升工资档次、级别和职务不再受原处分的影响。但是，解除降级、撤职处分的，不视为恢复原级别、原职务。

第十条 行政机关公务员同时有两种以上需要给予处分的行为的，应当分别确定其处分。应当给予的处分种类不同的，执行其中最重的处分；应当给予撤职以下多个相同种类处分的，执行该处分，并在一个处分期以上、多个处分期之和以下，决定处分期。

行政机关公务员在受处分期间受到新的处分的，其处分期为尚未执行的期限与新处分期限之和。

处分期最长不得超过48个月。

第十一条 行政机关公务员2人以上共同违法违纪，需要给予处分的，根据各自应当承担的纪律责任，分别给予处分。

第十二条 有下列情形之一的，应当从重处分：

（一）在2人以上的共同违法违纪行为中起主要作用的；
（二）隐匿、伪造、销毁证据的；
（三）串供或者阻止他人揭发检举、提供证据材料的；
（四）包庇同案人员的；
（五）法律、法规、规章规定的其他从重情节。

第十三条 有下列情形之一的，应当从轻处分：

（一）主动交代违法违纪行为的；
（二）主动采取措施，有效避免或者挽回损失的；

（三）检举他人重大违法违纪行为，情况属实的。

第十四条 行政机关公务员主动交代违法违纪行为，并主动采取措施有效避免或者挽回损失的，应当减轻处分。

行政机关公务员违纪行为情节轻微，经过批评教育后改正的，可以免予处分。

第十五条 行政机关公务员有本条例第十二条、第十三条规定情形之一的，应当在本条例第三章规定的处分幅度以内从重或者从轻给予处分。

行政机关公务员有本条例第十四条第一款规定情形的，应当在本条例第三章规定的处分幅度以外，减轻一个处分的档次给予处分。应当给予警告处分，又有减轻处分的情形的，免予处分。

第十六条 行政机关经人民法院、监察机关、行政复议机关或者上级行政机关依法认定有行政违法行为或者其他违法违纪行为，需要追究纪律责任的，对负有责任的领导人员和直接责任人员给予处分。

第十七条 违法违纪的行政机关公务员在行政机关对其作出处分决定前，已经依法被判处刑罚、罢免、免职或者已经辞去领导职务，依法应当给予处分的，由行政机关根据其违法违纪事实，给予处分。

行政机关公务员依法被判处刑罚的，给予开除处分。

第三章　违法违纪行为

第十八条 有下列行为之一的，给予记大过处分；情节较重的，给予降级或者撤职处分；情节严重的，给予开除处分：

（一）散布有损国家声誉的言论，组织或者参加旨在反对国家的集会、游行、示威等活动的；

（二）组织或者参加非法组织，组织或者参加罢工的；

（三）违反国家的民族宗教政策，造成不良后果的；

（四）以暴力、威胁、贿赂、欺骗等手段，破坏选举的；

（五）在对外交往中损害国家荣誉和利益的；

（六）非法出境，或者违反规定滞留境外不归的；

（七）未经批准获取境外永久居留资格，或者取得外国国籍的；

（八）其他违反政治纪律的行为。

有前款第（六）项规定行为的，给予开除处分；有前款第（一）项、第（二）项或者第（三）项规定的行为，属于不明真相被裹挟参加，经批评教育后确有悔改表现的，可以减轻或者免予处分。

第十九条 有下列行为之一的，给予警告、记过或者记大过处分；情节较重的，给予降级或者撤职处分；情节严重的，给予开除处分：

（一）负有领导责任的公务员违反议事规则，个人或者少数人决定重大事项，或者改变集体作出的重大决定的；

（二）拒绝执行上级依法作出的决定、命令的；

（三）拒不执行机关的交流决定的；

（四）拒不执行人民法院对行政案件的判决、裁定或者监察机关、审计机关、行政复议机关作出的决定的；
（五）违反规定应当回避而不回避，影响公正执行公务，造成不良后果的；
（六）离任、辞职或者被辞退时，拒不办理公务交接手续或者拒不接受审计的；
（七）旷工或者因公外出、请假期满无正当理由逾期不归，造成不良影响的；
（八）其他违反组织纪律的行为。

第二十条 有下列行为之一的，给予记过、记大过处分；情节较重的，给予降级或者撤职处分；情节严重的，给予开除处分：
（一）不依法履行职责，致使可以避免的爆炸、火灾、传染病传播流行、严重环境污染、严重人员伤亡等重大事故或者群体性事件发生的；
（二）发生重大事故、灾害、事件或者重大刑事案件、治安案件，不按规定报告、处理的；
（三）对救灾、抢险、防汛、防疫、优抚、扶贫、移民、救济、社会保险、征地补偿等专项款物疏于管理，致使款物被贪污、挪用，或者毁损、灭失的；
（四）其他玩忽职守、贻误工作的行为。

第二十一条 有下列行为之一的，给予警告或者记过处分；情节较重的，给予记大过或者降级处分；情节严重的，给予撤职处分：
（一）在行政许可工作中违反法定权限、条件和程序设定或者实施行政许可的；
（二）违法设定或者实施行政强制措施的；
（三）违法设定或者实施行政处罚的；
（四）违反法律、法规规定进行行政委托的；
（五）对需要政府、政府部门决定的招标投标、征收征用、城市房屋拆迁、拍卖等事项违反规定办理的。

第二十二条 弄虚作假，误导、欺骗领导和公众，给予警告、记过或者记大过处分；情节较重的，给予降级或者撤职处分；情节严重的，给予开除处分。

第二十三条 有贪污、索贿、受贿、行贿、介绍贿赂、挪用公款、利用职务之便为自己或者他人谋取私利、巨额财产来源不明等违反廉政纪律行为的，给予记过或者记大过处分；情节较重的，给予降级或者撤职处分；情节严重的，给予开除处分。

第二十四条 违反财经纪律，挥霍浪费国家资财的，给予警告处分；情节较重的，给予记过或者记大过处分；情节严重的，给予降级或者撤职处分。

第二十五条 有下列行为之一的，给予记过或者记大过处分。情节较重的，给予降级或者撤职处分；情节严重的，给予开除处分：
（一）以殴打、体罚、非法拘禁等方式侵犯公民人身权利的；
（二）压制批评，打击报复，扣压、销毁举报信件，或者向被举报人透露举报情况的；
（三）违反规定向公民、法人或者其他组织摊派或者收取财物的；
（四）妨碍执行公务或者违反规定干预执行公务的；
（五）其他滥用职权，侵害公民、法人或者其他组织合法权益的行为。

第二十六条 泄露国家秘密、工作秘密，或者泄露因履行职责掌握的商业秘密、个人隐私，造成不良后果的，给予警告、记过或者记大过处分；情节较重的，给予降级或者撤职处分；情节严重的，给予开除处分。

第二十七条 从事或者参与营利性活动，在企业或者其他营利性组织中兼任职务的，给予记过或者记大过处分。情节较重的，给予降级或者撤职处分；情节严重的，给予开除处分。

第二十八条 严重违反公务员职业道德，工作作风懈怠、工作态度恶劣，造成不良影响的，给予警告、记过或者记大过处分。

第二十九条 有下列行为之一的，给予警告、记过或者记大过处分。情节较重的，给予降级或者撤职处分；情节严重的，给予开除处分：

（一）拒不承担赡养、抚养、扶养义务的；

（二）虐待、遗弃家庭成员的；

（三）包养情人的；

（四）严重违反社会公德的行为。

有前款第（三）项行为的，给予撤职或者开除处分。

第三十条 参与迷信活动，造成不良影响的，给予警告、记过或者记大过处分；组织迷信活动的，给予降级或者撤职处分，情节严重的，给予开除处分。

第三十一条 吸食、注射毒品或者组织、支持、参与卖淫、嫖娼、色情淫乱活动的，给予撤职或者开除处分。

第三十二条 参与赌博的，给予警告或者记过处分，情节较重的，给予记大过或者降级处分；情节严重的，给予撤职或者开除处分。

为赌博活动提供场所或者其他便利条件的，给予警告、记过或者记大过处分；情节严重的，给予撤职或者开除处分。

在工作时间赌博的，给予记过、记大过或者降级处分；屡教不改的，给予撤职或者开除处分。

挪用公款赌博的，给予撤职或者开除处分。

利用赌博索贿、受贿或者行贿的，依照本条例第二十三条的规定给予处分。

第三十三条 违反规定超计划生育的，给予降级或者撤职处分；情节严重的，给予开除处分。

第四章 处分的权限

第三十四条 对行政机关公务员给予处分，由任免机关或者监察机关（以下统称"处分决定机关"）按照管理权限决定。

第三十五条 对经全国人民代表大会及其常务委员会决定任命的国务院组成人员给予处分，由国务院决定。其中，拟给予撤职、开除处分的，由国务院向全国人民代表大会提出罢免建议，或者向全国人民代表大会常务委员会提出免职建议。罢免或者免职前，国务院可以决定暂停其履行职务。

第三十六条 对经地方各级人民代表大会及其常务委员会选举或者决定任命的地方

各级人民政府领导人员给予处分，由上一级人民政府决定。

拟给予经县级以上地方人民代表大会及其常务委员会选举或者决定任命的县级以上地方人民政府领导人员撤职、开除处分的，应当先由本级人民政府向同级人民代表大会提出罢免建议。其中，拟给予县级以上地方人民政府副职领导人员撤职、开除处分的，也可以向同级人民代表大会常务委员会提出撤销职务的建议。拟给予乡镇人民政府领导人员撤职、开除处分的，应当先由本级人民政府向同级人民代表大会提出罢免建议。罢免或者撤销职务前，上级人民政府可以决定暂停其履行职务；遇有特殊紧急情况，省级以上人民政府认为必要时，也可以对其作出撤职或者开除的处分，同时报告同级人民代表大会常务委员会，并通报下级人民代表大会常务委员会。

第三十七条 对地方各级人民政府工作部门正职领导人员给予处分，由本级人民政府决定。其中，拟给予撤职、开除处分的，由本级人民政府向同级人民代表大会常务委员会提出免职建议。免去职务前，本级人民政府或者上级人民政府可以决定暂停其履行职务。

第三十八条 行政机关公务员违法违纪，已经被立案调查，不宜继续履行职责的，任免机关可以决定暂停其履行职务。

被调查的公务员在违法违纪案件立案调查期间，不得交流、出境、辞去公职或者办理退休手续。

第五章 处分的程序

第三十九条 任免机关对涉嫌违法违纪的行政机关公务员的调查、处理，按照下列程序办理：

（一）经任免机关负责人同意，由任免机关有关部门对需要调查处理的事项进行初步调查；

（二）任免机关有关部门经初步调查认为该公务员涉嫌违法违纪，需要进一步查证的，报任免机关负责人批准后立案

（三）任免机关有关部门负责对该公务员违法违纪事实做进一步调查，包括收集、查证有关证据材料，听取被调查的公务员所在单位的领导成员、有关工作人员以及所在单位监察机构的意见，向其他有关单位和人员了解情况，并形成书面调查材料，向任免机关负责人报告；

（四）任免机关有关部门将调查认定的事实及拟给予处分的依据告知被调查的公务员本人，听取其陈述和申辩，并对其所提出的事实、理由和证据进行复核，记录在案。被调查的公务员提出的事实、理由和证据成立的，应予采信

（五）经任免机关领导成员集体讨论，作出对该公务员给予处分、免予处分或者撤销案件的决定；

（六）任免机关应当将处分决定以书面形式通知受处分的公务员本人，并在一定范围内宣布

（七）任免机关有关部门应当将处分决定归入受处分的公务员本人档案，同时汇集有关材料形成该处分案件的工作档案。

受处分的行政机关公务员处分期满解除处分的程序，参照前款第（五）项、第（六）项和第（七）项的规定办理。

任免机关应当按照管理权限，及时将处分决定或者解除处分决定报公务员主管部门备案。

第四十条 监察机关对违法违纪的行政机关公务员的调查、处理，依照《中华人民共和国行政监察法》规定的程序办理。

第四十一条 对行政机关公务员违法违纪案件进行调查，应当由2名以上办案人员进行；接受调查的单位和个人应当如实提供情况。

严禁以暴力、威胁、引诱、欺骗等非法方式收集证据；非法收集的证据不得作为定案的依据。

第四十二条 参与行政机关公务员违法违纪案件调查、处理的人员有下列情形之一的，应当提出回避申请；被调查的公务员以及与案件有利害关系的公民、法人或者其他组织有权要求其回避：

（一）与被调查的公务员是近亲属关系的

（二）与被调查的案件有利害关系的；

（三）与被调查的公务员有其他关系，可能影响案件公正处理的。

第四十三条 处分决定机关负责人的回避，由处分决定机关的上一级行政机关负责人决定；其他违法违纪案件调查、处理人员的回避，由处分决定机关负责人决定。

处分决定机关或者处分决定机关的上一级行政机关，发现违法违纪案件调查、处理人员有应当回避的情形，可以直接决定该人员回避。

第四十四条 给予行政机关公务员处分，应当自批准立案之日起6个月内作出决定；案情复杂或者遇有其他特殊情形的，办案期限可以延长，但是最长不得超过12个月。

第四十五条 处分决定应当包括下列内容：

（一）被处分人员的姓名、职务、级别、工作单位等基本情况；

（二）经查证的违法违纪事实

（三）处分的种类和依据；

（四）不服处分决定的申诉途径和期限

（五）处分决定机关的名称、印章和作出决定的日期。

解除处分决定除包括前款第（一）项、第（二）项和第（五）项规定的内容外，还应当包括原处分的种类和解除处分的依据，以及受处分的行政机关公务员在受处分期间的表现情况。

第四十六条 处分决定、解除处分决定自作出之日起生效。

第四十七条 行政机关公务员受到开除处分后，有新工作单位的，其本人档案转由新工作单位管理；没有新工作单位的，其本人档案转由其户籍所在地人事部门所属的人才服务机构管理。

第六章　不服处分的申诉

第四十八条　受到处分的行政机关公务员对处分决定不服的,依照《中华人民共和国公务员法》和《中华人民共和国行政监察法》的有关规定,可以申请复核或者申诉。

复核、申诉期间不停止处分的执行。

行政机关公务员不因提出复核、申诉而被加重处分。

第四十九条　有下列情形之一的,受理公务员复核、申诉的机关应当撤销处分决定,重新作出决定或者责令原处分决定机关重新作出决定:

(一) 处分所依据的违法违纪事实证据不足的;

(二) 违反法定程序,影响案件公正处理的;

(三) 作出处分决定超越职权或者滥用职权的。

第五十条　有下列情形之一的,受理公务员复核、申诉的机关应当变更处分决定,或者责令原处分决定机关变更处分决定:

(一) 适用法律、法规、规章或者国务院决定错误的;

(二) 对违法违纪行为的情节认定有误的;

(三) 处分不当的。

第五十一条　行政机关公务员的处分决定被变更,需要调整该公务员的职务、级别或者工资档次的,应当按照规定予以调整;行政机关公务员的处分决定被撤销的,应当恢复该公务员的级别、工资档次,按照原职务安排相应的职务,并在适当范围内为其恢复名誉。

被撤销处分或者被减轻处分的行政机关公务员工资福利受到损失的,应当予以补偿。

第七章　附　　则

第五十二条　有违法违纪行为应当受到处分的行政机关公务员,在处分决定机关作出处分决定前已经退休的,不再给予处分;但是,依法应当给予降级、撤职、开除处分的,应当按照规定相应降低或者取消其享受的待遇。

第五十三条　行政机关公务员违法违纪取得的财物和用于违法违纪的财物,除依法应当由其他机关没收、追缴或者责令退赔的,由处分决定机关没收、追缴或者责令退赔。违法违纪取得的财物应当退还原所有人或者原持有人的,退还原所有人或者原持有人;属于国家财产以及不应当退还或者无法退还原所有人或者原持有人的,上缴国库。

第五十四条　对法律、法规授权的具有公共事务管理职能的事业单位中经批准参照《中华人民共和国公务员法》管理的工作人员给予处分,参照本条例的有关规定办理。

第五十五条　本条例自 2007 年 6 月 1 日起施行。1988 年 9 月 13 日国务院发布的《国家行政机关工作人员贪污贿赂行政处分暂行规定》同时废止。

"健康中国2030"规划纲要[①](摘录)

(2016年10月25日)

序　言

　　健康是促进人的全面发展的必然要求,是经济社会发展的基础条件。实现国民健康长寿,是国家富强、民族振兴的重要标志,也是全国各族人民的共同愿望。

　　党和国家历来高度重视人民健康。新中国成立以来特别是改革开放以来,我国健康领域改革发展取得显著成就,城乡环境面貌明显改善,全民健身运动蓬勃发展,医疗卫生服务体系日益健全,人民健康水平和身体素质持续提高。2015年我国人均预期寿命已达76.34岁,婴儿死亡率、5岁以下儿童死亡率、孕产妇死亡率分别下降到8.1‰、10.7‰和20.1/10万,总体上优于中高收入国家平均水平,为全面建成小康社会奠定了重要基础。同时,工业化、城镇化、人口老龄化、疾病谱变化、生态环境及生活方式变化等,也给维护和促进健康带来一系列新的挑战,健康服务供给总体不足与需求不断增长之间的矛盾依然突出,健康领域发展与经济社会发展的协调性有待增强,需要从国家战略层面统筹解决关系健康的重大和长远问题。

　　推进健康中国建设,是全面建成小康社会、基本实现社会主义现代化的重要基础,是全面提升中华民族健康素质、实现人民健康与经济社会协调发展的国家战略,是积极参与全球健康治理、履行2030年可持续发展议程国际承诺的重大举措。未来15年,是推进健康中国建设的重要战略机遇期。经济保持中高速增长将为维护人民健康奠定坚实基础,消费结构升级将为发展健康服务创造广阔空间,科技创新将为提高健康水平提供有力支撑,各方面制度更加成熟更加定型将为健康领域可持续发展构建强大保障。

　　为推进健康中国建设,提高人民健康水平,根据党的十八届五中全会战略部署,制定本规划纲要。本规划纲要是推进健康中国建设的宏伟蓝图和行动纲领。全社会要增强责任感、使命感,全力推进健康中国建设,为实现中华民族伟大复兴和推动人类文明进步作出更大贡献。

第一篇　总体战略

第一章　指导思想

　　推进健康中国建设,必须高举中国特色社会主义伟大旗帜,全面贯彻党的十八大和十八届三中、四中、五中全会精神,以马克思列宁主义、毛泽东思想、邓小平理论、"三个代表"重要思想、科学发展观为指导,深入学习贯彻习近平总书记系列重要讲话

---

① 中共中央、国务院于2016年10月25日公布。

精神，紧紧围绕统筹推进"五位一体"总体布局和协调推进"四个全面"战略布局，认真落实党中央、国务院决策部署，坚持以人民为中心的发展思想，牢固树立和贯彻落实新发展理念，坚持正确的卫生与健康工作方针，以提高人民健康水平为核心，以体制机制改革创新为动力，以普及健康生活、优化健康服务、完善健康保障、建设健康环境、发展健康产业为重点，把健康融入所有政策，加快转变健康领域发展方式，全方位、全周期维护和保障人民健康，大幅提高健康水平，显著改善健康公平，为实现"两个一百年"奋斗目标和中华民族伟大复兴的中国梦提供坚实健康基础。

主要遵循以下原则：

——健康优先。把健康摆在优先发展的战略地位，立足国情，将促进健康的理念融入公共政策制定实施的全过程，加快形成有利于健康的生活方式、生态环境和经济社会发展模式，实现健康与经济社会良性协调发展。

——改革创新。坚持政府主导，发挥市场机制作用，加快关键环节改革步伐，冲破思想观念束缚，破除利益固化藩篱，清除体制机制障碍，发挥科技创新和信息化的引领支撑作用，形成具有中国特色、促进全民健康的制度体系。

——科学发展。把握健康领域发展规律，坚持预防为主、防治结合、中西医并重，转变服务模式，构建整合型医疗卫生服务体系，推动健康服务从规模扩张的粗放型发展转变到质量效益提升的绿色集约式发展，推动中医药和西医药相互补充、协调发展，提升健康服务水平。

——公平公正。以农村和基层为重点，推动健康领域基本公共服务均等化，维护基本医疗卫生服务的公益性，逐步缩小城乡、地区、人群间基本健康服务和健康水平的差异，实现全民健康覆盖，促进社会公平。

第二章 战略主题

"共建共享、全民健康"，是建设健康中国的战略主题。核心是以人民健康为中心，坚持以基层为重点，以改革创新为动力，预防为主，中西医并重，把健康融入所有政策，人民共建共享的卫生与健康工作方针，针对生活行为方式、生产生活环境以及医疗卫生服务等健康影响因素，坚持政府主导与调动社会、个人的积极性相结合，推动人人参与、人人尽力、人人享有，落实预防为主，推行健康生活方式，减少疾病发生，强化早诊断、早治疗、早康复，实现全民健康。

共建共享是建设健康中国的基本路径。从供给侧和需求侧两端发力，统筹社会、行业和个人三个层面，形成维护和促进健康的强大合力。要促进全社会广泛参与，强化跨部门协作，深化军民融合发展，调动社会力量的积极性和创造性，加强环境治理，保障食品药品安全，预防和减少伤害，有效控制影响健康的生态和社会环境危险因素，形成多层次、多元化的社会共治格局。要推动健康服务供给侧结构性改革，卫生计生、体育等行业要主动适应人民健康需求，深化体制机制改革，优化要素配置和服务供给，补齐发展短板，推动健康产业转型升级，满足人民群众不断增长的健康需求。要强化个人健康责任，提高全民健康素养，引导形成自主自律、符合自身特点的健康生活方式，有效控制影响健康的生活行为因素，形成热爱健康、追求健康、促进健康的社会氛围。

全民健康是建设健康中国的根本目的。立足全人群和全生命周期两个着力点，提供公平可及、系统连续的健康服务，实现更高水平的全民健康。要惠及全人群，不断完善制度、扩展服务、提高质量，使全体人民享有所需要的、有质量的、可负担的预防、治疗、康复、健康促进等健康服务，突出解决好妇女儿童、老年人、残疾人、低收入人群等重点人群的健康问题。要覆盖全生命周期，针对生命不同阶段的主要健康问题及主要影响因素，确定若干优先领域，强化干预，实现从胎儿到生命终点的全程健康服务和健康保障，全面维护人民健康。

第三章　战略目标

到2020年，建立覆盖城乡居民的中国特色基本医疗卫生制度，健康素养水平持续提高，健康服务体系完善高效，人人享有基本医疗卫生服务和基本体育健身服务，基本形成内涵丰富、结构合理的健康产业体系，主要健康指标居于中高收入国家前列。

到2030年，促进全民健康的制度体系更加完善，健康领域发展更加协调，健康生活方式得到普及，健康服务质量和健康保障水平不断提高，健康产业繁荣发展，基本实现健康公平，主要健康指标进入高收入国家行列。到2050年，建成与社会主义现代化国家相适应的健康国家。

到2030年具体实现以下目标：

——人民健康水平持续提升。人民身体素质明显增强，2030年人均预期寿命达到79.0岁，人均健康预期寿命显著提高。

——主要健康危险因素得到有效控制。全民健康素养大幅提高，健康生活方式得到全面普及，有利于健康的生产生活环境基本形成，食品药品安全得到有效保障，消除一批重大疾病危害。

——健康服务能力大幅提升。优质高效的整合型医疗卫生服务体系和完善的全民健身公共服务体系全面建立，健康保障体系进一步完善，健康科技创新整体实力位居世界前列，健康服务质量和水平明显提高。

——健康产业规模显著扩大。建立起体系完整、结构优化的健康产业体系，形成一批具有较强创新能力和国际竞争力的大型企业，成为国民经济支柱性产业。

——促进健康的制度体系更加完善。有利于健康的政策法律法规体系进一步健全，健康领域治理体系和治理能力基本实现现代化。

表1　健康中国建设主要指标（节选）

序号	领域	指标	指标单位	指标情况		
				2015年（2014年）	2020年	2030年
1	健康水平	城乡居民达到《国民体质测定标准》合格以上的人数比例	%	89.6	90.6	92.2
2	健康生活	经常参加体育锻炼人数	亿人	3.6	4.35	5.3
3	健康产业	健康服务业总规模	万亿元	—	>8	16

第二篇　普及健康生活①

第六章　提高全民身体素质

第一节　完善全民健身公共服务体系

统筹建设全民健身公共设施，加强健身步道、骑行道、全民健身中心、体育公园、社区多功能运动场等场地设施建设。到2030年，基本建成县乡村三级公共体育设施网络，人均体育场地面积不低于2.3平方米，在城镇社区实现15分钟健身圈全覆盖。推行公共体育设施免费或低收费开放，确保公共体育场地设施和符合开放条件的企事业单位体育场地设施全部向社会开放。加强全民健身组织网络建设，扶持和引导基层体育社会组织发展。

第二节　广泛开展全民健身运动

继续制定实施全民健身计划，普及科学健身知识和健身方法，推动全民健身生活化。组织社会体育指导员广泛开展全民健身指导服务。实施国家体育锻炼标准，发展群众健身休闲活动，丰富和完善全民健身体系。大力发展群众喜闻乐见的运动项目，鼓励开发适合不同人群、不同地域特点的特色运动项目，扶持推广太极拳、健身气功等民族民俗民间传统运动项目。

第三节　加强体医融合和非医疗健康干预

发布体育健身活动指南，建立完善针对不同人群、不同环境、不同身体状况的运动处方库，推动形成体医结合的疾病管理与健康服务模式，发挥全民科学健身在健康促进、慢性病预防和康复等方面的积极作用。加强全民健身科技创新平台和科学健身指导服务站点建设。开展国民体质测试，完善体质健康监测体系，开发应用国民体质健康监测大数据，开展运动风险评估。

第四节　促进重点人群体育活动

制定实施青少年、妇女、老年人、职业群体及残疾人等特殊群体的体质健康干预计划。实施青少年体育活动促进计划，培育青少年体育爱好，基本实现青少年熟练掌握1项以上体育运动技能，确保学生校内每天体育活动时间不少于1小时。到2030年，学校体育场地设施与器材配置达标率达到100%，青少年学生每周参与体育活动达到中等强度3次以上，国家学生体质健康标准达标优秀率25%以上。加强科学指导，促进妇女、老年人和职业群体积极参与全民健身。实行工间健身制度，鼓励和支持新建工作场所建设适当的健身活动场地。推动残疾人康复体育和健身体育广泛开展。

---

① 第二篇第四章"加强健康教育"、第五章"塑造自律的健康行为"未摘录。——编者注

第六篇　发展健康产业[①]

第十八章　发展健康服务新业态

　　积极促进健康与养老、旅游、互联网、健身休闲、食品融合，催生健康新产业、新业态、新模式。发展基于互联网的健康服务，鼓励发展健康体检、咨询等健康服务，促进个性化健康管理服务发展，培育一批有特色的健康管理服务产业，探索推进可穿戴设备、智能健康电子产品和健康医疗移动应用服务等发展。规范发展母婴照料服务。培育健康文化产业和体育医疗康复产业。制定健康医疗旅游行业标准、规范，打造具有国际竞争力的健康医疗旅游目的地。大力发展中医药健康旅游。打造一批知名品牌和良性循环的健康服务产业集群，扶持一大批中小微企业配套发展。

　　引导发展专业的医学检验中心、医疗影像中心、病理诊断中心和血液透析中心等。支持发展第三方医疗服务评价、健康管理服务评价，以及健康市场调查和咨询服务。鼓励社会力量提供食品药品检测服务。完善科技中介体系，大力发展专业化、市场化医药科技成果转化服务。

第十九章　积极发展健身休闲运动产业

　　进一步优化市场环境，培育多元主体，引导社会力量参与健身休闲设施建设运营。推动体育项目协会改革和体育场馆资源所有权、经营权分离改革，加快开放体育资源，创新健身休闲运动项目推广普及方式，进一步健全政府购买体育公共服务的体制机制，打造健身休闲综合服务体。鼓励发展多种形式的体育健身俱乐部，丰富业余体育赛事，积极培育冰雪、山地、水上、汽摩、航空、极限、马术等具有消费引领特征的时尚休闲运动项目，打造具有区域特色的健身休闲示范区、健身休闲产业带。

　　[①] 第三篇"优化健康服务"、第四篇"完善健康保障"、第五篇"建设健康环境"未摘录；第六篇第十七章"优化多元办医格局"、第二十章"促进医药产业发展"未摘录；第七篇"健全支撑与保障"、第八篇"强化组织实施"未摘录。——编者注

中共中央、国务院关于进一步加强和改进新时期体育工作的意见[①]

(2002 年 7 月 22 日)

1984 年,党中央在总结建国以来特别是改革开放后我国体育工作基本经验的基础上,发出了《关于进一步发展体育运动的通知》(中发〔1984〕20 号),提出了加快我国体育事业发展的指导思想、主要任务和工作措施。近 20 年来,各级党委、政府和体育系统在《通知》精神指导下,大力开展全民健身活动,推行"奥运争光计划",群众体育蓬勃开展,人民体质普遍增强。竞技体育全面登上世界体育舞台,在国际赛场上屡创佳绩。我国的体育事业取得了举世瞩目的成就,对促进经济发展和社会进步起到了重要作用。但是也应该看到,目前我国人均体育场地、人均体育消费和经常参加体育活动的人数,与世界发达或较发达国家相比,仍处在较低水平;地区之间、城乡之间体育发展程度差距较大;竞技体育优势项目不多,后备力量不足。全面客观地分析当前的体育形势,并研究采取相应的对策,是加快体育事业发展的前提。随着新世纪的到来,我国已进入全面建设小康社会、加快推进社会主义现代化的新的发展阶段。2001 年,北京成功赢得 2008 年奥运会举办权,这充分反映了我国改革开放的丰硕成果,对推动新世纪我国经济和社会发展,形成全方位、多层次、宽领域对外开放格局,提高我国的国际地位,都将产生深远的影响。

筹备和举办 2008 年奥运会及残疾人奥运会,既是北京市和体育界的大事,也是全国人民的盛事;既是难得的历史机遇,也面临新的挑战。抓住机遇,迎接挑战,努力把 2008 年奥运会和残疾人奥运会办成历史上最出色的一届奥运会,加快我国体育事业的全面发展,满足广大人民群众日益增长的体育文化需求,并借此推动我国社会主义物质文明建设和精神文明建设的发展,是全党、各级政府和全国各族人民的一项共同任务。各级党委、政府要以此为契机,进一步加强和改进新时期体育工作。现对此提出以下意见。

一、充分认识体育在经济、社会发展中的重要地位和作用

(一)体育是社会发展与人类文明进步的一个标志,体育事业发展水平是一个国家综合国力和社会文明程度的重要体现。在现代化建设的进程中,体育伴随着经济、社会的发展而发展。我国社会主义现代化建设的根本目的是满足广大人民群众日益增长的物质文化需要。经济越发展,社会越进步,人们强身健体的意识就越强烈,体育的地位就越重要,作用就越显著。

(二)体育作为一种群众广泛参与的社会活动,不仅可以增强人民体质,也有助于培养人们勇敢顽强的性格、超越自我的品质、迎接挑战的意志和承担风险的能力,有助

[①] 中发〔2002〕8 号。

于培养人们的竞争意识、协作精神和公平观念。高水平竞技体育对丰富人们的文化生活，弘扬集体主义、爱国主义精神，增强国家和民族的向心力、凝聚力，都有着不可缺少的作用。我国体育健儿在奥运会和世界性大赛中表现出来的拼搏精神，激发了我国人民的爱国热情和民族自豪感，鼓舞了我国人民战胜困难，奋发向上。

（三）体育是促进友谊、增强团结的重要手段。通过体育活动，能够扩大人们的情感交流，增进人与人之间的相互了解，改善人际关系，建立健康、合理的生活方式，创造文明、和谐的社会环境。国际间的体育交往，能够促进国家与国家之间、人民与人民之间的相互理解，有益于人类社会的"团结、友谊、进步"。

（四）当今世界，体育产业的发展明显加快，已经成为国民经济新的增长点。作为第三产业的组成部分，加快体育产业的发展是建立社会主义市场经济体制的需要，符合我国经济结构战略性调整的要求，对于扩大内需、拉动经济增长，实现现代化建设发展目标，有着明显的推动作用。

二、新时期发展体育事业的指导思想、工作方针和总体要求

（五）高举邓小平理论伟大旗帜，全面贯彻党在社会主义初级阶段的基本路线和基本纲领，认真实践江泽民同志"三个代表"重要思想，以举办2008年奥运会为契机，以满足广大人民群众日益增长的体育文化需求为出发点，把增强人民体质、提高全民族整体素质作为根本目标，积极开创体育工作新局面，为实现新世纪我国经济、社会发展的战略目标和中华民族的伟大复兴做出应有的贡献。

（六）坚持体育为人民服务、为社会主义现代化建设服务的方针，坚持普及与提高相结合，实现群众体育与竞技体育的协调发展和相互促进；坚持以改革促发展，强化体育制度创新，努力推进体育体制改革和运行机制转变，增强体育发展的活力和后劲；坚持依法行政，加强体育工作的法制建设，依靠科技力量，保障体育事业持续、健康发展。

（七）从我国国情出发，坚持体育事业与经济、社会协调发展。群众体育以全民健身为目标，广泛开展体育活动，不断提高全民族的健康水平；竞技体育以重大国际比赛，特别是奥运会取得优异成绩为目标，合理布局，提高水平；平衡区域体育发展格局，在鼓励经济发达地区率先实现体育现代化的同时，抓住西部大开发的有利时机，继续实施援建全民健身设施的"雪炭工程"，积极扶持中西部地区和少数民族地区发展体育事业，发挥多民族人才资源优势，努力促进区域体育的共同发展；增加政府对体育事业投入，充分发挥社会力量，积极发展体育产业，做好体育彩票发行销售和使用管理；注重无形资产开发和新运动项目开拓，为发展体育产业注入新的活力。

三、大力推进全民健身计划，构建多元化体育服务体系

（八）继续实施《全民健身计划纲要》。开展全民健身活动，增强人民体质，是体育工作的根本任务，是利国利民、功在当代、利在千秋的事业。体育工作一定要把提高全民族的身体素质摆在突出位置。

（九）努力构建群众性的多元化体育服务体系。随着国民经济的发展和人民物质文化生活水平的提高，要逐步改善群众性体育运动条件，为广大人民群众提供必要的体育设施和体育服务；根据不同区域、不同人群的不同需求，坚持体育服务的多元化，适应各方面的体育健身需要,保障广大人民群众享有基本的体育服务;注重区域体育、城乡体育共同发展,加大对中西部地区和农村体育事业发展的支持力度。

(十)构建群众性体育服务体系,着重抓好三个环节:一是建设好群众健身场地,方便群众就地就近参加体育活动;二是健全群众体育活动组织,建立社会体育指导工作队伍和社会化的群众体育网络,完善国民体质监测系统;三是举办经常性群众体育活动,丰富群众文化生活。群众体育工作应努力做到亲民、便民、利民。

(十一)构建群众性体育服务体系,要抓住四个重点:青少年体育以学校为重点,农村体育以乡镇为重点,城市体育以社区为重点,军队体育以连队为重点。各地区、各有关部门应各司其职,采取切实有效的措施,充分发挥学校、社区、乡镇和连队的聚集效应、辐射功能和带动作用,增加体育锻炼的吸引力和凝聚力,推动全民健身活动的普遍开展。各类学校要培养学生德、智、体、美全面发展,提高体育教学质量,确保学生体育课程和课余活动时间,把具有健康体魄作为青少年将来报效祖国和人民的基础条件。各行业、机关、企事业单位和乡镇、社区要把组织群众开展体育活动纳入工作范围,充分利用文化体育设施的综合服务功能,在组织网络、活动内容和服务方式上积极探索符合时代要求的基层体育发展模式。

(十二)构建群众性体育服务体系,要坚持政府支持与社会兴办相结合。政府重点支持公益性体育设施建设,群众性体育组织和体育活动以社会兴办为主,鼓励、支持企事业单位和个人兴办面向大众的体育服务经营实体,积极引导群众的体育消费,大力培育体育市场,加强规范管理,逐步形成有利于体育产业发展的社会氛围。

四、全面实施竞技体育发展战略,进一步提升我国竞技运动水平

(十三)举办2008年奥运会是一个系统工程。各有关地区、部门和有关方面要密切配合,开拓创新,把筹备和举办奥运会作为推动我国经济、社会发展的难得机遇,作为提高我国竞技运动水平和国际大型赛事组织能力的大舞台,作为学习国际体育事务、掌握现代体育运作方式的大学校,作为锤炼体育队伍思想、业务素质的大熔炉,进一步提高我国在国际体坛的地位和声望。同时,要重视和支持残疾人运动员的选拔、集训、组团、参赛等工作,按照国际惯例,确保2008年残疾人奥运会的圆满成功。

(十四)制定新时期奥运争光计划。以新世纪我国在奥运会等重大国际比赛中取得优异成绩为目标,进一步发挥社会主义制度的优越性,坚持和完善举国体制,明确中央和地方发展竞技体育的责任,充分调动中央和地方以及社会各方面的积极性,在充分发挥竞争机制的基础上,把全国的体育资源更好地整合起来。重视体育科学技术研究工作,不断提高体育运动训练的科学化程度和体育决策的科学化水平,全面提升我国在国际体坛的竞争实力,发挥竞技体育的多元功能。

(十五)密切跟踪世界竞技体育新动向,结合我国实际,科学部署竞技体育发展战略。巩固原有的优势项目,拓展新的优势项目,争取在田径、游泳项目中有较明显突破,不断提高球类等集体项目的竞技水平。要坚持从实际出发,调整项目结构,完善项目布局,努力提高成功率。

(十六)举办好全国运动会和国内其他赛事。全国运动会是推动我国竞技体育发展的重要环节,要全面、科学安排国内各项赛事,改革完善竞赛制度,充分发挥竞赛的功能和效益，为实现"奥运战略"目标服务。举办赛事要弘扬中华体育精神，有利于出成绩、出人才，有利于促进社会稳定和民族团结。

（十七）加强高水平运动队建设。要把提高运动技术水平与培养有理想、有道德、有文化、有纪律的新一代体育队伍结合起来，深入、持久地开展爱国主义、集体主义和革命英雄主义教育，反对极端个人主义、享乐主义、拜金主义和各种歪风邪气。努力抓好运动训练和文化教育，开拓培养高水平运动员、教练员的新途径，为优秀运动员、教练员升学深造创造条件，提高运动队伍的科学文化素质。体育后备人才培养关系到竞技体育的持续发展，要认真抓好业余运动队伍训练，注意发现和培养新的人才。体育、财政、人事、劳动保障等部门要研究制定非职业化运动队优秀运动员退役就业安置的政策措施，尽快建立对优秀运动员的激励机制和伤残保险制度，解除运动员的后顾之忧。

五、继续深化体育体制改革，促进运行机制转换

（十八）为适应社会主义市场经济的发展，深化我国体育管理体制改革势在必行。要明确政府和社会的事权划分，实行管办分离，把不应由政府行使的职能转移给事业单位、社会团体和中介组织。体育行政部门要把工作重点转移到贯彻国家方针、政策，研究制定体育行业政策和发展规划，依法加强行业管理和提供服务上来。

（十九）利用筹备2008年奥运会的有利时机，充分发挥国家体育总局、中华全国体育总会和中国奥委会的作用。要根据我国的国情，汲取国外的成功经验，逐步理顺各级体育组织之间的关系，分工合作，形成新时期有利于体育事业发展的组织架构和适应社会主义市场经济要求的运作方式。

（二十）深化运动项目管理体制改革，提高规范化管理水平。要按照责权利统一的原则，进一步明确各级体育管理部门的职责，处理好相互之间的工作关系。各运动项目管理单位要加强自身建设，建立健全科学的工作机制和合理的规章制度，分期分批进行单项协会实体化改革。

（二十一）社会各界对体育事业的赞助，对拓宽资金投入渠道、活跃体育活动起了积极作用，符合市场经济的要求和国际惯例。要研究、制定有关政策措施，鼓励社会力量对体育赛事、公益性体育机构和公共体育设施建设的支持。要加强对赞助活动的管理和监督，充分调动企事业单位和个人的积极性，保障和维护其正当权益。

（二十二）积极推进体育工作运行机制的转换。要深入实际，研究新情况，解决新问题，加快体育的制度创新、管理创新，建立有利于竞争协作和灵活高效的运行机制。要努力开发体育无形资产，加强对商业性赛事的管理，大力发展体育产业，积极培育体育市场，不断增强体育发展的动力和后劲。

六、切实加强对体育工作的组织领导

（二十三）体育事业是社会主义物质文明建设和精神文明建设事业的重要组成部分，必须加强党的建设，坚持以邓小平理论和"三个代表"重要思想为指导，不断增强党在体育领域的号召力和凝聚力，确保党的路线、方针、政策的贯彻落实，确保体育事业沿着中国先进文化的前进方向持续发展。

（二十四）各级党委、政府要把发展体育事业作为促进人民身体健康，提高全民族整体素质，维护社会稳定，推动经济、社会可持续发展的大事，纳入国民经济和社会发展规划。在机构改革进程中,体育机构只能加强,不能削弱。要深入进行调查研究,通过统筹规划、政策引导、组织协调、提供服务,建立灵活高效的调控机制,充分发挥各级工会、共青团、妇联、各行业和社会各界办体育的积极性。

(二十五)各级政府要增加对体育事业的投入。群众性体育事业属于公益性事业,县级以上人民政府要按照《中华人民共和国体育法》的规定,将体育事业经费、基本建设资金列入本级财政预算和基本建设投资计划,并随着国民经济的发展逐步增加对体育事业的投入,确保体育事业经费随着财政收入的增长逐步增加。

(二十六)各级政府要重视体育设施建设,加强城乡公共体育设施规划。新建的非营利性体育设施,地方政府可以采用划拨方式提供用地。新建居民小区、经济开发区和学校必须配套建设相应的体育设施。公共体育设施要向社会开放,正确处理好公益性和经营性的关系。收费标准要充分考虑人民群众的经济承受能力。学校、机关、企事业单位的体育设施也要努力实现社会共享。严禁侵占、破坏体育设施。要将体育场馆建设成为健康、科学、文明的阵地。

(二十七)加强法制建设,将体育工作纳入法制化轨道。要按照有关法律法规的规定,参照国际上的成功经验,结合我国国情,抓紧研究制定加强违禁药物管理、规范俱乐部制竞赛等方面的法规,并严格执行。

(二十八)加强体育队伍的作风建设,切实纠正不正之风,清除腐败行为。体育队伍的作风建设,关系到我国体育事业的健康、持续发展,是代表先进文化前进方向的重要标志。某些地方存在的不遵守竞赛规则、扰乱赛场秩序和其他各种腐败行为,是对"公平、公正、公开"竞赛原则的背离,与公民道德建设背道而驰。体育界和全社会要切实加强对体育队伍的思想道德教育和监督管理,坚决反对使用违禁药物和训练、竞赛中的一切不轨举动,坚决与体育领域各种不正之风和腐败行为作斗争,切实维护体育竞赛的公正性和纯洁性。

(二十九)进一步加强体育宣传报道工作。新闻舆论对促进体育事业的繁荣发展具有重要作用。要坚持正确的舆论导向,弘扬中华体育精神,普及体育科学知识,倡导健康、科学、文明的生活方式,维护社会稳定,为推动体育事业健康发展营造良好的舆论环境。

国务院关于加快发展体育产业促进体育消费的若干意见[①]

(2014年10月2日)

各省、自治区、直辖市人民政府，国务院各部委、各直属机构：

发展体育事业和产业是提高中华民族身体素质和健康水平的必然要求，有利于满足人民群众多样化的体育需求、保障和改善民生，有利于扩大内需、增加就业、培育新的经济增长点，有利于弘扬民族精神、增强国家凝聚力和文化竞争力。近年来，我国体育产业快速发展，但总体规模依然不大、活力不强，还存在一些体制机制问题。为进一步加快发展体育产业，促进体育消费，现提出以下意见。

一、总体要求

（一）指导思想。以邓小平理论、"三个代表"重要思想、科学发展观为指导，把增强人民体质、提高健康水平作为根本目标，解放思想、深化改革、开拓创新、激发活力，充分发挥市场在资源配置中的决定性作用和更好发挥政府作用，加快形成有效竞争的市场格局，积极扩大体育产品和服务供给，推动体育产业成为经济转型升级的重要力量，促进群众体育与竞技体育全面发展，加快体育强国建设，不断满足人民群众日益增长的体育需求。

（二）基本原则。

坚持改革创新。加快政府职能转变，进一步简政放权，减少微观事务管理。加强规划、政策、标准引导，创新服务方式，强化市场监管，营造竞争有序、平等参与的市场环境。

发挥市场作用。遵循产业发展规律，完善市场机制，积极培育多元市场主体，吸引社会资本参与，充分调动全社会积极性与创造力，提供适应群众需求、丰富多样的产品和服务。

倡导健康生活。树立文明健康生活方式，推进健康关口前移，延长健康寿命，提高生活品质，激发群众参与体育活动热情，推动形成投资健康的消费理念和充满活力的体育消费市场。

创造发展条件。营造重视体育、支持体育、参与体育的社会氛围，将全民健身上升为国家战略，把体育产业作为绿色产业、朝阳产业培育扶持，破除行业壁垒、扫清政策障碍，形成有利于体育产业快速发展的政策体系。

注重统筹协调。立足全局，统筹兼顾，充分发挥体育产业和体育事业良性互动作用，推进体育产业各门类和业态全面发展，促进体育产业与其他产业相互融合，实现体育产业与经济社会协调发展。

[①] 国发〔2014〕46号。

（三）发展目标。到 2025 年，基本建立布局合理、功能完善、门类齐全的体育产业体系，体育产品和服务更加丰富，市场机制不断完善，消费需求愈加旺盛，对其他产业带动作用明显提升，体育产业总规模超过 5 万亿元，成为推动经济社会持续发展的重要力量。

——产业体系更加完善。健身休闲、竞赛表演、场馆服务、中介培训、体育用品制造与销售等体育产业各门类协同发展，产业组织形态和集聚模式更加丰富。产业结构更加合理，体育服务业在体育产业中的比重显著提升。体育产品和服务层次更加多样，供给充足。

——产业环境明显优化。体制机制充满活力，政策法规体系更加健全，标准体系科学完善，监管机制规范高效，市场主体诚信自律。

——产业基础更加坚实。人均体育场地面积达到 2 平方米，群众体育健身和消费意识显著增强，人均体育消费支出明显提高，经常参加体育锻炼的人数达到 5 亿，体育公共服务基本覆盖全民。

二、主要任务

（一）创新体制机制。

进一步转变政府职能。全面清理不利于体育产业发展的有关规定，取消不合理的行政审批事项，凡是法律法规没有明令禁入的领域，都要向社会开放。取消商业性和群众性体育赛事活动审批，加快全国综合性和单项体育赛事管理制度改革，公开赛事举办目录，通过市场机制积极引入社会资本承办赛事。有关政府部门要积极为各类赛事活动举办提供服务。推行政社分开、政企分开、管办分离，加快推进体育行业协会与行政机关脱钩，将适合由体育社会组织提供的公共服务和解决的事项，交由体育社会组织承担。

推进职业体育改革。拓宽职业体育发展渠道，鼓励具备条件的运动项目走职业化道路，支持教练员、运动员职业化发展。完善职业体育的政策制度体系，扩大职业体育社会参与，鼓励发展职业联盟，逐步提高职业体育的成熟度和规范化水平。完善职业体育俱乐部的法人治理结构，加快现代企业制度建设。改进职业联赛决策机制，充分发挥俱乐部的市场主体作用。

创新体育场馆运营机制。积极推进场馆管理体制改革和运营机制创新，引入和运用现代企业制度，激发场馆活力。推行场馆设计、建设、运营管理一体化模式，将赛事功能需要与赛后综合利用有机结合。鼓励场馆运营管理实体通过品牌输出、管理输出、资本输出等形式实现规模化、专业化运营。增强大型体育场馆复合经营能力，拓展服务领域，延伸配套服务，实现最佳运营效益。

（二）培育多元主体。

鼓励社会力量参与。进一步优化市场环境，完善政策措施，加快人才、资本等要素流动，优化场馆等资源配置，提升体育产业对社会资本吸引力。培育发展多形式、多层次体育协会和中介组织。加快体育产业行业协会建设，充分发挥行业协会作用，引导体育用品、体育服务、场馆建筑等行业发展。打造体育贸易展示平台，办好体育用品、体育文化、体育旅游等博览会。

引导体育企业做强做精。实施品牌战略，打造一批具有国际竞争力的知名企业和国际影响力的自主品牌，支持优势企业、优势品牌和优势项目"走出去"，提升服务贸易规模和水平。扶持体育培训、策划、咨询、经纪、营销等企业发展。鼓励大型健身俱乐部跨区域连锁经营，鼓励大型体育赛事充分进行市场开发，鼓励大型体育用品制造企业加大研发投入，充分挖掘品牌价值。扶持一批具有市场潜力的中小企业。

（三）改善产业布局和结构。

优化产业布局。因地制宜发展体育产业，打造一批符合市场规律、具有市场竞争力的体育产业基地，建立区域间协同发展机制，形成东、中、西部体育产业良性互动发展格局。壮大长三角、珠三角、京津冀及海峡西岸等体育产业集群。支持中西部地区充分利用江河湖海、山地、沙漠、草原、冰雪等独特的自然资源优势，发展区域特色体育产业。扶持少数民族地区发展少数民族特色体育产业。

改善产业结构。进一步优化体育服务业、体育用品业及相关产业结构，着力提升体育服务业比重。大力培育健身休闲、竞赛表演、场馆服务、中介培训等体育服务业，实施体育服务业精品工程，支持各地打造一大批优秀体育俱乐部、示范场馆和品牌赛事。积极支持体育用品制造业创新发展，采用新工艺、新材料、新技术，提升传统体育用品的质量水平，提高产品科技含量。

抓好潜力产业。以足球、篮球、排球三大球为切入点，加快发展普及性广、关注度高、市场空间大的集体项目，推动产业向纵深发展。对发展相对滞后的足球项目制定中长期发展规划和场地设施建设规划，大力推广校园足球和社会足球。以冰雪运动等特色项目为突破口，促进健身休闲项目的普及和提高。制定冰雪运动规划，引导社会力量积极参与建设一批冰雪运动场地，促进冰雪运动繁荣发展，形成新的体育消费热点。

（四）促进融合发展。

积极拓展业态。丰富体育产业内容，推动体育与养老服务、文化创意和设计服务、教育培训等融合，促进体育旅游、体育传媒、体育会展、体育广告、体育影视等相关业态的发展。以体育设施为载体，打造城市体育服务综合体，推动体育与住宅、休闲、商业综合开发。

促进康体结合。加强体育运动指导，推广"运动处方"，发挥体育锻炼在疾病防治以及健康促进等方面的积极作用。大力发展运动医学和康复医学，积极研发运动康复技术，鼓励社会资本开办康体、体质测定和运动康复等各类机构。发挥中医药在运动康复等方面的特色作用，提倡开展健身咨询和调理等服务。

鼓励交互融通。支持金融、地产、建筑、交通、制造、信息、食品药品等企业开发体育领域产品和服务。鼓励可穿戴式运动设备、运动健身指导技术装备、运动功能饮料、营养保健食品药品等研发制造营销。在有条件的地方制定专项规划，引导发展户外营地、徒步骑行服务站、汽车露营营地、航空飞行营地、船艇码头等设施。

（五）丰富市场供给。

完善体育设施。各级政府要结合城镇化发展统筹规划体育设施建设，合理布点布局，重点建设一批便民利民的中小型体育场馆、公众健身活动中心、户外多功能球场、健身步道等场地设施。盘活存量资源，改造旧厂房、仓库、老旧商业设施等用于体育健身。鼓励社会力量建设小型化、多样化的活动场馆和健身设施，政府以购买服务等方式予以支持。在城市社区建设15分钟健身圈，新建社区的体育设施覆盖率达到100%。推进实施农民体育健身工程，在乡镇、行政村实现公共体育健身设施100%全覆盖。

发展健身休闲项目。大力支持发展健身跑、健步走、自行车、水上运动、登山攀岩、射击射箭、马术、航空、极限运动等群众喜闻乐见和有发展空间的项目。鼓励地方根据当地自然、人文资源发展特色体育产业，大力推广武术、龙舟、舞龙舞狮等传统体育项目，扶持少数民族传统体育项目发展，鼓励开发适合老年人特点的休闲运动项目。

丰富体育赛事活动。以竞赛表演业为重点，大力发展多层次、多样化的各类体育赛事。推动专业赛事发展，打造一批有吸引力的国际性、区域性品牌赛事。丰富业余体育赛事，在各地区和机关团体、企事业单位、学校等单位广泛举办各类体育比赛，引导支持体育社会组织等社会力量举办群众性体育赛事活动。加强与国际体育组织等专业机构的交流合作，积极引进国际精品赛事。

（六）营造健身氛围。

鼓励日常健身活动。政府机关、企事业单位、社会团体、学校等都应实行工间、课间健身制度等，倡导每天健身一小时。鼓励单位为职工健身创造条件。组织实施《国家体育锻炼标准》。完善国民体质监测制度，为群众提供体质测试服务，定期发布国民体质监测报告。切实保障中小学体育课课时，鼓励实施学生课外体育活动计划，促进青少年培育体育爱好，掌握一项以上体育运动技能，确保学生校内每天体育活动时间不少于一小时。

推动场馆设施开放利用。积极推动各级各类公共体育设施免费或低收费开放。加快推进企事业单位等体育设施向社会开放。学校体育场馆课余时间要向学生开放，并采取有力措施加强安全保障，加快推动学校体育场馆向社会开放，将开放情况定期向社会公开。提高农民体育健身工程设施使用率。

加强体育文化宣传。各级各类媒体开辟专题专栏，普及健身知识，宣传健身效果，积极引导广大人民群众培育体育消费观念、养成体育消费习惯。积极支持形式多样的体育题材文艺创作，推广体育文化。弘扬奥林匹克精神和中华体育精神，践行社会主义核心价值观。

三、政策措施

（一）大力吸引社会投资。鼓励社会资本进入体育产业领域，建设体育设施，开发体育产品，提供体育服务。进一步拓宽体育产业投融资渠道，支持符合条件的体育产品、服务等企业上市，支持符合条件的企业发行企业债券、公司债、短期融资券、中期票据、中小企业集合票据和中小企业私募债等非金融企业债务融资工具。鼓励各类金融机构在风险可控、商业可持续的基础上积极开发新产品，开拓新业务，增加适合中小微体育企业的信贷品种。支持扩大对外开放，鼓励境外资本投资体育产业。推广和运用政府和社会资本合作等多种模式，吸引社会资本参与体育产业发展。政府引导，设立由社会资本筹资的体育产业投资基金。有条件的地方可设立体育发展专项资金，对符合条件的企业、社会组织给予项目补助、贷款贴息和奖励。鼓励保险公司围绕健身休闲、竞赛表演、场馆服务、户外运动等需求推出多样化保险产品。

（二）完善健身消费政策。各级政府要将全民健身经费纳入财政预算，并保持与国民经济增长相适应。要加大投入，安排投资支持体育设施建设。要安排一定比例体育彩票公益金等财政资金，通过政府购买服务等多种方式，积极支持群众健身消费，鼓励公共体育设施免费或低费开放，引导经营主体提供公益性群众体育健身服务。鼓励引导企事业单位、学校、个人购买运动伤害类保险。进一步研究鼓励群众健身消费的优惠政策。

（三）完善税费价格政策。充分考虑体育产业特点，将体育服务、用品制造等内容及其支撑技术纳入国家重点支持的高新技术领域，对经认定为高新技术企业的体育企业，减按15%的税率征收企业所得税。提供体育服务的社会组织，经认定取得非营利组织企业所得税免税优惠资格的，依法享受相关优惠政策。体育企业发生的符合条件的广告费支出，符合税法规定的可在税前扣除。落实符合条件的体育企业创意和设计费用税前加计扣除政策。落实企业从事文化体育业按3%的税率计征营业税。鼓励企业捐赠体育服装、器材装备，支持贫困和农村地区体育事业发展，对符合税收法律法规规定条件向体育事业的捐赠，按照相关规定在计算应纳税所得额时扣除。体育场馆自用的房产和土地，可享受有关房产税和城镇土地使用税优惠。体育场馆等健身场所的水、电、气、热价格按不高于一般工业标准执行。

（四）完善规划布局与土地政策。各地要将体育设施用地纳入城乡规划、土地利用总体规划和年度用地计划，合理安排用地需求。新建居住区和社区要按相关标准规范配套群众健身相关设施，按室内人均建筑面积不低于0.1平方米或室外人均用地不低于0.3平方米执行，并与住宅区主体工程同步设计、同步施工、同步投入使用。凡老城区与已建成居住区无群众健身设施的，或现有设施没有达到规划建设指标要求的，要通过改造等多种方式予以完善。充分利用郊野公园、城市公园、公共绿地及城市空置场所等建设群众体育设施。鼓励基层社区文化体育设施共建共享。在老城区和已建成居住区中支持企业、单位利用原划拨方式取得的存量房产和建设用地兴办体育设施，对符合划拨用地目录的非营利性体育设施项目可继续以划拨方式使用土地；不符合划拨用地目录的经营性体育设施项目，连续经营一年以上的可采取协议出让方式办理用地手续。

（五）完善人才培养和就业政策。鼓励有条件的高等院校设立体育产业专业，重点培养体育经营管理、创意设计、科研、中介等专业人才。鼓励多方投入，开展各类职业教育和培训，加强校企合作，多渠道培养复合型体育产业人才，支持退役运动员接受再就业培训。加强体育产业人才培养的国际交流与合作，加强体育产业理论研究，建立体育产业研究智库。完善政府、用人单位和社会互为补充的多层次人才奖励体系，对创意设计、自主研发、经营管理等人才进行奖励和资助。加强创业孵化，研究对创新创业人才的扶持政策。鼓励退役运动员从事体育产业工作。鼓励街道、社区聘用体育专业人才从事群众健身指导工作。

（六）完善无形资产开发保护和创新驱动政策。通过冠名、合作、赞助、广告、特许经营等形式，加强对体育组织、体育场馆、体育赛事和活动名称、标志等无形资产的开发，提升无形资产创造、运用、保护和管理水平。加强体育品牌建设，推动体育企业实施商标战略，开发科技含量高、拥有自主知识产权的体育产品，提高产品附加值，提升市场竞争力。促进体育衍生品创意和设计开发，推进相关产业发展。充分利用现有科技资源，健全体育产业领域科研平台体系，加强企业研发中心、工程技术研究中心等建设。支持企业联合高等学校、科研机构建立产学研协同创新机制，建设产业技术创新战略联盟。支持符合条件的体育企业牵头承担各类科技计划（专项、基金）等科研项目。完善体育技术成果转化机制，加强知识产权运用和保护，促进科技成果产业化。

（七）优化市场环境。研究建立体育产业资源交易平台，创新市场运行机制，推进赛事举办权、赛事转播权、运动员转会权、无形资产开发等具备交易条件的资源公平、公正、公开流转。按市场原则确立体育赛事转播收益分配机制，促进多方参与主体共同发展。放宽赛事转播权限制，除奥运会、亚运会、世界杯足球赛外的其他国内外各类体育赛事，各电视台可直接购买或转让。加强安保服务管理，完善体育赛事和活动安保服务标准，积极推进安保服务社会化，进一步促进公平竞争，降低赛事和活动成本。

四、组织实施

（一）健全工作机制。各地要将发展体育产业、促进体育消费纳入国民经济和社会发展规划，纳入政府重要议事日程，建立发展改革、体育等多部门合作的体育产业发展工作协调机制。各有关部门要加强沟通协调，密切协作配合，形成工作合力，分析体育产业发展情况和问题，研究推进体育产业发展的各项政策措施，认真落实体育产业发展相关任务要求。选择有特点有代表性的项目和区域，建立联系点机制，跟踪产业发展情况，总结推广成功经验和做法。

（二）加强行业管理。完善体育产业相关法律法规，加快推动修订《中华人民共和国体育法》，清理和废除不符合改革要求的法规和制度。完善体育及相关产业分类标准和统计制度。建立评价与监测机制，发布体育产业研究报告。大力推进体育产业标准化工作，提高我国体育产业标准化水平。加强体育产业国际合作与交流。充实体育产业工作力量。加强体育组织、体育企业、从业人员的诚信建设，加强赛风赛纪建设。

（三）加强督查落实。各地区、各有关部门要根据本意见要求，结合实际情况，抓紧制定具体实施意见和配套文件。发展改革委、体育总局要会同有关部门对落实本意见的情况进行监督检查和跟踪分析，重大事项及时向国务院报告。

体育强国建设纲要

(2019年8月10日)

为进一步明确体育强国建设的目标、任务及措施，充分发挥体育在全面建设社会主义现代化国家新征程中的重要作用，制定本纲要。

一、总体要求

（一）指导思想。以习近平新时代中国特色社会主义思想为指导，全面贯彻党的十九大和十九届二中、三中全会精神，认真学习贯彻习近平总书记关于体育工作的重要论述，按照党中央、国务院关于加快推进体育强国建设的决策部署，坚持以人为本、改革创新、依法治体、协同联动，持续提升体育发展的质量和效益，大力推动全民健身与全民健康深度融合，更好发挥举国体制与市场机制相结合的重要作用，不断满足人民对美好生活的需要，努力将体育建设成为中华民族伟大复兴的标志性事业。

（二）战略目标。

到2020年，建立与全面建成小康社会相适应的体育发展新机制，体育领域创新发展取得新成果，全民族身体素养和健康水平持续提高，公共体育服务体系初步建立，竞技体育综合实力进一步增强，体育产业在实现高质量发展上取得新进展。

到2035年，形成政府主导有力、社会规范有序、市场充满活力、人民积极参与、社会组织健康发展、公共服务完善、与基本实现现代化相适应的体育发展新格局，体育治理体系和治理能力实现现代化。全民健身更亲民、更便利、更普及，经常参加体育锻炼人数比例达到45%以上，人均体育场地面积达到2.5平方米，城乡居民达到《国民体质测定标准》合格以上的人数比例超过92%；青少年体育服务体系更加健全，身体素养显著提升，健康状况明显改善；竞技体育更好、更快、更高、更强，夏季项目与冬季项目、男子项目与女子项目、职业体育与专业体育、"三大球"与基础大项等实现均衡发展，综合实力和国际影响力大幅提升；体育产业更大、更活、更优，成为国民经济支柱性产业；体育文化感召力、影响力、凝聚力不断提高，中华体育精神传承发扬；体育对外和对港澳台交往更活跃、更全面、更协调，成为中国特色大国外交和"一国两制"事业的重要方面。

到2050年，全面建成社会主义现代化体育强国。人民身体素养和健康水平、体育综合实力和国际影响力居于世界前列，体育成为中华民族伟大复兴的标志性事业。

二、战略任务

（一）落实全民健身国家战略，助力健康中国建设。

完善全民健身公共服务体系。充分发挥国务院全民健身工作部际联席会议作用，地方各级政府建立全民健身工作联席会议机制。紧紧围绕便民惠民，抓好全民健身"六个

---

① 经《国务院办公厅关于印发体育强国建设纲要的通知》（国办发〔2019〕40号）公布。

身边"工程建设。积极开展体育强省、全民运动健身模范市、全民运动健身模范县三级联创活动,逐步推动基本公共体育服务在地区、城乡、行业和人群间的均等化。推动全民健身公共服务资源向农村倾斜,重点扶持革命老区、民族地区、边疆地区、贫困地区发展全民健身事业。

统筹建设全民健身场地设施。加强城市绿道、健身步道、自行车道、全民健身中心、体育健身公园、社区文体广场以及足球、冰雪运动等场地设施建设,与住宅、商业、文化、娱乐等建设项目综合开发和改造相结合,合理利用城市空置场所、地下空间、公园绿地、建筑屋顶、权属单位物业附属空间。鼓励社会力量建设小型体育场所,完善公共体育设施免费或低收费开放政策,有序促进各类体育场地设施向社会开放。紧密结合美丽宜居乡村、运动休闲特色小镇建设,鼓励创建休闲健身区、功能区和田园景区,探索发展乡村健身休闲产业和建设运动休闲特色乡村。

广泛开展全民健身活动。坚持以人民健康为中心,制定并实施全民健身计划,普及科学健身知识和健身方法,因时因地因需开展全民健身活动,坚持大健康理念,从注重"治已病"向注重"治未病"转变。推行《国家体育锻炼标准》和《国家学生体质健康标准》,建立面向全民的体育运动水平等级标准和评定体系。大力发展群众喜闻乐见的运动项目,扶持推广各类民族民间民俗传统运动项目。建立群众性竞赛活动体系和激励机制,探索多元主体办赛机制。推进冰雪运动"南展西扩东进"战略,带动"三亿人参与冰雪运动"。

优化全民健身组织网络。发挥全国性体育社会组织示范作用,推进各级体育总会建设,完善覆盖城乡、规范有序、富有活力的全民健身组织网络,带动各级各类单项、行业和人群体育组织开展全民健身活动。组织社会体育指导员广泛开展全民健身指导服务,建立全民健身志愿服务长效机制。

促进重点人群体育活动开展。制定实施青少年、妇女、老年人、农民、职业人群、残疾人等群体的体质健康干预计划。将促进青少年提高身体素养和养成健康生活方式作为学校体育教育的重要内容,把学生体质健康水平纳入政府、教育行政部门、学校的考核体系,全面实施青少年体育活动促进计划。实行工间健身制度,鼓励和支持新建工作场所建设适当的健身活动场地。积极推进冰雪运动进校园、进社区,普及冬奥知识和冰雪运动。推动残疾人康复体育和健身体育广泛开展。

推进全民健身智慧化发展。运用物联网、云计算等新信息技术,促进体育场馆活动预订、赛事信息发布、经营服务统计等整合应用,推进智慧健身路径、智慧健身步道、智慧体育公园建设。鼓励社会力量建设分布于城乡社区、商圈、工业园区的智慧健身中心、智慧健身馆。依托已有资源,提升智慧化全民健身公共服务能力,实现资源整合、数据共享、互联互通,加强分析应用。

(二)提升竞技体育综合实力,增强为国争光能力。

完善举国体制与市场机制相结合的竞技体育发展模式,坚持开放办体育,形成国家办与社会办相结合的竞技体育管理体制和运行机制。创新优秀运动员培养和优秀运动队组建模式,建立向全社会开放的国家队运动员选拔制度,充分调动高校、地方以及社会力量参与竞技体育的积极性。综合评估竞技体育项目发展潜力和价值,统筹各项目发展，建立竞技体育公共投入的效益评估体系。

构建科学合理的训练体系。加强优秀运动队复合型训练团队建设，构建符合科学发展要求的训练体系。统筹国际国内体育科技资源，构建跨学科、跨地域、跨行业、跨部门的体育科技协同创新平台，加强科研攻关、科技服务和医疗保障工作。加大对训练基地科研、医疗、文化教育等支持，把若干现有基地建设成为世界一流的"训、科、医、教、服"一体化训练基地。

建立中国特色现代化竞赛体系。推进竞赛体制改革，建立适应社会主义市场经济、符合现代体育运动规律、与国际接轨的体育竞赛制度，构建多部门合作、多主体参与的金字塔式体育竞赛体系，畅通分级分类有序参赛通道，推动青少年竞赛体系和学校竞赛体系有机融合。深化全国运动会、全国冬季运动会、全国青年运动会改革。支持全国性单项体育协会举办高水平体育赛事活动，鼓励社会力量举办形式多样的系列赛、大奖赛、分站赛等。

做好2020年东京奥运会、残奥会和2022年北京冬奥会、冬残奥会备战参赛工作。在保持传统优势项目领先地位的基础上，做大做强基础项目；持续加大冰雪项目选材力度，恶补冰雪项目短板，不断提高冰雪竞技水平；扎实推进备战工作，全面加强科学训练、赛事平台建设、反兴奋剂、综合服务保障等工作，建立人才流动绿色通道；打造能征善战、作风优良的一流队伍，确保在2020年东京奥运会、残奥会上取得运动成绩与精神文明双丰收，在2022年北京冬奥会上实现全项目参赛，取得我国冬奥会和冬残奥会参赛史上最好成绩。

全面推动足球、篮球、排球运动的普及和提高。积极探索中国特色"三大球"发展道路，构建政府主导、部门协同、社会力量积极参与的"三大球"训练、竞赛和后备人才培养体系。加强国际交流与合作，强化科技助力，提高"三大球"训练、竞赛的科学化水平。挖掘"三大球"项目文化，提高大众的认知度和参与度。

推进职业体育发展。鼓励具备条件的运动项目走职业化道路，支持教练员、运动员职业化发展，组建职业联盟。完善职业体育俱乐部法人治理结构，加快俱乐部现代企业制度建设。建立体育经纪人制度，积极探索适应中国国情和职业体育特点的职业运动员管理制度。完善职业体育联赛体制机制，充分发挥俱乐部的市场主体作用，培育形成具有世界影响力的职业联赛。

（三）加快发展体育产业，培育经济发展新动能。

打造现代产业体系。完善体育全产业链条，促进体育与相关行业融合发展，推动区域体育产业协同发展。加快推动互联网、大数据、人工智能与体育实体经济深度融合，创新生产方式、服务方式和商业模式，促进体育制造业转型升级、体育服务业提质增效。

激发市场主体活力。支持体育用品研发设计、生产制造和示范应用，引导企业加大自主研发和科技成果转化力度，开发科技含量高、拥有自主知识产权的产品，支持可穿戴运动设备和智能运动装备的研发与制造，显著提升体育用品供给能力。打造一批具有国际竞争力的知名体育企业和具有国际影响力的自主体育品牌，支持优势企业、优势品牌和优势项目"走出去"。完善健身教练、体育经纪人等职业标准和管理规范。扶持体育培训、策划、咨询、经纪、营销等企业发展。鼓励大型健身俱乐部跨区域连锁经营，鼓励大型体育赛事进行市场开发，支持成立各类体育产业孵化平台。

扩大体育消费。广泛开展群众性体育活动，增强体育消费粘性，丰富节假日体育赛事供给，激发大众体育消费需求。拓展体育健身、体育观赛、体育培训、体育旅游等消费新空间，促进健身休闲、竞赛表演产业发展。创新体育消费支付产品，推动体育消费便利化。支持各地创新体育消费引导机制。

加强体育市场监管。完善体育市场监管体制，推进综合行政执法。充分发挥法律法规的规范作用、行业协会的自律作用、市场的配置作用、公众和舆论的监督作用，促进体育市场主体自我约束、诚信经营。推进体育行业信用体系建设，完善体育企业信息公示制度，强化体育企业信息归集机制，健全信用约束和失信联合惩戒机制。

（四）促进体育文化繁荣发展，弘扬中华体育精神。

大力弘扬中华体育精神。深入挖掘中华体育精神，将其融入社会主义核心价值体系建设，精心培育和发展体育公益、慈善和志愿服务文化。完善中国体育荣誉体系，鼓励社会组织和单项体育协会打造褒奖运动精神的各类荣誉奖励。倡导文明观赛、文明健身等体育文明礼仪，促进社会主义思想道德建设和精神文明创建。

传承中华传统体育文化。加强优秀民族体育、民间体育、民俗体育的保护、推广和创新，推进传统体育项目文化的挖掘和整理。开展体育文物、档案、文献等普查、收集、整理、保存和研究利用工作。开展传统体育类非物质文化遗产展示展演活动，推动传统体育类非物质文化遗产进校园。

推动运动项目文化建设。挖掘体育运动项目特色、组织文化和团队精神，讲好以运动员为主体的运动项目文化故事。培育具有优秀品德和良好运动成绩的体育明星，组织运动队和体育明星开展公益活动。以各类赛事为平台，举办以运动项目为主要内容的文化活动、文化展示。以2022年北京冬奥会和冬残奥会筹办为契机，弘扬冰雪运动项目文化。

丰富体育文化产品。实施体育文化创作精品工程，创作具有时代特征、体育内涵、中国特色的体育文化产品，鼓励开展体育影视、体育音乐、体育摄影、体育美术、体育动漫、体育收藏品等的展示和评选活动。

（五）加强对外和对港澳台体育交往，服务中国特色大国外交和"一国两制"事业。

构建体育对外交往新格局。深化与亚洲各国尤其是周边国家的体育交流合作，务实推进与欧美发达国家的体育互利合作，巩固和发展与非洲和拉美国家的体育友好关系。引导、支持和鼓励体育类社会组织、体育明星、大众媒体、体育企业、海外华侨等在体育对外交往活动中发挥作用。

加强与重点国家和地区体育交流合作。积极参与政府间人文交流活动，扎实推进共建"一带一路"、金砖国家、上海合作组织等多边合作框架下的体育交流活动。制定实施共建"一带一路"体育发展行动计划，积极搭建各类体育交流平台，鼓励丰富多样的民间体育交流。推动与共建"一带一路"国家在体育旅游方面深度合作，打造"一带一路"精品体育旅游赛事和线路。

提升中国体育国际影响力。实施中华武术"走出去"战略,对标奥运会要求,完善规则、标准,力争武术项目早日进入奥运会。通过孔子学院和海外中国文化中心等平台,推动中国传统体育项目的国际化发展。拓展对外传播优势平台,加强与国际体育组织的交流合作,扩大我国在国际体育事务中的影响力和话语权。

深化对港澳台地区体育交流合作。积极开展内地与港澳体育交流合作,支持港澳体育事业发展。邀请港澳相关人士参加和观摩全国综合性运动会。支持港澳申请和举办国际体育赛事。积极稳妥地开展两岸体育交流合作,强化两岸体育交流机制。坚持在"奥运模式"框架内,妥善处理国际体育活动中的涉台问题。

三、政策保障

(一)加强组织领导。体育、发展改革、财政、税务、人力资源社会保障、公安、教育、文化和旅游、卫生健康、科技、民政、外交、住房城乡建设、自然资源、农业农村、残联等部门和单位要建立目标任务分解考核和动态调整机制,确保体育强国建设目标如期完成。进一步转变政府职能,充分调动社会力量,构建管办分离、内外联动、各司其职、灵活高效的体育发展新模式,实现体育治理体系和治理能力现代化。

(二)加大政策支持力度。完善公共财政体育投入机制,多渠道筹措资金支持体育强国建设。合理划分地方各级政府在体育领域的财政事权和支出责任,明确地方主体责任。加大政府性基金与一般公共预算的统筹力度。加大政府向社会力量购买公共体育服务的力度。落实体育税费政策,加强对政策执行情况的评估督查。将全民健身场地设施纳入各级政府经济社会发展规划和各级国土空间规划,统筹考虑全民健身场地设施、体育用地需求,建立社区全民健身场地设施配建标准和评价制度。研究完善建设用地标准,在国家土地政策允许范围内,保障重要公益性体育设施和体育产业设施、项目必要用地,并依法依规办理用地手续。

(三)促进区域协调发展。积极推进京津冀、长三角、粤港澳、海峡西岸等区域内体育协调发展。加快在海南建设国家体育训练南方基地和国家体育旅游示范区。挖掘中西部地区独特的体育资源优势,形成东、中、西部体育良性互动格局。丰富革命老区、民族地区、边疆地区、贫困地区群众的体育生活,做好体育援疆、援藏工作。

(四)加快体育人才培养和引进。制定全国体育人才发展中长期规划,实施高层次人才培养专项计划。建立健全适应体育行业特点的人事制度、薪酬制度、人才评价机制。选派重点项目、重点领域专业人才出国(境)培训、留学,支持与海外高水平机构联合培养体育人才。开展体育引智工作,加大人才引进力度。

(五)推进体育领域法治和行业作风建设。推动《中华人民共和国体育法》修订,加快体育领域相关法规文件立改废释工作。深化体育领域"放管服"改革,精简行政审批事项,加强对体育赛事、体育市场经营等活动的事中事后监管,不断优化服务。强化体育执法,建立体育纠纷多元化解机制。深入开展赛风赛纪和反兴奋剂专项治理。加强运动队党建和运动员、教练员思想政治工作。加强运动员职业道德教育和文明礼仪修养。各类体育协会要加强行业自律,引导行业健康发展、企业规范经营。

(六)加强体育政策规划制定等工作。制定全民健身、竞技体育、体育产业等领域以及包括"三大球"在内的各运动项目发展规划。全面推进体育标准化建设,重点推进基本公共体育服务建设以及运动水平、赛事活动、教育培训等体育服务领域的规范和标准制修订。进一步完善体育事业和体育产业统计制度。推进体育信息化建设。加强体育基础理论研究,为体育强国建设提供理论支持和决策参考。

重大工程专栏

重大工程一 体育场地设施建设工程

合理做好城乡空间二次利用,积极推广多功能、季节性、可移动、可拆卸、绿色环保的健身设施。

建设一批小型足球篮球场地,提高学校足球篮球场地利用率。

科学规划布局和建设一批室内外公共滑冰、滑雪场地,推广使用可移动式冰场和仿真冰场。

推动建设公共体育场地设施管理服务网络平台。

研究制定、完善社会力量参与体育场地设施建设及运营管理的扶持政策。

重大工程二 全民健身活动普及工程

扩大彩票公益金资助全民健身赛事活动办赛主体的范围,加大向社会力量购买全民健身赛事活动服务的力度。

探索组织举办全民健身赛事活动的新模式,打造全民健身赛事活动品牌。

举办冰雪旅游节、冰雪文化节、冰雪嘉年华、赏冰乐雪季、冰雪马拉松等冬季项目品牌赛事活动,推广滑冰雪橇、冰上自行车、冰上龙舟、雪地拔河、雪地足球等冰雪娱乐项目。

推广旱地冰球、旱地冰壶等项目。

开展各类业余足球赛事活动和全国业余足球教练员培训。

开展国民体质监测和全民健身活动状况调查,完善并推行国家体育锻炼标准和运动水平等级标准。建立运动处方数据库,培养运动医生和康复师,建设慢性疾病运动干预中心。

重大工程三 青少年体育发展促进工程

构建社会化、网络化的青少年体育冬夏令营体系,开展青少年体育技能培训,使青少年掌握2项以上运动技能;丰富青少年体育赛事活动,形成一批具有较大影响的社会精品赛事活动;构建青少年体育社会组织管理和支持体系,促进青少年体育俱乐部、青少年户外体育活动营地等发展。

推进幼儿体育发展,完善政策和保障体系;推进幼儿体育项目和幼儿体育器材标准体系建设,引导建立幼儿体育课程体系和师资培养体系。

实施青少年体育拔尖人才建设工程,推动体校特色运动队、俱乐部运动队、大中小学运动队及俱乐部建设。进一步发挥体校和社会俱乐部培养竞技体育后备人才的优势。

打破部门界限和注册限制,逐步建立面向所有适龄青少年、不同年龄阶段相互衔接的全国青少年U系列竞赛体系。

落实教练员培养规划,实施教练员轮训,提高青少年体育教练员水平。

重大工程四 国家体育训练体系构建工程

以运动员(队)为中心,以训练效益为导向,建立科学训练复合型团队和"流水线""一站式""一体化"高效工作模式。

推动竞技体育科学训练中心场馆智能化升级改造,打造智能化科学训练基地。

加快体育装备、训练器材和科研仪器等更新迭代,提高训练过程和状态监控的科学化、信息化水平。

依托现有机构建设中国教练员学院,完善各类教练员继续教育和职业培训。制定实施精英教练员千人计划。统筹整合现有资金渠道,建立面向全球的体育科研、医疗、康复等科学训练专业人才招募合作平台,配套建设科学的培养支持机制和绩效考评机制。

续上表

以国家体育训练中心为龙头,以地方体育训练基地为支撑,在全国范围内规划布局区域性、特色化的训练中心和基地,吸纳高校等社会优质资源建设竞技体育后备人才培养基地。
重大工程五 科技助力奥运工程
依托高校、科研院所、高新技术企业,围绕科技攻关,聚焦奥运备战,培育建设5~10个国际化体育科技合作平台。
组建各项目国家队复合型科研医疗团队,对国家队日常训练中的体能训练、机能监控、伤病防治、运动营养、技战术分析、数据管理与分析、信息情报收集与处理等方面提供及时、有效的科研医疗保障,优化团队运行管理及绩效评价。
建设国家队训练大数据管理系统,加强对运动员基本信息、训练计划和执行、训练过程机能指标监控、训练专项指标测试、体能指标测试、技战术诊断与分析、大赛选拔、伤病及康复、膳食及营养、心理训练等数据的规范和管理,科学分析、指导训练参赛工作。
组建大型赛事科研医疗保障营,整合国内高水平医疗、体能、康复、心理、营养等方面人才,引进外国专家,配备先进的科技、医疗设备,完善赛事科研医疗保障工作机制,提升赛时科研医疗保障服务水平。
重大工程六 体育产业升级工程
支持各运动项目协会制定体育运动项目产业规划和具体落实措施,推动有条件的运动项目打造涵盖职业、商业和群众性赛事的多层次、多样化的体育赛事体系。
聚焦全民健身和竞技体育需求,引导和支持体育用品制造企业研制开发一批急需体育用品,打造知名品牌,提升供给能力,稳步增强体育用品制造业的综合竞争力。
推进体育服务综合体建设,在全国建设一批体育特色鲜明、服务功能完善的体育服务综合体。
稳步推进运动休闲特色小镇建设,开展定期测评,实行动态调整,打造10个具有示范意义的小镇样板。
推动《中华人民共和国体育法》修订,完善体育市场监管体制,提高体育市场监督管理法治化水平。
加强体育产业标准化工作和统计工作。建立运动项目产业数据监测机制,发布运动项目产业及体育消费数据。建立省级体育产业名录库。
将体育产业工作纳入国务院全民健身工作部际联席会议机制框架。鼓励各地建立体育产业部门协同机制,将体育产业政策的贯彻落实情况纳入全国文明城市、全国卫生城市的评比。
重大工程七 体育文化建设工程
打造体育文化品牌活动,改革、创新中国体育文化博览会和中国体育旅游博览会;丰富全国运动会等综合性赛事和单项体育赛事的体育文化内涵。办好全国体育美术作品展览。
推动体育博物馆和档案馆等建设,做好体育文物藏品征集和收藏管理保护工作。
加强体育舆情监测,提高网络舆情应对能力。
构建体育全媒体传播格局,打造体育融媒体产品,发挥短视频平台、微博、微信、客户端等在体育文化传播中的积极作用。
重大工程八 体育志愿服务工程
建立健全全民健身志愿服务组织体系。扩大运动员、教练员中的志愿者人数。将志愿服务纳入体育专业学生考核和体育教师评价内容。
建立全民健身志愿者注册、培训与管理体系,形成完善的志愿者招募、注册、培训、服务、激励流程制度。

续上表

建立全民健身志愿服务统计体系和志愿服务成效评估体系，完善以精神激励为主、物质奖励为辅的志愿者表彰激励机制，推动建立志愿者保险制度。 加大对欠发达地区社会体育指导员的培训力度；结合大型全民健身赛事活动，鼓励体育专业学生、优秀运动员赴欠发达地区进行志愿服务。
重大工程九　体育社会组织建设工程
支持符合条件的地区依法成立体育总会（体育总会具备独立法人资格，设有独立银行账户，有明确的职责和岗位要求），推动实现体育总会全覆盖。 支持符合条件的乡镇（街道）和城乡社区依法建立老年人体育协会、社会体育指导员协会、单项体育协会。拓展乡镇（街道）综合文化站和社区文化室（中心）的体育服务功能，积极开展贴近城乡社区生产生活、符合城乡居民健身需求的体育活动。 支持大中小学、厂矿企业等企事业单位发展各类群众性体育社会组织，组建形式多样的群众性体育俱乐部，鼓励有条件的地方组织群众性体育俱乐部联赛，并积极承接体育部门赛事活动等公共体育服务。推动农民体育协会等社会组织建设，健全农民群众身边的健身组织。支持和培育发展社区体育组织。 稳步推进各级运动项目协会与行政机关脱钩等改革，推进协会依法依规独立运行，探索建立完善权责明确、运转协调、制衡有效的法人治理结构，按照章程加强协会内部管理，依法依规开展体育活动。

国务院办公厅关于加快发展体育竞赛表演产业的指导意见[①]

(2018年12月11日)

各省、自治区、直辖市人民政府，国务院各部委、各直属机构：

体育竞赛表演产业是体育产业的重要组成部分，表现为体育竞赛表演组织者为满足消费者运动竞技观赏需要，向市场提供各类运动竞技表演产品而开展的一系列经济活动。发展体育竞赛表演产业对挖掘和释放消费潜力、保障和改善民生、打造经济增长新动能具有重要意义。近年来，我国体育竞赛表演产业快速发展，已经成为推动体育产业向纵深发展和建设健康中国的重要引擎。但也要看到，我国体育竞赛表演产业存在有效供给不充分、总体规模不大、大众消费不积极等问题。为破解有关难题，加快体育竞赛表演产业发展，经国务院同意，现提出以下意见：

一、总体要求

（一）指导思想。以习近平新时代中国特色社会主义思想为指导，全面贯彻党的十九大和十九届二中、三中全会精神，统筹推进"五位一体"总体布局和协调推进"四个全面"战略布局，牢固树立和贯彻落实创新、协调、绿色、开放、共享的发展理念，认真落实党中央、国务院决策部署，积极推进体育竞赛表演产业专业化、品牌化、融合化发展，培育壮大市场主体，加快产业转型升级，不断满足人民群众多层次多样化的生活需求，提升人民群众的获得感和幸福感。

（二）基本原则。

坚持问题导向。从体育竞赛表演产业发展面临的实际问题出发，加快推进政府职能转变，深化体育行业协会改革，综合运用金融、产业等政策，推动体育竞赛表演产业快速、健康、可持续发展。

坚持市场驱动。遵循体育竞赛表演产业发展规律，借鉴国际有益经验，以体制机制创新激发市场主体活力，建立健全体育产权制度和要素市场化配置机制，更好发挥政府作用，营造各类市场主体公平有序竞争的发展环境。

坚持融合发展。坚持"体育+"和"+体育"做法，促进体育竞赛表演产业与文化和旅游、娱乐、互联网等相关产业深度融合，拓展发展空间，为经济增长提供支撑。

坚持因地制宜。立足各地特色体育资源和功能定位，发挥比较优势，明确发展重点，推动不同地区体育竞赛表演产业多样化、差异化发展，形成优势互补、相互协调的联动发展格局。

（三）发展目标。到2025年，体育竞赛表演产业总规模达到2万亿元，基本形成产品丰富、结构合理、基础扎实、发展均衡的体育竞赛表演产业体系。建设若干具有较大

[①] 国办发〔2018〕121号。

影响力的体育赛事城市和体育竞赛表演产业集聚区，推出100项具有较大知名度的体育精品赛事，打造100个具有自主知识产权的体育竞赛表演品牌，培育一批具有较强市场竞争力的体育竞赛表演企业，体育竞赛表演产业成为推动经济社会持续发展的重要力量。

二、丰富赛事活动，完善赛事体系

（四）大力发展职业赛事。着力发展足球、篮球、排球、乒乓球、羽毛球、冰球、围棋等职业联赛，鼓励网球、自行车、拳击、赛车等有条件的运动项目举办职业赛事，建立具有独立法人资格的职业联赛理事会，合理构建职业联赛分级制度。遏制非理性投资和无序竞争。积极探索适应中国国情和职业体育特点的职业运动员管理制度，借鉴"名人堂"等国际经验建立职业体育荣誉体系，推动实现俱乐部地域化。（体育总局、民政部、人力资源社会保障部负责）

（五）支持引进国际重大赛事。综合评估世界锦标赛、世界杯赛等大型单项国际赛事的影响力和市场价值，引进一批品牌知名度高、市场前景广的国际顶级赛事。筹办好北京冬奥会、冬残奥会及赛前各级各类测试赛，树立国际重大赛事与城市良性互动、共赢发展的典范。（体育总局、北京冬奥组委负责）

（六）引导扶持业余精品赛事。创新社会力量举办业余体育赛事的组织方式，开展马拉松、武术、搏击、自行车、户外运动、航空运动、极限运动等项目赛事，采用分级授权、等级评价等方式，增加赛事种类，合理扩大赛事规模。鼓励各地加强体育赛事品牌创新，培育一批社会影响力大、知名度高的业余精品赛事。（体育总局负责）

（七）积极培育冰雪体育赛事。以筹办北京冬奥会、冬残奥会为契机，大力发展高山滑雪、跳台滑雪、冬季两项、速度滑冰、短道速滑、花样滑冰、冰球、冰壶、雪车雪橇等各类冰雪体育赛事，推动专业冰雪体育赛事升级发展。积极运用信息通信技术，打造智慧冬奥，提升办赛水平，带动相关产业发展。加强与国际组织合作，有计划地引进高水平的冰雪赛事。（体育总局、北京冬奥组委负责）

（八）促进体育竞赛与文化表演互动融合。以观赏性较强的运动项目为突破口，创作开发体现中华优秀文化、具有中国特色的体育竞赛表演精品。支持举办各类体育庙会、表演赛、明星赛、联谊赛、对抗赛、邀请赛等，推动体育竞赛与文化表演相结合。打造武术、围棋、象棋、龙舟等具有民族特色的体育竞赛表演品牌项目。（体育总局、文化和旅游部负责）

三、壮大市场主体，优化市场环境

（九）支持企业发展。鼓励具有自主品牌、创新能力和竞争实力的体育竞赛表演企业做大做强，打造良好的赛事品牌等无形资产，通过管理输出、连锁经营等方式，延伸产业链和利润链，形成具有核心竞争力和行业带动力的企业集团。支持企业实现垂直、细分、专业发展，鼓励各类中小微体育竞赛表演企业向"专精特新"方向发展。（体育总局、市场监管总局负责）

（十）鼓励创新创业。大力推进商事制度改革，营造良好的体育竞赛表演产业准入环境。（市场监管总局负责）加强体育产业创新创业教育服务，帮助企业、高校等有效对接。创新人才培养机制，支持有条件的高等院校设置相关专业和课程。鼓励退役运动员投身体育竞赛表演产业。（体育总局、教育部负责）重视和鼓励新型转播技术、安全监控技术、人工智能等高新技术在体育竞赛表演产业中的应用。鼓励以移动互联网、大数据、云计算技术为支撑，提升赛事报名、赛事转播、媒体报道、交流互动、赛事参与等综合服务水平。（体育总局、网信办、科技部、工业和信息化部负责）

（十一）培育中介机构。积极发展独立运行、治理规范、行为公正的体育竞赛表演行业组织，支持其积极开展产业发展规律和趋势研究。充分发挥各类中介咨询机构作用，鼓励其向体育竞赛表演机构提供经济信息、市场预测、技术指导、法律咨询、人员培训等服务。（体育总局、民政部负责）

（十二）引导消费理念。鼓励各类媒体播出体育赛事节目，普及运动项目文化和观赛礼仪。健全赛事门票市场化供应机制，依法严厉查处、打击倒卖赛事门票等违法行为。积极落实经营者主体责任，推动社会共治，有效维护消费者合法权益。优化彩票品种结构，依法打击私彩，健全风险控制措施，引导彩民理性购彩。鼓励利用各类社交平台促进消费者互动交流，提升体育赛事消费意愿。（体育总局、公安部、市场监管总局、财政部负责）

（十三）改善消费条件。加强新建体育场地设施的科学规划与布局，推行体育场馆设计、建设、运营、管理一体化模式，将赛事功能需要与赛后综合利用有机结合。推进现有场馆"改造功能、改革机制"工程，引导体育竞赛表演企业参与体育场馆运营，盘活场馆资源，鼓励利用学校体育场馆举办体育赛事。（体育总局、教育部、住房城乡建设部负责）完善公共安全服务体系，严格规范安保等体育竞赛表演产业经营场所公共安全服务供给。降低体育赛事活动安保成本，积极探索建立体育场馆安保等级评价制度。（体育总局、公安部、应急部负责）支持金融机构创新体育竞赛表演消费支付产品，推动消费便利化。推动银行业金融机构结合体育竞赛表演产业特点，研发体育竞赛表演类消费信贷新产品。（银保监会、人民银行、体育总局负责）

四、优化产业布局，加强平台建设

（十四）完善产业链条。鼓励发展以体育竞赛表演企业为主体，以旅游、交通、餐饮等为支撑，以广告、印刷、现场服务等为配套的产业集群，形成行业配套、产业联动、运行高效的体育竞赛表演产业服务体系，培育一批体育竞赛表演产业集聚区。引导传统制造业企业进军体育竞赛表演装备制造领域，促进体育赛事和体育表演衍生品创意和设计开发。（发展改革委、工业和信息化部、体育总局负责）

（十五）健全产业标准。按照总体规划、分步实施的原则，推动体育竞赛表演产业标准体系建设，制定城市马拉松、自行车等各级各类体育竞赛表演活动的办赛指南和服务规范，明确体育赛事开展的基本条件、规则、程序和各环节责任部门，提高标准化水平。健全行业统计制度，建立体育竞赛表演综合性信息发布平台。（体育总局、公安部、标准委、统计局负责）

（十六）打造发展平台。加快推动体育赛事相关权利市场化运营，推进体育赛事制播分离，体育赛事播放收益由赛事主办方或组委会与转播机构分享。大力支持体育新媒体平台发展。鼓励搭建体育产业公共服务平台。完善与体育赛事相关的法律法规，加强对体育赛事相关权利归属、流转及收益的保护。赛事相关权利归各级单项体育协会以及其他各类社会组织、企事业单位等合法办赛的赛事主办方所有。推进赛事举办权、赛事转播权、运动员转会权等具备交易条件的资源公平、公正、公开流转。(广电总局、版权局、司法部、体育总局负责)

(十七)深化国际合作。推动体育竞赛表演组织机构与国际体育组织等建立合作机制。依法为外国运动员、赛事组织管理人员、国际技术官员等各类人员来华提供必要的签证便利,为参赛运动船艇、飞行器、汽车、摩托车、自行车等体育器材出入境提供便利,为参赛体育器材提供航空、铁路等托运服务。结合"一带一路"建设及多双边和区域经贸合作,积极开展体育竞赛交流活动,按规定申办、举办各类国际体育赛事。(体育总局、外交部、公安部、海关总署、交通运输部负责)

五、强化协调配合,加强资金保障

(十八)持续推进"放管服"改革。继续推进体育赛事审批制度改革,加快制定赛事审批取消后的服务管理办法,对与举办体育赛事相关联的审批事项,相关部门不得要求赛事主办方提交体育部门的审批材料。对确需保留的安全许可以及道路、空域、水域、无线电使用等行政审批事项,要进一步优化审批流程。(公安部、工业和信息化部、交通运输部、水利部、海洋局、空管委办公室负责)建立覆盖体育竞赛表演组织机构、从业人员和参赛人员的行业信用体系,建立"黑名单"制度,将有关信用信息纳入全国信用信息共享平台和国家企业信用信息公示系统并向社会公示,依照有关规定实施联合惩戒。加强赛风赛纪、反兴奋剂工作,坚持公平竞赛,树立良好赛风。完善裁判员公正执法、教练员和运动员遵纪守法的约束机制。(体育总局、发展改革委、公安部、市场监管总局负责)

(十九)完善相关投入机制。推动体育竞赛表演产业与资本市场对接,引导社会力量参与,鼓励社会资本设立产业发展投资基金。鼓励银行、保险、信托等金融机构研发适合体育竞赛表演产业发展特点的金融产品和融资模式,进一步拓宽体育竞赛表演机构的融资渠道。充分利用现有资金渠道,对相关项目给予必要资助。鼓励有条件的地方通过体育产业引导资金等渠道对体育竞赛表演产业予以必要支持。(体育总局、人民银行、银保监会、证监会、财政部负责)

各地区、各有关部门要充分认识发展体育竞赛表演产业的重要意义,加强组织领导,健全工作机制,强化协同配合,务求取得实效。体育总局要会同有关方面做好指导、督查和总结工作,共同抓好落实,重大事项及时报告国务院。

国务院办公厅关于加快发展健身休闲产业的指导意见[①]

(2016年10月25日)

各省、自治区、直辖市人民政府,国务院各部委、各直属机构:

健身休闲产业是体育产业的重要组成部分,是以体育运动为载体、以参与体验为主要形式、以促进身心健康为目的,向大众提供相关产品和服务的一系列经济活动,涵盖健身服务、设施建设、器材装备制造等业态。当前,我国已进入全面建成小康社会决胜阶段,人民群众多样化体育需求日益增长,消费方式逐渐从实物型消费向参与型消费转变,健身休闲产业面临重大发展机遇。但目前健身休闲产业总体规模不大、产业结构失衡,还存在有效供给不足、大众消费激发不够、基础设施建设滞后、器材装备制造落后、体制机制不活等问题。加快发展健身休闲产业是推动体育产业向纵深发展的强劲引擎,是增强人民体质、实现全民健身和全民健康深度融合的必然要求,是建设"健康中国"的重要内容,对挖掘和释放消费潜力、保障和改善民生、培育新的经济增长点、增强经济增长新动能具有重要意义。为加快健身休闲产业发展,经国务院同意,现提出以下意见。

一、总体要求

(一)指导思想。全面贯彻党的十八大和十八届三中、四中、五中全会精神,按照"四个全面"战略布局,牢固树立和贯彻落实创新、协调、绿色、开放、共享的发展理念,认真落实党中央、国务院决策部署,推进健身休闲产业供给侧结构性改革,提高健身休闲产业发展质量和效益,培育壮大各类市场主体,丰富产品和服务供给,推动健身休闲产业全面健康可持续发展,不断满足大众多层次多样化的健身休闲需求,提升幸福感和获得感,为经济发展新常态下扩大消费需求、拉动经济增长、转变发展方式提供有力支撑和持续动力。

(二)基本原则。

市场主导,创新驱动。充分发挥市场在资源配置中的决定性作用,引导各类市场主体在组织管理、建设运营、研发生产等环节创新理念和模式,提高服务质量,更好满足消费升级的需要。

转变职能,优化环境。大力推进简政放权、放管结合、优化服务改革,着力破解社会资本投资健身休闲产业的"玻璃门""弹簧门""旋转门"等问题;加强统筹规划、政策支持、标准引导,改善消费环境,培养健康消费理念,使各类群体有意愿、有条件参与健身休闲。

分类推进,融合发展。分层分类、区别对待,保障大众基本健身休闲需求,促进健

[①] 国办发〔2016〕77号。

身休闲产业多元化发展；遵循产业发展规律，立足全局，促进产业各门类全面发展，统筹协调健身休闲产业与全民健身事业，推进健身休闲与旅游、健康等产业融合互动。

重点突破，力求实效。围绕"一带一路"建设、京津冀协同发展、长江经济带发展三大战略，结合新型城镇化建设、社会主义新农村建设、精准扶贫、棚户区改造等国家重大部署，以健身休闲重点运动项目和产业示范基地等为依托，发挥其辐射和带动效应，促进区域经济发展和民生改善。

（三）发展目标。到2025年，基本形成布局合理、功能完善、门类齐全的健身休闲产业发展格局，市场机制日益完善，消费需求愈加旺盛，产业环境不断优化，产业结构日趋合理，产品和服务供给更加丰富，服务质量和水平明显提高，同其他产业融合发展更为紧密，健身休闲产业总规模达到3万亿元。

二、完善健身休闲服务体系

（四）普及日常健身。推广适合公众广泛参与的健身休闲项目，加快发展足球、篮球、排球、乒乓球、羽毛球、网球、游泳、徒步、路跑、骑行、棋牌、台球、钓鱼、体育舞蹈、广场舞等普及性广、关注度高、市场空间大的运动项目，保障公共服务供给，引导多方参与。

（五）发展户外运动。制定健身休闲重点运动项目目录，以户外运动为重点，研究制定系列规划，支持具有消费引领性的健身休闲项目发展。

——冰雪运动。以举办2022年冬奥会为契机，围绕"三亿人参与冰雪运动"的发展目标，以东北、华北、西北为带动，以大众滑雪、滑冰、冰球等为重点，深入实施"南展西扩"，推动冰雪运动设施建设，全面提升冰雪运动普及程度和产业发展水平。

——山地户外运动。推广登山、攀岩、徒步、露营、拓展等山地户外运动项目，推动山地户外运动场地设施体系建设，形成"三纵三横"（太行山及京杭大运河、西安至成都、青藏公路，丝绸之路、318国道、长江沿线）山地户外运动布局，完善山地户外运动赛事活动组织体系，加强户外运动指导员队伍建设，完善山地户外运动安全和应急救援体系。

——水上运动。推动公共船艇码头建设和俱乐部发展，积极发展帆船、赛艇、皮划艇、摩托艇、潜水、滑水、漂流等水上健身休闲项目，实施水上运动精品赛事提升计划，依托水域资源，推动形成"两江两海"（长江、珠江，渤海、东海）水上运动产业集聚区。

——汽车摩托车运动。推动汽车露营营地和中小型赛车场建设，利用自然人文特色资源，举办拉力赛、越野赛、集结赛等赛事，组织家庭露营、青少年营地、主题自驾等活动，不断完善赛事活动组织体系，打造"三圈三线"（京津冀、长三角、泛珠三角，北京至深圳、北京至乌鲁木齐、南宁至拉萨）自驾路线和营地网络。

——航空运动。整合航空资源，深化管理改革，合理布局"200公里航空体育飞行圈"，推动航空飞行营地和俱乐部发展，推广运动飞机、热气球、滑翔、飞机跳伞、轻小型无人驾驶航空器、航空模型等航空运动项目，构建以大众消费为核心的航空体育产品和服务供给体系。

（六）发展特色运动。推动极限运动、电子竞技、击剑、马术、高尔夫等时尚运动项目健康发展，培育相关专业培训市场。发展武术、龙舟、舞龙舞狮等民族民间健身休闲项目，传承推广民族传统体育项目，加强体育类非物质文化遗产的保护和发展。加强对相关体育创意活动的扶持，鼓励举办以时尚运动为主题的群众性活动。

（七）促进产业互动融合。大力发展体育旅游，制定体育旅游发展纲要，实施体育旅游精品示范工程，编制国家体育旅游重点项目名录。支持和引导有条件的旅游景区拓展体育旅游项目，鼓励国内旅行社结合健身休闲项目和体育赛事活动设计开发旅游产品和路线。推动"体医结合"，加强科学健身指导，积极推广覆盖全生命周期的运动健康服务，发展运动医学和康复医学，发挥中医药在运动康复等方面的特色作用。促进健身休闲与文化、养老、教育、健康、农业、林业、水利、通用航空、交通运输等产业融合发展。

（八）推动"互联网+健身休闲"。鼓励开发以移动互联网、大数据、云计算技术为支撑的健身休闲服务，推动传统健身休闲企业由销售导向向服务导向转变，提升场馆预定、健身指导、运动分析、体质监测、交流互动、赛事参与等综合服务水平。积极推动健身休闲在线平台企业发展壮大，整合上下游企业资源，形成健身休闲产业新生态圈。

三、培育健身休闲市场主体

（九）支持健身休闲企业发展。鼓励具有自主品牌、创新能力和竞争实力的健身休闲骨干企业做大做强，通过管理输出、连锁经营等方式，进一步提升核心竞争力，延伸产业链和利润链，支持具备条件的企业"走出去"，培育一批具有国际竞争力和影响力的领军企业集团。支持企业实现垂直、细分、专业发展，鼓励各类中小微健身休闲企业、运动俱乐部向"专精特新"方向发展，强化特色经营、特色产品和特色服务。发挥多层次资本市场作用，支持符合条件的健身休闲企业上市，加大债券市场对健身休闲企业的支持力度。完善抵质押品登记制度，鼓励金融机构在风险可控的前提下拓宽对健身休闲企业贷款的抵质押品种类和范围。

（十）鼓励创业创新。充分利用运动员创业扶持基金，鼓励退役运动员创业创新，投身健身休闲产业。大力推进商事制度改革，为健身休闲产业提供良好的准入环境。开展体育产业创新创业教育服务平台建设，帮助企业、高校、金融机构有效对接。鼓励各地成立健身休闲产业孵化平台，为健身休闲领域大众创业、万众创新提供支持。

（十一）壮大体育社会组织。推进体育类社会团体、基金会、民办非企业单位等社会组织发展，支持其加强自身建设，健全内部治理结构，增强服务功能。对在城乡社区开展健身休闲活动的社区社会组织，降低准入门槛，加强分类指导和业务指导。鼓励各类社会组织承接政府公共体育服务职能。发挥体育社会组织在营造氛围、组织活动、服务消费者等方面的积极作用。

四、优化健身休闲产业结构和布局

（十二）改善产业结构。优化健身休闲服务业、器材装备制造业及相关产业结构，着力提升服务业比重。实施健身服务精品工程，打造一批优秀健身休闲俱乐部、场所和品牌活动。结合各级体育产业基地建设，培育一批以健身休闲服务为核心的体育产业示范基地、单位和项目。发挥重大体育旅游项目的引领带动作用，发展一批体育旅游示范基地。拓宽健身休闲服务贸易领域，探索在自由贸易试验区开展健身休闲产业政策试点，鼓励地方积极培育一批以健身休闲为特色的服务贸易示范区。

（十三）打造地区特色。组织开展山水运动资源调查、民族传统体育资源调查，摸清发展健身休闲产业的自然、人文基础条件。各地要因地制宜，合理布局，错位发展，在保护自然资源和生态环境的基础上，充分利用冰雪、森林、湖泊、江河、湿地、山地、草原、戈壁、沙漠、滨海等独特的自然资源和传统体育人文资源，打造各具特色的健身休闲集聚区和产业带。积极推进资源相近、产业互补、供需对接的区域联动发展，形成东、中、西部良性互动发展格局。

五、加强健身休闲设施建设

（十四）完善健身休闲基础设施网络。严格执行城市居住区规划设计等标准规范有关配套建设健身设施的要求，并实现同步设计、同步施工、同步投入。科学规划健身休闲项目的空间布局，适当增加健身休闲设施用地和配套设施配建比例，充分合理利用公园绿地、城市空置场所、建筑物屋顶、地下室等区域，重点建设一批便民利民的社区健身休闲设施，形成城市15分钟健身圈。鼓励健身休闲设施与住宅、文化、商业、娱乐等综合开发，打造健身休闲服务综合体。

（十五）盘活用好现有体育场馆资源。加快推进企事业单位等体育设施向社会开放。推动有条件的学校体育场馆设施在课后和节假日对本校学生和公众有序开放。通过公共体育设施免费或合理收费开放等措施增加供给，满足基本健身需求。通过管办分离、公建民营等模式，推行市场化商业运作，满足多层次健身消费需求。各类健身休闲场所的水、电、气、热价格按不高于一般工业标准执行。落实体育场馆房产税和城镇土地使用税优惠政策。

（十六）加强特色健身休闲设施建设。结合智慧城市、绿色出行，规划建设城市步行和自行车交通体系。充分挖掘水、陆、空资源，研究打造国家步道系统和自行车路网，重点建设一批山地户外营地、徒步骑行服务站、自驾车房车营地、运动船艇码头、航空飞行营地等健身休闲设施。鼓励和引导旅游景区、旅游度假区、乡村旅游区等根据自身特点，建设特色健身休闲设施。

六、提升健身休闲器材装备研发制造能力

（十七）推动转型升级。支持企业、用户单位、科研单位、社会组织等组建跨行业产业联盟，鼓励健身休闲器材装备制造企业向服务业延伸发展，形成全产业链优势。鼓励企业通过海外并购、合资合作、联合开发等方式，提升冰雪运动、山地户外运动、水上运动、汽车摩托车运动、航空运动等器材装备制造水平。结合传统制造业去产能，引导企业进军健身休闲装备制造领域。

（十八）增强自主创新能力。鼓励企业加大研发投入，提高关键技术和产品的自主创新能力，积极参与高新技术企业认定。支持企业利用互联网技术对接健身休闲个性化需求，根据不同人群，尤其是青少年、老年人的需要，研发多样化、适应性强的健身休闲器材装备。研制新型健身休闲器材装备、可穿戴式运动设备、虚拟现实运动装备等。鼓励与国际领先企业合作设立研发机构，加快对国外先进技术的吸收转化。

（十九）加强品牌建设。支持企业创建和培育自主品牌，提升健身休闲器材装备的附加值和软实力。鼓励企业与各级各类运动项目协会等体育组织开展合作，通过赛事营销等模式，提高品牌知名度。推动优势品牌企业实施国际化发展战略，扩大国际影响力。

七、改善健身休闲消费环境

（二十）深挖消费潜力。开展各类群众性体育活动，合理编排职业联赛赛程，丰富节假日体育赛事供给，发挥体育明星和运动达人示范作用，激发大众健身休闲消费需求。积极推行《国家体育锻炼标准》、业余运动等级标准、业余赛事等级标准，增强健身休闲消费粘性。推动体育部门、体育社会组织、专业体育培训机构等与各类学校合作，提供专业支持，培养青少年体育爱好和运动技能。

（二十一）完善消费政策。鼓励健身休闲企业与金融机构合作，试点发行健身休闲联名银行卡，实施特惠商户折扣。支持各地创新健身休闲消费引导机制。引导保险公司根据健身休闲运动特点和不同年龄段人群身体状况，开发场地责任保险、运动人身意外伤害保险。积极推动青少年参加体育活动相关责任保险发展。

（二十二）引导消费理念。加大宣传力度，普及科学健身知识。鼓励制作和播出国产健身休闲类节目，支持形式多样的体育题材文艺创作。鼓励发展多媒体广播电视、网络广播电视、手机应用程序（App）等体育传媒新业态，促进消费者利用各类社交平台互动交流，提升消费体验。

八、加强组织实施

（二十三）持续推动"放管服"改革。加快政府职能转变，大幅度削减健身休闲活动相关审批事项，实施负面清单管理，促进空域水域开放。推进体育行业协会改革，加强事中事后监管，完善相关安保服务标准，加强行业信用体系建设。完善政务发布平台、信息交互平台、展览展示平台、资源交易平台。

（二十四）优化规划和土地利用政策。积极引导健身休闲产业用地控制规模、科学选址，并将相关用地纳入地方各级土地利用总体规划中合理安排。对符合土地利用总体规划、城乡规划、环保规划等相关规划的重大健身休闲项目，要本着应保尽保的原则及时安排新增建设用地计划指标。对使用荒山、荒地、荒滩及石漠化、边远海岛土地建设的健身休闲项目，优先安排新增建设用地计划指标，出让底价可按不低于土地取得成本、土地前期开发成本和按规定应收取相关费用之和的原则确定。在土地利用总体规划确定的城市和村庄、集镇建设用地范围外布局的重大健身休闲项目，可按照单独选址项目安排用地。利用现有健身休闲设施用地、房产增设住宿、餐饮、娱乐等商业服务设施的，经批准可以协议方式办理用地手续。鼓励以长期租赁、先租后让、租让结合方式供应健身休闲项目建设用地。支持农村集体经济组织自办或以土地使用权入股、联营等方式参与健身休闲项目。

（二十五）完善投入机制。加快推动设立由社会资本筹资的体育产业投资基金，引导社会力量参与健身休闲产业。鼓励社会资本以市场化方式设立健身休闲产业发展投资基金。推动开展政府和社会资本合作示范，符合条件的项目可申请政府和社会资本合作融资支持基金的支持。进一步健全政府购买公共体育服务的体制机制。运用彩票公益金对健身休闲相关项目给予必要资助。鼓励地方通过体育产业引导资金等渠道对健身休闲产业予以必要支持。鼓励符合条件的企业发行企业债券，募集资金用于健身休闲产业项目的建设。

（二十六）加强人才保障。鼓励校企合作，培养各类健身休闲项目经营策划、运营管理、技能操作等应用型专业人才。加强从业人员职业培训，提高健身休闲场所工作人员的服务水平和专业技能。完善体育人才培养开发、流动配置、激励保障机制，支持专业教练员投身健身休闲产业。加强社会体育指导员队伍建设，充分发挥其对群众参与健身休闲的服务和引领作用。加强健身休闲人才培育的国际交流与合作。

（二十七）完善标准和统计制度。全面推动健身休闲标准体系建设，制定健身休闲服务规范和质量标准，在服务提供、技能培训、活动管理、设施建设、器材装备制造等各方面提高健身休闲产业标准化水平。引导和鼓励企业积极参与行业和国家标准制定。以国家体育产业统计分类为基础，完善健身休闲产业统计制度和指标体系，建立健身休闲产业监测机制。

（二十八）健全工作机制。建立体育、发展改革、旅游等多部门合作的健身休闲产业发展工作协调机制，及时分析健身休闲产业发展情况，解决存在的问题，落实惠及健身休闲产业的文化、旅游等相关政策。各地要把发展健身休闲产业纳入国民经济和社会发展规划，鼓励有条件的地方编制健身休闲发展专项规划。各级体育行政部门要加强职能建设，充实体育产业工作力量，推动健身休闲产业发展。

（二十九）强化督查落实。各地各有关部门要根据本意见要求，结合实际情况，抓紧制定具体实施意见和配套政策。体育总局、国家发展改革委、国家旅游局要会同有关部门对落实本意见的情况进行监督检查和跟踪分析，重大事项及时向国务院报告。

全民健身计划（2021—2025年）[①]

（2021年7月18日）

"十三五"时期，在党中央、国务院坚强领导下，全民健身国家战略深入实施，全民健身公共服务水平显著提升，全民健身场地设施逐步增多，人民群众通过健身促进健康的热情日益高涨，经常参加体育锻炼人数比例达到37.2%，健康中国和体育强国建设迈出新步伐。同时，全民健身区域发展不平衡、公共服务供给不充分等问题仍然存在。为促进全民健身更高水平发展，更好满足人民群众的健身和健康需求，依据《全民健身条例》，制定本计划。

一、总体要求

（一）指导思想。以习近平新时代中国特色社会主义思想为指导，贯彻落实党的十九大和十九届二中、三中、四中、五中全会精神，坚持以人民为中心，坚持新发展理念，深入实施健康中国战略和全民健身国家战略，加快体育强国建设，构建更高水平的全民健身公共服务体系，充分发挥全民健身在提高人民健康水平、促进人的全面发展、推动经济社会发展、展示国家文化软实力等方面的综合价值与多元功能。

（二）发展目标。到2025年，全民健身公共服务体系更加完善，人民群众体育健身更加便利，健身热情进一步提高，各运动项目参与人数持续提升，经常参加体育锻炼人数比例达到38.5%，县（市、区）、乡镇（街道）、行政村（社区）三级公共健身设施和社区15分钟健身圈实现全覆盖，每千人拥有社会体育指导员2.16名，带动全国体育产业总规模达到5万亿元。

二、主要任务

（三）加大全民健身场地设施供给。制定国家步道体系建设总体方案和体育公园建设指导意见，督导各地制定健身设施建设补短板五年行动计划，实施全民健身设施补短板工程。盘活城市空闲土地，用好公益性建设用地，支持以租赁方式供地，倡导土地复合利用，充分挖掘存量建设用地潜力，规划建设贴近社区、方便可达的场地设施。新建或改扩建2000个以上体育公园、全民健身中心、公共体育场馆等健身场地设施，补齐5000个以上乡镇（街道）全民健身场地器材，配建一批群众滑冰场，数字化升级改造1000个以上公共体育场馆。

开展公共体育场馆开放服务提升行动，控制大型场馆数量，建立健全场馆运营管理机制，改造完善场馆硬件设施，做好场馆应急避难（险）功能转换预案，提升场馆使用效益。加强对公共体育场馆开放使用的评估督导，优化场馆免费或低收费开放绩效管理方式，加大场馆向青少年、老年人、残疾人开放的绩效考核力度。做好在新冠肺炎疫情防控常态化条件下学校体育场馆向社会开放工作。

[①] 经《国务院关于印发〈全民健身计划（2021—2025年）〉的通知》（国发〔2021〕11号）公布。

（四）广泛开展全民健身赛事活动。开展全国运动会群众赛事活动，举办全民健身大会、全国社区运动会。持续开展全国新年登高、纪念毛泽东同志"发展体育运动，增强人民体质"题词、全民健身日、"行走大运河"全民健身健步走、中国农民丰收节、群众冬季运动推广普及等主题活动。巩固拓展"三亿人参与冰雪运动"成果，大力发展"三大球"运动，推动县域足球推广普及。制定运动项目办赛指南和参赛指引，举办运动项目业余联赛，普及运动项目文化，发展运动项目人口。支持举办各类残疾人体育赛事，开展残健融合体育健身活动。支持各地利用自身资源优势培育全民健身赛事活动品牌，鼓励京津冀、长三角、粤港澳大湾区、成渝地区双城经济圈等区域联合打造全民健身赛事活动品牌，促进区域间全民健身协同发展。

（五）提升科学健身指导服务水平。落实国民体质监测、国家体育锻炼标准和全民健身活动状况调查制度。开设线上科学健身大讲堂。鼓励体育明星等体育专业技术人才参加健身科普活动。征集推广体育科普作品，促进科学健身知识、方法的研究和普及。制定面向大众的体育运动水平等级标准及评定体系。深化社会体育指导员管理制度改革，适当降低准入门槛，扩大队伍规模，提高指导服务率和科学健身指导服务水平。弘扬全民健身志愿服务精神，开展线上线下志愿服务，推出具有地方特色的全民健身志愿服务项目，打造全民健身志愿服务品牌。

（六）激发体育社会组织活力。完善以各级体育总会为枢纽，各级各类单项、行业和人群体育协会为支撑，基层体育组织为主体的全民健身组织网络。重点加强基层体育组织建设，鼓励体育总会向乡镇（街道）延伸、各类体育社会组织下沉行政村（社区）。加大政府购买体育社会组织服务力度，引导体育社会组织参与承接政府购买全民健身公共服务。对队伍稳定、组织活跃、专业素养高的"三大球"、乒乓球、羽毛球、骑行、跑步等自发性全民健身社会组织给予场地、教练、培训、等级评定等支持。将运动项目推广普及作为单项体育协会的主要评价指标。

（七）促进重点人群健身活动开展。实施青少年体育活动促进计划，推进青少年体育"健康包"工程，开展针对青少年近视、肥胖等问题的体育干预，合理调整适合未成年人使用的设施器材标准，在配备公共体育设施的社区、公园、绿地等公共场所，配备适合学龄前儿童大动作发展和身体锻炼的设备设施。提高健身设施适老化程度，研究推广适合老年人的体育健身休闲项目，组织开展适合老年人的赛事活动。完善公共健身设施无障碍环境，开展残疾人康复健身活动。推动农民、妇女等人群健身活动开展。

（八）推动体育产业高质量发展。优化产业结构，加快形成以健身休闲和竞赛表演为龙头、高端制造业与现代服务业融合发展的现代体育产业体系。推进体育产业数字化转型，鼓励体育企业"上云用数赋智"，推动数据赋能全产业链协同转型。促进体育资源向优质企业集中，在健身设施供给、赛事活动组织、健身器材研发制造等领域培育一批"专精特新"中小企业、"瞪羚"企业和"隐形冠军"企业，鼓励有条件企业以单项冠军企业为目标做强做优做大。大力发展运动项目产业，积极培育户外运动、智能体育等体育产业，催生更多新产品、新业态、新模式。在国家体育消费试点城市基础上，择优确定一批国家体育消费示范城市，充分发挥试点城市、示范城市作用，鼓励各地创新体育消费政策、机制、模式、产品，加大优质体育产品和服务供给，促进高端体育消费回流。

（九）推进全民健身融合发展。深化体教融合。完善学校体育教学模式，保障学生每天校内、校外各1个小时体育活动时间。整合各级各类青少年体育赛事，健全分学段、跨区域的青少年体育赛事体系。加大体育传统特色学校、各级各类体校和高校高水平运动队建设力度，大力培养体育教师和教练员队伍。规范青少年体育社会组织建设，鼓励支持青少年体育俱乐部发展。

推动体卫融合。探索建立体育和卫生健康等部门协同、全社会共同参与的运动促进健康模式。推动体卫融合服务机构向基层覆盖延伸，支持在社区医疗卫生机构中设立科学健身门诊。推进体卫融合理论、科技和实践创新，推广常见慢性病运动干预项目和方法。推广体卫融合发展典型经验。

促进体旅融合。通过普及推广冰雪、山地户外、航空、水上、马拉松、自行车、汽车摩托车等户外运动项目，建设完善相关设施，拓展体育旅游产品和服务供给。打造一批有影响力的体育旅游精品线路、精品赛事和示范基地，引导国家体育旅游示范区建设，助力乡村振兴。

（十）营造全民健身社会氛围。普及全民健身文化，加大公益广告创作和投放力度，大力弘扬体育精神，讲好群众健身故事。强化全民健身激励，探索建立全国统一的"运动银行"制度和个人运动码，开发标准统一的科学运动积分体系，向国家体育锻炼标准和体育运动水平等级标准达标者颁发证书，鼓励向群众发放体育消费券。开展全民运动健身模范市和模范县（市、区）创建。加强全民健身国际交流，与共建"一带一路"国家共同举办全民健身赛事活动，推动武术、龙舟、围棋、健身气功等中华传统体育项目"走出去"，鼓励支持各地与国外友好城市进行全民健身交流。

三、保障措施

（十一）加强组织领导。加强党对全民健身工作的全面领导，发挥各级人民政府全民健身工作联席会议作用，推动完善政府主导、社会协同、公众参与、法治保障的全民健身工作机制。县级以上地方人民政府应将全民健身事业纳入本级经济社会发展规划，制定出台本地区全民健身实施计划，完善多元投入机制，鼓励社会力量参与全民健身公共服务体系建设。体育总局要会同有关部门对各省（自治区、直辖市）人民政府贯彻落实情况进行跟踪评估和督促指导。

（十二）壮大全民健身人才队伍。创新全民健身人才培养模式，发挥互联网等科技手段在人才培训中的作用。加强健身指导、组织管理、科技研发、宣传推广、志愿服务等方面的人才培养供给。畅通各类培养渠道，引导扶持社会力量参与全民健身人才培养，形成多元化的全民健身人才培养体系和科学评价机制。积极稳妥推进指导群众健身的教练员职称评定工作。

（十三）加强全民健身安全保障。对各类健身设施的安全运行加强监管，鼓励在公共体育场馆配置急救设备，确保各类公共体育设施开放服务达到防疫、应急、疏散、产品质量和消防安全标准。建立全民健身赛事活动安全防范、应急保障机制。建立户外运动安全分级管控体系。落实网络安全等级保护制度，加强全民健身相关信息系统安全保护和个人信息保护。坚持防控为先，坚持动态调整，统筹赛事活动举办和新冠肺炎疫情防控。

（十四）提供全民健身智慧化服务。推动线上和智能体育赛事活动开展，支持开展智能健身、云赛事、虚拟运动等新兴运动。开发国家社区体育活动管理服务系统，建设国家全民健身信息服务平台和公共体育设施电子地图，推动省、市两级建立全民健身信息服务平台，提供健身设施查询预定、体育培训报名、健身指导等服务，逐步形成信息发布及时、服务获取便捷、信息反馈高效的全民健身智慧化服务机制。

国务院办公厅关于推进基层综合性文化服务中心建设的指导意见[①]

(2015年10月2日)

各省、自治区、直辖市人民政府，国务院各部委、各直属机构：

为贯彻落实《中共中央办公厅、国务院办公厅关于加快构建现代公共文化服务体系的意见》精神，推进基层公共文化资源有效整合和统筹利用，提升基层公共文化设施建设、管理和服务水平，经国务院同意，现就推进基层综合性文化服务中心建设提出如下意见。

一、推进基层综合性文化服务中心建设的重要性和紧迫性

基层是公共文化服务的重点和薄弱环节。近年来，我国公共文化服务体系建设加快推进，公共文化设施网络建设成效明显，基层公共文化设施条件得到较大改善。但随着我国新型工业化、信息化、城镇化和农业现代化进程加快，城市流动人口大幅增加，基层群众的精神文化需求呈现出多层次、多元化特点，现有的基层文化设施和服务已难以满足广大人民群众的实际需要。一是基层特别是农村公共文化设施总量不足、布局不合理。尤其在西部地区和老少边穷地区，基层文化设施不足的问题突出。二是面向基层的优秀公共文化产品供给不足，特别是内容健康向上、形式丰富多彩、群众喜闻乐见的文化产品种类和数量少，服务质量参差不齐。三是由于缺少统筹协调和统一规划，公共文化资源难以有效整合，条块分割、重复建设、多头管理等问题普遍存在，基层公共文化设施功能不健全、管理不规范、服务效能低等问题仍较突出，总量不足与资源浪费问题并存，难以发挥出整体效益。

党的十八届三中全会明确提出"建设综合性文化服务中心"的改革任务。推进基层综合性文化服务中心建设，有利于完善基层公共文化设施网络，补齐短板，打通公共文化服务的"最后一公里"；有利于增加基层公共文化产品和服务供给，丰富群众精神文化生活，充分发挥文化凝聚人心、增进认同、化解矛盾、促进和谐的积极作用；有利于统筹利用资源，促进共建共享，提升基层公共文化服务效能。要从战略和全局的高度，充分认识加强基层综合性文化服务中心建设的重要性和紧迫性，增强责任感和使命感，为巩固基层文化阵地、全面建成小康社会奠定坚实基础。

二、指导思想、基本原则和工作目标

（一）指导思想。全面贯彻党的十八大和十八届二中、三中、四中全会精神，按照党中央、国务院决策部署，以保障群众基本文化权益为根本，以强化资源整合、创新管理机制、提升服务效能为重点，因地制宜推进基层综合性文化服务中心建设，把服务群众同教育引导群众结合起来，把满足需求同提高素养结合起来，促进基本公共文化服务

[①] 国办发〔2015〕74号。

标准化均等化，使基层公共文化服务得到全面加强和提升，为实现"两个一百年"奋斗目标和中华民族伟大复兴中国梦提供精神动力和文化条件。

（二）基本原则。

坚持导向，服务大局。发挥基层综合性文化服务中心在宣传党的理论和路线方针政策、培育社会主义核心价值观、弘扬中华优秀传统文化等方面的重要作用，推动人们形成向上向善的精神追求和健康文明的生活方式，用先进文化占领基层文化阵地。

以人为本，对接需求。把保障人民群众基本文化权益作为工作的出发点和落脚点，把群众满意度作为检验工作的首要标准，建立健全群众需求反馈机制，促进供需有效对接，真正把综合性文化服务中心建成服务基层、惠及百姓的民心工程。

统筹规划，共建共享。以中西部地区和老少边穷地区为重点，从城乡基层实际出发，发挥基层政府的主导作用，加强规划指导，科学合理布局，整合各级各类面向基层的公共文化资源和服务，促进优化配置、高效利用，形成合力。

因地制宜，分类指导。综合考虑不同地区的经济发展水平、人口变化、文化特点和自然条件等因素，坚持试点先行，及时总结不同地区建设经验，发挥典型示范作用，推动各地形成既有共性又有特色的建设发展模式。

改革创新，提升效能。围绕建设、管理、使用等关键环节，改革管理体制和运行机制，创新基层公共文化服务的内容和形式，鼓励社会参与和群众自我服务，提高综合服务效益。

（三）工作目标。到2020年，全国范围的乡镇（街道）和村（社区）普遍建成集宣传文化、党员教育、科学普及、普法教育、体育健身等功能于一体，资源充足、设备齐全、服务规范、保障有力、群众满意度较高的基层综合性公共文化设施和场所，形成一套符合实际、运行良好的管理体制和运行机制，建立一支扎根基层、专兼职结合、综合素质高的基层文化队伍，使基层综合性文化服务中心成为我国文化建设的重要阵地和提供公共服务的综合平台，成为党和政府联系群众的桥梁和纽带，成为基层党组织凝聚、服务群众的重要载体。

三、加强基层综合性文化服务中心建设

（四）科学规划，合理布局。在全面掌握基层公共文化设施存量和使用状况的基础上，衔接国家和地方经济社会发展总体规划、土地利用总体规划、城乡规划以及其他相关专项规划，根据城乡人口发展和分布，按照均衡配置、规模适当、经济适用、节能环保等要求，合理规划布局公共文化设施。

（五）加强基层综合性文化设施建设。落实《国家基本公共文化服务指导标准（2015—2020年）》，进一步完善基层综合性文化设施建设标准，加大建设力度。基层综合性文化服务中心主要采取盘活存量、调整置换、集中利用等方式进行建设，不搞大拆大建，凡现有设施能够满足基本公共文化需求的，一律不再进行改扩建和新建。乡镇（街道）综合性文化设施重在完善和补缺，对个别尚未建成的进行集中建设。村（社区）综合性文化服务中心主要依托村（社区）党组织活动场所、城乡社区综合服务设施、文化活动室、闲置中小学校、新建住宅小区公共服务配套设施以及其他城乡综合公共服务设施，在明确产权归属、保证服务接续的基础上进行集合建设，并配备相应器材设备。

（六）加强文体广场建设。与乡镇（街道）和村（社区）综合性文化设施相配套，按照人口规模和服务半径，建设选址适中、与地域条件相协调的文体广场，偏远山区不具备建设条件的，可酌情安排。文体广场要建设阅报栏、电子阅报屏和公益广告牌，并加强日常维护，及时更新内容。配备体育健身设施和灯光音响设备等，有条件的可搭建戏台舞台。

四、明确功能定位

（七）向城乡群众提供基本公共文化服务。着眼于保障群众的基本文化权益，按照《国家基本公共文化服务指导标准（2015—2020年）》和各地实施标准，由县级人民政府结合自身财力和群众文化需求，制定本地基层综合性文化服务中心基本服务项目目录（以下简称"服务目录"），重点围绕文艺演出、读书看报、广播电视、电影放映、文体活动、展览展示、教育培训等方面，设置具体服务项目，明确服务种类、数量、规模和质量要求，实现"软件"与"硬件"相适应、服务与设施相配套，为城乡居民提供大致均等的基本公共文化服务。

（八）整合各级各类面向基层的公共文化资源。发挥基层综合性文化服务中心的终端平台优势，整合分布在不同部门、分散孤立、用途单一的基层公共文化资源，实现人、财、物统筹使用。以基层综合性文化服务中心为依托，推动文化信息资源共建共享，提供数字图书馆、数字文化馆和数字博物馆等公共数字文化服务；推进广播电视户户通，提供应急广播、广播电视器材设备维修、农村数字电影放映等服务；推进县域内公共图书资源共建共享和一体化服务，加强村（社区）及薄弱区域的公共图书借阅服务，整合农家书屋资源，设立公共图书馆服务体系基层服务点，纳入基层综合性文化服务中心管理和使用；建设基层体育健身工程，组织群众开展体育健身活动等。同时，加强文化体育设施的综合管理和利用，提高使用效益。

（九）开展基层党员教育工作。结合推进基层组织建设，把基层综合性文化服务中心作为加强思想政治工作、开展党员教育的重要阵地，发挥党员干部现代远程教育网络以及文化信息资源共享工程基层服务点、社区公共服务综合信息平台等基层信息平台的作用，广泛开展政策宣讲、理论研讨、学习交流等党员教育活动。

（十）配合做好其他公共服务。按照功能综合设置的要求，积极开展农民科学素质行动、社区居民科学素质行动、法治宣传教育和群众性法治文化活动，提高基层群众的科学素养和法律意识。要结合当地党委和政府赋予的职责任务，与居民自治、村民自治等基层社会治理体系相结合，根据实际条件，开展就业社保、养老助残、妇儿关爱、人口管理等其他公共服务和社会管理工作，推广一站式、窗口式、网络式综合服务，简化办事流程，集中为群众提供便捷高效的服务。

五、丰富服务内容和方式

（十一）广泛开展宣传教育活动。围绕新时期党和国家的重大改革措施及惠民政策，采取政策解读、专题报告、百姓论坛等多种方式，开展基层宣传教育，使群众更好地理解、支持党委和政府工作；开展社会主义核心价值观学习教育和中国梦主题教育实践，推进文明村镇、文明社区创建和乡贤文化建设，利用宣传栏、展示墙、文化课堂、道德讲堂以及网络平台等方式开展宣传，举办道德模范展览展示、巡讲巡演活动，通过以身边人讲身边事、身边事教身边人的方式，培养群众健康的生活方式和高尚的道德情操，引领社会文明风尚；弘扬中华优秀传统文化，利用当地特色历史文化资源，加强非物质文化遗产传承保护和民间文化艺术之乡创建，开展非物质文化遗产展示、民族歌舞、传统体育比赛等民族民俗活动，打造基层特色文化品牌；积极开展艺术普及、全民阅读、法治文化教育、科学普及、防灾减灾知识技能和就业技能培训等，传播科学文化知识，提高群众综合素质。

（十二）组织引导群众文体活动。支持群众自办文化，依托基层综合性文化服务中心，兴办读书社、书画社、乡村文艺俱乐部，组建演出团体、民间文艺社团、健身团队以及个体放映队等。结合中华传统节日、重要节假日和重大节庆活动等，通过组织开展读书征文、文艺演出、经典诵读、书画摄影比赛、体育健身竞赛等文体活动，吸引更多群众参与。加强对广场舞等群众文体活动的引导，推进广场文化健康、规范、有序发展。工会、共青团、妇联等群团组织保持和增强群众性，以基层综合性文化服务中心为载体开展职工文化交流、青少年课外实践和妇女文艺健身培训等丰富多彩的文体活动，引导所联系群众继承和弘扬中华优秀传统文化，自觉培育和践行社会主义核心价值观。

（十三）创新服务方式和手段。畅通群众文化需求反馈渠道，根据服务目录科学设置"菜单"，采取"订单"服务方式，实现供需有效对接。实行错时开放，提高利用效率。为老年人、未成年人、残疾人、农民工和农村留守妇女儿童等群体提供有针对性的文化服务，推出一批特色服务项目。广泛开展流动文化服务，把基层综合性文化服务中心建成流动服务点，积极开展文化进社区、进农村和区域文化互动交流等活动。充分发挥互联网等现代信息技术优势，利用公共数字文化项目和资源，为基层群众提供数字阅读、文化娱乐、公共信息和技能培训等服务。推广文化体育志愿服务，吸纳更多有奉献精神和文体技能的普通群众成为志愿者，在城乡社区就近就便开展志愿服务活动。探索国家和省级文化体育等相关机构与基层综合性文化服务中心的对口帮扶机制，推动国家及省级骨干文艺团体与基层综合性文化服务中心"结对子"。

六、创新基层公共文化运行管理机制

（十四）强化政府的主导作用。县（市、区）人民政府在推进基层综合性文化服务中心建设中承担主体责任，要实事求是确定存量改造和增量建设任务，把各级各类面向基层的公共文化资源纳入到支持基层综合性文化服务中心建设发展上来；宣传文化部门要发挥牵头作用，加强协调指导，及时研究解决建设中存在的问题；各相关部门要立足职责、分工合作；公共文化体育机构要加强业务指导，共同推动工作落实。

（十五）建立健全管理制度。加强对乡镇（街道）综合文化站的管理，制定乡镇（街道）综合文化站服务规范。建立村（社区）综合性文化服务中心由市、县统筹规划，乡镇（街道）组织推进，村（社区）自我管理的工作机制。结合基本公共文化服务标准化建设，重点围绕基层综合性文化服务中心的功能定位、运行方式、服务规范、人员管理、经费投入、绩效考核、奖惩措施等重点环节，建立健全标准体系和内部管理制度，形成长效机制，实现设施良性运转、长期使用和可持续发展。严格安全管理制度，制定突发事件应急预案，及时消除各类安全隐患。

（十六）鼓励群众参与建设管理。在村（社区）党组织的领导下，发挥村委会和社区居委会的群众自治组织作用，引导城乡居民积极参与村（社区）综合性文化服务中心的建设使用，加强群众自主管理和自我服务。健全民意表达机制，依托社区居民代表会议、村民代表会议和村民小组会议等，开展形式多样的民主协商，对基层综合性文化服务中心建设发展的重要事项，充分听取群众意见建议，保证过程公开透明，接受群众监督。

（十七）探索社会化建设管理模式。加大政府向社会力量购买公共文化服务力度，拓宽社会供给渠道，丰富基层公共文化服务内容。鼓励支持企业、社会组织和其他社会力量，通过直接投资、赞助活动、捐助设备、资助项目、提供产品和服务，以及采取公益创投、公益众筹等方式，参与基层综合性文化服务中心建设管理。率先在城市探索开展社会化运营试点，通过委托或招投标等方式吸引有实力的社会组织和企业参与基层文化设施的运营。

七、加强组织实施

（十八）制定实施方案。各省（区、市）政府要把加强基层综合性文化服务中心建设发展作为构建现代公共文化服务体系的重要内容，对接相关规划，结合本地实际，尽快制定实施方案，明确总体思路、具体举措和时间安排。市、县两级政府要结合农村社区建设、扶贫开发、美丽乡村建设等工作，抓紧制定落实方案。

（十九）坚持试点先行。要稳步推进，先期确定一批基础条件较好的地方和部分中西部贫困地区进行试点，并逐步在全国范围推广实施。支持试点地区因地制宜探索符合本地实际、具有推广价值的基层综合性文化服务中心建设发展模式，创新服务内容和提供方式，拓宽优秀公共文化产品和服务供给渠道。

（二十）加大资金保障。地方各级政府要根据实际需要和相关标准，将基层综合性文化服务中心建设所需资金纳入财政预算。中央和省级财政统筹安排一般公共预算和政府性基金预算，通过转移支付对革命老区、民族地区、边疆地区、贫困地区基层综合性文化服务中心设备购置和提供基本公共文化服务所需资金予以补助，同时对绩效评价结果优良的地区予以奖励。发挥政府投入的带动作用，落实对社会力量参与公共文化服务的各项优惠政策，鼓励和引导社会资金支持基层综合性文化服务中心建设。

（二十一）加强队伍建设。乡镇（街道）综合文化站按照中央有关规定配备工作人员，村（社区）综合性文化服务中心由"两委"确定1名兼职工作人员，同时通过县、乡两级统筹和购买服务等方式解决人员不足问题。推广部分地方基层文化体育设施设立文化管理员、社会体育指导员等经验。鼓励"三支一扶"大学毕业生、大学生村官、志愿者等专兼职从事基层综合性文化服务中心管理服务工作。加强业务培训，乡镇（街道）和村（社区）文化专兼职人员每年参加集中培训时间不少于5天。

（二十二）开展督促检查。把基层综合性文化服务中心建设纳入政府公共文化服务考核指标。由各级文化行政部门会同有关部门建立动态监测和绩效评价机制，对基层综合性文化服务中心建设使用情况进行督促检查，及时协调解决工作中的各种问题。同时，引入第三方开展公众满意度测评。对基层综合性文化服务中心建设、管理和使用中群众满意度较差的地方要进行通报批评，对好的做法和经验及时总结、推广。

国务院办公厅关于强化学校体育促进学生身心健康全面发展的意见[①]

(2016年4月21日)

各省、自治区、直辖市人民政府,国务院各部委、各直属机构:

强化学校体育是实施素质教育、促进学生全面发展的重要途径,对于促进教育现代化、建设健康中国和人力资源强国,实现中华民族伟大复兴的中国梦具有重要意义。党中央、国务院高度重视学校体育,党的十八届三中全会作出了强化体育课和课外锻炼的重要部署,国务院对加强学校体育提出明确要求。近年来,各地、各部门不断出台政策措施,加快推进学校体育,大力开展阳光体育运动,学校体育工作取得积极进展。但总体上看,学校体育仍是整个教育事业相对薄弱的环节,对学校体育重要性认识不足、体育课和课外活动时间不能保证、体育教师短缺、场地设施缺乏等问题依然突出,学校体育评价机制亟待建立,社会力量支持学校体育不够,学生体质健康水平仍是学生素质的明显短板。为进一步推动学校体育改革发展,促进学生身心健康、体魄强健,经国务院同意,现提出如下意见:

一、总体要求

(一)指导思想。全面贯彻落实党的十八大、十八届三中、四中、五中全会和习近平总书记系列重要讲话精神,全面贯彻党的教育方针,按照《国家中长期教育改革和发展规划纲要(2010—2020年)》的要求,以"天天锻炼、健康成长、终身受益"为目标,改革创新体制机制,全面提升体育教育质量,健全学生人格品质,切实发挥体育在培育和践行社会主义核心价值观、推进素质教育中的综合作用,培养德智体美全面发展的社会主义建设者和接班人。

(二)基本原则。

坚持课堂教学与课外活动相衔接。保证课程时间,提升课堂教学效果,强化课外练习和科学锻炼指导,调动家庭、社区和社会组织的积极性,确保学生每天锻炼一小时。

坚持培养兴趣与提高技能相促进。遵循教育和体育规律,以兴趣为引导,注重因材施教和快乐参与,重视运动技能培养,逐步提高运动水平,为学生养成终身体育锻炼习惯奠定基础。

坚持群体活动与运动竞赛相协调。面向全体学生,广泛开展普及性体育活动,有序开展课余训练和运动竞赛,积极培养体育后备人才,大力营造校园体育文化,全面提高学生体育素养。

坚持全面推进与分类指导相结合。强化政府责任,统一基本标准,因地因校制宜,积极稳妥推进,鼓励依据民族特色和地方传统,大胆探索创新,不断提高学校体育工作水平。

[①] 国办发〔2016〕27号。

（三）工作目标。到2020年，学校体育办学条件总体达到国家标准，体育课时和锻炼时间切实保证，教学、训练与竞赛体系基本完备，体育教学质量明显提高；学生体育锻炼习惯基本养成，运动技能和体质健康水平明显提升，规则意识、合作精神和意志品质显著增强；政府主导、部门协作、社会参与的学校体育推进机制进一步完善，基本形成体系健全、制度完善、充满活力、注重实效的中国特色学校体育发展格局。

二、深化教学改革，强化体育课和课外锻炼

（四）完善体育课程。以培养学生兴趣、养成锻炼习惯、掌握运动技能、增强学生体质为主线，完善国家体育与健康课程标准，建立大中小学体育课程衔接体系。各地中小学校要按照国家课程方案和课程标准开足开好体育课程，严禁削减、挤占体育课时间。有条件的地方可为中小学增加体育课时。高等学校要为学生开好体育必修课或选修课。科学安排课程内容，在学生掌握基本运动技能的基础上，根据学校自身情况，开展运动项目教学，提高学生专项运动能力。大力推动足球、篮球、排球等集体项目，积极推进田径、游泳、体操等基础项目及冰雪运动等特色项目，广泛开展乒乓球、羽毛球、武术等优势项目。进一步挖掘整理民族民间体育，充实和丰富体育课程内容。

（五）提高教学水平。体育教学要加强健康知识教育，注重运动技能学习，科学安排运动负荷，重视实践练习。研究制定运动项目教学指南，让学生熟练掌握一至两项运动技能，逐步形成"一校一品""一校多品"教学模式，努力提高体育教学质量。关注学生体育能力和体质水平差异，做到区别对待、因材施教。研究推广适合不同类型残疾学生的体育教学资源，提高特殊教育学校和对残疾学生的体育教学质量，保证每个学生接受体育教育的权利。支持高等学校牵头组建运动项目全国教学联盟，为中小学开展教改试点提供专业支撑，促进中小学提升体育教学水平。充分利用现代信息技术手段，开发和创新体育教学资源，不断增强教学吸引力。鼓励有条件的单位设立全国学校体育研究基地，开展理论和实践研究，提高学校体育科学化水平。

（六）强化课外锻炼。健全学生体育锻炼制度，学校要将学生在校内开展的课外体育活动纳入教学计划，列入作息时间安排，与体育课教学内容相衔接，切实保证学生每天一小时校园体育活动落到实处。幼儿园要遵循幼儿年龄特点和身心发展规律，开展丰富多彩的体育活动。中小学校要组织学生开展大课间体育活动，寄宿制学校要坚持每天出早操。高等学校要通过多种形式组织学生积极参加课外体育锻炼。职业学校在学生顶岗实习期间，要注意安排学生的体育锻炼时间。鼓励学生积极参加校外全民健身运动，中小学校要合理安排家庭"体育作业"，家长要支持学生参加社会体育活动，社区要为学生体育活动创造便利条件，逐步形成家庭、学校、社区联动，共同指导学生体育锻炼的机制。组织开展全国学校体育工作示范校创建活动，各地定期开展阳光体育系列活动和"走下网络、走出宿舍、走向操场"主题群众性课外体育锻炼活动，坚持每年开展学生冬季长跑等群体性活动，形成覆盖校内外的学生课外体育锻炼体系。

三、注重教体结合，完善训练和竞赛体系

（七）开展课余训练。学校应通过组建运动队、代表队、俱乐部和兴趣小组等形式，积极开展课余体育训练，为有体育特长的学生提供成才路径，为国家培养竞技体育后备人才奠定基础。要根据学生年龄特点和运动训练规律，科学安排训练计划，妥善处理好文化课学习和训练的关系，全面提高学生身体素质，打好专项运动能力基础，不断提高课余运动训练水平。办好体育传统项目学校，充分发挥其引领示范作用。

（八）完善竞赛体系。建设常态化的校园体育竞赛机制，广泛开展班级、年级体育比赛，学校每年至少举办一次综合性运动会或体育节，通过丰富多彩的校园体育竞赛，吸引广大学生积极参加体育锻炼。制定学校体育课余训练与竞赛管理办法，完善和规范学生体育竞赛体制，构建县、市、省、国家四级竞赛体系。各地要在整合赛事资源的基础上，系统设计并构建相互衔接的学生体育竞赛体系，积极组织开展区域内竞赛活动，定期举办综合性学生运动会。推动开展跨区域学校体育竞赛活动，全国学生运动会每三年举办一届。通过完善竞赛选拔机制，畅通学生运动员进入各级专业运动队、代表队的渠道。

四、增强基础能力，提升学校体育保障水平

（九）加强体育教师队伍建设。加强师德建设，增强广大体育教师特别是乡村体育教师的职业荣誉感，坚定长期致力于体育教育事业的理想与信心。各地要利用现有政策和渠道，按标准配齐体育教师和体育教研人员。办好高等学校体育教育专业，培养合格体育教师。鼓励优秀教练员、退役运动员、社会体育指导员、有体育特长的志愿人员兼任体育教师。实施体育教师全员培训，着力培养一大批体育骨干教师和体育名师等领军人才，中小学教师国家级培训计划（国培计划）重点加强中西部乡村教师培训，提升特殊教育体育教师水平。科学合理确定体育教师工作量，把组织开展课外活动、学生体质健康测试、课余训练、比赛等纳入教学工作量。保障体育教师在职称（职务）评聘、福利待遇、评优表彰、晋级晋升等方面与其他学科教师同等待遇。高等学校要完善符合体育学科特点的体育教师工作考核和职称（职务）评聘办法。

（十）推进体育设施建设。各地要按照学校建设标准、设计规范，充分利用多种资金渠道，加大对学校体育设施建设的支持力度。把学校体育设施列为义务教育学校标准化建设的重要内容，以保基本、兜底线为原则，建设好学校体育场地设施、配好体育器材，为体育教师配备必要的教学装备。进一步完善制度，积极推动公共体育场馆设施为学校体育提供服务，向学生免费或优惠开放，推动有条件的学校体育场馆设施在课后和节假日对本校师生和公众有序开放，充分利用青少年活动中心、少年宫、户外营地等资源开展体育活动。

（十一）完善经费投入机制。各级政府要切实加大学校体育经费投入力度，地方各级人民政府在安排财政转移支付资金和本级财力时要对学校体育给予倾斜。各级教育部门要根据需求将学校体育工作经费纳入年度预算，学校要保障体育工作的经费需求。鼓励和引导社会资金支持发展学校体育，多渠道增加学校体育投入。

（十二）健全风险管理机制。健全学校体育运动伤害风险防范机制，保障学校体育

工作健康有序开展。对学生进行安全教育，培养学生安全意识和自我保护能力，提高学生的伤害应急处置和救护能力。加强校长、教师及有关管理人员培训，提高学校体育从业人员运动风险管理意识和能力。学校应当根据体育器材设施及场地的安全风险进行分类管理，定期开展检查，有安全风险的应当设立明显警示标志和安全提示。完善校方责任险，探索建立涵盖体育意外伤害的学生综合保险机制。鼓励各地政府试点推行学生体育安全事故第三方调解办法。

（十三）整合各方资源支持学校体育。完善政策措施，采取政府购买体育服务等方式，逐步建立社会力量支持学校体育发展的长效机制，引导技术、人才等资源服务学校体育教学、训练和竞赛等活动。鼓励专业运动队、职业体育俱乐部定期组织教练员、运动员深入学校指导开展有关体育活动。支持学校与科研院所、社会团体、企业等开展广泛合作，提升学校体育工作水平。加深同港澳台青少年体育活动的合作。加强学校体育国际交流。

五、加强评价监测，促进学校体育健康发展

（十四）完善考试评价办法。构建课内外相结合、各学段相衔接的学校体育考核评价体系，完善和规范体育运动项目考核和学业水平考试，发挥体育考试的导向作用。体育课程考核要突出过程管理，从学生出勤、课堂表现、健康知识、运动技能、体质健康、课外锻炼、参与活动情况等方面进行全面评价。中小学要把学生参加体育活动情况、学生体质健康状况和运动技能等级纳入初中、高中学业水平考试，纳入学生综合素质评价体系。各地要根据实际，科学确定初中毕业升学体育考试分值或等第要求。实施高考综合改革试点的省（区、市），在高校招生录取时，把学生体育情况作为综合素质评价的重要内容。学校体育测试要充分考虑残疾学生的特殊情况，体现人文关怀。修订体育教育本科专业学生普通高考体育测试办法，提高体育技能考核要求。制定普通高校高水平运动队建设实施意见，规范高水平运动员招生。

（十五）加强体育教学质量监测。明确体育课程学业质量要求，制定学生运动项目技能等级评定标准和高等学校体育学类专业教学质量国家标准，促进学校体育教学质量稳步提升。建立中小学体育课程实施情况监测制度，定期开展体育课程国家基础教育质量监测。建立健全学生体质健康档案，严格执行《国家学生体质健康标准》，将其实施情况作为构建学校体育评价机制的重要基础，确保测试数据真实性、完整性和有效性。鼓励各地运用现代化手段对体育课质量进行监测、监控或对开展情况进行公示。

六、组织实施

（十六）加强组织领导。各地要把学校体育工作纳入经济社会发展规划，加强统筹协调，落实管理责任，并结合当地实际，研究制定加强学校体育工作的具体实施方案，切实抓紧抓好。进一步加强青少年体育工作部际联席会议制度，强化国务院有关部门在加强青少年体育工作中的责任，按照职责分工，落实好深化学校体育改革的各项任务。

（十七）强化考核激励。各地要把学校体育工作列入政府政绩考核指标、教育行政部门与学校负责人业绩考核评价指标。对成绩突出的单位、部门、学校和个人进行表彰。加强学校体育督导检查，建立科学的专项督查、抽查、公告制度和行政问责机制。

对学生体质健康水平持续三年下降的地区和学校，在教育工作评估中实行"一票否决"。教育部要会同有关部门定期开展学校体育专项检查，建立约谈有关主管负责人的机制。

（十八）营造良好环境。通过多种途径，充分利用报刊、广播、电视及网络等手段，加强学校体育工作新闻宣传力度，总结交流典型经验和有效做法，传播科学的教育观、人才观和健康观，营造全社会关心、重视和支持学校体育的良好氛围。

"十三五"推进基本公共服务均等化规划①(摘录)

(2017年1月23日)

基本公共服务是由政府主导、保障全体公民生存和发展基本需要、与经济社会发展水平相适应的公共服务。基本公共服务均等化是指全体公民都能公平可及地获得大致均等的基本公共服务,其核心是促进机会均等,重点是保障人民群众得到基本公共服务的机会,而不是简单的平均化。享有基本公共服务是公民的基本权利,保障人人享有基本公共服务是政府的重要职责。推进基本公共服务均等化,是全面建成小康社会的应有之义,对于促进社会公平正义、增进人民福祉、增强全体人民在共建共享发展中的获得感、实现中华民族伟大复兴的中国梦,都具有十分重要的意义。

本规划依据《中华人民共和国国民经济和社会发展第十三个五年规划纲要》编制,是"十三五"及至更长一段时期推进基本公共服务体系建设的综合性、基础性、指导性文件。

第一章 规划背景

第一节 发展基础

"十二五"以来,我国已初步构建起覆盖全民的国家基本公共服务制度体系,各级各类基本公共服务设施不断改善,国家基本公共服务项目和标准得到全面落实,保障能力和群众满意度进一步提升。截至2015年,义务教育均衡发展深入推进,国民受教育机会显著增加,九年义务教育巩固率达到93%,进城务工人员随迁子女在流入地公办学校就读的比例超过80%;实施就业优先战略,公共就业创业服务和职业培训不断强化,全国就业人员达到77451万人,劳动者参加就业技能培训后就业率平均达70%以上;覆盖城乡的社会保障体系进一步健全,城乡居民养老保险制度实现整合,保障水平稳步提高,社会服务体系继续完善,临时救助制度全面实施,残疾人小康进程加快推进;基本公共卫生服务项目增加到12类,全民医保体系加快健全,基本医保参保率超过95%,大病保险覆盖全部城乡居民医保参保人员,国家基本公共卫生服务经费和城乡居民基本医疗保险补助标准分别提高到每人每年40元和380元,人民健康水平总体上达到中高收入国家平均水平;城镇保障性安居工程和农村危房改造力度加大,全国累计开工城镇保障性安居工程住房4013万套、其中改造棚户区住房2191万套,改造农村危房1794万户;现代公共文化服务体系建设积极推进,农村公共文化服务能力增强,全民健身活动蓬勃开展,广播、电视人口综合覆盖率均达到98%。

同时,我国基本公共服务还存在规模不足、质量不高、发展不平衡等短板,突出表

---

① 经《国务院关于印发〈"十三五"推进基本公共服务均等化规划〉的通知》(国发〔2017〕9号)公布。

现在：城乡区域间资源配置不均衡，硬件软件不协调，服务水平差异较大；基层设施不足和利用不够并存，人才短缺严重；一些服务项目存在覆盖盲区，尚未有效惠及全部流动人口和困难群体；体制机制创新滞后，社会力量参与不足。

第二节 发展环境

"十三五"时期是全面建成小康社会的决胜阶段，我国发展仍处于可以大有作为的重要战略机遇期，完善国家基本公共服务体系、推动基本公共服务均等化水平稳步提升，面临新的机遇和挑战。

——经济进入新常态。经济增长从高速转向中高速，经济结构深度调整，发展动力加快转换，保民生兜底线的任务更加艰巨。同时民生持续改善也会为经济发展创造更多有效需求，为推进供给侧结构性改革提供强大内生动力。

——人口形成新结构。人口总量增长势头明显减弱，劳动年龄人口减少，人口老龄化加速，老年抚养比上升，新型城镇化推动城乡人口结构变化，对公共服务供给结构、资源布局、覆盖人群等带来较大影响。

——社会呈现新特征。社会结构深刻变动、利益格局深刻调整，人民群众的公平意识、民主意识、权利意识不断增强，合理引导社会预期、加快基本公共服务均等化任务更加艰巨。

——消费体现新需求。中等收入群体规模不断扩大，群众提高生活水平和改善生活质量的愿望更加强烈，消费需求更加多样化多层次，提高公共服务供给质量和水平的要求更加紧迫。

——科技孕育新突破。新一轮科技革命和产业变革正在兴起，移动互联网、物联网、大数据、云计算等技术快速发展，推动公共服务新业态不断发展、供给方式不断创新、服务模式更加丰富。

第二章 指导思想和主要目标

第一节 指导思想

高举中国特色社会主义伟大旗帜，全面贯彻党的十八大和十八届三中、四中、五中、六中全会精神，深入贯彻习近平总书记系列重要讲话精神和治国理政新理念新思想新战略，认真落实党中央、国务院决策部署，统筹推进"五位一体"总体布局和协调推进"四个全面"战略布局，牢固树立和贯彻落实新发展理念，坚持以人民为中心的发展思想，坚持以社会主义核心价值观为引领，从解决人民群众最关心最直接最现实的利益问题入手，以普惠性、保基本、均等化、可持续为方向，健全国家基本公共服务制度，完善服务项目和基本标准，强化公共资源投入保障，提高共建能力和共享水平，努力提升人民群众的获得感、公平感、安全感和幸福感，实现全体人民共同迈入全面小康社会。

——兜住底线，引导预期。立足基本国情，充分发挥基本公共服务兜底作用，牢牢把握服务项目，严格落实服务指导标准。坚持尽力而为、量力而行，合理引导社会预期，通过人人参与、人人尽力，实现人人共享。

——统筹资源，促进均等。统筹运用各领域各层级公共资源，推进科学布局、均衡配置和优化整合。加大基本公共服务投入力度，向贫困地区、薄弱环节、重点人群倾斜，推动城乡区域人群均等享有和协调发展。

——政府主责，共享发展。深化简政放权、放管结合、优化服务改革，划清政府与市场界限，增强政府基本公共服务职责，合理划分政府财政事权和支出责任，强化公共财政保障和监督问责。充分发挥市场机制作用，支持各类主体平等参与并提供服务，形成扩大供给合力。

——完善制度，改革创新。推进基本公共服务均等化、标准化、法制化，促进制度更加规范。加快转变政府职能，创新服务提供方式，消除体制机制障碍，全面提升基本公共服务质量、效益和群众满意度。

第二节 主要目标

到2020年，基本公共服务体系更加完善，体制机制更加健全，在学有所教、劳有所得、病有所医、老有所养、住有所居等方面持续取得新进展，基本公共服务均等化总体实现。

——均等化水平稳步提高。城乡区域间基本公共服务大体均衡，贫困地区基本公共服务主要领域指标接近全国平均水平，广大群众享有基本公共服务的可及性显著提高。

——标准体系全面建立。国家基本公共服务清单基本建立，标准体系更加明确并实现动态调整，各领域建设类、管理类、服务类标准基本完善并有效实施。

——保障机制巩固健全。基本公共服务供给保障措施更加完善，基层服务基础进一步夯实，人才队伍不断壮大，供给模式创新提效，可持续发展的长效机制基本形成。

——制度规范基本成型。各领域制度规范衔接配套、基本完备，服务提供和享有有规可循、有责可究，基本公共服务依法治理水平明显提升。

表1 "十三五"时期基本公共服务领域主要发展指标

指　　标	2015年	2020年	累　　计
基本公共教育			
九年义务教育巩固率（％）	93	95	—
义务教育基本均衡县（市、区）的比例[1]（％）	44.48	95	—
基本劳动就业创业			
城镇新增就业人数[2]（万人）	—	—	>5000
农民工职业技能培训（万人次）	—	—	4000
基本社会保险			
基本养老保险参保率[3]（％）	82	90	—
基本医疗保险参保率[4]（％）	—	>95	—

续表1

指　标	2015年	2020年	累计
基本医疗卫生			
孕产妇死亡率（1/10万）	20.1	18	—
婴儿死亡率（‰）	8.1	7.5	—
5岁以下儿童死亡率（‰）	10.7	9.5	—
基本社会服务			
养老床位中护理型床位比例（%）	—	30	
生活不能自理特困人员集中供养率[5]（%）	31.8	50	
基本住房保障			
城镇棚户区住房改造（万套）	—	—	2000
建档立卡贫困户、低保户、农村分散供养特困人员、贫困残疾人家庭等4类重点对象农村危房改造（万户）	—		585
基本公共文化体育			
公共图书馆年流通人次（亿）	5.89	8	—
文化馆（站）年服务人次（亿）	5.07	8	—
广播、电视人口综合覆盖率[6]（%）	>98	>99	
国民综合阅读率[7]（%）	79.6	81.6	
经常参加体育锻炼人数[8]（亿人）	3.64	4.35	
残疾人基本公共服务			
困难残疾人生活补贴和重度残疾人护理补贴覆盖率[9]（%）	—	>95	
残疾人基本康复服务覆盖率[10]（%）	—	80	

注：1. 指通过省级评估、国家认定程序认定的义务教育均衡发展县（市、区）占全国所有县（市、区）的比例。

2. 指城镇累计新就业人数减去累计自然减员人数。其中，城镇累计新就业人数是指报告期内城镇累计新就业的城镇各类单位、私营企业和个体经济组织、社区公益性岗位就业人员和各种灵活形式就业人员的总和；累计自然减员人数是指报告期内因退休、伤亡等自然原因造成的城镇累计减少的就业人员数。

3. 指按照国家有关法律和社会保险政策规定，实际参加基本养老保险的人数与法定应参加基本养老保险的人数之比。

4. 指按照国家有关法律和社会保险政策规定，实际参加基本医疗保险的人数与法定应参加基本医疗保险的人数之比。

5. 指在机构集中供养的生活不能自理特困人员与生活不能自理特困人员总数之比。

6. 指在对象区内能接收到中央、省（区、市）、市（地、州）、县（市、区）广播、电视传输机构以无线、有线、卫星等方式传输的广播、电视节目信号的人口数占对象区总人口数的比重。

7. 指全国每年有阅读行为（包括阅读书报刊物和数字出版物、手机媒体等各类读物）的人数与总人口数的比例。

8. 指每周参加体育锻炼3次及以上、每次体育锻炼持续时间30分钟及以上、每次体育锻炼的运动强度达到中等及以上的人数。

9. 指困难残疾人享受生活补贴和重度残疾人享受护理补贴的人数达到应享受补贴人数的比例。

10. 指有康复需求的残疾儿童和持证残疾人接受康复评估、手术、药物、功能训练、辅具适配等基本康复服务的比例。

第三章 国家基本公共服务制度

第一节 制度框架

国家基本公共服务制度紧扣以人为本，围绕从出生到死亡各个阶段和不同领域，以涵盖教育、劳动就业创业、社会保险、医疗卫生、社会服务、住房保障、文化体育等领域的基本公共服务清单为核心，以促进城乡、区域、人群基本公共服务均等化为主线，以各领域重点任务、保障措施为依托，以统筹协调、财力保障、人才建设、多元供给、监督评估等五大实施机制为支撑，是政府保障全民基本生存发展需求的制度性安排。

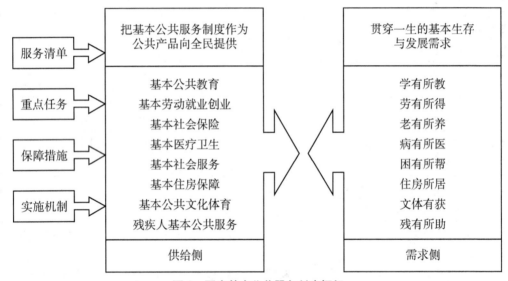

图1 国家基本公共服务制度框架

第二节 服务清单

国家建立基本公共服务清单制，依据现行法律法规和相关政策确定基本公共服务主要领域，以及各领域具体服务项目和国家基本标准，向社会公布，作为政府履行职责和公民享有相应权利的依据。《"十三五"国家基本公共服务清单》（以下简称《清单》，详见本文附件1）包括公共教育、劳动就业创业、社会保险、医疗卫生、社会服务、住房保障、公共文化体育、残疾人服务等八个领域的81个项目。每个项目均明确服务对象、服务指导标准、支出责任、牵头负责单位等。其中，服务对象是指各项目所面向的受众人群；服务指导标准是指各项目的保障水平、覆盖范围、实现程度等；支出责任是指各项目的筹资主体及承担责任;牵头负责单位是指国家层面的主要负责单位,具体落实由地方各级人民政府及有关部门、单位按职责分工负责。

《清单》是"十三五"时期实现基本公共服务均等化的重要基础,各项目服务内容和标准要在规划期内落实到位。在本规划实施过程中,可结合经济社会发展状况,按程序对《清单》具体内容进行动态调整。

第三节 实施机制

国家建立健全科学有效的基本公共服务实施机制,改善人财物等基础条件,以推动规划目标顺利实现,确保国家基本公共服务制度高效运转。

——统筹协调机制。加强中央和地方、政府和社会的互动合作,促进各级公共服务资源有效整合,形成实施合力。

——财力保障机制。拓宽资金来源,增强县级政府财政保障能力,稳定基本公共服务投入。

——人才建设机制。加强人才培养培训,强化激励约束,促进合理流动,相关政策重点向基层倾斜,不断提高服务能力和水平。

——多元供给机制。积极引导社会力量参与,推进政府购买服务,推广政府和社会资本合作(PPP)模式。

——监督评估机制。坚持目标导向和问题导向,完善信息统计收集和需求反馈机制,加强对本规划实施的动态跟踪监测,推动总结评估和督促检查。

第四章 基本公共教育

国家完善基本公共教育制度,加快义务教育均衡发展,保障所有适龄儿童、青少年平等接受教育,不断提高国民基本文化素质。本领域服务项目共8项,具体包括:免费义务教育、农村义务教育学生营养改善、寄宿生生活补助、普惠性学前教育资助、中等职业教育国家助学金、中等职业教育免除学杂费、普通高中国家助学金、免除普通高中建档立卡等家庭经济困难学生学杂费。

第一节 重点任务

——义务教育。建立城乡统一、重在农村的义务教育经费保障机制,加大对中西部和民族、边远、贫困地区的倾斜力度。统筹推进县域内城乡义务教育一体化改革发展,推进建设标准、教师编制标准、生均公用经费基准定额、基本装备配置标准统一和"两免一补"政策城乡全覆盖,基本实现县域校际资源均衡配置,扩大优质教育资源覆盖面,提高乡村学校和教学点办学水平。落实县域内义务教育公办学校校长、教师交流轮岗制度。保障符合条件的进城务工人员随迁子女在公办学校或通过政府购买服务在民办学校就学。加强国家通用语言文字教育基础薄弱地区双语教育。加强学校体育和美育教育。

——高中阶段教育。重点支持中西部贫困地区尤其是集中连片特困地区高中阶段教育发展,积极发展中等职业教育。逐步分类推进中等职业教育免除学杂费,率先从建档立卡等家庭经济困难学生（含非建档立卡的家庭经济困难残疾学生、农村低保家庭学生、农村特困救助供养学生）实施普通高中免除学杂费。

——普惠性学前教育。大力发展公办幼儿园，积极扶持民办幼儿园提供普惠性服务。扩大集中连片特困地区、少数民族地区学前教育资源。支持地方健全学前教育资助制度，资助普惠性幼儿园在园家庭经济困难儿童、孤儿和残疾儿童接受学前教育。

——继续教育。建立个人学习账号和学分累计制度，完善学分认定和转换办法，拓宽学分认定转换渠道，探索建立多种形式学习成果认定转换机制，促进各类学习资源开放共享，推动构建惠及全民的终身教育体系。

第二节 保障措施

——义务教育学校标准化建设。以中西部贫困地区为重点，新建和改扩建校舍、运动场地、食堂（伙房）、厕所、饮水等设施条件，采购课桌凳、学生用床、图书、计算机等教学设施设备，全面改善贫困地区义务教育薄弱学校基本办学条件，逐步推进未达标城乡义务教育学校校舍、场所标准化。

——高中阶段教育设施建设。普及高中阶段教育，改善中西部贫困地区普通高中基本办学条件，逐步实现办学条件达到国家规定的基本标准。改善中等职业学校基本办学条件，重点支持中等职业学校通过校企合作方式加强实习实训设施建设，推动职业教育产教融合发展。

——学前教育行动计划。加强普惠性幼儿园建设，新建、改扩建一批公办幼儿园，积极扶持企事业单位办幼儿园、集体办幼儿园和民办幼儿园向社会提供普惠性学前教育服务，重点保障中西部农村适龄儿童和实施全面两孩政策新增适龄儿童入园需求。

——教师队伍建设。实施乡村教师支持计划。逐步扩大农村教师特岗计划实施规模。落实并完善集中连片特困地区和边远艰苦地区乡村教师生活补助政策。实施中西部中小学首席教师岗位计划，加大"国培计划"对中西部地区乡村教师校长培训的集中支持力度。加强乡村学校音体美等师资紧缺学科教师和民族地区双语教师培训。

——教育信息化建设。鼓励探索网络化教育新模式，对接线上线下教育资源，扩大优质教育资源覆盖面。加快推进"三通两平台"（即"宽带网络校校通、优质资源班班通、网络学习空间人人通"，教育资源公共服务平台、教育管理公共服务平台）建设与应用，继续提升农村中小学信息化水平，通过政府购买服务等方式支持国家级优质教育资源平台建设。建立个人学习账号和学分认证平台，为学习者提供学分认定服务。

第七章 基本医疗卫生[①]

国家建立健全覆盖城乡居民的基本医疗卫生制度，推进健康中国建设，坚持计划生育基本国策，以基层为重点，以改革创新为动力，预防为主、中西医并重，提高人民健康水平。本领域服务项目共20项，具体包括：居民健康档案、健康教育、预防接种、传染病及突发公共卫生事件报告和处理、儿童健康管理、孕产妇健康管理、老年人健康

---

① 第五章"基本劳动就业创业"、第六章"基本社会保险"未摘录。——编者注

管理、慢性病患者管理、严重精神障碍患者管理、卫生计生监督协管、结核病患者健康管理、中医药健康管理、艾滋病病毒感染者和病人随访管理、社区艾滋病高危行为人群干预、免费孕前优生健康检查、基本药物制度、计划生育技术指导咨询、农村部分计划生育家庭奖励扶助、计划生育家庭特别扶助、食品药品安全保障。

第一节 重点任务

——重大疾病防治和基本公共卫生服务。继续实施国家基本公共卫生服务项目和国家重大公共卫生服务项目。开展重大疾病和突发急性传染病联防联控，提高对传染病、慢性病、精神障碍、地方病、职业病和出生缺陷等的监测、预防和控制能力。加强突发公共事件紧急医学救援、突发公共卫生事件监测预警和应急处理。深入开展爱国卫生运动，继续推进卫生城镇创建工作，开展健康城市、健康村镇建设，实施全国城乡环境卫生整洁行动，加快农村改厕，农村卫生厕所普及率提高到85%。加强居民身心健康教育和自我健康管理，做好心理健康服务。

——医疗卫生服务。落实区域卫生规划和医疗机构设置规划，依据常住人口规模和服务半径等合理配置医疗卫生资源。深化基层医改，巩固完善基本药物制度，全面推进公立医院综合改革，推动形成基层首诊、双向转诊、急慢分治、上下联动的分级诊疗模式。完善中医医疗服务体系，发挥中医药特色优势，推动中医药传承与创新。

——妇幼健康和计划生育服务管理。实施全面两孩政策，改革完善计划生育服务管理，实施生育登记服务。开展孕前优生健康检查，加强高危孕产妇和新生儿健康管理。提高妇女常见病筛查率和早诊早治率，扩大农村妇女宫颈癌、乳腺癌项目检查覆盖范围。继续落实计划生育技术服务基本项目，将流动人口纳入城镇计划生育服务范围。加强出生人口性别比综合治理。完善农村部分计划生育家庭奖励扶助制度、计划生育家庭特别扶助制度，继续实施"少生快富"工程。

——食品药品安全。实施食品安全战略，完善法规制度，提高安全标准，全面落实企业主体责任，提高监督检查频次，扩大抽检监测覆盖面，实行全产业链可追溯管理。深化药品医疗器械审评审批制度改革，探索按照独立法人治理模式改革审评机构，推行药品经营企业分级分类管理。加大农村食品药品安全治理力度，完善对网络销售食品药品的监管。

第二节 保障措施

——基层医疗卫生服务能力提升。在县级区域依据常住人口数，原则上办好1个县办综合医院和1个县办中医类医院（含中医、中西医结合、民族医等），每个乡镇（街道）办好1所标准化建设的乡镇卫生院（社区卫生服务中心），每个行政村办好1个村卫生室。优先支持832个国家扶贫开发工作重点县和集中连片特困地区县县级医院和基层医疗卫生机构建设，打造30分钟基层医疗服务圈，基层医疗卫生机构标准化达标率达到95%以上。

——疾病防治和基本公共卫生服务能力强化。加强卫生应急、疾病预防控制、精神卫生、血站、卫生计生监督能力建设。提高肿瘤、心脑血管疾病、呼吸系统疾病等疑难病症防治能力。支持肿瘤、心脑血管疾病、糖尿病、精神病、传染病、职业病、地方病等薄弱领域服务能力建设。

——妇幼健康服务保障。加强儿童医院和综合性医院儿科以及妇幼健康服务机构建设，合理增加产床。加快产科和儿科医师、助产士及护士人才培养，力争增加产科医生和助产士14万名。落实孕前优生健康检查，开展再生育技术服务。

——中医药传承创新。改善中医医院基础设施条件，支持中医重点学科和重点专科（专病）建设，加强中医临床研究基地和科研机构建设，鼓励基层医疗卫生机构开设中医综合服务区（中医馆），继续实施中医药传承与创新人才工程，实施中药民族药标准化行动。

——医疗卫生人才培养。加强住院医师规范化培训，力争到2020年经过规范化培训的住院医师数量达到50万人，每万人口全科医生数达到2名。继续实施助理全科医生培训、全科医生转岗培训和农村订单定向免费培养医学生政策，加强基层医务人员继续教育，完善城市医疗卫生人才对口支援农村制度。

——食品药品安全治理体系建设。完善食品安全协调工作机制，健全检验检测等技术支撑体系和信息化监管系统，建立食品药品职业化检查员队伍，实现各级监管队伍装备配备标准化。

——人口健康信息化。以全民健康保障信息化工程和健康中国云服务计划为基础，依托现有资源统筹建立人口健康信息平台。推进居民电子健康档案应用。积极利用移动互联网提供在线预约诊疗、健康咨询、检查检验报告查询等服务，提高重大疾病和突发公共卫生事件防控能力。完善中西部地区县级医院电子病历等信息系统功能，加强县级医院与对口三级医院、县级医院与基层医疗卫生机构之间的远程诊疗信息系统建设，健全基于互联网、大数据技术的分级诊疗信息系统。

第十章　基本公共文化体育[①]

国家构建现代公共文化服务体系和全民健身公共服务体系，促进基本公共文化服务和全民健身基本公共服务标准化、均等化，更好地满足人民群众精神文化需求和体育健身需求，提高全民文化素质和身体素质。本领域服务项目共10项，具体包括公共文化设施免费开放、送地方戏、收听广播、观看电视、观赏电影、读书看报、少数民族文化服务、参观文化遗产、公共体育场馆开放、全民健身服务。

第一节　重点任务

——公共文化。落实国家基本公共文化服务指导标准和地方实施标准。深化公益性文化事业单位改革，积极搭建公益性文化活动平台，以群众需求为导向，推行"菜单式""订单式"公共文化服务。加大政府向社会力量购买公共文化服务力度。深入推进公共图书馆、博物馆、美术馆、文化馆和综合文化站免费开放工作。以县级文化馆、图书馆为中心推进总分馆制，实现农村、城市社区公共文化服务资源整合和互联互通。加

---

① 第八章"基本社会服务"、第九章"基本住房保障"未摘录。——编者注

强文化遗产保护。

——广播影视。采用地面无线、直播卫星和有线网络等方式，推动数字广播电视基本实现全覆盖、户户通。进一步改善农村电影放映条件。努力增加贴近基层群众需要的服务性广播电视栏目节目。

——新闻出版。推动全民阅读，加强残疾人等特殊群体的基本阅读权益保障。扶持实体书店发展，加快推进实体书店或各类图书代销代购网点覆盖全国所有乡镇。完善农家书屋出版物补充更新工作。加强"三农"出版物出版发行。推动少数民族语言文字及双语出版物出版发行、数字化传播和少数民族语言文字作品创作。

——群众体育。实施全民健身计划，组织实施国民体质监测，推行《国家体育锻炼标准》，开展全民健身活动，实行科学健身指导。推动公共体育场馆向社会免费或低收费开放。全面实施青少年体育活动促进计划，培养青少年体育爱好和运动技能，推广普及足球、篮球、排球和冰雪运动等。

第二节 保障措施

——公共文化服务体系建设。推动各地区进一步完善图书馆、文化馆（站）、博物馆等基本公共文化服务设施。在乡镇（街道）和村（社区）统筹建设集宣传文化、党员教育、科学普及、普法教育、体育健身等功能于一体的综合性文化服务中心。为集中连片特困地区和西藏、四省藏区、新疆南疆四地州以及国家扶贫开发工作重点县、新疆生产建设兵团边境团场和南疆困难团场每个县级文化馆配备一辆流动文化车，为村文化活动室购置基本公共文化服务设备。

——广播影视服务体系建设。加强广播电视数字化覆盖、广播电视无线发射台站、全国有线电视网络互联互通平台、国家和地方应急广播体系、基层广播电视播出机构制播能力、广播电视和视听新媒体监管平台等建设，支持直播卫星平台扩容。实施农村电影放映工程，继续巩固"一行政村一月放映一场电影"成果。加强少数民族语言广播影视节目译制、制作、播出和传输覆盖能力建设。

——新闻出版服务体系建设。举办"书香中国"系列活动，充分利用现有设施，统筹建设社区阅读中心、数字农家书屋、公共数字阅读终端等设施。合理规划建设农村和中小城市出版物发行网点，建设城乡阅报栏（屏），支持革命老区、民族地区、边疆地区、贫困地区公共阅读设施建设。实施少数民族新闻出版东风工程、盲文出版工程、儿童阅读书报发放计划、市民阅读发放计划。

——遗产保护服务体系建设。重点支持全国重点文物保护单位、国家历史文化名城、国家级非物质文化遗产、国家级风景名胜区、国家森林公园、国家地质公园等文化和自然遗产保护利用设施建设。

——公共体育服务设施建设。重点支持足球场地设施、中小型全民健身中心、县级体育场、农民体育健身工程、社区多功能运动场、冰雪运动设施、科学健身指导服务平台等建设。充分利用体育中心、公园绿地、闲置厂房、校舍操场、社区空置场所等，拓展公共体育设施场所。

——数字文化服务平台建设。推动全国文化信息资源共享、数字图书馆博物馆建设等公共数字文化工程建设。提高公共文化大数据采集、存储和分析处理能力。科学规划公共数字文化资源，建设分布式资源库群，实施"互联网+中华文明"行动计划，鼓励各地区挖掘整合中华优秀文化资源，开发特色数字文化产品。

第十一章 残疾人基本公共服务

国家提供适合残疾人特殊需求的基本公共服务，为残疾人平等参与社会发展创造便利化条件和友好型环境，让残疾人安居乐业、衣食无忧，生活得更加殷实、更加幸福、更有尊严。本领域服务项目共10项，具体包括：困难残疾人生活补贴和重度残疾人护理补贴、无业重度残疾人最低生活保障、残疾人基本社会保险个人缴费资助和保险待遇、残疾人基本住房保障、残疾人托养服务、残疾人康复、残疾人教育、残疾人职业培训和就业服务、残疾人文化体育、无障碍环境支持。

第一节 重点任务

——残疾人基本生活。全面落实困难残疾人生活补贴和重度残疾人护理补贴制度。生活困难、靠家庭供养且无法单独立户的成年无业重度残疾人，经个人申请，可按照单人户纳入最低生活保障范围。对获得最低生活保障后仍有困难的重度残疾人采取必要措施给予生活保障。完成农村贫困残疾人家庭存量危房改造。

——残疾人就业创业和社保服务。为有劳动能力和就业意愿的城乡残疾人免费提供就业创业服务，按规定提供免费职业培训。落实好针对就业困难残疾人的各项就业援助和扶持政策，为智力、精神和重度肢体残疾人提供辅助性、支持性就业服务等。落实贫困和重度残疾人参加社会保险个人缴费资助政策，完善重度残疾人医疗报销制度，做好重度残疾人就医费用结算服务。

——残疾人康复、教育、文体和无障碍服务。继续实施残疾儿童抢救性康复、贫困残疾人辅助器具适配、防盲治盲、防聋治聋等重点康复项目，加强残疾人健康管理和社区康复。积极推进为家庭经济困难的残疾儿童、青少年提供包括义务教育和高中阶段教育在内的12年免费教育。加强国家通用手语、通用盲文的规范与推广。推动公共文化体育场所设施免费或优惠向残疾人开放，为视力、听力残疾人等提供特需文化服务。加快推进公共场所和设施的无障碍改造。

第二节 保障措施

——残疾人服务体系建设。支持各地建设一批专业化残疾人康复设施、托养设施和综合服务设施，配备基本服务设备，推动形成功能完善、网络健全的残疾人专业康复和托养服务体系。

——县域残疾人综合服务能力提升。强化县级残疾人康复、托养、职业培训、辅助器具适配、文化体育等服务能力，充分发挥基层公共服务设施助残功能，推动形成县（市、区）、乡（镇）、村（居）三级联动互补的残疾人基层服务网络。

——特殊教育基础能力提升。依托现有特教学校构建特殊教育资源中心，提升特殊教育普及水平、保障条件和教育质量。完善特殊教育体系，积极创造条件保障完成义务教育且有意愿的残疾学生有机会接受适宜的中等职业教育。

——残疾人服务专业人才培养。建设康复大学，提升高等院校特殊教育专业办学水平，推动师范院校开设特殊教育课程。加快培养残疾人康复、托养、特殊教育、护理照料、就业服务、社会工作等方面的人才队伍。

——残疾人服务信息化。完善残疾人人口基础信息和基本服务需求信息数据管理系统。依托中国残疾人服务网，搭建残疾人就业创业网络服务平台。加快推进智能化残疾人证试点。鼓励支持服务残疾人的电子产品、移动应用软件等开发应用。

第十二章 促进均等共享

以贫困地区和贫困人口为重点，着力扩大覆盖范围、补齐短板、缩小差距，不断提高城乡、区域、人群之间基本公共服务均等化程度。

第一节 推动基本公共服务全覆盖

——开展贫困地区脱贫攻坚。加大革命老区、民族地区、边疆地区、集中连片特困地区脱贫攻坚力度，保障贫困人口享有义务教育、医疗卫生、文化体育、住房安全等基本公共服务，推动贫困地区基本公共服务主要领域指标接近全国平均水平。深入开展教育扶贫、健康扶贫、文化扶贫。在易地扶贫搬迁、整村推进、就业促进等工作中，按照精准扶贫、精准脱贫的要求，确保基本公共服务不留缺口。推动地区对口帮扶，加大基本公共服务资金、项目和人才支援力度。

——重点帮扶特殊困难人群。对农村留守人员、困境儿童和残疾人进行全面摸底排查，建立翔实完备、动态更新的信息台账。逐步完善救助管理机构、福利机构场所设施条件，满足农村留守儿童临时监护照料需要。在外出就业较为集中的农村地区，充分利用布局调整后闲置资源开展托老、托幼等关爱服务。健全孤儿、弃婴、法定抚养人无力抚养儿童、低收入家庭重病重残等困境儿童的福利保障体系。对低保家庭中的老年人、未成年人、重度残疾人等重点救助对象，提高救助水平，保障基本生活。

——促进城镇常住人口全覆盖。深化户籍制度改革，推动有能力在城镇稳定就业和生活的农业转移人口举家进城落户。推进居住证制度覆盖全部未落户城镇常住人口，加大对农业转移人口市民化的财政支持力度并建立动态调整机制，保障居住证持有人在居住地享有教育、就业、卫生等领域的基本公共服务。为农民工提供新市民培训服务，提高农民工综合素质和融入城市的能力。

第二节 促进城乡区域均等化

——缩小城乡服务差距。加快义务教育、社会保障、公共卫生、劳动就业等制度城乡一体设计、一体实施。重点以县（市、区）为单位，有步骤、分阶段推动规划、政策、投入、项目等同城化管理，统筹设施建设和人员安排，推动城乡服务内容和标准统一衔接。把社会事业发展重点放在农村和接纳农业转移人口较多的城镇，补齐农村和特大镇基本公共服务短板。鼓励和引导城镇公共服务资源向农村延伸，促进城市优质资源向农村辐射。

——提高区域服务均等化水平。强化省级人民政府统筹职能,加大对省域内基本公共服务薄弱地区扶持力度,通过完善事权划分、规范转移支付等措施,逐步缩小县域间、地市间服务差距。强化跨区域统筹合作,促进服务项目和标准水平衔接。着力推进京津冀地区、长江经济带等重点区域基本公共服务均等化,形成可复制、可推广的经验。

——夯实基层服务基础。整合相关资源,持续改善基层各类公共服务设施条件。依托政府综合服务大厅完善相关经办服务设施,推动基层综合公共服务平台统筹发展和共建共享。简化基层办事环节和手续,优化服务流程,明确办理时限,推行一站式办理、上门办理、预约办理等服务方式。在山区、草原等地广人稀、居住分散地区,配备必要的教学点,开展卫生巡诊等上门服务。

第十三章 创新服务供给

紧扣增进民生福祉,加快推进社会事业改革,吸引社会力量参与,扩大基本公共服务有效供给,提高服务质量和水平。

第一节 培育多元供给主体

——加快事业单位分类改革。理顺政府与事业单位在基本公共服务供给中的关系,强化提供基本公共服务事业单位的公益属性,推动去行政化和去营利化,逐步将有条件的事业单位转为企业或社会组织。进一步落实事业单位法人自主权,深化人事、收入分配等配套制度改革,确保依法决策、独立自主开展活动并承担责任。

——积极引导社会力量参与。进一步规范和公开基本公共服务机构设立的基本标准、审批程序,严控审批时限,鼓励有条件的地方采取招标等方式确定举办或运营主体。积极推动基本公共服务领域民办非营利性机构享受与同行业公办机构同等待遇。

——大力发展社会组织。深化社会组织登记管理制度改革,落实税收优惠政策。加强社会组织孵化培育和人才扶持,采取人员培训、项目指导、公益创投等多种途径和方式,提升社会组织承接政府购买服务能力。采取降低准入门槛、加强分类指导和业务指导等办法,大力培育发展社区社会组织,支持其承接基层基本公共服务和政府委托事项。

第二节 推动供给方式多元化

——推进政府购买公共服务。能由政府购买服务提供的,政府不再直接承办,交由具备条件、信誉良好的社会组织、机构、事业单位和企业等承担。制定实施政府购买公共服务指导性目录,确定政府购买公共服务的种类、性质和内容,规范项目遴选、信息发布、组织购买、项目监管、绩效评价等流程,加强政府购买公共服务的财政预算管理。

——加强政府和社会资本合作。能由政府和社会资本合作提供的,广泛吸引社会资本参与。政府通过投资补助、基金注资等多种方式,优先支持PPP项目。在实践证明有效的领域,推行通过公开招标、邀请招标、竞争性磋商、竞争性谈判等多种方式,公平选择具有相应管理经验、专业能力、融资实力以及信用状况良好的社会资本作为合作伙伴。

——鼓励发展志愿和慈善服务。广泛动员志愿服务组织与志愿者参与基本公共服务提供，定期发布志愿服务项目需求和岗位信息，建立健全志愿服务记录制度，完善激励保障措施。发挥慈善组织、专业社会工作服务机构在基本公共服务提供中的重要补充作用，落实慈善捐赠的相关优惠政策。

——发展"互联网＋"益民服务。加快互联网与政府公共服务体系的深度融合，推动公共数据资源开放，促进公共服务创新供给和服务资源整合，构建面向公众的一体化在线公共服务体系。推动具备条件的服务事项实行网上受理、网上办理、网上反馈、实时查询，对暂不具备条件的事项提供全程在线咨询服务。积极应用大数据理念、技术和资源，及时了解公众服务需求和实际感受，为政府决策和监管提供支持。

——扩大开放交流合作。鼓励通过合资、合作等方式，支持合作办医，共建养老和残疾人托养机构。加强公共教育、公共文化体育等领域对外交流与合作。借鉴国际先进管理和服务经验，提升基本公共服务供给质量和水平。

第十四章 强化资源保障

优化资源配置，加强财力保障，加大重大工程项目、服务管理人才和规划用地等投入力度，为促进基本公共服务均等化提供支撑。

第一节 提升财政保障能力

——加大财政投入力度。稳定基本公共服务投入，明确保障措施和《清单》项目支出责任，确保服务项目及标准落实到位。中央和地方各级财政要为提高贫困地区基本公共服务水平提供必要支持。加大地方政府债券对基本公共服务保障的支持力度。

——优化转移支付结构。合理划分中央和地方财政事权与支出责任，适度加强中央政府承担基本公共服务的职责和能力。推进转移支付制度改革，增加一般性转移支付规模和比例，重点增加对老少边穷地区的转移支付，缩小地区间财力差距，提高县级财政保障能力，引导地方将一般性转移支付资金投入到民生等重点领域。对新疆维吾尔自治区、新疆生产建设兵团、西藏自治区、四省藏区、革命老区、集中连片特困地区的民生保障和改善、基础设施建设、基层政权和社会管理能力建设等项目，中央预算内投资给予倾斜支持。

——提高资金使用效率。清理、整合、规范专项转移支付，完善资金管理办法，提高项目管理水平。简化财政管理层级，扩大省直管县财政管理体制改革覆盖面，加大省级人民政府转移支付对省域内基本公共服务财力差距的调节力度。统筹安排、合理使用、规范管理各类公共服务投入资金。对医院、学校、保障性住房等建筑质量实行单位负责人和项目负责人终身负责制。

第二节 加强人才队伍建设

——加强人才培养培训。支持高等院校和中等职业学校开设相关学科专业，扩大专业服务和管理人才培养规模。健全从业人员继续教育制度，强化定岗、定向培养，完善远程教育培训。建立政府、社会、用人单位和个人相结合的投入机制，对参加相关职业培训和职业技能鉴定的人员，按规定给予补贴。探索公办与非公办公共服务机构在技术和人才等方面的合作机制，对非公办机构的人才培养、培训和进修等给予支持。

——促进人才合理流动。实施东部带西部、城市带农村的人才对口支持政策，引导公共服务和管理人才向中西部地区和基层流动。深化公办机构人事制度改革，健全公开招聘和竞争上岗制度，推动服务人员保障社会化管理，逐步由身份管理向岗位管理转变。

——提升基层人员能力。完善基层人员工资待遇、职称评定、医疗保险及养老保障等激励政策。推进基层公共服务队伍轮训，实施高校毕业生基层培养计划，继续做好"三支一扶"计划、西部志愿者计划、大学生村官计划、农村教师特岗计划、全科医生特岗计划、社会工作专业人才队伍建设等工作。鼓励通过优化编制资源配置、积极推进政府购买服务等方式，保障基层服务力量。

第三节 完善配套政策体系

——加强规划布局和用地保障。综合服务半径、服务人口、资源承载能力等因素，对城乡公共服务设施进行统筹布局。结合新型城镇化和人口发展趋势，对土地供给进行前瞻规划，优先保障基本公共服务建设用地。新建居住区要按相关规定，完善教育、卫生、文化体育、养老托幼、社区服务等配套设施，并在合理服务半径内尽量集中安排。

——建立健全服务标准体系。各行业主管部门会同国务院标准化行政主管部门等，分别制定实施基本公共服务各领域设施建设、设备配置、人员配备、经费投入、服务规范和流程等具体标准，推动城乡、区域之间标准衔接。推进基本公共服务标准化工程建设，在有条件的地区开展公共服务标准化试点。

——强化社会信用体系支撑。增强全民诚信意识，健全个人信用档案。加强公共服务行业自律和社会监督，将公共服务机构、从业人员、服务对象诚信情况记入信用记录，纳入全国信用信息共享平台，对严重失信主体采取失信惩戒或依法强制退出等措施。

第十五章 推进规划实施和监督评估

按照长效可行、分工明晰、统筹有力、协调有序的要求，扎实推进规划实施和监督评估，促进政策和项目落地。

第一节 明确责任分工

——国务院各有关部门要按照职责分工，做好行业发展规划、专项建设规划与本规划的衔接，明确工作责任和进度安排，推动各领域重点任务、保障措施和《清单》项目有效落实。要加强部门间统筹协调，共同研究推动解决基本公共服务均等化工作中跨部门、跨行业、跨区域及政策创新等重大问题。

——省级人民政府要强化主体责任,以本规划为指导,结合实际制定推进本地区基本公共服务均等化规划、行动计划或基本公共服务清单,科学确定服务范围和项目内容,分年足额落实财政投入,切实促进省域内基本公共服务均等化。

——市、县级人民政府负责推进落实国家和省级人民政府确定的基本公共服务清单及相关政策措施,制定办事指南,明确责任单位,优化服务流程,提高质量效率,保证清单项目落实到位,并及时向上级政府和有关部门报告进展情况。

第二节 加强监督问责

——国家发展改革委要会同国家统计局等有关部门,建立健全基本公共服务综合评估指标体系,推进基本公共服务基础信息库建设,开展年度统计监测。适时组织开展本规划实施情况中期评估,重大情况及时向国务院报告。

——国务院各有关部门、地方各级人民政府要建立政府主导与社会参与的良性互动机制,推动政务公开和政府信息公开,拓展公众参与渠道,做好舆情监测预警和应对,定期开展基本公共服务需求分析和社会满意度调查,及时妥善回应社会关切。

——地方各级人民政府要加强绩效评价和监督问责,强化过程监管,把本规划落实情况纳入绩效考核。要依法接受同级人大及其常委会的监督,自觉接受人民政协的民主监督,接受社会和人民群众监督。

附件:1. "十三五"国家基本公共服务清单(节选)
   2. 重点任务分工方案(略)

附件1 "十三五"国家基本公共服务清单（节选）

序号	服务项目	服务对象	服务指导标准	支出责任	牵头负责单位
七、基本公共文化体育					
62	公共文化设施免费开放	城乡居民	公共图书馆、文化馆（站）、公共博物馆（非文物建筑及遗址类）、公共美术馆等公共文化设施免费开放，基本服务项目健全	地方人民政府负责，中央财政适当补助	文化部、国家文物局、财政部
63	送地方戏	农村居民	根据群众实际需求，采取政府购买服务等方式，为农村乡镇每年提供戏曲等文艺演出服务	地方人民政府负责，中央财政适当补助	文化部、教育部、新闻出版广电总局、财政部
64	收听广播	城乡居民	为全民提供突发事件应急广播服务。通过直播卫星提供不少于17套广播节目，通过无线模拟提供不少于6套广播节目，通过数字音频提供不少于15套广播节目	中央和地方人民政府共同负责	新闻出版广电总局、财政部
65	观看电视	城乡居民	通过直播卫星提供25套电视节目，通过地面数字电视提供不少于15套电视节目，未完成无线数字化转换的地区提供不少于5套电视节目	中央和地方人民政府共同负责	新闻出版广电总局、财政部
66	观赏电影	农村居民、中小学生	为农村群众提供数字电影放映服务，其中每年国产新片（院线上映不超过2年）比例不少于1/3。为中小学生每学期提供2部爱国主义教育影片	地方人民政府负责，中央财政适当补助	新闻出版广电总局、财政部
67	读书看报	城乡居民	公共图书馆（室）、文化馆（站）和行政村（社区）综合文化服务中心（含农家书屋）等配备图书、报刊和电子书刊，并免费提供借阅服务；在城镇主要街道、公共场所、居民小区等人流密集地点设置公共阅报栏（屏），提供时政、"三农"、科普、文化、生活等方面的信息服务	地方人民政府负责，中央财政适当补助	文化部、新闻出版广电总局、财政部

续上表

序号	服务项目	服务对象	服务指导标准	支出责任	牵头负责单位
68	少数民族文化服务	主要少数民族地区居民	通过有线、无线、卫星等方式提供民族语言广播影视节目；提供民族语言文字出版的、价格适宜的常用书报刊、电子音像制品和数字出版产品。提供少数民族特色的艺术作品，开展少数民族文化活动	地方人民政府负责，中央财政对部分事项予以补助	新闻出版广电总局、文化部、财政部
69	参观文化遗产	未成年人、老年人、现役军人、残疾人和低收入人群	参观文物建筑及遗址类博物馆实行门票减免，文化和自然遗产日免费参观	中央和地方财政分别负担	国家文物局、财政部
70	公共体育场馆开放	城乡居民	有条件的公共体育设施免费或低收费开放；推进学校体育设施逐步向公众开放	地方人民政府负责，中央财政对部分事项予以补助	体育总局、教育部、财政部
71	全民健身服务	城乡居民	提供科学健身指导、群众健身活动和比赛、科学健身知识等服务；免费提供公园、绿地等公共场所全民健身器材	地方人民政府负责，中央财政对部分事项予以补助	体育总局、教育部、财政部

乡村振兴战略规划（2018—2022年）①（摘录）

（2018年9月26日）

前　言

党的十九大提出实施乡村振兴战略，是以习近平同志为核心的党中央着眼党和国家事业全局，深刻把握现代化建设规律和城乡关系变化特征，顺应亿万农民对美好生活的向往，对"三农"工作作出的重大决策部署，是决胜全面建成小康社会、全面建设社会主义现代化国家的重大历史任务，是新时代做好"三农"工作的总抓手。从党的十九大到二十大，是"两个一百年"奋斗目标的历史交汇期，既要全面建成小康社会、实现第一个百年奋斗目标，又要乘势而上开启全面建设社会主义现代化国家新征程，向第二个百年奋斗目标进军。为贯彻落实党的十九大、中央经济工作会议、中央农村工作会议精神和政府工作报告要求，描绘好战略蓝图，强化规划引领，科学有序推动乡村产业、人才、文化、生态和组织振兴，根据《中共中央、国务院关于实施乡村振兴战略的意见》，特编制《乡村振兴战略规划（2018—2022年）》。

本规划以习近平总书记关于"三农"工作的重要论述为指导，按照产业兴旺、生态宜居、乡风文明、治理有效、生活富裕的总要求，对实施乡村振兴战略作出阶段性谋划，分别明确至2020年全面建成小康社会和2022年召开党的二十大时的目标任务，细化实化工作重点和政策措施，部署重大工程、重大计划、重大行动，确保乡村振兴战略落实落地，是指导各地区各部门分类有序推进乡村振兴的重要依据。

第一篇　规划背景

党的十九大作出中国特色社会主义进入新时代的科学论断，提出实施乡村振兴战略的重大历史任务，在我国"三农"发展进程中具有划时代的里程碑意义，必须深入贯彻习近平新时代中国特色社会主义思想和党的十九大精神，在认真总结农业农村发展历史性成就和历史性变革的基础上，准确研判经济社会发展趋势和乡村演变发展态势，切实抓住历史机遇，增强责任感、使命感、紧迫感，把乡村振兴战略实施好。

第一章　重大意义

乡村是具有自然、社会、经济特征的地域综合体，兼具生产、生活、生态、文化等多重功能，与城镇互促互进、共生共存，共同构成人类活动的主要空间。乡村兴则国家兴，乡村衰则国家衰。我国人民日益增长的美好生活需要和不平衡不充分的发展之间的矛盾在乡村最为突出，我国仍处于并将长期处于社会主义初级阶段的特征很大程度上表

---

① 中共中央、国务院于2018年9月26日印发。

现于乡村。全面建成小康社会和全面建设社会主义现代化强国，最艰巨最繁重的任务在农村，最广泛最深厚的基础在农村，最大的潜力和后劲也在农村。实施乡村振兴战略，是解决新时代我国社会主要矛盾、实现"两个一百年"奋斗目标和中华民族伟大复兴中国梦的必然要求，具有重大现实意义和深远历史意义。

实施乡村振兴战略是建设现代化经济体系的重要基础。农业是国民经济的基础，农村经济是现代化经济体系的重要组成部分。乡村振兴，产业兴旺是重点。实施乡村振兴战略，深化农业供给侧结构性改革，构建现代农业产业体系、生产体系、经营体系，实现农村一、二、三产业深度融合发展，有利于推动农业从增产导向转向提质导向，增强我国农业创新力和竞争力，为建设现代化经济体系奠定坚实基础。

实施乡村振兴战略是建设美丽中国的关键举措。农业是生态产品的重要供给者，乡村是生态涵养的主体区，生态是乡村最大的发展优势。乡村振兴，生态宜居是关键。实施乡村振兴战略，统筹山水林田湖草系统治理，加快推行乡村绿色发展方式，加强农村人居环境整治，有利于构建人与自然和谐共生的乡村发展新格局，实现百姓富、生态美的统一。

实施乡村振兴战略是传承中华优秀传统文化的有效途径。中华文明根植于农耕文化，乡村是中华文明的基本载体。乡村振兴，乡风文明是保障。实施乡村振兴战略，深入挖掘农耕文化蕴含的优秀思想观念、人文精神、道德规范，结合时代要求在保护传承的基础上创造性转化、创新性发展，有利于在新时代焕发出乡风文明的新气象，进一步丰富和传承中华优秀传统文化。

实施乡村振兴战略是健全现代社会治理格局的固本之策。社会治理的基础在基层，薄弱环节在乡村。乡村振兴，治理有效是基础。实施乡村振兴战略，加强农村基层基础工作，健全乡村治理体系，确保广大农民安居乐业、农村社会安定有序，有利于打造共建共治共享的现代社会治理格局，推进国家治理体系和治理能力现代化。

实施乡村振兴战略是实现全体人民共同富裕的必然选择。农业强不强、农村美不美、农民富不富，关乎亿万农民的获得感、幸福感、安全感，关乎全面建成小康社会全局。乡村振兴，生活富裕是根本。实施乡村振兴战略，不断拓宽农民增收渠道，全面改善农村生产生活条件，促进社会公平正义，有利于增进农民福祉，让亿万农民走上共同富裕的道路，汇聚起建设社会主义现代化强国的磅礴力量。

第二章　振兴基础

党的十八大以来，面对我国经济发展进入新常态带来的深刻变化，以习近平同志为核心的党中央推动"三农"工作理论创新、实践创新、制度创新，坚持把解决好"三农"问题作为全党工作重中之重，切实把农业农村优先发展落到实处；坚持立足国内保证自给的方针，牢牢把握国家粮食安全主动权；坚持不断深化农村改革，激发农村发展新活力；坚持把推进农业供给侧结构性改革作为主线，加快提高农业供给质量；坚持绿色生态导向，推动农业农村可持续发展；坚持在发展中保障和改善民生，让广大农民有更多获得感；坚持遵循乡村发展规律，扎实推进生态宜居的美丽乡村建设；坚持加强和改善党对农村工作的领导，为"三农"发展提供坚强政治保障。这些重大举措和开创性工作，推动农业农村发展取得历史性成就、发生历史性变革，为党和国家事业全面开创新局面提供了有力支撑。

农业供给侧结构性改革取得新进展，农业综合生产能力明显增强，全国粮食总产量连续5年保持在1.2万亿斤以上，农业结构不断优化，农村新产业新业态新模式蓬勃发展，农业生态环境恶化问题得到初步遏制，农业生产经营方式发生重大变化。农村改革取得新突破，农村土地制度、农村集体产权制度改革稳步推进，重要农产品收储制度改革取得实质性成效，农村创新创业和投资兴业蔚然成风，农村发展新动能加快成长。城乡发展一体化迈出新步伐，5年间8000多万农业转移人口成为城镇居民，城乡居民收入相对差距缩小，农村消费持续增长，农民收入和生活水平明显提高。脱贫攻坚开创新局面，贫困地区农民收入增速持续快于全国平均水平，集中连片特困地区内生发展动力明显增强，过去5年累计6800多万贫困人口脱贫。农村公共服务和社会事业达到新水平，农村基础设施建设不断加强，人居环境整治加快推进，教育、医疗卫生、文化等社会事业快速发展，农村社会焕发新气象。

同时，应当清醒地看到，当前我国农业农村基础差、底子薄、发展滞后的状况尚未根本改变，经济社会发展中最明显的短板仍然在"三农"，现代化建设中最薄弱的环节仍然是农业农村。主要表现在：农产品阶段性供过于求和供给不足并存，农村一、二、三产业融合发展深度不够，农业供给质量和效益亟待提高；农民适应生产力发展和市场竞争的能力不足，农村人才匮乏；农村基础设施建设仍然滞后，农村环境和生态问题比较突出，乡村发展整体水平亟待提升；农村民生领域欠账较多，城乡基本公共服务和收入水平差距仍然较大，脱贫攻坚任务依然艰巨；国家支农体系相对薄弱，农村金融改革任务繁重，城乡之间要素合理流动机制亟待健全；农村基层基础工作存在薄弱环节，乡村治理体系和治理能力亟待强化。

第三章 发展态势

从2018年到2022年，是实施乡村振兴战略的第一个5年，既有难得机遇，又面临严峻挑战。从国际环境看，全球经济复苏态势有望延续，我国统筹利用国内国际两个市场两种资源的空间将进一步拓展，同时国际农产品贸易不稳定性不确定性仍然突出，提高我国农业竞争力、妥善应对国际市场风险任务紧迫。特别是我国作为人口大国，粮食及重要农产品需求仍将刚性增长，保障国家粮食安全始终是头等大事。从国内形势看，随着我国经济由高速增长阶段转向高质量发展阶段，以及工业化、城镇化、信息化深入推进，乡村发展将处于大变革、大转型的关键时期。居民消费结构加快升级，中高端、多元化、个性化消费需求将快速增长，加快推进农业由增产导向转向提质导向是必然要求。我国城镇化进入快速发展与质量提升的新阶段，城市辐射带动农村的能力进一步增强，但大量农民仍然生活在农村的国情不会改变，迫切需要重塑城乡关系。我国乡村差异显著，多样性分化的趋势仍将延续，乡村的独特价值和多元功能将进一步得到发掘和拓展，同时应对好村庄空心化和农村老龄化、延续乡村文化血脉、完善乡村治理体系的任务艰巨。

实施乡村振兴战略具备较好条件。有习近平总书记把舵定向，有党中央、国务院的高度重视、坚强领导、科学决策，实施乡村振兴战略写入党章，成为全党的共同意志，乡村振兴具有根本政治保障。社会主义制度能够集中力量办大事，强农惠农富农政策力度不断加大，农村土地集体所有制和双层经营体制不断完善，乡村振兴具有坚强制度保障。优秀农耕文明源远流长，寻根溯源的人文情怀和国人的乡村情结历久弥深，现代城市文明导入融汇，乡村振兴具有深厚文化土壤。国家经济实力和综合国力日益增强，对农业农村支持力度不断加大，农村生产生活条件加快改善，农民收入持续增长，乡村振兴具有雄厚物质基础。农业现代化和社会主义新农村建设取得历史性成就，各地积累了丰富的成功经验和做法，乡村振兴具有扎实工作基础。

实施乡村振兴战略，是党对"三农"工作一系列方针政策的继承和发展，是亿万农民的殷切期盼。必须抓住机遇，迎接挑战，发挥优势，顺势而为，努力开创农业农村发展新局面，推动农业全面升级、农村全面进步、农民全面发展，谱写新时代乡村全面振兴新篇章。

第二篇 总体要求

按照到2020年实现全面建成小康社会和分两个阶段实现第二个百年奋斗目标的战略部署，2018年至2022年这5年间，既要在农村实现全面小康，又要为基本实现农业农村现代化开好局、起好步、打好基础。

第四章 指导思想和基本原则

第一节 指导思想

深入贯彻习近平新时代中国特色社会主义思想，深入贯彻党的十九大和十九届二中、三中全会精神，加强党对"三农"工作的全面领导，坚持稳中求进工作总基调，牢固树立新发展理念，落实高质量发展要求，紧紧围绕统筹推进"五位一体"总体布局和协调推进"四个全面"战略布局，坚持把解决好"三农"问题作为全党工作重中之重，坚持农业农村优先发展，按照产业兴旺、生态宜居、乡风文明、治理有效、生活富裕的总要求，建立健全城乡融合发展体制机制和政策体系，统筹推进农村经济建设、政治建设、文化建设、社会建设、生态文明建设和党的建设，加快推进乡村治理体系和治理能力现代化，加快推进农业农村现代化，走中国特色社会主义乡村振兴道路，让农业成为有奔头的产业，让农民成为有吸引力的职业，让农村成为安居乐业的美丽家园。

第二节 基本原则

——坚持党管农村工作。毫不动摇地坚持和加强党对农村工作的领导，健全党管农村工作方面的领导体制机制和党内法规，确保党在农村工作中始终总揽全局、协调各方，为乡村振兴提供坚强有力的政治保障。

——坚持农业农村优先发展。把实现乡村振兴作为全党的共同意志、共同行动，做到认识统一、步调一致，在干部配备上优先考虑，在要素配置上优先满足，在资金投入上优先保障，在公共服务上优先安排，加快补齐农业农村短板。

——坚持农民主体地位。充分尊重农民意愿，切实发挥农民在乡村振兴中的主体作用，调动亿万农民的积极性、主动性、创造性，把维护农民群众根本利益、促进农民共同富裕作为出发点和落脚点，促进农民持续增收，不断提升农民的获得感、幸福感、安全感。

——坚持乡村全面振兴。准确把握乡村振兴的科学内涵，挖掘乡村多种功能和价值，统筹谋划农村经济建设、政治建设、文化建设、社会建设、生态文明建设和党的建设，注重协同性、关联性，整体部署，协调推进。

——坚持城乡融合发展。坚决破除体制机制弊端，使市场在资源配置中起决定性作用，更好发挥政府作用，推动城乡要素自由流动、平等交换，推动新型工业化、信息化、城镇化、农业现代化同步发展，加快形成工农互促、城乡互补、全面融合、共同繁荣的新型工农城乡关系。

——坚持人与自然和谐共生。牢固树立和践行绿水青山就是金山银山的理念，落实节约优先、保护优先、自然恢复为主的方针，统筹山水林田湖草系统治理，严守生态保护红线，以绿色发展引领乡村振兴。

——坚持改革创新、激发活力。不断深化农村改革，扩大农业对外开放，激活主体、激活要素、激活市场，调动各方力量投身乡村振兴。以科技创新引领和支撑乡村振兴，以人才汇聚推动和保障乡村振兴，增强农业农村自我发展动力。

——坚持因地制宜、循序渐进。科学把握乡村的差异性和发展走势分化特征，做好顶层设计，注重规划先行、因势利导、分类施策、突出重点、体现特色、丰富多彩。既尽力而为，又量力而行，不搞层层加码，不搞一刀切，不搞形式主义和形象工程，久久为功，扎实推进。

第五章 发展目标

到 2020 年，乡村振兴的制度框架和政策体系基本形成，各地区各部门乡村振兴的思路举措得以确立，全面建成小康社会的目标如期实现。到 2022 年，乡村振兴的制度框架和政策体系初步健全。国家粮食安全保障水平进一步提高，现代农业体系初步构建，农业绿色发展全面推进；农村一、二、三产业融合发展格局初步形成，乡村产业加快发展，农民收入水平进一步提高，脱贫攻坚成果得到进一步巩固；农村基础设施条件持续改善，城乡统一的社会保障制度体系基本建立；农村人居环境显著改善，生态宜居的美丽乡村建设扎实推进；城乡融合发展体制机制初步建立，农村基本公共服务水平进一步提升；乡村优秀传统文化得以传承和发展，农民精神文化生活需求基本得到满足；以党组织为核心的农村基层组织建设明显加强，乡村治理能力进一步提升，现代乡村治理体系初步构建。探索形成一批各具特色的乡村振兴模式和经验，乡村振兴取得阶段性成果。

第六章 远景谋划

到 2035 年，乡村振兴取得决定性进展，农业农村现代化基本实现。农业结构得到根本性改善，农民就业质量显著提高，相对贫困进一步缓解，共同富裕迈出坚实步伐；城乡基本公共服务均等化基本实现，城乡融合发展体制机制更加完善；乡风文明达到新高度，乡村治理体系更加完善；农村生态环境根本好转，生态宜居的美丽乡村基本实现。

到2050年，乡村全面振兴，农业强、农村美、农民富全面实现。

第七篇　繁荣发展乡村文化①

第二十四章　丰富乡村文化生活

推动城乡公共文化服务体系融合发展，增加优秀乡村文化产品和服务供给，活跃繁荣农村文化市场，为广大农民提供高质量的精神营养。

第一节　健全公共文化服务体系

按照有标准、有网络、有内容、有人才的要求，健全乡村公共文化服务体系。推动县级图书馆、文化馆总分馆制，发挥县级公共文化机构辐射作用，加强基层综合性文化服务中心建设，实现乡村两级公共文化服务全覆盖，提升服务效能。完善农村新闻出版广播电视公共服务覆盖体系，推进数字广播电视户户通，探索农村电影放映的新方法新模式，推进农家书屋延伸服务和提质增效。继续实施公共数字文化工程，积极发挥新媒体作用，使农民群众能便捷获取优质数字文化资源。完善乡村公共体育服务体系，推动村健身设施全覆盖。

第二节　增加公共文化产品和服务供给

深入推进文化惠民，为农村地区提供更多更好的公共文化产品和服务。建立农民群众文化需求反馈机制，推动政府向社会购买公共文化服务，开展"菜单式""订单式"服务。加强公共文化服务品牌建设，推动形成具有鲜明特色和社会影响力的农村公共文化服务项目。开展文化结对帮扶。支持"三农"题材文艺创作生产，鼓励文艺工作者推出反映农民生产生活尤其是乡村振兴实践的优秀文艺作品。鼓励各级文艺组织深入农村地区开展惠民演出活动。加强农村科普工作，推动全民阅读进家庭、进农村，提高农民科学文化素养。

第三节　广泛开展群众文化活动

完善群众文艺扶持机制，鼓励农村地区自办文化。培育挖掘乡土文化本土人才，支持乡村文化能人。加强基层文化队伍培训，培养一支懂文艺爱农村爱农民、专兼职相结合的农村文化工作队伍。传承和发展民族民间传统体育，广泛开展形式多样的农民群众性体育活动。鼓励开展群众性节日民俗活动，支持文化志愿者深入农村开展丰富多彩的文化志愿服务活动。活跃繁荣农村文化市场，推动农村文化市场转型升级，加强农村文化市场监管。

---

① 第三篇"构建乡村振兴新格局"、第四篇"加快农业现代化步伐"、第五篇"发展壮大乡村产业"、第六篇"建设生态宜居的美丽乡村"未摘录；第七篇第二十二章"加强农村思想道德建设"、第二十三章"弘扬中华优秀传统文化"未摘录；第八篇"健全现代乡村治理体系"、第九篇"保障和改善农村民生"、第十篇"完善城乡融合发展政策体系"、第十一篇"规划实施"未摘录。——编者注

深化粤港澳合作 推进大湾区建设框架协议[①]

（2017年7月1日）

为充分发挥粤港澳地区的综合优势，深化粤港澳合作，推进粤港澳大湾区建设，高水平参与国际合作，提升在国家经济发展和全方位开放中的引领作用，为港澳发展注入新动能，保持港澳长期繁荣稳定，国家发展和改革委员会、广东省人民政府、香港特别行政区政府、澳门特别行政区政府（以下称"四方"）经协商一致，制定本协议。

一、总则

（一）合作宗旨。全面准确贯彻"一国两制"方针，完善创新合作机制，建立互利共赢合作关系，共同推进粤港澳大湾区建设。

（二）合作目标。强化广东作为全国改革开放先行区、经济发展重要引擎的作用，构建科技、产业创新中心和先进制造业、现代服务业基地；巩固和提升香港国际金融、航运、贸易三大中心地位，强化全球离岸人民币业务枢纽地位和国际资产管理中心功能，推动专业服务和创新及科技事业发展，建设亚太区国际法律及解决争议服务中心；推进澳门建设世界旅游休闲中心，打造中国与葡语国家商贸合作服务平台，建设以中华文化为主流、多元文化共存的交流合作基地，促进澳门经济适度多元可持续发展。努力将粤港澳大湾区建设成为更具活力的经济区、宜居宜业宜游的优质生活圈和内地与港澳深度合作的示范区，携手打造国际一流湾区和世界级城市群。

（三）合作原则。

——开放引领，创新驱动。积极构建开放型经济新体制，打造高水平开放平台，对接高标准贸易投资规则，集聚创新资源，完善区域协同创新体系，开展创新及科技合作。

——优势互补，合作共赢。充分发挥各地比较优势，创新完善合作体制机制，加强政策和规划协调对接，推动粤港澳间双向合作，促进区域经济社会协同发展，使合作成果惠及各方。

——市场主导，政府推动。充分发挥市场在资源配置中的决定性作用，更好发挥政府作用，推动各种生产和生活要素在区域内更加便捷流动和优化配置。

——先行先试，重点突破。支持广东全面深化改革，探索粤港澳合作新模式，推动主要合作区域和重点领域的体制机制创新，以点带面深化合作，充分释放改革红利。

——生态优先，绿色发展。着眼于城市群可持续发展，强化环境保护和生态修复，推动形成绿色低碳的生产生活方式和城市建设运营模式，有效提升城市群品质。

[①] 2017年7月1日在香港签署。

二、合作重点领域

（四）推进基础设施互联互通。强化内地与港澳交通联系，构建高效便捷的现代综合交通运输体系。发挥香港作为国际航运中心优势，带动大湾区其他城市共建世界级港口群和空港群，优化高速公路、铁路、城市轨道交通网络布局，推动各种运输方式综合衔接、一体高效。强化城市内外交通建设，便捷城际交通，共同推进包括港珠澳大桥、广深港高铁、粤澳新通道等区域重点项目建设，打造便捷区域内交通圈。建设稳定安全的能源和水供应体系，进一步提升信息通信网络基础设施水平、扩大网络容量。

（五）进一步提升市场一体化水平。落实内地与香港、澳门《关于建立更紧密经贸关系的安排》（CEPA）及其系列协议，促进要素便捷流动，提高通关便利化水平，促进人员、货物往来便利化，打造具有全球竞争力的营商环境。推动扩大内地与港澳企业相互投资。鼓励港澳人员赴粤投资及创业就业，为港澳居民发展提供更多机遇，并为港澳居民在内地生活提供更加便利条件。

（六）打造国际科技创新中心。统筹利用全球科技创新资源，完善创新合作体制机制，优化跨区域合作创新发展模式，构建国际化、开放型区域创新体系，不断提高科研成果转化水平和效率，加快形成以创新为主要引领和支撑的经济体系和发展模式。

（七）构建协同发展现代产业体系。充分发挥大湾区不同城市产业优势，推进产业协同发展，完善产业发展格局，加快向全球价值链高端迈进。培育战略性新兴产业集群，建设产业合作发展平台，构建高端引领、协同发展、特色突出、绿色低碳的开放型、创新型产业体系。

（八）共建宜居宜业宜游的优质生活圈。以改善民生为重点，提高社会管理和公共服务能力和水平，增加优质公共服务和生产生活产品供给，打造国际化教育高地，完善就业创业服务体系，加强人文交流、促进文化繁荣发展，推进区域旅游发展，支持澳门打造旅游教育培训基地，共建健康湾区，完善生态建设和环境保护合作机制，建设绿色低碳湾区。

（九）培育国际合作新优势。充分发挥港澳地区独特优势，深化与"一带一路"沿线国家在基础设施互联互通、经贸、金融、生态环保及人文交流领域的合作，携手打造推进"一带一路"建设的重要支撑区。支持粤港澳共同开展国际产能合作和联手"走出去"，进一步完善对外开放平台，更好发挥归侨侨眷纽带作用，推动大湾区在国家高水平参与国际合作中发挥示范带头作用。

（十）支持重大合作平台建设。推进深圳前海、广州南沙、珠海横琴等重大粤港澳合作平台开发建设，充分发挥其进一步深化改革、扩大开放、促进合作中的试验示范和引领带动作用，并复制推广成功经验。推进港澳青年创业就业基地建设。支持港深创新及科技园、江门大广海湾经济区、中山粤澳全面合作示范区等合作平台建设。发挥合作平台示范作用，拓展港澳中小微企业发展空间。

三、体制机制安排

（十一）完善协调机制。编制《粤港澳大湾区城市群发展规划》，推进规划落地实施。四方每年定期召开磋商会议，协调解决大湾区发展中的重大问题和合作事项。

（十二）健全实施机制。四方每年提出推进粤港澳大湾区建设年度重点工作，由国家发展和改革委员会征求广东省人民政府和香港、澳门特别行政区政府以及国家有关部门意见达成一致后，共同推动落实。广东省人民政府和香港、澳门特别行政区政府共同建立推进粤港澳大湾区发展日常工作机制，更好发挥广东省发展和改革委员会、香港特别行政区政府政制及内地事务局、澳门特别行政区政府行政长官办公室在合作中的联络协调作用，推动规划深入实施。

（十三）扩大公众参与。强化粤港澳合作咨询渠道，吸纳内地及港澳各界代表和专家参与，研究探讨各领域合作发展策略、方式及问题。发挥粤港澳地区行业协会、智库等机构的作用，支持工商企业界、劳工界、专业服务界、学术界等社会各界深化合作交流，共同参与大湾区建设。加强粤港澳大湾区的宣传推介。

四、其它

本协议自四方代表正式签署之日起生效，有效期五年。经四方协商同意，可对本协议进行修正和展期。

部门规章、政策类

体育赛事活动管理办法[①]

(2020年1月17日)

第一章 总 则

第一条 为规范体育赛事活动有序开展,促进体育事业健康发展,根据《中华人民共和国体育法》《全民健身条例》以及其他相关法律法规,制定本办法。

第二条 本办法所称体育赛事活动,是指在中国境内依法举办的各级各类体育赛事活动的统称。

第三条 体育赛事活动应当坚持政府监管与行业自律相结合的原则,实行分级分类管理,加强事中事后监管,优化体育赛事活动服务。

国家体育总局(以下简称"体育总局")负责全国范围内体育赛事活动的监管。县级以上地方人民政府体育主管部门(以下简称"地方体育部门")负责所辖区域内体育赛事活动的监管。

中华全国体育总会、中国奥林匹克委员会、地方体育总会、全国性单项体育协会、地方性单项体育协会以及其他体育协会(以下简称"体育协会")按照法律法规及各自章程负责相关体育赛事活动的服务、引导和规范。

第四条 体育赛事活动举办应当遵循合法、安全、公开、公平、公正、诚信、文明、绿色的原则。

第五条 本办法所称主办方是指发起举办体育赛事活动的组织或个人;承办方是指具体负责筹备、实施体育赛事活动的组织或个人;协办方是指提供一定业务指导或者物质及人力支持、协助举办体育赛事活动的组织或个人。主办方、承办方、协办方之间的权利义务应当通过书面协议方式约定。

第二章 体育赛事活动申办和审批

第六条 体育总局以及中华全国体育总会、中国奥林匹克委员会主办的全国综合性运动会,由省、自治区、直辖市人民政府按照综合性运动会申办管理规定申办,报国务院批准后举办。

地方体育部门以及地方体育总会主办的所辖区域内的综合性运动会自行确定申办办法。

[①] 经国家体育总局令第25号公布。

第七条　申办国际体育赛事活动,应当按照程序报批,未经批准,不得申办。

以下国际体育赛事活动需列入体育总局年度外事活动计划,并按照有关规定和审批权限报体育总局或国务院审批:体育总局主办或共同主办的重要国际体育赛事活动,国际体育组织主办的国际综合性运动会、世界锦标赛、世界杯赛、亚洲锦标赛、亚洲杯赛,涉及奥运会、亚运会资格或积分的赛事,全国性单项体育协会主办的跨省(区、市)组织的国际体育赛事活动,涉及海域、空域及地面敏感区域等特殊领域的国际体育赛事活动。

体育总局相关单位或全国性单项体育协会主办,或与地方共同主办但由体育总局相关单位或全国性单项体育协会主导的国际体育赛事活动,需列入体育总局外事活动计划,原则上由有外事审批权的地方人民政府或其有关部门审批。

地方自行主办,或与体育总局相关单位或全国性单项体育协会共同主办但由地方主导的国际体育赛事活动,由有外事审批权的地方人民政府或其有关部门审批,不列入体育总局外事活动计划,但应统一向体育总局备案。

其他商业性、群众性国际体育赛事活动,应当按照属地管理原则,根据地方有关规定办理外事手续。

参加以上体育赛事活动人员的来华邀请函、接待通知等相关外事手续,按照"谁审批、谁邀请"的原则办理。

第八条　健身气功、航空体育、登山等运动项目的体育赛事活动,另有行政审批规定的,按照规定程序办理。

第九条　境外非政府组织在中国境内举办的体育赛事活动,应当经省级人民政府体育部门同意,并报同级公安机关备案。

全国性单项体育协会代表中国参加相应的国际单项体育组织,任何组织和个人在中国境内主办或承办相应的国际单项体育组织的体育赛事活动,应当与全国性单项体育协会协商一致。

第十条　除第七、八条规定外,体育总局对体育赛事活动一律不做审批,公安、市场监管、卫生健康、交通运输、海事、无线电管理、外事等部门另有规定的,主办方或承办方应按规定办理。

地方体育部门应当按照国务院、地方人大和政府的相关规定,减少体育赛事活动审批;对保留的审批事项,不断优化服务。

地方体育部门应当积极协调推动地方人民政府,根据实际需要建立体育、公安、卫生等多部门对商业性、群众性大型体育赛事活动联合"一站式"服务机制或部门协同工作机制。

机关、企事业单位、社会组织和个人均可依法组织和举办体育赛事活动。

机关、事业单位、体育协会举办体育赛事活动,应当公开、公平、公正选择承办方,并鼓励和支持社会广泛参与。

第十一条　体育赛事活动的名称应当符合以下规定:

(一)与举办地域和体育赛事活动的项目内容相一致;

(二)与主办方开展活动的行业领域和人群范围相一致;

（三）与他人或其他组织举办的体育赛事活动名称有实质性区别；
（四）不得侵犯他人或其他组织的合法权益；
（五）不得含有欺骗或可能造成公众误解的文字；
（六）不得使用具有宗教含义的文字；
（七）按照国家法律法规、政策要求使用"一带一路""金砖国家""上合组织"等含有政治、外交、国防属性的文字；
（八）相关法律、法规和规章的其他规定。

第十二条 中央和国家机关及其事业单位、全国性社会组织主办或承办的国际性、全国性体育赛事活动，名称中可以使用"世界""国际""亚洲""中国""全国""国家"等字样或具有类似含义的词汇，其他体育赛事活动不得使用与其相同或类似的名称。

第三章 体育赛事活动组织

第十三条 体育赛事活动主办方和承办方应当建立组委会等组织机制，根据需要组建竞赛、安全、新闻、医疗等专门委员会，明确举办体育赛事活动的分工和责任，协同合作。

承办方应当做好体育赛事活动各项保障工作，负责体育赛事活动的安全，对重要体育赛事活动进行风险评估，制定相关预案及安全工作方案，并督促落实各项具体措施。主办方直接承担体育赛事活动筹备和组织工作的，履行承办方责任。

协办方应当确保其提供的产品或服务的质量和安全。

第十四条 具备条件的大型或重要体育赛事活动的组委会应当建立党组织，加强党对体育赛事活动的领导。

第十五条 举办体育赛事活动，主办方和承办方应当根据需要，做好下列保障工作：
（一）配备具有相应资格或资质的专业技术人员；
（二）配置符合相关标准和要求的场地、器材和设施；
（三）落实医疗、卫生、食品、交通、安全保卫、生态保护等相关措施。

体育赛事活动对参赛者身体条件有特殊要求的，主办方或承办方应当要求其提供符合体育赛事活动要求的身体状况证明，参赛者应予以配合。

体育部门主办的体育赛事活动，应当主动购买公众责任方面的保险。鼓励其他体育赛事活动主办方、参与者购买公众责任或意外伤害方面的保险。

第十六条 主办方或承办方应当根据国家或全国性单项体育协会有关裁判员管理的规定，按照公开、公平、公正、择优的原则确定体育赛事活动的裁判员。

第十七条 体育部门主办的体育赛事活动，应当在举办前通过网络或新闻媒体等途径向社会公开。

鼓励和支持其他体育赛事活动主办方在体育赛事活动举办前，通过包括政府网站在内的多种途径，向社会公布竞赛规程，公开体育赛事活动的名称、时间、地点、主办方、承办方、参赛条件及奖惩办法等基本信息。

第十八条　体育赛事活动的名称、标志、举办权、赛事转播权和其他无形资产权利受法律保护，主办方和承办方可以进行市场开发依法依规获取相关收益，任何组织和个人不得侵犯。

体育赛事活动主办方、承办方应当增强权利保护意识，主动办理商标、专利、著作权等知识产权手续，通过合法手段保护体育赛事活动相关权益。

第十九条　体育赛事活动因自然灾害、政府行为、社会异常事件等因素确需变更时间、地点、内容、规模或取消的，主办方应当在获得相关信息后及时公告。因变更或取消体育赛事活动造成承办方、协办方、参与者、观众等相关方损失的，应当按照协议依法予以补偿。

第二十条　个人、法人和其他组织依法参与体育赛事活动，享有获得基本安全保障、赛事服务等权利。

体育赛事活动主办方或承办方因办赛需要使用个人、法人和其他组织相关信息的，应当保障信息安全，建立信息安全管理制度，不得违法使用或泄漏。

第二十一条　体育赛事活动相关人员（包括参赛者、裁判员、志愿者、观众、体育赛事活动组织机构工作人员等，以下同）应当履行诚信、安全、有序的办赛、参赛、观赛义务，做到：

（一）遵守相关法律法规规定；

（二）遵守体育道德，不得弄虚作假、徇私舞弊，严禁使用兴奋剂、操纵比赛、冒名顶替等行为；

（三）遵守竞赛规则、规程、赛场行为规范和组委会的相关规定，自觉接受安全检查，服从现场管理，维护体育赛事活动正常秩序；

（四）遵守社会公德，不得损坏体育设施，不得影响和妨碍公共安全，不得在体育赛事活动中有违反社会公序良俗的言行。

第二十二条　体育赛事活动相关人员在体育赛事活动中应当自觉践行社会主义核心价值观，弘扬中华体育精神，积极营造健康向上、和谐文明的赛场文化氛围和舆论宣传氛围。

第二十三条　主办方和承办方应当加强观赛环境管理，维护赛场秩序，防止打架斗殴、拥挤踩踏等事件发生，防止不文明不健康、有侮辱性或谩骂性、破坏民族团结、分裂国家、反社会倾向等方面的言论、旗帜和标语出现，严禁携带危险品出入赛场。

第二十四条　无民事行为能力人或限制民事行为能力人单独参加体育赛事活动的，主办方或承办方应当告知其监护人相关风险并由监护人签署承诺书。

第二十五条　体育赛事活动中有外籍人员参加的，主办方和承办方应当按照国家有关规定对其管理。

第四章　体育赛事活动服务

第二十六条　体育部门和体育协会应当为社会力量合法举办的体育赛事活动提供必要的指导和服务。

通过举办体育赛事活动提升公共体育场馆特别是大型体育场馆的利用效率和开放水平。

第二十七条 体育部门和体育协会应当根据职责和章程，加强对体育赛事活动组织者及相关从业人员的培训，不断提高体育赛事活动组织水平。

第二十八条 体育部门和体育协会可以选配体育赛事活动组织经验丰富的专家担任体育赛事活动指导员，参与体育赛事活动现场指导，并按照项目分类组建专家库。

第二十九条 体育部门可以设立体育赛事活动专项资金，通过奖励、政府购买服务等方式鼓励、引导社会力量举办体育赛事活动。

第三十条 地方体育部门可以制定所辖区域的年度《体育赛事活动服务指导目录》，明确每年度可由社会力量申办的体育赛事活动、优先给予扶持的体育赛事活动以及提供公共服务的范围、服务内容、收费标准等事项。

鼓励主办方在举办体育赛事活动前主动向地方体育部门备案。地方体育部门经过评估可以将其中社会效益好、影响力大的体育赛事活动列入《体育赛事活动服务指导目录》，通过政府购买服务、提供专业技术指导等方式给予支持。

第三十一条 全国性单项体育协会应当充分发挥专业优势，加强体育赛事活动的标准化、规范化建设，制定出台本项目体育赛事活动组织的办赛指南和参赛指引。

办赛指南应当包括组织体育赛事活动的基本条件、标准、规则、服务、保障以及对体育赛事活动主办方、承办方的基本要求等内容。

参赛指引应当包括符合一定年龄、身体、运动机能条件，承诺遵守竞赛规程、服从体育赛事活动安排等参与体育赛事活动的基本要求和需要知悉的基本常识。

第三十二条 体育协会可以根据体育赛事活动主办方和承办方的需求，提供必要的技术、规则、器材等方面的指导和服务，建立健全赛事指导和服务制度。

第三十三条 全国性单项体育协会应当制定体育赛事活动服务收费标准并向社会公布，可以根据其在体育赛事活动中提供的服务依法合规收取相应费用，但不得提供强制服务，不得以任何借口违法违规收取费用。

第五章 体育赛事活动监管

第三十四条 体育部门应当建立健全体育赛事活动监管工作机制，综合运用多种监管手段，充分发挥"互联网＋监管"的功能，加快实现各相关部门、各层级和各领域监管信息共享和统一应用，实现综合监管、智慧监管、动态监管。

第三十五条 体育部门在体育赛事活动举办前或举办中发现涉嫌不符合体育赛事活动条件、标准、规则等规定情形的，或收到有关单位、个人提出相关建议、投诉、举报的，应当及时予以处理；属于其他部门职责范围的，应当及时移交并积极配合协助处理。

第三十六条 体育协会应当引导行业健康发展，加强对会员组织举办的体育赛事活动的日常管理，提高其主办、承办、协办体育赛事活动的水平。

第三十七条 体育协会可以依照体育赛事活动组织整体水平、人数规模、层次规格、服务保障、社会影响力等因素，对所辖区域内的体育赛事活动实施等级评定或进行体育赛事活动评估。

第三十八条 全国性单项体育协会应当在协会章程中规定本项目体育赛事活动管理

的内容，并制定相关管理办法，出台本项目体育赛事活动组织的团体标准、奖惩措施、信用管理、反兴奋剂工作等规范，加强行业自律。

第三十九条 主办方和承办方应当加强赛风赛纪管理，确保体育赛事活动公平公正开展。

第四十条 主办方和承办方应当按照国家有关规定履行体育赛事活动反兴奋剂职责，积极配合反兴奋剂组织开展宣传教育以及检查调查等工作，采取措施防范兴奋剂风险隐患，在管理权限内对兴奋剂违规问题作出处理。

第六章　法律责任

第四十一条 违反本办法规定的行为，有关法律、法规、规章已有处罚规定的从其规定。

主办方或承办方违反本办法规定，有下列情形之一的，由地方体育部门或其委托的综合行政执法部门责令改正，情节恶劣的视情节处以 30000 元以下罚款，属于非经营活动的处以 1000 元以下罚款。

（一）不符合本办法第七条、第八条对体育赛事活动审批规定的；

（二）不符合本办法第九条对境外非政府组织在中国境内举办体育赛事活动规定的；

（三）不符合本办法第十一条、第十二条对体育赛事活动名称规定的；

（四）造成人身财产伤害事故或重大不良社会影响的；

（五）其他侵犯他人或其他组织合法权益的。

第四十二条 体育赛事活动主办方、承办方、协办方及相关人员在体育赛事活动中的行为涉嫌欺诈或造成重大安全责任事故等情形的，体育部门应当配合公安、市场监管等部门依法依规处理，构成犯罪的依法追究刑事责任。

第四十三条 体育协会在开展体育赛事活动中有变相审批、违法违规收费等行为的，由同级体育部门或其委托的综合行政执法部门责令改正，对负有直接责任的主管人员和其他责任人员依法依规依纪给予处分。

第四十四条 体育赛事活动中出现假球、黑哨、赌球、兴奋剂违规等行为的，体育赛事活动主办方、承办方及相关人员应当配合公安、市场监管、体育等部门依法依规处理，构成犯罪的依法追究刑事责任。

第四十五条 体育部门及其工作人员在体育赛事活动监管工作中有滥用职权、徇私舞弊、玩忽职守等行为的，依法予以查处，对负有直接责任的主管人员和其他责任人员依法依规依纪给予处分，构成犯罪的依法追究刑事责任。

第四十六条 体育部门应当建立体育领域信用制度体系，将信用承诺履行情况纳入信用记录，开展信用评价。

省级体育部门应当按照体育市场黑名单管理制度，将举办体育赛事活动中严重违反法律、法规、规章的体育经营主体及其从业人员列入体育市场黑名单，并在一定期限内向社会公布，实施信用约束、联合惩戒。

第七章 附 则

第四十七条 本办法自 2020 年 5 月 1 日起施行。2014 年 12 月 24 日《体育总局关于推进体育赛事审批制度改革的若干意见》（体政字〔2014〕124 号）、2014 年 12 月 24 日《体育总局关于印发〈全国性单项体育协会竞技体育重要赛事名录〉的通知》（体政字〔2014〕125 号）、2015 年 12 月 21 日《体育赛事管理办法》（体竞字〔2015〕190 号）、2018 年 4 月 28 日《体育总局关于印发〈关于进一步加强体育赛事监管的意见〉的通知》（体规字〔2018〕3 号）同时废止。

政府购买服务管理办法[①]

(2020年1月3日)

第一章 总 则

第一条 为规范政府购买服务行为，促进转变政府职能，改善公共服务供给，根据《中华人民共和国预算法》《中华人民共和国政府采购法》《中华人民共和国合同法》等法律、行政法规的规定，制定本办法。

第二条 本办法所称政府购买服务，是指各级国家机关将属于自身职责范围且适合通过市场化方式提供的服务事项，按照政府采购方式和程序，交由符合条件的服务供应商承担，并根据服务数量和质量等因素向其支付费用的行为。

第三条 政府购买服务应当遵循预算约束、以事定费、公开择优、诚实信用、讲求绩效原则。

第四条 财政部负责制定全国性政府购买服务制度，指导和监督各地区、各部门政府购买服务工作。

县级以上地方人民政府财政部门负责本行政区域政府购买服务管理。

第二章 购买主体和承接主体

第五条 各级国家机关是政府购买服务的购买主体。

第六条 依法成立的企业、社会组织（不含由财政拨款保障的群团组织），公益二类和从事生产经营活动的事业单位，农村集体经济组织，基层群众性自治组织，以及具备条件的个人可以作为政府购买服务的承接主体。

第七条 政府购买服务的承接主体应当符合政府采购法律、行政法规规定的条件。

购买主体可以结合购买服务项目的特点规定承接主体的具体条件，但不得违反政府采购法律、行政法规，以不合理的条件对承接主体实行差别待遇或者歧视待遇。

第八条 公益一类事业单位、使用事业编制且由财政拨款保障的群团组织，不作为政府购买服务的购买主体和承接主体。

第三章 购买内容和目录

第九条 政府购买服务的内容包括政府向社会公众提供的公共服务，以及政府履职所需辅助性服务。

第十条 以下各项不得纳入政府购买服务范围：

（一）不属于政府职责范围的服务事项；

[①] 经财政部令第102号公布。

（二）应当由政府直接履职的事项；

（三）政府采购法律、行政法规规定的货物和工程，以及将工程和服务打包的项目；

（四）融资行为；

（五）购买主体的人员招、聘用，以劳务派遣方式用工，以及设置公益性岗位等事项；

（六）法律、行政法规以及国务院规定的其他不得作为政府购买服务内容的事项。

第十一条 政府购买服务的具体范围和内容实行指导性目录管理，指导性目录依法予以公开。

第十二条 政府购买服务指导性目录在中央和省两级实行分级管理，财政部和省级财政部门分别制定本级政府购买服务指导性目录，各部门在本级指导性目录范围内编制本部门政府购买服务指导性目录。

省级财政部门根据本地区情况确定省以下政府购买服务指导性目录的编制方式和程序。

第十三条 有关部门应当根据经济社会发展实际、政府职能转变和基本公共服务均等化、标准化的要求，编制、调整指导性目录。

编制、调整指导性目录应当充分征求相关部门意见，根据实际需要进行专家论证。

第十四条 纳入政府购买服务指导性目录的服务事项，已安排预算的，可以实施政府购买服务。

第四章　购买活动的实施

第十五条 政府购买服务应当突出公共性和公益性，重点考虑、优先安排与改善民生密切相关，有利于转变政府职能、提高财政资金绩效的项目。

政府购买的基本公共服务项目的服务内容、水平、流程等标准要素，应当符合国家基本公共服务标准相关要求。

第十六条 政府购买服务项目所需资金应当在相关部门预算中统筹安排，并与中期财政规划相衔接，未列入预算的项目不得实施。

购买主体在编报年度部门预算时，应当反映政府购买服务支出情况。政府购买服务支出应当符合预算管理有关规定。

第十七条 购买主体应当根据购买内容及市场状况、相关供应商服务能力和信用状况等因素，通过公平竞争择优确定承接主体。

第十八条 购买主体向个人购买服务，应当限于确实适宜实施政府购买服务并且由个人承接的情形，不得以政府购买服务名义变相用工。

第十九条 政府购买服务项目采购环节的执行和监督管理，包括集中采购目录及标准、采购政策、采购方式和程序、信息公开、质疑投诉、失信惩戒等，按照政府采购法律、行政法规和相关制度执行。

第二十条 购买主体实施政府购买服务项目绩效管理，应当开展事前绩效评估，定期对所购服务实施情况开展绩效评价，具备条件的项目可以运用第三方评价评估。

财政部门可以根据需要，对部门政府购买服务整体工作开展绩效评价，或者对部门实施的资金金额和社会影响大的政府购买服务项目开展重点绩效评价。

第二十一条 购买主体及财政部门应当将绩效评价结果作为承接主体选择、预算安排和政策调整的重要依据。

第五章 合同及履行

第二十二条 政府购买服务合同的签订、履行、变更，应当遵循《中华人民共和国合同法》的相关规定。

第二十三条 购买主体应当与确定的承接主体签订书面合同，合同约定的服务内容应当符合本办法第九条、第十条的规定。

政府购买服务合同应当明确服务的内容、期限、数量、质量、价格，资金结算方式，各方权利义务事项和违约责任等内容。

政府购买服务合同应当依法予以公告。

第二十四条 政府购买服务合同履行期限一般不超过1年；在预算保障的前提下，对于购买内容相对固定、连续性强、经费来源稳定、价格变化幅度小的政府购买服务项目，可以签订履行期限不超过3年的政府购买服务合同。

第二十五条 购买主体应当加强政府购买服务项目履约管理，开展绩效执行监控，及时掌握项目实施进度和绩效目标实现情况，督促承接主体严格履行合同，按照合同约定向承接主体支付款项。

第二十六条 承接主体应当按照合同约定提供服务，不得将服务项目转包给其他主体。

第二十七条 承接主体应当建立政府购买服务项目台账，依照有关规定或合同约定记录保存并向购买主体提供项目实施相关重要资料信息。

第二十八条 承接主体应当严格遵守相关财务规定，规范管理和使用政府购买服务项目资金。

承接主体应当配合相关部门对资金使用情况进行监督检查与绩效评价。

第二十九条 承接主体可以依法依规使用政府购买服务合同向金融机构融资。

购买主体不得以任何形式为承接主体的融资行为提供担保。

第六章 监督管理和法律责任

第三十条 有关部门应当建立健全政府购买服务监督管理机制。购买主体和承接主体应当自觉接受财政监督、审计监督、社会监督以及服务对象的监督。

第三十一条 购买主体、承接主体及其他政府购买服务参与方在政府购买服务活动中，存在违反政府采购法律法规行为的，依照政府采购法律法规予以处理处罚；存在截留、挪用和滞留资金等财政违法行为的，依照《中华人民共和国预算法》《财政违法行为处罚处分条例》等法律法规追究法律责任；涉嫌犯罪的，移送司法机关处理。

第三十二条 财政部门、购买主体及其工作人员，存在违反本办法规定的行为，以及滥用职权、玩忽职守、徇私舞弊等违法违纪行为的，按照《中华人民共和国预算法》

《中华人民共和国公务员法》《中华人民共和国监察法》《财政违法行为处罚处分条例》等国家有关规定追究相应责任；涉嫌犯罪的，移送司法机关处理。

第七章 附 则

第三十三条 党的机关、政协机关、民主党派机关、承担行政职能的事业单位和使用行政编制的群团组织机关使用财政性资金购买服务的，参照本办法执行。

第三十四条 涉密政府购买服务项目的实施，按照国家有关规定执行。

第三十五条 本办法自 2020 年 3 月 1 日起施行。财政部、民政部、工商总局 2014 年 12 月 15 日颁布的《政府购买服务管理办法（暂行）》（财综〔2014〕96 号）同时废止。

经营高危险性体育项目许可管理办法[①]

(2018 年 11 月 13 日修改)

第一章 总 则

第一条 为了规范经营高危险性体育项目行政许可的实施，保障消费者人身安全，促进体育市场健康发展，根据《中华人民共和国体育法》《中华人民共和国行政许可法》《全民健身条例》等有关法律、法规，制定本办法。

第二条 本办法所称经营高危险性体育项目，是指企业、个体工商户从事按照《全民健身条例》规定公布的高危险性体育项目的经营活动。

第三条 经营高危险性体育项目实施行政许可。

第四条 对经营高危险性体育项目实施行政许可，坚持以下原则：

（一）保障消费者人身安全；

（二）规范发展体育市场；

（三）公开、公平、公正；

（四）处罚与教育相结合；

（五）经济效益与社会效益并重。

第五条 国家体育总局指导全国范围内经营高危险性体育项目行政许可工作，会同有关部门制定、调整高危险性体育项目目录，并经国务院批准后予以公布。

县级以上地方人民政府体育主管部门负责本行政区域的经营高危险性体育项目行政许可工作。

第二章 申请与审批

第六条 经营高危险性体育项目，应当具备下列条件：

（一）相关体育设施符合国家标准；

（二）具有达到规定数量、取得国家职业资格证书的社会体育指导人员和救助人员；

（三）具有安全生产岗位责任制、安全操作规程、突发事件应急预案、体育设施、设备、器材安全检查制度等安全保障制度和措施；

（四）法律、法规规定的其他条件。

第七条 企业、个体工商户经营高危险性体育项目的，应当在工商行政管理部门依法办理相关登记手续后，向县级以上地方人民政府体育主管部门申请行政许可。

[①] 2013 年 2 月 21 日，经国家体育总局令第 17 号公布；根据 2014 年 9 月 1 日国家体育总局令第 19 号和 2016 年 4 月 29 日国家体育总局令第 22 号第一次修改；根据 2018 年 11 月 13 日国家体育总局令第 24 号第二次修改。

第八条 申请经营高危险性体育项目，应当提交下列材料：
（一）申请书。申请书应当包括申请人的名称、住所，拟经营的高危险性体育项目；
（二）体育设施符合相关国家标准的说明性材料；
（三）体育场所的所有权或使用权证明；
（四）社会体育指导人员、救助人员的职业资格证明；
（五）安全保障制度和措施；
（六）工商营业执照；
（七）法律、法规规定的其他材料。

第九条 县级以上地方人民政府体育主管部门应当自收到申请之日起30日内进行实地核查，做出批准或者不予批准的决定。批准的，应当发给许可证；不予批准的，应当书面通知申请人并说明理由。

第十条 许可证应当载明以下事项：
（一）经营机构负责人姓名；
（二）经营机构名称；
（三）经营场所地址；
（四）许可经营的高危险性体育项目；
（五）社会体育指导人员和救助人员规定数量；
（六）许可期限。

第十一条 许可证有效期为五年，样式由国家体育总局统一制定。

第十二条 许可证载明事项发生变更的，经营者应当向做出行政许可决定的体育主管部门申请办理变更手续。体育主管部门同意的，为其换发许可证。

第十三条 许可证到期后需要继续经营的，经营者应提前30日到做出行政许可决定的体育主管部门申请办理续期手续。体育主管部门同意的，为其换发许可证。

第十四条 有下列情况之一，做出行政许可决定的体育主管部门应当依法注销许可证：
（一）经营终止；
（二）许可证到期。

第十五条 已经许可、注销和依据本办法第二十八条吊销许可证的，做出行政许可决定的体育主管部门应当向社会公示。

第十六条 许可证遗失或者毁损的，应当向做出行政许可决定的体育主管部门申请补领或者更换。

第三章 监督检查

第十七条 上级体育主管部门应当加强对下级体育主管部门实施行政许可的监督检查，及时纠正行政许可实施中的违法行为。

县级以上地方人民政府体育主管部门应当对经营者从事行政许可事项的活动实施有效监督。

监督检查不得妨碍被许可人的正常经营。

第十八条 县级以上地方人民政府体育主管部门对经营高危险性体育项目进行检查时，体育执法人员人数不得少于两人，并出示有效的行政执法证件。未出示有效证件的，经营者有权拒绝检查。

第十九条 体育执法人员应当将监督检查的时间、地点、内容、发现的问题及其处理情况做出书面记录，并建立执法档案，将各项检查记录和处罚决定存档。

第二十条 经营者应当将许可证、安全生产岗位责任制、安全操作规程、体育设施、设备、器材的使用说明及安全检查等制度、社会体育指导人员和救助人员名录及照片张贴于经营场所的醒目位置。

第二十一条 经营者应当就高危险性体育项目可能危及消费者安全的事项和对参与者年龄、身体、技术的特殊要求，在经营场所中做出真实说明和明确警示，并采取措施防止危害发生。

第二十二条 经营者应当按照相关规定做好体育设施、设备、器材的维护保养及定期检测，保证其能够安全、正常使用。

第二十三条 经营者应当保证经营期间具有不低于规定数量的社会体育指导人员和救助人员。社会体育指导人员和救助人员应当持证上岗，并佩戴能标明其身份的醒目标识。

第二十四条 经营者对体育执法人员依法履行监督检查职责，应当予以配合，不得拒绝、阻挠。

第二十五条 国家鼓励高危险性体育项目经营者依法投保有关责任保险，鼓励消费者依法投保意外伤害保险。

第四章 法律责任

第二十六条 未经县级以上地方人民政府体育主管部门批准，擅自经营高危险性体育项目的，由县级以上地方人民政府体育主管部门按照管理权限责令改正；有违法所得的，没收违法所得；违法所得不足3万元或者没有违法所得的，并处3万元以上10万元以下的罚款；违法所得3万元以上的，并处违法所得2倍以上5倍以下的罚款。

第二十七条 经营者取得许可证后，不再符合本办法规定条件仍经营该体育项目的，由县级以上地方人民政府体育主管部门按照管理权限责令限期改正；有违法所得的，没收违法所得；违法所得不足3万元或者没有违法所得的，并处3万元以上10万元以下的罚款；违法所得3万元以上的，并处违法所得2倍以上5倍以下的罚款；拒不改正的，由做出行政许可决定的体育主管部门吊销许可证。

第二十八条 违反本办法第二十一条、第二十二条、第二十三条、第二十四条规定，由县级以上地方人民政府体育主管部门责令限期改正，逾期未改正的，处2万元以下的罚款。

第二十九条 违反本办法第二十五条规定，由县级以上地方人民政府体育主管部门责令改正，处3万元以下的罚款。

第三十条 县级以上人民政府体育主管部门工作人员在实施行政许可过程中,玩忽职守、滥用职权、徇私舞弊的,依法给予处分;构成犯罪的,依法追究刑事责任。

第五章 附 则

第三十一条 在高危险性体育项目目录公布前,已经开展目录中所列高危险性体育项目经营的,经营者应当在目录公布后的 6 个月内依照本办法申请行政许可。

第三十二条 具体实施办法由地方根据实际情况制定。

第三十三条 本办法自 2013 年 5 月 1 日起施行。

少年儿童体育学校管理办法[①]

(2011年9月2日)

第一章 总 则

第一条 为加强少年儿童体育学校的建设和管理，全面贯彻国家体育、教育方针，促进我国体育事业发展，依据《中华人民共和国体育法》《中华人民共和国教育法》《中华人民共和国义务教育法》等法律法规，制定本办法。

第二条 本办法所称少年儿童体育学校是指九年义务教育阶段培养少年儿童体育专项运动技能的体育特色学校（含体育中学、单项体育运动学校、少年儿童业余体育学校，以下简称"少体校"）。

第三条 少体校的主要任务是为国家和社会培养、输送具有良好思想品德、文化素质和体育特长的优秀体育后备人才。

第四条 县级以上体育和教育行政部门在本级人民政府领导下，统筹规划、分工负责、协调管理少体校工作。体育行政部门负责学校的日常管理，学生训练、参赛，教练员配备和培训等；教育行政部门负责与学生文化教育相关事项的管理，包括教学、教师配备和培训等。

第五条 国家鼓励和支持企业事业组织、社会团体和公民个人举办民办少体校。

举办少体校不得以营利为目的。

第二章 设置与审批

第六条 少体校应当从实际出发，采取独立办学或依附普通中小学等形式办学。

第七条 举办少体校的社会组织应当具有法人资格，公民个人应当具有政治权利和完全民事行为能力。少体校应当具有法人资格。

第八条 举办少体校，应当符合国家关于中小学校的相关设置标准，具备与所设置运动项目相适应的训练场馆、器材设施。

少体校独立进行文化教育的，应当具备与办学规模相适应的文化教学设施、设备和师资。依附普通中小学进行文化教育的，应当和所依附的学校签定联合办学协议，明确双方的权利和义务。

第九条 少体校应当根据本地区的体育传统和运动项目布局设置体育项目。

第十条 少体校的设立、变更、终止由县级以上体育行政部门提出意见，同级教育行政部门根据相关法律法规予以审批。

[①] 经国家体育总局、中华人民共和国教育部第15号令公布。

第三章 招生与学籍

第十一条 少体校按学年度面向普通中小学招生。

少体校招生,对拟招收学生进行体检和选材测试。

第十二条 少体校招生后,应当对招收的新生进行试训。经试训不适宜继续进行专项运动训练的学生,仍回原学校。

第十三条 少体校录取的学生学籍的变动和管理,按照当地学籍管理办法执行。

第四章 思想品德与文化教育

第十四条 少体校应当坚持育人为本,把德育工作放在首位,增强德育工作的针对性和实效性,教育教学活动应遵循少年儿童身心发展规律。

第十五条 少体校应当加强学生爱国主义、集体主义、社会主义思想品德教育,开展文明行为养成教育、法制教育、中华体育精神及体育职业道德教育。

第十六条 少体校应当按照国家规定的义务教育阶段的课程方案、课程标准,选用国家审定的教材,实施文化课教学,并可因地制宜地开发具有区域特色的校本课程和其他教育资源。

第十七条 少体校应当保证学生完成九年义务教育课程。学生完成九年义务教育课程经考核合格的,发给相应的中小学毕业证书。

第五章 体育训练与竞赛

第十八条 少体校应当贯彻"选好苗子、着眼未来、打好基础、系统训练、积极提高"的训练原则,做好选材、育才的基础训练工作。

第十九条 少体校应当按照少年儿童以学习为主、训练为辅的原则,合理安排学生的学习和训练时间。

第二十条 少体校应当按照全国青少年教学训练大纲的规定,对学生进行科学系统的训练,每天训练时间原则上控制在2.5小时以内(含早操)。

专项运动成绩达到运动员技术等级标准的,可申请相应的等级称号。

第二十一条 少体校应当坚持利用假期、形式多样、就近比赛的原则,通过竞赛推动少年儿童体育训练的普及和提高。

第二十二条 少体校学生可以代表在训少体校和原输送学校参加各级体育、教育行政部门举办的体育竞赛活动。

学生竞赛代表资格发生争议的,由主管的体育、教育行政部门按照体育竞赛有关规定执行。

第二十三条 少体校应当加强学生医务监督,禁止使用兴奋剂,禁止超负荷训练,禁止体罚。

第六章　教师、教练员

第二十四条　少体校文化课教师应当具备国家规定的教师资格。公办少体校文化课教师由教育行政部门选派。

第二十五条　少体校教练员实行聘任制。聘任的教练员应当符合国家规定的教练员资格和任职条件。

少体校可以聘请兼职教练员任教。

第二十六条　少体校教师、教练员应当相互尊重，团结协作，关心学生的全面成长，共同做好学生的思想教育、文化学习、体育训练和生活管理工作。

第二十七条　少体校招聘体育工作人员的，对取得优异成绩的退役运动员，可以采取直接考核的方式招聘；对其他退役运动员，应在同等条件下优先聘用。

少体校中使用彩票公益金资助建成的体育设施，须安排一定比例岗位用于聘用退役运动员。

第七章　保障条件

第二十八条　地方各级人民政府应当按照国家规定加强少体校建设，将其纳入当地体育和教育发展规划，将训练竞赛经费、文化教育经费纳入同级财政预算，并加大经费投入，不断改善办学条件。

公办少体校的基建投资，由主管的体育、教育行政部门联合向当地人民政府申报解决。

第二十九条　少体校文化课教师应当具备国家规定的教师资格。教育行政部门负责向公办少体校选派优秀文化课教师。文化课教师的专业技术职务评聘、工资待遇按照国家有关规定执行。

第三十条　少体校学生、教练员的伙食标准每人每日不低于20元，运动服装标准每人每年不低于500元。各省（区、市）应当根据当地经济发展情况和物价水平，制定不低于上述标准的伙食标准和运动服装标准，并建立相应的动态增长机制。

第三十一条　少体校应当为学生办理保险。有条件的，可以根据运动项目训练和比赛的特点，办理专门的意外伤害保险。

第八章　安全管理与监督

第三十二条　少体校应当根据实际情况建立校园安全责任制度，制定安全预防、保险、应急处理和报告等相关制度。

第三十三条　少体校应当配备必要的安全管理人员，开展学校安全管理工作，保障训练竞赛、教育教学及其他活动中学生、教练员和教师的安全。

第三十四条　县级以上体育、教育行政部门应当定期检查少体校文化教育实施情况。对违反《中华人民共和国义务教育法》和有关制度及本办法的行为，应及时予以纠正，并依法对少体校及相关责任人给予相应的处理、处罚。

第三十五条　少体校在训练竞赛、教育教学等活动中发生安全责任事故的，由有关主管部门予以查处，对相关责任人给予处分，造成严重后果的依法追究刑事责任。

第九章 附 则

第三十六条 各省、自治区、直辖市体育和教育行政部门可以依照本办法制定实施细则或相应的规章制度。

第三十七条 本办法自2011年10月1日起施行。国家体育总局、教育部1999年2月4日发布的《少年儿童体育学校管理办法》（体群字〔1999〕17号）同时废止。

中等体育运动学校管理办法[①]

(2011 年 8 月 31 日)

第一章 总 则

第一条 为加强中等体育运动学校的建设和管理，全面贯彻国家体育、教育方针，促进我国体育事业和教育事业发展，依据《中华人民共和国体育法》《中华人民共和国教育法》《中华人民共和国职业教育法》等法律法规，制定本办法。

第二条 本办法所称中等体育运动学校是指对青少年学生进行系统体育专项训练和体育职业技术教育的中等职业学校（以下简称"运动学校"）。

根据体育运动项目的特点和训练需要，运动学校可以招收义务教育阶段的适龄儿童、少年，依法实施九年义务教育。

第三条 运动学校的主要任务是为国家培养德、智、体、美等全面发展的高水平竞技体育后备人才和社会需要的具有体育专项运动技能的中等体育专业人才。

第四条 县级以上体育和教育行政部门在本级人民政府领导下，负责对本行政区域内各类运动学校建设发展工作的统筹协调和检查指导等管理工作。

第五条 运动学校由当地体育、教育行政部门共同管理，以体育行政部门管理为主。体育行政部门负责学校的日常管理，学生训练、参赛，教练员配备和培训等；教育行政部门负责与学生文化教育相关事项的管理，包括教学、教师配备和培训等。

第六条 国家鼓励和支持企业事业组织、社会团体和公民个人举办民办运动学校。

举办运动学校不得以营利为目的。

第二章 设置与审批

第七条 运动学校的设立，应当具备《中华人民共和国教育法》《中华人民共和国职业教育法》规定的基本条件并符合《中等体育运动学校设置标准》。

第八条 运动学校的设立、变更、终止，由省级体育行政部门提出意见，同级教育行政部门根据相关法律法规予以审批。

第九条 运动学校自行实施义务教育的，学校建设应当符合国家规定的办学标准，适应教育教学需要，由其主管体育行政部门提出意见后，依法报经教育行政部门审批。

第三章 招生、学籍与毕业就业

第十条 运动学校中等职业学历教育学制为三年。可以根据学校人才培养的实际需要，实行学分制等弹性学习制度。

[①] 经国家体育总局、教育部第 14 号令公布。

第十一条 运动学校中等职业教育招生纳入国家招生计划，招生工作可以采用学年集中招生与试训相结合的办法。

考生应当参加体育测试、文化课考试和体检，对于体育运动成绩优异的，可以按照有关标准和程序破格录取。

第十二条 运动学校初中、小学部面向社会普通中小学招生，学生被录取后学籍的变动和管理，按照当地中小学学籍管理办法执行。

第十三条 学生按照运动学校课程方案要求，修完规定的课程且成绩合格的，发给相应的学历证书。接受职业技能培训经考核合格的，按照国家规定颁发相应的职业技能培训证书或职业资格证书。专项运动成绩达到运动员技术等级标准的，可申请相应的等级称号。

第十四条 运动学校毕业的学生，按照学校所在地省级招生委员会的招生规定，可在学校所在地报考普通高等学校。

第十五条 运动学校应当加强职业指导工作，为学生提供运动生涯、职业规划和心理方面的咨询服务，做好毕业生就业、创业服务工作，维护毕业生的合法权益。

第四章 德育与教学工作

第十六条 运动学校应当坚持育人为本，把德育工作放在首位，增强德育工作的时代性、吸引力、实效性，重视社会主义核心价值观教育。

第十七条 运动学校应当按照国家关于制定中等职业学校教学计划的规定，制定各专业实施性教学计划，开设德育课、文化基础课和相关专业课，开展运动训练和相关职业技能训练。德育课和文化基础课应当根据中等职业学校的教学大纲实施教学，选用国家规划教材。运动学校可开发具有区域特色的专业课程，编写专业课的校本教材。

第十八条 运动学校根据学生需要可以开设普通高中文化课程。运动学校的初中和小学部课时安排，原则上与普通中小学相同，在保证完成基础教学任务的前提下，可以根据训练的实际需要适当调整教学计划。

前款规定的教育，运动学校应当按照运动员文化教育基础教育阶段的课程方案、课程标准和审查通过的教材等，实施课程，组织教学，并可因地制宜地开发具有区域特色的校本课程和其他教育资源。

第十九条 运动学校应当建立良好的教学环境和正常的教学秩序，建立规范化、制度化的教学和考试制度。学生文化教育每周应不少于24学时，因训练、竞赛耽误课程，应及时安排补课辅导。

第二十条 运动学校应当根据当地经济社会发展和人才需求的实际情况，按照《中等职业学校专业目录》和其他有关规定，设置运动训练、休闲体育服务与管理、体育设施管理与经营等中等体育专业。

第二十一条 运动学校应当积极推行学历证书与职业资格证书制度。运动学校的教学与相关职业资格标准相结合，突出职业技能训练，并可组织学生参加相关职业技能鉴定机构组织的社会体育指导员等体育类的技能鉴定。

第五章　运动训练、竞赛与科研工作

第二十二条　运动学校应当按照全国青少年教学训练大纲进行科学系统的训练。全年不少于280个训练日（含竞赛），每天训练时间控制在3.5小时以内（含早操）。义务教育阶段的学生每天训练时间原则上控制在2.5小时以内（含早操）。

第二十三条　运动学校应当配备必要的运动训练科研设施、设备和专职的科研人员，加强训练监控、训练恢复和医疗保障工作，提高训练质量。

第二十四条　运动学校应当为学生提供与体育运动相适应的营养，定期对学生进行医疗检查，做好伤病防治工作。

运动学校应当加强学生医务监督，禁止使用兴奋剂。

第二十五条　运动学校应当建立健全科学的选材测试、人才培养跟踪、档案管理等制度，认真做好选材和育才工作。

第二十六条　运动学校学生可以代表当地中小学参加各级体育、教育行政部门举办的体育竞赛活动。

学生竞赛代表资格发生争议的，由主管的体育、教育行政部门按照体育竞赛的有关规定执行。

第六章　教师、教练员

第二十七条　运动学校文化课教师应当具备国家规定的教师资格。教育行政部门负责向公办运动学校选派优秀文化课教师。文化课教师的专业技术职务评聘、工资待遇按照国家有关规定执行。

第二十八条　运动学校教练员实行聘任制。聘任的教练员应当符合国家规定的教练员资格和任职条件。

运动学校可以聘请兼职教练员任教。

第二十九条　运动学校文化课教师、教练员应当从学校的实际出发，共同研究和改进文化教育和运动训练工作，努力提高教学和训练质量。

第三十条　运动学校招聘体育工作人员，对取得优异成绩的退役运动员，可以采取直接考核的方式招聘；对其他退役运动员，应在同等条件下优先聘用。

运动学校中使用彩票公益金资助建成的体育设施，须安排一定比例岗位用于聘用退役运动员。

第七章　保障条件

第三十一条　地方各级人民政府应当按照国家规定加强运动学校建设，将其纳入当地体育和教育发展规划，将训练竞赛经费、文化教育经费纳入同级财政预算，并加大经费投入，不断改善办学条件。

公办运动学校的基建投资，由主管的体育、教育行政部门联合向当地人民政府申报解决。

第三十二条　运动学校学生、教练员的伙食标准每人每日不低于25元，运动服装标准每人每年不低于800元。各省（区、市）应当根据当地经济发展情况和物价水平，制定不低于上述标准的伙食标准和运动服装标准，并建立相应的动态增长机制。

第三十三条 运动学校应当为学生办理保险。有条件的，可以根据运动项目训练和比赛的特点，办理专门的意外伤害保险。

第八章 安全管理与监督

第三十四条 运动学校应当根据实际情况建立校园安全责任制度，制定安全预防、保险、应急处理和报告等相关制度。

第三十五条 运动学校应当配备必要的安全管理人员，开展学校安全管理工作，保障训练竞赛、教育教学及其他活动中学生、教练员和教师的安全。

第三十六条 县级以上体育、教育行政部门应当定期检查学校文化教育实施情况。对违反《中华人民共和国义务教育法》和有关制度及本办法的行为，应及时予以纠正，并依法对学校及相关责任人给予相应的处理、处罚。

第三十七条 运动学校在训练竞赛、教育教学等活动中发生安全责任事故的，由有关主管部门予以查处，对相关责任人给予处分，构成犯罪的依法追究刑事责任。

第九章 附 则

第三十八条 体育院校附属竞技体校的管理，参照本办法的规定执行。

第三十九条 省、自治区、直辖市体育和教育行政部门可以依照本办法制定实施细则或相应的规章制度。

第四十条 本办法自2011年10月1日起施行，原国家体委、国家教委1991年7月8日发布的《体育运动学校办校暂行规定》（体群字〔1991〕131号）同时废止。

社会体育指导员管理办法[①]

(2011年10月9日)

第一章 总 则

第一条 为了促进社会体育指导员队伍发展，规范社会体育指导员工作，发挥社会体育指导员在全民健身活动中的作用，根据《中华人民共和国体育法》《全民健身条例》，制定本办法。

第二条 本办法所称社会体育指导员，是指不以收取报酬为目的，向公众提供传授健身技能、组织健身活动、宣传科学健身知识等全民健身志愿服务（以下简称"志愿服务"），并获得技术等级称号的人员。

第三条 国家对社会体育指导员实行技术等级制度。

社会体育指导员技术等级称号由低到高分为：三级社会体育指导员、二级社会体育指导员、一级社会体育指导员、国家级社会体育指导员。

第四条 各级体育主管部门应当组织和推动社会力量支持社会体育指导员开展志愿服务，依法保护社会体育指导员的合法权益，加强社会体育指导员工作的宣传，扩大社会体育指导员工作的社会影响，对取得显著成绩的社会体育指导员给予表彰、奖励。

第二章 组织管理

第五条 国家体育总局主管全国的社会体育指导员工作。县级以上地方体育主管部门负责本行政区域内社会体育指导员工作。

各级体育主管部门应当将社会体育指导员工作纳入体育工作规划，列入工作考核评价体系，为社会体育指导员开展志愿服务提供保障，依法对社会体育指导员工作进行管理、指导、监督。

社会体育指导员由其开展志愿服务所在地的县级体育主管部门实行属地管理。

第六条 各级体育主管部门可以委托社会体育指导员协会等群众性体育组织和基层文化体育组织（以下简称"委托的组织"），承担社会体育指导员管理的具体工作。

具有较好社会体育指导员工作条件和能力的全国性和省级行业、单项体育协会，经向国家体育总局和省级体育主管部门申请并获得批准（以下简称"经批准的协会"），可负责相应等级社会体育指导员培训、审批等工作。

第七条 建立全国性和地方性社会体育指导员协会。

社会体育指导员协会应当依据法律、法规和协会章程，加强社会体育指导员队伍建设，为社会体育指导员提供服务，反映社会体育指导员需求，维护社会体育指导员的权

[①] 经国家体育总局令第16号公布。

益,承担体育主管部门委托的社会体育指导员管理工作。

社会体育指导员自愿加入开展志愿服务所在地的社会体育指导员协会。

第八条 各级各类体育组织和国家机关、企业事业单位和其他组织应当支持社会体育指导员开展志愿服务,并提供条件和便利。

第三章 培训教育

第九条 社会体育指导员培训教育分为技术等级培训和继续培训。

培训教育费用由各级体育主管部门或经批准的协会承担。

第十条 国家体育总局制定社会体育指导员技术等级培训大纲,组织编写培训教材,确定培训办法。

地方各级体育主管部门和经批准的协会可根据实际需要,组织编写补充培训教材,并报上一级体育主管部门备案。

对社会体育指导员传授的体育项目有技能标准要求的全国性单项体育协会负责编写该体育项目技能培训大纲和技能培训教材,制定该体育项目的技能标准,报国家体育总局批准后执行。

第十一条 社会体育指导员培训教育工作由社会体育指导员培训基地承担。

各级体育主管部门和经批准的协会应当在体育教育机构中批准设立相应等级的社会体育指导员培训基地,并对培训基地开展培训教育工作情况进行指导、监督、评估。

第十二条 地方各级体育主管部门、经批准的协会或委托的组织应当对报名参加社会体育指导员技术等级培训的人员进行审查,对符合条件的人员进行培训,对培训合格人员颁发证书。

各级体育主管部门、经批准的协会和委托的组织应当每年举办1次以上社会体育指导员继续培训,并举办社会体育指导员工作交流和展示活动,提高社会体育指导员的思想素质和业务能力,为参加人员颁发证书或证明。

第四章 申请审批

第十三条 开展志愿服务并符合条件的人员,均可依照本办法的规定,申请授予或晋升相应的社会体育指导员技术等级称号。

第十四条 各级体育主管部门或经批准的协会按照社会体育指导员技术等级标准,批准授予相应等级社会体育指导员称号:

(一)县级体育主管部门批准授予三级社会体育指导员技术等级称号;

(二)地(市)级体育主管部门或经批准的省级协会批准授予二级社会体育指导员技术等级称号;

(三)省级体育主管部门或经批准的全国性协会批准授予一级社会体育指导员技术等级称号;

(四)国家体育总局批准授予国家级社会体育指导员技术等级称号。

第十五条 申请授予或晋升社会体育指导员技术等级称号的人员,应当向开展志愿服务所在地的县级体育主管部门、经批准的省级协会或委托的组织提交下列材料:

（一）申请书；

（二）社会体育指导员技术等级培训合格证书，或高等体育专业学历、体育教师、职业社会体育指导员、教练员、优秀运动员资质证书；

（三）所在单位或体育组织的推荐书；

（四）申请晋升的，需提交原技术等级证书；

（五）单项体育协会对申请人所传授的体育项目有技能标准要求的，需提交该体育项目的技能培训合格证书；

（六）参加继续培训、工作交流和展示活动的证书或证明。

第十六条 受理社会体育指导员技术等级称号申请的县级体育主管部门、经批准的省级协会或委托的组织负责审查申请人提交的材料，并将申请批准授予权限范围外等级称号人员的材料逐级提交。

第十七条 各级体育主管部门和经批准的协会按照批准授予权限，对申请材料进行审核，在收到申请材料3个月内做出批准授予的决定并予以公布。对未予批准的询问和申诉，应当予以答复。

第十八条 被批准授予或晋升技术等级称号的社会体育指导员，由批准的体育主管部门或经批准的协会颁发证书、证章。

社会体育指导员技术等级证书、证章由国家体育总局统一制作。

第五章 注册办理

第十九条 县级体育主管部门或委托的组织是社会体育指导员注册机构，免费办理社会体育指导员的登记注册、工作注册和迁移注册。

社会体育指导员注册通过国家体育总局社会体育指导员信息管理系统进行。

第二十条 注册机构应当为社会体育指导员建立档案，保证档案信息准确、完整和安全。

第二十一条 社会体育指导员应当自被批准授予或晋升技术等级称号之日起30日内，持社会体育指导员技术等级证书，到开展志愿服务所在地的社会体育指导员注册机构办理登记注册。

第二十二条 社会体育指导员在每年第四季度进行年度工作注册。

社会体育指导员开展志愿服务所在的基层文化体育组织、群众性体育组织或国家机关、企业事业单位和其他有关组织开具其志愿服务情况证明。

社会体育指导员在1个年度内超过半年未开展志愿服务或志愿服务少于30次，不予年度工作注册。未进行工作注册的，不得申请晋升社会体育指导员技术等级。

第二十三条 社会体育指导员离开原注册地开展志愿服务，应当办理迁出和迁入的迁移注册。

第六章 工作保障

第二十四条 各级体育主管部门应当在本级事业经费预算中列支社会体育指导员工作经费，在体育彩票公益金中安排一定比例的资金作为社会体育指导员工作经费，并随着体育工作经费的增长逐步加大对社会体育指导员工作经费的投入。

各级体育主管部门应当为有关组织开展社会体育指导员工作提供补助经费,并对农村、贫困地区和民族地区予以倾斜。

第二十五条 基层文化体育组织应当提供必要的社会体育指导员工作经费。

鼓励社会对社会体育指导员工作提供经费、捐赠和赞助。

第二十六条 各级体育主管部门应当明确基层文化体育组织、群众性体育组织和全民健身设施的管理单位配备社会体育指导员的数量和等级要求,组织社会体育指导员依托各级各类体育组织和设施开展志愿服务。

第二十七条 地方各级体育主管部门应当有组织地将社会体育指导员委派到基层组织或单位开展志愿服务,有条件的应当会同有关部门设立社会体育指导员公益岗位。

第二十八条 有条件的地方体育主管部门应当为社会体育指导员开展志愿服务办理保险。

鼓励社会为社会体育指导员开展志愿服务办理保险。

第二十九条 各级体育主管部门和委托的组织应当推进社会体育指导员工作的信息化,提高运用现代信息技术进行管理与服务的水平。

第三十条 有条件的大专院校应当开设有关社会体育指导员的课程,鼓励学生加入社会体育指导员队伍,组织学生开展志愿服务。

第七章 服务规范

第三十一条 社会体育指导员在基层文化体育组织、群众性体育组织或国家机关、企业事业单位和其他有关组织中开展志愿服务。

第三十二条 社会体育指导员应当坚持科学、文明、安全、诚信的原则,因人、因时、因地制宜,经常开展志愿服务,提高健身者的健身技能和身体素质,推动全民健身活动的开展。

第三十三条 社会体育指导员开展志愿服务时应当佩带证章,着装得体、语言文明、行为规范,爱护健身场地设施并保持环境卫生,自觉树立社会体育指导员的良好形象。

第三十四条 社会体育指导员应当与健身者保持和谐关系,与其他社会体育指导员互相尊重、相互配合。

第三十五条 社会体育指导员在开展志愿服务时应当加强安全管理,防范人身伤害事故的发生。

第八章 奖励处罚

第三十六条 各级体育主管部门应当定期开展评选表彰活动,对在社会体育指导员工作中做出突出贡献的组织和个人予以表彰、奖励。

第三十七条 建立社会体育指导员荣誉奖章制度。国家体育总局对连续开展志愿服务20年、15年和10年,为全民健身事业做出突出贡献的社会体育指导员,分别授予社会体育指导员金质奖章、银质奖章和铜质奖章。

第三十八条 地方各级体育主管部门和有关组织、单位违反本办法,未履行社会体育指导员工作职责的,由其上级部门或有关主管部门责令限期改正;拒不改正的,对负有责任的主管人员和其他直接责任人员依法给予处分。

第三十九条 体育主管部门和有关组织、单位的工作人员在社会体育指导员工作中,侵犯社会体育指导员合法权益,造成不良后果的,依法给予处分。

第四十条 违反国家财政、财务制度,截留、克扣、挪用和挤占社会体育指导员工作经费的,由其上级部门或有关主管部门责令改正,并对负有责任的主管人员和其他直接责任人员依法给予处分;构成犯罪的,依法追究刑事责任。

第四十一条 提供虚假材料获得社会体育指导员技术等级称号的人员,由批准授予的体育主管部门或经批准的协会撤销其社会体育指导员技术等级称号。

第四十二条 社会体育指导员在开展志愿服务时有宣扬封建迷信和其他不文明、不健康的行为,造成不良影响和后果的,由其开展志愿服务所在地的县级体育主管部门或有关组织、单位予以批评教育,责令改正;情节严重、影响恶劣的,撤销其社会体育指导员技术等级称号;构成犯罪的,依法追究刑事责任。

第九章 附 则

第四十三条 本办法自 2011 年 11 月 9 日起施行。原国家体委 1993 年 12 月 4 日发布的《社会体育指导员技术等级制度》同时废止。

健身气功管理办法[①]

(2006年11月17日)

第一章 总 则

第一条 为加强对健身气功的管理，保障健身气功的健康发展，根据《中华人民共和国体育法》等法律法规，制定本办法。

第二条 在中华人民共和国境内开展健身气功相关的活动，适用本办法。

第三条 本办法所称健身气功，是以增进身心健康为目的，以自身形体活动、呼吸吐纳、心理调节相结合为主要运动形式的民族传统体育项目，是中华悠久文化的组成部分。

第四条 国家体育总局是全国健身气功的业务主管部门，国家体育总局健身气功管理中心具体组织实施管理。地方各级体育行政部门是本行政区域健身气功的业务主管部门，负责当地健身气功的组织和管理。中国健身气功协会、地方各级健身气功协会按照其章程，协助体育行政部门做好有关管理工作。

第五条 举办健身气功活动或设立健身气功站点，应当获得体育行政部门的批准。体育行政部门收到举办健身气功活动或设立健身气功站点的申请后，应当于二十个工作日内做出批准或不批准的决定，并书面通知申请人。二十个工作日内不能做出决定的，经体育行政部门负责人批准，可以延长十个工作日，并将延长期限的理由告知申请人。

第六条 任何健身气功站点或健身气功功法名称均不得使用宗教用语，或以个人名字命名，或冠以"中国""中华""亚洲""世界""宇宙"以及类似字样。

第二章 健身气功功法

第七条 经国家体育总局审定批准的健身气功功法，统一定名为"健身气功·功法名称"，并颁发证书。

第八条 申请审定批准的健身气功功法，应当具备下列条件：

（一）属于健身气功范畴；

（二）功理健康科学；

（三）按照科研课题的办法进行编创；

（四）经实践和科研检测，健身效果明显。

第九条 申请审定批准健身气功功法，由具有法人资格的单位首先向当地省级体育行政部门提出，经省级体育行政部门组织专家学者进行评审，并征得有关部门同意后，向国家体育总局提出申请。

[①] 国家体育总局令第9号。

第十条 申请审定批准健身气功功法，应当报送下列材料：

（一）申请书；

（二）申报者的身份证明；

（三）所编创功法的科研课题报告；

（四）功理、功法的文字和声像材料；

（五）反映健身效果的科研数据；

（六）有关学科专家评定推荐书；

（七）省级体育行政部门及有关部门的意见。

第三章 健身气功活动

第十一条 举办健身气功业务培训、交流展示、功法讲座等活动，实行属地管理。举办全国性、跨省（区、市）的健身气功活动，经国家体育总局批准。省（区、市）内举办的健身气功活动，经具有相应管辖权限的体育行政部门批准；跨地区的健身气功活动，经所跨地区共同的上一级体育行政部门批准。参加人数在二百人以上的健身气功活动，除报体育行政部门审核批准外，还应当按照《群众性文化体育活动治安管理办法》的规定经公安机关许可。

第十二条 申请举办健身气功活动，应当具备下列条件：

（一）由具有合法身份的公民、法人或其他组织提出；

（二）所涉及的功法，必须是国家体育总局审定批准的健身气功功法；

（三）有与所开展活动相适应的场所；

（四）有必要的资金和符合标准的设施、器材；

（五）有社会体育指导员和管理人员；

（六）有活动所在场所管理者同意使用的证明；

（七）有相应的安全措施和卫生条件；

（八）法律法规规定的其他条件。

第十三条 申请举办健身气功活动，应当提前三十个工作日报送下列材料：

（一）申请书；

（二）活动方案（内容包括：举办者姓名、住址或名称、地址；功法名称；活动时间、地点、人数；社会体育指导员和管理人员情况等）；

（三）举办者合法的身份证明；

（四）活动场地管理者同意使用的证明；

（五）社会体育指导员和管理人员的资格证明。

第十四条 承办健身气功活动，广告、赞助等管理和使用应当严格执行国家有关规定，并自觉接受审计、税务等部门的管理和监督。

第十五条 从事健身气功活动，不得进行愚昧迷信或神化个人的宣传，不得扰乱社会秩序、损害他人身体健康，不得借机聚敛钱财。不得举办"带功报告""会功""弘法""贯顶"及其他类似活动。不得销售未经国家指定机构审查、出版的健身气功类图书、音像制品和电子出版物。不得出售"信息物"。

第十六条　开展涉外健身气功活动，按外事活动的规定办理有关手续。

第四章　健身气功站点

第十七条　设立健身气功站点，应当经当地街道办事处、乡镇级人民政府或企事业单位有关部门审核同意，报当地具有相应管辖权限的体育行政部门审批。

第十八条　申请设立健身气功站点，应当具备下列条件：

（一）小型、分散、就地、就近、自愿；

（二）布局合理，方便群众，便于管理；

（三）不妨碍社会治安、交通和生产、生活秩序；

（四）习练的功法为国家体育总局审定批准的健身气功功法；

（五）负责人具有合法身份；

（六）有社会体育指导员；

（七）活动场所、活动时间相对固定。

第十九条　申请设立健身气功站点，应当报送下列材料：

（一）申请书；

（二）习练的健身气功功法名称；

（三）负责人的合法身份证明；

（四）社会体育指导员的资格证明；

（五）活动场地管理者同意使用的证明。

第二十条　批准设立健身气功站点的体育行政部门向获得批准的站点颁发证书，并组织年检。

第五章　社会体育指导员

第二十一条　从事国家体育总局审定批准的健身气功功法辅导和管理的人员，均可申请社会体育指导员技术等级称号，统称"社会体育指导员（健身气功）"。

第二十二条　社会体育指导员（健身气功）技术等级标准为：国家级、一级、二级、三级。国家级社会体育指导员（健身气功）称号由国家体育总局批准授予；一级社会体育指导员（健身气功）称号由省级体育行政部门批准授予；二级社会体育指导员（健身气功）称号由地（市）级体育行政部门批准授予；三级社会体育指导员（健身气功）称号由县级体育行政部门批准授予。

第二十三条　申请社会体育指导员（健身气功）技术等级称号，均应向当地体育行政部门提出，按照《社会体育指导员技术等级制度》规定提供相关材料。当地尚未开展此项业务，可以通过当地体育行政部门向上级体育行政部门申请培训和评审，由具有审批权限的体育行政部门批准授予。

第六章　奖励与处罚

第二十四条　各级体育行政部门对在健身气功工作中做出贡献的单位和个人，给予表彰和奖励。

第二十五条 违反本办法规定，体育行政部门及其工作人员不履行相应管理职责，造成不良影响的，对负有责任的主管人员和其他直接责任人员，依法给予行政处分；构成犯罪的，依法追究刑事责任。

第二十六条 违反本办法第六条和第十五条规定的，由体育行政部门配合公安机关等有关部门予以取缔或查处。违反治安管理行为的，依照《中华人民共和国治安管理处罚法》予以处罚；构成犯罪的，依法追究刑事责任。

第二十七条 违反本办法规定，擅自举办健身气功活动，或擅自设立健身气功站点的，由体育行政部门配合公安机关等有关部门予以取缔，并由公安机关根据《群众性文化体育活动治安管理办法》的规定进行处罚。

第二十八条 健身气功站点年检不合格的，由颁发证书的体育行政部门责令其整改，直至取消其资格，收回证书。

第七章 附 则

第二十九条 涉及香港、澳门特别行政区和台湾地区的健身气功活动，在遵守国家有关法律及其他规定的前提下，参照本办法执行。

第三十条 本办法自2006年12月20日起施行。国家体育总局2000年9月11日发布的第4号令《健身气功管理暂行办法》和国家体育总局办公厅2003年1月13日下发的《健身气功活动站、点管理办法》同时废止。

体育类民办非企业单位登记审查与管理暂行办法①

(2000年11月10日)

第一条 为适应体育类民办非企业单位发展的需要,根据国务院《国民非企业单位登记管理暂行条例》(以下简称《条例》)等有关规定,结合体育事业的实际情况,制定本办法。

第二条 本办法所称体育类民办非企业单位,是指由企业事业单位、社会团体、其他社会力量和公民个人利用非国有资产举办的,不以营利为目的的,以开展体育活动为主要内容的民办的中心、院、社、俱乐部、场馆等社会组织。

第三条 体育行政部门是体育类民办非企业单位的业务主管单位。国务院体育行政部门负责指导全国体育类民办非企业单位的登记审查工作,并负责在民政部登记的体育类民办非企业单位的登记审查工作。

县级以上地方各级人民政府体育行政部门负责本辖区内体育类民办非企业单位的设立审查工作。

第四条 体育类民办非企业单位的业务主管单位履行下列职责:

(一)负责体育类民办非企业单位设立、变更、注销登记前的审查;

(二)监督、指导体育类民办非企业单位遵守国家宪法、法律、法规和政策并按照其章程开展活动;

(三)对体育类民办非企业单位进行业务指导;

(四)负责对体育类民办非企业单位年度检查的初审;

(五)组织经验交流,表彰先进;

(六)会同有关机关指导体育类民办非企业单位的清算事宜;

(七)协助登记管理机关和其他有关部门查处体育类民办非企业单位的违法行为;

(八)其他应由业务主管单位履行的职责。

第五条 申请设立体育类民办非企业单位应当具备以下条件:

(一)业务和活动范围必须符合发展体育事业的相关政策、法规,并遵守国家规定的行业标准;

(二)有与业务范围和业务量相当的体育专业技术人员,关键业务岗位的主要负责人应由体育专业技术人员担任;

(三)有与所从事的业务范围相适应的体育场所和条件;

(四)法律、法规规定的其他条件。

第六条 体育类民办非企业单位可以从事以下业务:

---

① 经国家体育总局、民政部第5号令公布。

（一）体育健身的技术指导与服务；
（二）体育娱乐与休闲的技术指导、组织、服务；
（三）体育竞赛的表演、组织、服务；
（四）体育人才的培养与技术培训；
（五）其他体育活动。

第七条 申请设立体育类民办非企业单位，必须向体育行政部门提交以下材料：
（一）从业人员中体育专业技术人员的专业技术资格证明材料，包括学历证明、工作简历、在体育运动中获得成绩证明、体现运动技术水平的其他证明材料等；
（二）体育场所使用权证明材料和从事业务所必需的器材清单；
（三）体育行政部门要求提供的其他材料。

第八条 体育行政部门自收到全部有效文件之日起40个工作日内，应作出审查同意或不同意的决定。审查同意的，向申请人出具批准文件；审查不同意的，书面通知申请人，并说明理由。

第九条 体育类民办非企业单位变更登记事项，应向体育行政部门提出书面申请，载明变更事项、原因和方案等。

体育类民办非企业单位修改章程的，应提交原章程、修改说明以及修改后的新章程；变更住所的，应出具新住所的产权或使用权证明；变更法定代表人或负责人的，应出具变更后法定代表人或身份证明及相关材料；变更业务主管单位的，应提交变更业务单位申请书；变更资金的，应提交有关资产变更证明文件等材料。

第十条 体育类民办非企业单位所从事的业务活动超出本办法第六条规定范围，或改变其设立宗旨的，应办理业务主管单位变更手续，体育行政部门不再承担业务主管单位的职责，并以书面形式通知该民办非企业单位和相应登记管理机关。

第十一条 体育行政部门自收到全部有效文件之日起20个工作日内，应作出同意变更或不同意变更的批复。同意变更法定代表人或负责人的，对该体育类民办非企业单位进行财务审计。

第十二条 体育类民办非企业单位申请注销登记的，应向体育行政部门提交以下文件：
（一）注销申请书；
（二）登记证书副本；
（三）依法成立的清算组织出具的清算报告；
（四）法律、法规规定的其他文件。

第十三条 体育行政部门应自收到注销申请书及全部有效文件之日起20个工作日内出具审查意见。体育类民办非企业单位申请变更业务主管单位，但在90日内未找到新的业务主管单位的，原体育行政部门应继续履行职责，直至该民办非企业单位完成注销登记手续。

第十四条 县级以上地方各级人民政府体育行政部门应将所辖范围内体育类民办非企业单位登记、注销的审查结果报上一级体育行政部门备案。

第十五条 体育类民办非企业单位可以依法通过以下方式获得发展资金：

（一）接受捐赠、资助；
（二）接受政府、企事业单位、社会团体、其他社会组织和个人的委托项目资金；
（三）为社会提供与业务相关的有偿服务所获得的报酬；
（四）其他合法收入。

第十六条 体育类民办非企业单位接受、使用捐赠、资助时，在实际占有、使用前向体育行政部门报告接受和使用捐赠、资助是否符合章程规定；捐赠和资助主体的基本情况；与捐赠、资助主体约定的期限、方式和合法用途；向社会公布的内容和方式等情况。

第十七条 体育类民办非企业单位应参照执行体育事业单位财务制度。

第十八条 体育类民办非企业单位应在每年3月31日前向体育行政部门提交上一年度的工作报告。体育行政部门自收到该工作报告之日起30个工作日内作出初审意见。

截止到3月31日成立时间未超过六个月的体育类民办非企业单位，可不参加当年的年检工作，一并参加下一年度的年检工作。

第十九条 体育类民办非企业单位出现下列情形之一，情节严重的，体育行政部门有权撤销已出具的登记审查批准文件，并以书面形式通知该民办非企业单位和相应的登记管理机关：

（一）涂改、出租、出借民办非企业单位登记证书，或者出租、出借民办非企业单位印章的；
（二）超出其章程规定的宗旨和业务范围进行活动的；
（三）拒不接受或者不按照规定接受监督检查的；
（四）不按照规定办理变更登记的；
（五）设立分支机构的；
（六）从事营利性的经营活动的；
（七）侵占、私分、挪用民办非企业单位的资产或者所接受的捐赠、资助的；
（八）违反国家有关规定收取费用、筹集资金或者接受使用捐赠、资助的。

第二十条 本办法由国家体育总局和民政部负责解释。

第二十一条 本办法自发布之日起施行。

中央集中彩票公益金支持体育事业专项资金管理办法[①]

(2020年6月10日)

第一条 为规范和加强中央集中彩票公益金支持体育事业专项资金管理，提高资金使用效益，根据《中华人民共和国预算法》《彩票管理条例》《彩票管理条例实施细则》《彩票公益金管理办法》等法律法规和财政管理有关规定，结合体育事业发展的实际，制定本办法。

第二条 本办法所称中央集中彩票公益金支持体育事业专项资金（以下简称"专项资金"），是指中央财政从中央集中彩票公益金中安排用于体育事业的资金。

第三条 专项资金纳入政府性基金预算管理，由财政、体育行政部门按职责共同管理。财政部门负责审核体育行政部门报送的预算编制建议、批复预算，会同体育行政部门分配下达资金、对资金使用情况进行监督和绩效管理等。体育行政部门负责按资金使用范围提出预算编制建议、组织预算执行、实施项目管理和绩效管理等。

第四条 专项资金的管理和使用应当严格执行国家法律法规和财务规章制度，并接受财政、审计、体育行政等部门的监督管理。

第五条 专项资金主要用于落实全民健身国家战略，提升竞技体育综合实力，丰富体育供给，推动群众体育和竞技体育协调发展，加快推进体育强国建设，专项资金支出包括以下内容：

（一）援建公共体育场地和设施；

（二）资助群众体育组织和队伍建设；

（三）资助或组织开展全民健身活动；

（四）组织开展全民健身科学研究与宣传；

（五）资助体育后备人才培养；

（六）资助举办全国综合性运动会；

（七）改善国家队训练比赛场地设施条件；

（八）支持国家队备战和参加国际综合性运动会；

（九）经财政部和体育总局批准的其他体育事业支出。

第六条 专项资金不得用于以下方面的支出：

（一）公务接待；

（二）公务用车购置及运行；

[①] 经《财政部、体育总局关于印发〈中央集中彩票公益金支持体育事业专项资金管理办法〉的通知》（财教〔2020〕69号）公布。

（三）各级体育行政部门行政支出；

（四）对外投资和其他经营性活动。

第七条 专项资金预算分为中央本级支出预算和中央对地方转移支付预算两部分。中央本级支出预算，纳入体育总局部门预算管理，执行财政部部门预算管理制度；中央对地方转移支付预算，执行中央对地方专项转移支付管理有关规定。

第八条 中央对地方转移支付预算遵循"中央引导、突出重点、省级统筹、注重绩效"的管理原则，分为一般补助资金和重点项目资金两部分。

第九条 一般补助资金实行因素法分配，分配因素包括基本因素、业务因素、绩效因素。

基本因素（权重15%）包括人口数（权重10%）、国土面积/体育场地面积（权重5%）。

业务因素（权重70%）包括赛事活动任务量（权重20%）、后备人才培养任务量（权重20%）、奥运备战相关任务量（权重20%）、改善场地设施任务量（权重10%）。

绩效因素（权重15%）为绩效评价结果，主要由体育总局会同财政部依据各省份工作任务完成情况及相关标准，组织评价获得数据；财政部单独开展重点绩效评价的，相关省份以财政部的评价结果为准。

第十条 一般补助资金分配计算公式为：

某省份分配资金=（某省份基本因素得分/∑有关省份基本因素得分×15%+某省份业务因素得分/∑有关省份业务因素得分×70%+某省份绩效因素得分/∑有关省份绩效因素得分×15%）×一般补助资金预算总额

其中：某省份基本因素得分=某省份人口数/∑有关省份人口数×10%+（某省份国土面积/体育场地面积）/∑（有关省份国土面积/体育场地面积）×5%

某省份业务因素得分=某省份赛事活动任务量/∑有关省份赛事活动任务量×20%+某省份后备人才培养任务量/∑有关省份后备人才培养任务量×20%+某省份奥运备战相关任务量/∑有关省份奥运备战相关任务量×20%+某省份改善场地设施任务量/∑有关省份改善场地设施任务量×10%

某省份绩效因素得分=某省份绩效评价结果/∑有关省份绩效评价结果×15%

第十一条 重点项目资金实行项目法分配，主要支持体育事业整体布局任务和核心工作相关的重大奥运场地设施、全国性重大赛事和群众体育活动。重点项目通过竞争性评审等方式确定，原则上每年不超过15个。

第十二条 体育行政部门应当建立项目库，并实施项目库动态管理。重点项目资金安排的项目原则上应为已评审并纳入项目库的项目。

第十三条 财政部会同体育总局按照规定组织中央对地方转移支付资金申报、审核和分配工作。

省级财政部门会同体育行政部门向财政部和体育总局申报重点项目资金。

体育总局会同财政部确定资金分配原则，根据年度体育事业重点工作和任务开展项目审核和因素测算工作，按程序提出分配建议方案，报财政部审核下达。

财政部于每年10月31日前按一定比例将下一年度转移支付预计数提前下达省级财政部门，并在全国人民代表大会批准预算后90日内下达省级财政部门。省级财政部门在收到中央财政转移支付预算后，应在30日内将预算分解下达到本行政区域县级以上各级财政部门，同时将资金分配结果报财政部备案并抄送体育总局和财政部当地监管局。

第十四条 各有关部门（单位）应当按照中央对地方转移支付绩效管理有关规定，分工协作，做好转移支付绩效管理工作。

省级财政部门会同体育行政部门汇总审核本省区域绩效目标和项目绩效目标，报送体育总局并抄送财政部当地监管局。体育总局对地方报送的绩效目标提出审核意见，随资金分配建议方案一并报送财政部。财政部向省级财政部门下达转移支付预算时，同步下达区域绩效目标和项目绩效目标。

省级财政部门和体育行政部门每年3月底前将上一年度转移支付资金绩效自评表和绩效自评报告，报送财政部和体育总局，同时抄送财政部当地监管局。

第十五条 各级财政部门应会同体育行政部门，按照预算管理和国库管理有关规定，加强专项资金使用管理，规范预算执行。专项资金预算一经批准，应当严格执行，不得截留、挤占、挪用或擅自调整。

专项资金结转结余资金按照有关规定执行。

专项资金的支付按照国库集中支付制度有关规定执行。涉及政府采购的，按照政府采购法律法规和有关制度规定执行。

第十六条 专项资金资助的设施、设备或者社会公益活动，应当以显著方式标明"彩票公益金资助——中国体育彩票"。

体育总局应当于每年6月底前，向社会公告上一年度专项资金的使用规模、资助项目、执行情况和实际效果等。

第十七条 各级财政部门和体育行政部门应当加强对专项资金使用的绩效管理，建立健全专项资金监督管理机制。

第十八条 各级财政部门和体育行政部门及其工作人员在专项资金审核、分配过程中，存在违反规定分配资金、向不符合条件的单位（或项目）分配资金、擅自超出规定的范围或标准分配资金等，以及存在其他滥用职权、玩忽职守、徇私舞弊等违法违纪行为的，按照《中华人民共和国预算法》《中华人民共和国公务员法》《中华人民共和国监察法》《财政违法行为处罚处分条例》等国家有关规定追究相应责任。涉嫌犯罪的，移送司法机关处理。

资金使用单位和个人在专项资金申报、使用过程中存在虚报、冒领等违法违规行为的，依照《中华人民共和国预算法》《财政违法行为处罚处分条例》等国家有关规定追究相应责任。

第十九条 省级财政部门和体育行政部门可以参照本办法的规定，结合当地实际制定本地区管理办法。

第二十条 本办法自印发之日起施行。原《中央集中彩票公益金支持体育事业专项资金管理办法》(财教〔2013〕481号)同时废止。

国家体育总局、财政部关于推进大型体育场馆免费低收费开放的通知[①]

(2014年1月14日)

各省、自治区、直辖市、计划单列市体育局、财政厅（局），新疆生产建设兵团体育局、财务局：

为贯彻落实《体育总局等八部门关于加强大型体育场馆运营管理改革创新 提高公共服务水平的意见》（体经字〔2013〕381号），提高大型体育场馆运营管理能力和公共服务水平，满足人民群众日益增长的体育健身需求，现就推进体育部门所属大型体育场馆向社会免费、低收费开放事宜通知如下。

一、开放范围

体育部门所属大型体育场馆，即座位数20000个（含20000个）以上的体育场、座位数3000个（含3000个）以上的体育馆、座位数1500个（含1500个）以上的游泳馆（跳水馆），以及区域内的公共体育场地和设施。

二、开放要求

（一）大型体育场馆和区域内的公共体育场地和设施应免费、低收费向社会开放。每周开放时间不少于35小时，全年开放时间不少于330天。公休日、法定节假日、学校寒暑假期间等，每天开放时间不少于8小时。

（二）大型体育场馆所属户外公共区域及户外健身器材应全年免费开放，每天开放时间不少于12小时。

（三）大型体育场馆对学生、老年人、残疾人等应免费、低收费开放。

（四）大型体育场馆在全民健身日应全面免费向社会开放。

（五）大型体育场馆因维修、保养、安全、训练、赛事、天气等原因，不能向社会开放或需调整开放时间，应提前7天（特殊天气原因除外）向社会公告。

（六）大型体育场馆每年应免费向公众提供以下基本公共体育服务：

1. 举办公益性体育赛事活动不少于4次。
2. 举办体育讲座、展览等不少于4次。
3. 开展体育健身技能等培训不少于1000人次。
4. 进行国民体质测试不少于3000人次。

三、开放职责

（一）按照属地管理原则，大型体育场馆每年应将场馆名称、地址、免费或低收费服务项目、开放时间等内容向当地县级体育主管部门进行备案登记。

（二）大型体育场馆建立开放服务公示制度。要在显著位置向公众公示免费或低收

[①] 体经字〔2014〕34号。

费服务项目、服务内容、服务时间和经价格部门批准的收费标准等。

（三）大型体育场馆应建立健全管理制度和服务规范，包括场馆管理规定、运营单位和社会公众的权利与义务、突发事件预防与处置等，并在显著位置予以公示。

（四）大型体育场馆应按照国家标准配备设施设备、安全防护设施和人员，并在显著位置标明体育器材、设施设备的使用方法和注意事项。

（五）大型体育场馆应定期对室内外体育设施设备、场地器材等进行保养和安全检查。

（六）鼓励大型体育场馆在向社会免费或低收费开放期间办理公众责任险。

四、保障和落实

（一）各地体育、财政部门要建立有效的工作机制，加强组织领导，形成工作合力，把这项事关公共体育服务体系建设、惠及民生的工作抓紧抓好。要将此项工作纳入体育发展总体规划，纳入本级财政预算。要加强制度设计、跟踪问效和科学研究，保证大型体育场馆免费、低收费开放工作规范有序开展，切实收到成效。

（二）各地财政部门应进一步采取有效措施，支持大型体育场馆发挥公共体育服务功能。根据大型体育场馆运营管理的实际情况，合理安排必要的补助资金，支持其日常运行和大型维修、设备购置等，所需经费列入本级财政预算。中央财政安排专项资金，支持大型体育场馆免费或低收费开放。应积极探索建立政府购买公共服务和公共体育多元化投入机制，鼓励社会力量对大型体育场馆进行捐赠和投入，拓宽经费来源渠道。

（三）各级体育、财政部门要加强指导，强化监管，切实帮助解决开放中遇到的困难和问题。各级体育部门要加强管理，加强督察，建立群众评价和反馈机制，推动基本公共体育服务与群众需求有效对接。加强开放服务的规范化建设和绩效考核评价，使其不断提高管理水平、服务能力和开放水平。

（四）大型体育场馆要认真贯彻落实国家有关体育场馆开放、服务、保障和安全监管等规定，尊重和贴近社会公众需求，结合体育特点和本地实际，合理调配资源、改善服务效能，创新惠民举措、拓展服务项目、延伸配套服务，不断提高公共服务水平和场馆使用率，向社会提供多样化和人性化的公共体育服务。

（五）各地要按照本通知要求，结合本地实际，积极推进本地区大型体育场馆免费、低收费开放工作，确保体育部门所属大型体育场馆在2014年2月1日前全面向社会免费、低收费开放，并于2014年3月28日前将本地区体育部门所属大型体育场馆名录报体育总局备案。

人力资源社会保障部关于公布国家职业资格目录的通知[①]

(2017年9月12日)

各省、自治区、直辖市人民政府,国务院各部委、各直属机构:

根据国务院推进简政放权、放管结合、优化服务改革部署,为进一步加强职业资格设置实施的监管和服务,人力资源社会保障部研究制定了《国家职业资格目录》,经国务院同意,现予以公布。

建立国家职业资格目录是转变政府职能、深化行政审批制度和人才发展体制机制改革的重要内容,是推动大众创业、万众创新的重要举措。建立公开、科学、规范的职业资格目录,有利于明确政府管理的职业资格范围,解决职业资格过多过滥问题,降低就业创业门槛;有利于进一步清理违规考试、鉴定、培训、发证等活动,减轻人才负担,对于提高职业资格设置管理的科学化、规范化水平,持续激发市场主体创造活力,推进供给侧结构性改革具有重要意义。

国家按照规定的条件和程序将职业资格纳入国家职业资格目录,实行清单式管理,目录之外一律不得许可和认定职业资格,目录之内除准入类职业资格外一律不得与就业创业挂钩;目录接受社会监督,保持相对稳定,实行动态调整。设置准入类职业资格,其所涉职业(工种)必须关系公共利益或涉及国家安全、公共安全、人身健康、生命财产安全,且必须有法律法规或国务院决定作为依据;设置水平评价类职业资格,其所涉职业(工种)应具有较强的专业性和社会通用性,技术技能要求较高,行业管理和人才队伍建设确实需要。今后职业资格设置、取消及纳入、退出目录,须由人力资源社会保障部会同国务院有关部门组织专家进行评估论证、新设职业资格应当遵守《国务院关于严格控制新设行政许可的通知》(国发〔2013〕39号)规定并广泛听取社会意见后,按程序报经国务院批准。人力资源社会保障部门要加强监督管理,各地区、各部门未经批准不得在目录之外自行设置国家职业资格,严禁在目录之外开展职业资格许可和认定工作,坚决防止已取消的职业资格"死灰复燃",对违法违规设置实施的职业资格事项,发现一起、严肃查处一起。行业协会、学会等社会组织和企事业单位依据市场需要自行开展能力水平评价活动,不得变相开展资格资质许可和认定,证书不得使用"中华人民共和国""中国""中华""国家""全国""职业资格"或"人员资格"等字样和国徽标志。对资格资质持有人因不具备应有职业水平导致重大过失的,负责许可认定的单位也要承担相应责任。

推行国家职业资格目录管理是一项既重要又复杂的系统性工作,各地区、各部门务

[①] 人社部〔2017〕68号。

必高度重视，周密部署，精心组织，搞好衔接，确保职业资格目录顺利实施，相关工作平稳过渡。要不断巩固和拓展职业资格改革成效，为各类人才和用人单位提供优质服务，为促进经济社会持续健康发展作出更大贡献。

体育发展"十三五"规划[①]

(2016年5月5日)

"十三五"时期是全面建成小康社会决胜阶段,是协调推进"四个全面"战略布局,实现中华民族伟大复兴中国梦的重要时期,也是体育发展重要战略机遇期和筹办2022年北京冬奥会、冬残奥会的重要时期。为促进我国体育全面协调可持续发展,努力实现建设体育强国的目标,充分发挥体育在建设健康中国、推动经济转型升级、增强国家凝聚力和文化竞争力等方面的独特作用,根据党中央、国务院的总体部署和"十三五"时期我国体育发展面临的新形势、新任务、新要求,制定本规划。

一、"十二五"时期我国体育发展情况和"十三五"时期面临的形势

(一)"十二五"时期我国体育发展取得显著成就。党中央、国务院高度重视体育工作,特别是党的十八大以来,习近平总书记对体育工作多次发表重要讲话、作出重要批示和指示,对体育工作进行了一系列精辟论述,成为推动"十二五"时期体育发展的强大动力。各级政府对体育事业的投入不断加大,全社会参与体育的热情日益高涨,体育在实现中华民族伟大复兴中国梦和全面建成小康社会中的作用进一步显现。党中央、国务院的重大决策部署极大地激发了体育事业发展活力,北京成功获得2022年冬奥会举办权,中央全面深化改革领导小组审议通过了《中国足球改革发展总体方案》,足球改革发展的体制机制和政策措施实现了重大突破,国务院颁布实施了《全民健身计划(2011—2015年)》,印发了《关于加快发展体育产业促进体育消费的若干意见》,体育发展获得重大机遇。体育各领域改革力度持续加大,实施行政审批制度改革,取消群众性和商业性体育竞赛活动审批,出台了《中国足球协会调整改革方案》,中国足球协会与体育总局脱钩,全国性单项体育协会改革试点稳步推进,启动了第一批14个全国性体育协会与体育总局的脱钩改革试点工作,全国综合性和单项体育赛事管理制度改革不断深化,改革了全运会计分政策和比赛成绩的公布方式。全民健身上升为国家战略,公共体育服务体系建设速度加快,全民健身意识极大增强,组织网络日趋完善,活动形式呈多样化,包括青少年在内的群众体育蓬勃发展。截至2014年底,全国经常参加体育锻炼的人数比例达到33.9%,城乡居民达到《国民体质测定标准》合格以上的人数比例是89.6%,人均体育场地面积达到1.5平方米。竞技体育综合实力和国际竞争力进一步增强,优势项目继续保持和巩固,潜优势项目有所提升,田径、游泳等基础大项进步明显,冬季项目稳步发展。"十二五"期间我国运动员共获得世界冠军596个,创、超世界纪录57次。中国体育代表团在伦敦奥运会取得境外参赛最好成绩,在索契冬奥会实现冬奥会基础大项金牌零的突破。全面贯彻落实《国务院关于加快发展体育产业促进体育消费的若干意见》,体育产业规模逐步扩大,体育消费明显增加,2014年体

[①] 国家体育总局于2016年5月5日公布。

育产业总规模达到13574亿元，产业结构持续优化，产业体系日趋健全，产业政策不断完善，与文化、旅游、医疗、养老、互联网等领域的互动融合日益加深。体育文化在体育发展中的地位进一步提高，体育对外交往进一步深化拓展，体育行业作风建设和反腐倡廉工作明显推进，体育法治、科技、人才、教育和宣传等工作不断开创新局面。

（二）"十三五"时期我国体育发展存在的矛盾与问题。"十三五"时期，我国体育发展将进入更加严峻的改革攻坚期。体育领域改革创新与体育强国建设的总体目标仍不相适应，体育与经济社会协调发展的机制有待进一步健全，人民群众日益增长的多元化、多层次体育需求与体育有效供给不足的矛盾依然突出。一些长期制约体育事业发展的薄弱环节和突出问题依然严峻：体育管理体制的改革尚需深化，体育发展方式亟需转变，管办不分、政社不分、事社不分的体制弊端遏制了体育发展活力，调动社会力量参与体育的政策措施尚不完善。体育社会化水平不高，基层体育社会组织发展滞后，支持培育体育社会组织发展的机制仍需完善，全民健身公共服务体系有待进一步完善。竞技体育结构布局还不够科学合理，一些影响广泛的基础大项和集体球类项目水平较低，职业体育的快速发展迫切需要建立完善与之相适应的体制机制。体育产业总体规模不大与结构不完善并存，体育服务业比例偏低、种类偏少。体育文化在社会主义核心价值体系建设中的作用未能有效发挥，体育的多元价值有待深入挖掘。体育人才队伍建设还不能适应快速发展的形势，高素质复合型的体育管理人才依然缺乏。

（三）"十三五"时期我国体育发展面临的机遇。体育作为中华民族伟大复兴的一个标志性事业，"十三五"时期党和国家对体育的重视和支持将更加有力，为体育繁荣发展提供了重要机遇。全面建成小康社会将为体育发展开辟新空间，体育在增强人民体质、服务社会民生、助力经济转型升级中的作用更加突出，经济发展新常态和体育供给侧结构性改革对体育与经济社会的协调发展提出了要求，体育产业作为新兴产业、绿色产业、朝阳产业，完全有条件和潜力成为未来我国经济发展新的增长点，体育消费对经济发展的贡献将不断增强。建设健康中国、全民健身上升为国家战略，将为体育发展提供新机遇，将不断满足广大人民群众对健康更高层次的需求，进一步营造崇尚运动、全民健身的良好氛围，推动体育融入生活，培育健康绿色生活方式，增强人民群众的幸福感和获得感，有效提高全民族健康水平。全面深化改革和依法治国的战略部署将为体育改革增添新动力，事业单位分类改革和体育社会组织改革的整体推进将进一步消除制约各类体育社会组织发展的体制和机制障碍，体育组织化水平和社会化程度将快速提升。信息化、全球化、网络化交织并进，为体育各领域的改革和发展提供了技术新引擎，"中国制造2025"、"互联网+"行动计划、"大众创业、万众创新"为体育发展激发新活力，体育与政治、经济、社会和文化将产生更加积极全面的互动。新型外交战略将为展现体育文化软实力提供广阔舞台，筹办2022年北京冬奥会等国际大赛将不断提升中国体育的国际影响力，我国冰雪体育运动和冰雪产业将迎来快速发展新时期。把握"十三五"时期体育发展机遇，必须更新理念，拓宽视野，坚定不移地深化改革，扎实推进各项工作，在新的更高起点上推动我国体育全面协调可持续发展。

二、"十三五"时期体育发展的指导思想、基本原则、发展目标和发展理念

（四）"十三五"时期体育发展的指导思想。高举中国特色社会主义伟大旗帜，全面贯彻党的十八大和十八届三中、四中、五中全会精神，以马克思列宁主义、毛泽东思想、邓小平理论、"三个代表"重要思想、科学发展观为指导，深入贯彻习近平总书记系列重要讲话精神，解放思想、深化改革、开拓创新、激发活力，把增进人民福祉、促进人的全面发展作为体育发展的出发点和落脚点，坚持建设体育强国的战略定位，实施全民健身国家战略，推进健康中国建设，坚定不移走中国特色社会主义体育发展道路，创新体育发展方式，全面提升体育治理体系与治理能力现代化水平，努力将体育建设成为中华民族伟大复兴的标志性事业。

（五）"十三五"时期体育发展的基本原则。

——坚持以人为本。必须牢固树立以人民为中心的发展思想，以保障人民群众的体育权益为着眼点，充分调动人民参与体育的积极性、主动性、创造性，进一步激发和调动各方活力，不断满足人民群众日益增长的多元化体育需求。

——坚持科学发展。必须从中国体育发展实际出发，遵循现代体育发展内在规律，顺应社会发展新趋势，加快转变体育发展方式，实现体育更高质量、更有效率、更加公平、更可持续的发展。

——坚持深化改革。必须始终坚持以改革促发展，破除体制机制障碍，充分发挥市场在体育资源配置中的决定性作用和更好地发挥政府作用，积极培育社会力量参与体育发展，不断完善中国特色体育发展道路。

——坚持依法治体。必须进一步强化法治理念，坚持依法决策、依法行政、严格执法，把体育发展纳入法治轨道，加快建设中国特色体育法治体系，切实保障公民体育权利。

——坚持党的领导。必须认真落实党中央、国务院发展体育工作的一系列指示精神，进一步把思想和行动统一到党和国家对体育发展的战略部署上，全面贯彻从严治党要求，坚定不移推进反腐倡廉，加强体育队伍思想政治与行风建设，积极应对各种风险挑战，为体育改革与发展提供更为坚实的政治保障。

（六）"十三五"时期体育发展的主要目标。根据全面建成小康社会的总体部署、实现体育强国的战略目标和建设健康中国的任务要求，深化体育重点领域改革，促进群众体育、竞技体育、体育产业、体育文化等各领域全面协调可持续发展，推进体育发展迈上新台阶。

——体育重点领域改革取得新突破，体制机制创新取得新成果。加快政府职能转变，推进足球项目改革试点，加速职业体育发展，创新体育社会组织管理和体育场馆运营，逐步完善与经济社会协调发展的体育管理体制和运行机制，基本形成现代体育治理体系。

——全民健身国家战略深入推进，群众体育发展达到新水平。《全民健身计划（2016—2020年）》有效实施，全民健身公共服务体系日趋完善，人民群众健身意识普遍增强，身体素质逐步提高。到2020年，经常参加锻炼的人数达到4.35亿，人均体育场地面积达到1.8平方米。

——竞技体育发展方式有效转变，综合实力和国际竞争力进一步增强。项目结构不

断优化，发展质量和效益显著提高。2016年里约奥运会努力保持和巩固既有运动项目优势和成绩地位。2018年平昌冬奥会在保持水平的基础上，扩大参赛规模，成绩稳中有升，追求超越。2020年东京奥运会，努力争取运动成绩领先地位。

——体育产业规模和质量不断提升，体育消费水平明显提高。到2020年，全国体育产业总规模超过3万亿元，体育产业增加值的年均增长速度明显快于同期经济增长速度，在国内生产总值中的比重达到1%，体育服务业增加值占比超过30%。体育消费额占人均居民可支配收入比例超过2.5%。

——体育文化在体育发展中的影响进一步扩大，在培育社会主义核心价值观中的作用更加突出。培育运动项目文化，力争打造一批高质量的体育文化精品工程，办好一批社会效益显著的体育文化品牌活动，把丰富多彩的体育文化理念融入到体育事业发展的各个环节，为精神文明建设增添力量。

（七）"十三五"时期体育发展的基本理念。

——创新发展。把创新作为推进体育发展的强大驱动力，充分激发各类主体的创新活力，积极推进理论创新、制度创新、科技创新、文化创新，推动体育领域"大众创业、万众创新"，探索体育发展新模式。

——协调发展。积极推动体育与经济社会的协调发展，不断增强各项体育工作的系统性和协同性，促进体育事业与体育产业协调发展、群众体育与竞技体育全面发展，推动城乡体育均衡发展、区域体育联动发展。

——绿色发展。充分发挥体育行业绿色低碳优势，服务于健康中国建设，倡导健康生活方式，推进健康关口前移，延长健康寿命，提高生活品质。倡导体育设施建设和大型活动节能节俭，挖掘体育在建设资源节约型、环境友好型社会中的潜力。

——开放发展。加强体育与社会相关领域的融合与协作，积极吸引社会力量共同参与体育发展。加强体育对外交往，积极借鉴国际体育发展先进理念与方式，增强在国际体育事务中的话语权。

——共享发展。加快完善体育共建共享机制，着力推进基本公共体育服务均等化，使全体人民在体育参与中增强体育意识，享受体育乐趣，提升幸福感，做到体育发展为了人民，体育发展依靠人民，体育发展成果由人民共享。

三、深化重点领域改革创新，增强体育发展活力

（八）加快政府职能转变。进一步厘清体育行政部门权力边界，减少审批事项，放宽市场准入，实施负面清单管理模式，加强事中事后监管。研究制定体育工作综合评价体系，从群众体育、竞技体育、体育产业、体育文化等方面综合评价政府体育工作。进一步健全政府购买体育服务体制机制，完善资金保障、监督管理、绩效评价等配套政策，制定政府购买体育服务指导性目录，把适合由市场和社会承担的体育服务事项，按照法定方式和程序，交由具备条件的社会组织和企事业单位承担，逐步构建多层次、多方式的体育服务供给与保障体系。

（九）创新体育社会组织管理。研究制定体育社会组织改革相关政策，大力引导、培育、扶持体育社团、体育民办非企业单位、体育基金会等体育社会组织发展，创新体育社会组织管理方式。落实《行业协会商会与行政机关脱钩总体方案》，稳步推进全国

性体育社会组织改革试点工作，统筹解决试点工作中的重点难点问题，及时总结和推广改革试点经验，推动各级各类体育社会组织改革。

（十）推进职业体育改革。积极探索社会主义市场经济条件下职业体育的发展方式，鼓励具备条件的运动项目走职业化道路，稳步推进职业体育发展。完善职业体育的政策制度体系，扩大职业体育社会参与，鼓励发展职业联盟，逐步提高职业体育的成熟度和规范化水平。健全职业体育法律、法规，推进体育信用体系建设，优化和规范职业体育发展环境。依法明确职业体育发展的主体，理顺各利益主体间的关系，切实维护各方合法权益。改进职业联赛决策机制，不断完善和建设中国特色职业体育联赛制度。

（十一）实施足球改革。落实《中国足球改革发展总体方案》和《中国足球协会调整改革方案》，充分发挥体育行政部门在宏观管理、基本建设、政策规范、市场秩序等方面的基础保障、服务、引导和监管作用，中国足球协会切实履行领导和治理中国足球的任务。与有关部门配合，加强足球场地设施建设，继续推进校园足球发展。以青少年为重点，普及发展社会足球，不断扩大足球人口规模，夯实足球发展基础。改进足球竞赛体系和职业联赛体制。完善职业足球俱乐部的法人治理结构，加快现代企业制度建设，充分发挥俱乐部的市场主体作用。探索职业足球背景下国家队建设规律，处理好国家队、联赛、青少年足球发展的关系，统筹资源，协调利益，凝聚为国争光的共识。

（十二）创新体育场馆运营。积极推进体育场馆管理体制改革和运营机制创新，引入和运用现代企业制度，激发场馆活力，探索大型体育场馆所有权与经营权分离。完善政府购买体育场馆公益性服务的机制和标准，健全体育场馆公益性开放评估体系。推行场馆设计、建设、运营管理一体化模式，将办赛需求与赛后综合利用有机结合。鼓励场馆运营管理实体通过品牌输出、管理输出、资本输出等形式实现规模化、专业化运营。增强大型体育场馆复合经营能力，拓展服务领域，延伸配套服务，打造城市体育服务综合体。

四、落实全民健身国家战略，加快推动群众体育发展

（十三）不断完善基本公共体育服务。加快建设水平较高、内容完备、惠及全民的基本公共体育服务体系，逐步推动基本公共体育服务在地域、城乡和人群间的均等化。推进基本公共体育服务示范区建设，制定结构合理、内容明确、符合实际的基本公共体育服务标准体系。加强基本公共体育服务信息化建设，建立数据采集和监测体系。以实施《全民健身计划（2016—2020年）》为主要抓手，落实目标任务和重大政策措施，创新全民健身组织方式、活动开展方式、服务模式，开展实施效果评估和满意度调查。

（十四）加强健身场地设施建设与管理。统筹规划，合理布局，规范标准，节约集约，重点建设一批便民利民的健身场地设施，逐步建成县（市、区）、街道（乡镇）、社区（村）三级群众健身场地设施网络，推进建设城市社区15分钟健身圈。推动休闲健身场地设施建设，构建休闲健身运动场地设施网络。结合基层综合性文化服务中心、农村社区综合服务设施建设及区域特点，加强乡镇体育场地设施建设。优化健身场地设施投资结构，鼓励社会资本投入健身设施建设，落实国家财税优惠政策。加强健身场地设施管理与维护，坚持建管并举，提高健身场地设施使用率。

专栏 1　健身场地设施建设工程

全国市（地）、县（区）全民健身活动中心覆盖率超过70%，城市街道、乡镇健身设施覆盖率超过80%，行政村（社区）健身设施全覆盖。

到2020年，新建县级全民健身活动中心500个、乡镇健身设施15000个、城市社区多功能运动场10000个，对损坏和超过使用期限的室外健身器材进行维护更新，努力实现到2020年人均体育场地面积达到1.8平方米的目标。

（十五）广泛开展丰富多样的全民健身活动。完善全民健身活动体系，拓展全民健身活动的广度和深度。大力发展健身走（跑）、骑行、登山、徒步、游泳、球类、广场舞等群众喜闻乐见的运动项目，积极培育冰雪、帆船、击剑、赛车、马术、极限、航空等具有消费引领特征的时尚运动项目，扶持推广武术、太极拳、健身气功等民族民俗民间传统运动项目，鼓励开发适合不同人群、不同地域特点的特色运动项目。建立有效的业余竞赛活动体系和激励机制，探索多元主体办赛机制，促进全民健身活动广泛开展。

（十六）基本建成覆盖全社会的全民健身组织网络。大力培育基层全民健身组织，逐步建立遍布城乡、规范有序、充满活力的社会化全民健身组织网络。推动全民健身组织自身建设，提高综合服务能力。拓宽社会体育指导员的发展渠道，提升社会体育指导员的技能和综合素质，探索社会体育指导员与人群和项目结合的新模式。构建全民健身志愿服务组织网络，建立全民健身志愿服务长效机制。加强全民健身组织政策法规的制定，形成全民健身组织发展的管理和保障机制。

（十七）加大科学健身指导和宣传力度。进一步完善国民体质测试常态化机制，探索体质测定与运动健身指导站、社区医院等社会资源相结合的运行模式。建立广泛覆盖城镇乡村的体质测试平台，开展不同人群的国民体质测试工作，依托体质监测数据库，建立科学健身指导服务体系。组织开展科学健身主题宣传活动，引导各级各类媒体运用群众喜闻乐见的方式，普及健身知识，推广健康生活方式，提高公众对科学健身的知晓率、参与率，提升运动健身效果。

（十八）加快青少年体育发展。实施青少年体育活动促进计划，进一步加强青少年体育俱乐部、体育传统校和青少年户外体育活动营地建设。广泛开展丰富多样的青少年公益体育活动和运动项目技能培训，促进青少年养成体育锻炼习惯，掌握一项以上体育运动技能。大力推动青少年校外体育活动场地设施建设，开发适应青少年特点的运动器械、锻炼项目和健身方法。探索青少年校外体育辅导员队伍的培育工作，推进青少年体育志愿服务体系建设，完善青少年体育评价机制。

专栏 2　青少年体育活动促进计划

整合各方资源，以开展全国青少年阳光体育大会为龙头，积极构建学校、家庭、社区相结合的青少年体育活动网络，打造青少年体育活动和赛事活动品牌。创建国家示范性青少年体育俱乐部300个，国家级青少年体育俱乐部6000个。建成各级体育传统项目学校15000所以上，国家级传统校达到500所。鼓励各类体育场地设施向青少年免费或优惠开放。施行青少年体育健身活动状况调查制度。

（十九）保障特殊群体基本体育权利。构建政府主导、多元主体参与的特殊群体体育活动保障体系，加大供给力度，提高精准化服务水平。加强对老年人、残疾人等特殊群体开展体育活动的组织与领导，研制与推广适合特殊群体的日常健身活动项目、体育器材、科学健身方法。广泛调动社会力量，为贫困人口和农民工等弱势群体参加体育活动提供场地设施、科学指导等保障服务。

五、落实奥运争光计划，提高竞技体育综合实力

（二十）转变竞技体育发展方式。树立正确政绩观，充分认识竞技体育多元功能和综合社会价值。坚持和完善竞技体育举国体制，逐步形成国家办与社会办相结合的竞技体育管理体制和评估体系。加强对竞技体育发展理论、训练理念、技战术、组织管理等方面的研究和经验总结，使创新成为竞技体育发展的强大驱动力。完善国内综合性运动会和单项比赛竞赛组织与管理办法，发挥竞赛的杠杆作用，调动社会资源参与办赛积极性，建设品牌赛事，实现社会效益与经济效益融合统一。

（二十一）优化竞技体育项目结构。综合评估竞技体育项目发展潜力和价值，坚持突出重点、优化结构、提高效益。优势项目保持优势，潜优势项目加快发展，基础项目和集体球类项目水平稳步提高。引导国内区域间竞技体育协调发展，鼓励各省（区、市）重点发展符合本地区实际、具有区域特点的竞技体育项目。统筹奥运会项目与非奥运会项目、夏季奥运会项目与冬季奥运会项目、优势与潜优势项目、基础项目及集体球类项目协调发展，加快落后项目的发展进程。

专栏3　"三大球"发展行动计划

进一步推进青少年训练教学大纲的修订与推广应用工作，全面把握专项特点与竞技规律，构建符合现代运动训练发展要求的训练体系，以创新带动训练水平的提高，加强国家队复合型教练员团队建设和基础建设，强化保障机制，取得更多优异的运动成绩。

足球：落实《中国足球中长期发展规划（2016—2050年）》《全国足球场地设施建设规划》，与有关部门配合，加强足球场地设施建设。到2020年，全国足球场地数量超过70000块，平均每万人拥有足球场地达到0.5块以上，有条件的地区达到0.7块以上。全国特色足球学校达到20000所，全社会经常参加足球运动的人数超过5000万人，足球事业和产业协调发展的格局基本形成。男足、女足参加世界杯、亚洲杯、奥运会等重大国际赛事有好的表现。

篮球：全面实施《篮球青少年后备人才培养中长期发展规划》，建立30个以上的篮球重点后备人才培养基地。2016年里约奥运会男篮、女篮取得参赛资格，并力争好的名次，在亚洲处于领先地位。2020年东京奥运会男篮、女篮确保参赛，名次提升，在亚洲保持领先水平，缩小与世界先进水平的差距。举办好2019年男篮世界杯，提高中国篮球运动普及水平。

排球：在推动我国排球运动整体水平明显提高的基础上，中国女排保持在亚洲的领先地位和世界先进水平，在2016年里约奥运会和2020年东京奥运会上保持在领先水平行列；中国男排逐步缩小与世界强队的差距，力争获得2020年东京奥运会参赛资格。

（二十二）做好重大赛事的备战参赛和组织工作。继续贯彻实施《奥运争光计划纲要（2011—2020年）》，狠抓备战工作的综合协调与组织保障，确保完成好2016年里约奥运会、2018年平昌冬奥会和2020年东京奥运会等大型国际综合性赛事的备战参赛任务。进一步加强运动队思想政治工作。完善国家队竞争和奖励机制，建立符合运动项目实际的复合型国家队训练管理团队，完善《国家队训练质量管理评估办法》，提高训练质量和效益。加强运动训练基地建设。认真组织好全国综合性赛事和承办的国际赛事的筹办工作，做好重要国际赛事的备战参赛工作。

专栏4 "十三五"时期举办或参加的国际国内重要赛事

参加的国际重要赛事：
1. 2016年里约热内卢第三十一届夏季奥运会；
2. 2016年利勒哈默尔第二届冬季青年奥运会；
3. 2016年岘港第五届亚洲沙滩运动会；
4. 2017年札幌第八届亚洲冬季运动会；
5. 2017年雅加达第三届亚洲青年运动会；
6. 2017年阿什哈巴德第五届亚洲室内与武道运动会；
7. 2017年圣迭戈第一届世界沙滩运动会；
8. 2017年弗罗茨瓦夫第十届世界运动会；
9. 2017年台北第二十九届世界大学生夏季运动会；
10. 2018年平昌第二十三届冬季奥运会；
11. 2018年雅加达第十八届亚洲运动会；
12. 2018年布宜诺斯艾利斯第三届青年奥运会；
13. 2019年台中首届东亚青年运动会；
14. 2020年东京第三十二届夏季奥运会；
15. 2020年洛桑第三届冬季青年奥运会。

国内举办的重要赛事：
1. 2016年新疆第十三届全国冬季运动会；
2. 2017年天津第十三届全国运动会；
3. 2018年无锡世界击剑锦标赛；
4. 2018年杭州世界短池游泳锦标赛；
5. 2019年武汉世界军人运动会；
6. 2019年男子篮球世界杯赛；
7. 2019年山西第二届全国青年运动会；
8. 2020年内蒙古第十四届全国冬季运动会。

（二十三）加强竞技体育后备人才培养工作。制定出台《关于进一步加强竞技体育后备人才培养工作的指导意见》，充分发挥竞技体育举国体制优势，积极调动社会各界力量，拓宽后备人才培养渠道，构建富有成效的后备人才培养体系。以国家高水平体育后备人才基地建设为龙头，改革与完善三级训练网络，发挥学校尤其是体育院校在后备人才培养中的积极作用。加大对《奥运项目竞技体育后备人才培养中长期规划（2014—2024年）》实施情况的督导检查力度，加快研究制定各项目青少年运动员选材标准，按照各项目青少年训练教学大纲实施系统训练，加强教练员、体育教师队伍建设，提高选材育才科技含量。

（二十四）完善运动员文化教育与保障体系。推进运动员文化教育常态化，协调做好公办体育运动学校运动员文化教育督导工作，推动义务教育阶段文化教育工作纳入当地教育管理序列。加强运动员在役期间的文化教育工作，建立运动员文化教育与保障信息服务系统。开展国家队文化教育示范队建设，引入社会力量创新教育模式。推进优秀运动员进入高等院校学习的各项政策改革。继续完善运动员收入分配和激励保障政策，实现社会保障制度对运动员全面覆盖。全面开展运动员职业意识养成教育、运动员职业生涯规划和职业培训工作。进一步做好退役运动员就业安置工作，完善运动员职业转换社会扶持体系，引导和鼓励退役运动员积极从事全民健身服务、学校体育、体育产业经营开发等工作。

（二十五）全面提升反兴奋剂工作水平。全面贯彻实施《反兴奋剂条例》《反兴奋剂管理办法》，完善反兴奋剂管理体系，探索建立兴奋剂综合治理长效工作机制，做好备战参赛的各类运动会的反兴奋剂工作。全面开展反兴奋剂教育资格准入，实施"反兴奋剂进校园工程"。继续开展反兴奋剂基础性工作，推进创新性的反兴奋剂新技术、新方法研究，提高兴奋剂管制的质量和水平。

六、以筹办 2022 年北京冬奥会为契机，推动冬季运动发展

（二十六）大力普及冰雪运动项目。研制并实施《群众冬季运动推广普及计划》，大力发展大众冰雪健身休闲项目，扶持滑冰、冰球和雪上等有潜力的冰雪健身休闲项目快速发展。加强冬季项目场地设施建设，加强冰雪运动专业指导和培训，支持有条件的企业和个人成立冰雪运动俱乐部、培训学校。积极打造"全国大众冰雪季"和"青少年冰雪运动普及"等群众性品牌冰雪活动，举办花样滑冰、冰球、冰壶和单板滑雪等赛事，积极推动冰雪运动进校园。大力发展冰雪运动产业，以带动冰雪设备和冰雪运动装备生产、大众冰雪健身服务平台建设为抓手，逐步打造多元冰雪产业链，有效扩大冰雪体育产业市场供给。推动有气候条件优势、有产业基础的东北地区加快发展冰雪运动。推进"冰雪运动南展西扩"战略，鼓励有条件的南方和西部省市积极开展冰雪运动。

（二十七）提高冬季运动竞技水平。以北京冬奥会全面参赛为目标，扩大冬季运动开展规模，提高基础设施投入力度。落实《国家体育总局 2022 年北京冬奥会备战工作计划》，优化冬季项目的结构布局，建立完善国家、省市、社会、高校四级体系，巩固扩展短道速滑、花样滑冰、速度滑冰和空中技巧、单板滑雪等项目的基础和水平，加大冰球和高山滑雪等落后项目的政策扶持措施和投入力度，大力发展雪车、雪橇和北欧两项等新开展项目。精心打造各运动项目国家队，完善国家队的组建、选拔、训练、管理等各项制度，加强对国家队经费投入、奖励政策、基地建设、后勤服务、情报信息、科研等方面的保障。落实《冬季项目后备人才培养中长期发展规划》，实施"冬季项目后备人才培养工程"，加强高水平后备人才基地的建设，努力改善后备人才培养的训练设施和教练团队。有序推进 2018 年和 2022 年冬奥会的备战与参赛工作，力争进入第二集团前列。

专栏 5　冬季项目后备人才培养工程

落实《冬季项目后备人才培养中长期发展规划》，建立规模、布局和结构合理的后备人才培养体系，有重点地增加对全国后备人才基地的经费投入。

创新发展理念，拓展发展路径，打通冬季运动项目与夏季运动项目后备人才的培养渠道，鼓励夏季项目与冬季项目的人才共享，促使冬季项目后备人才结构更加优化，后备人才素质逐步提高。

结合项目的实际情况，将冬季项目中有潜质的运动员送到相关冬季运动强国进行委托培养。

（二十八）积极筹办 2022 年北京冬奥会。践行《奥林匹克 2020 议程》，坚持"绿色办奥、共享办奥、开放办奥、廉洁办奥"的理念，将筹办冬奥会作为实施京津冀协同发展战略的重要举措，树立奥林匹克运动与城市良性互动、共赢发展的典范，创造更多持久的奥运遗产。认真分析国际冬季运动发展趋势，使我国冬季项目在观念、体制和机制上更好地与国际接轨，适应国际竞争的要求。加强对冬季项目各类专业人才培养力度，为成功举办一届精彩、非凡、卓越的冬奥会打下坚实基础。

七、扩大体育产品和服务供给，促进体育消费

（二十九）调整体育产业结构。进一步优化体育服务业、体育用品制造业及相关产业结构，实施体育服务业精品工程、体育用品制造业创新提升工程和体育产业融合发展工程。加快体育产业要素结构升级，培育专业人才、品牌、知识产权等高级要素。以足球、冰雪等重点运动项目为带动，通过制定发展专项规划、开展青少年技能培养、完善职业联赛等手段，探索运动项目的产业化发展道路。大力发展"体育＋"，积极拓展体育新业态。引导和支持"互联网＋体育"发展，鼓励开发以移动互联网为主体的体育生活云平台及体育电商交易平台。与旅游部门共同研制《体育旅游发展纲要》，开展全国体育旅游精品项目推介，打造一批体育旅游重大项目。

（三十）优化体育产业空间布局。围绕"一带一路"、京津冀协同发展、长江经济带三大国家战略，加快国家体育产业基地建设，合理规划布局全国体育产业发展。积极推进区域体育产业协同发展，加强京津冀、长三角、珠三角以及海峡两岸等体育产业圈建设。充分挖掘中西部地区体育产业的资源优势，鼓励各地因地制宜发展区域特色产业，形成东、中、西部体育产业良性互动格局。联合发展改革部门，继续加强对全国 35 个体育产业联系点城市、10 个联系点单位的政策指导，督促相关地区和单位切实做好联系点组织实施工作，加快出台一批可复制、可推广的政策创新成果，为全国体育产业发展提供引导经验。

专栏 6　国家体育产业基地建设计划

统筹协调不同类型、不同区域、不同领域的体育产业基地发展，构建特色鲜明、类型多样、结构合理的国家体育产业基地布局，加快足球、冰雪等项目国家体育产业基地建设。

进一步优化国家体育产业基地管理，树立国家体育产业基地品牌，全面提升国家体育产业基地品质及管理规范化水平。

续上表

> "十三五"期间，在全国建立 50 个产业规模较大、集聚效应明显的县域国家体育产业示范基地，100 个具有较高知名度和国际影响力的国家体育产业示范单位，100 个特色鲜明、市场竞争力较强的国家体育产业示范项目。

（三十一）培育体育市场主体。着力扶持、培育一批有自主品牌、创新能力和竞争实力的骨干体育企业。深化体育类国有企业改革，提升体育产业领域中国有资产的价值。引导有实力的体育企业以资本为纽带，实行跨地区、跨行业、跨所有制的兼并、重组、上市。鼓励体育优势企业、优势品牌和优势项目"走出去"。积极支持体育产业的海外并购，鼓励吸引国际体育组织或体育企业、国际体育学校落户中国。全面落实国家扶持中小微企业发展的政策措施，积极扶持中小微体育企业发展，鼓励成立各类体育产业孵化平台，为体育领域的"大众创业、万众创新"提供环境。充分利用认证认可手段，为体育产业创新发展提供技术支撑。转变监管理念，加强对体育市场的事中事后监管，强化社会监督。

专栏 7　体育市场主体培育计划

> 鼓励有条件的省市设立体育发展专项资金，对符合条件的企业及社会组织给予项目补助、贷款贴息和奖励；引导已设立体育发展专项资金的省市进一步优化资金使用方向、创新资金使用方式，提高资金使用效益。政府引导，设立由社会资本筹资的中国体育产业投资基金。
> 加快体育资源交易平台建设，推进赛事举办权、场馆经营权、无形资产开发等具备交易条件的资源公平、公正、公开流转。
> 筹建体育产业信息服务平台，培育一批服务于体育产业的金融市场主体，丰富多元化的金融产品和服务供给，构建便捷的体育产业投融资渠道。

（三十二）扩大体育产品供给。推广运用政府和社会资本合作模式，加大财政金融扶持力度，支持社会力量进入体育产业领域，建设体育设施，开发体育产品，提供体育服务。联合发展改革、财政等部门，根据关于加快推进健康与养老服务工程建设的相关要求，放宽市场准入，发挥政府购买服务等支持作用，进一步丰富体育服务供给。引导企业增加科技投入，加大自主研发和科技成果转化，开发科技含量高、拥有自主知识产权的产品，培育一批具有自主知识产权的体育用品知名品牌，重点支持可穿戴运动设备和智能运动装备的研发和制造。

（三十三）引导体育消费。鼓励各地研究制定引导体育消费的政策措施，有条件的地区可以探索面向特定人群或在特定时间试行发放体育消费券。加强体育场馆等体育消费基础设施建设与改造，引导社会力量盘活存量资源，改造旧厂房、仓库、老旧商业设施等用于体育健身，鼓励机关、学校等企事业单位的体育场馆设施向社会开放。推动体育企业与移动互联网的融合，积极利用大数据、云计算、智能硬件和各类主题 App 拓展客户，提升体育营销的针对性和有效性。总结和推广各地鼓励大众体育消费的先进经验。

（三十四）做好体育彩票工作。坚持国家彩票的方向，把握安全运营的生命线，全力做好体育彩票各项工作。转变发展理念和发展方式，大力强化体育彩票的公益属性、提高发展质量，增强公信力建设。狠抓依法治彩，继续贯彻《彩票管理条例》，进一步完善各项市场管理制度。加快建立健全与彩票管理体制匹配的运营机制。加快体育彩票创新步伐，积极研究推进发行以中国足球职业联赛为竞猜对象的足球彩票。适应发展趋势，完善销售渠道，稳步扩大市场规模。加强公益金的使用管理绩效评价，不断提升体育彩票的社会形象。

八、实施科教兴体，加快人才队伍建设

（三十五）完善体育科技创新体系。建立和完善资源布局合理、配置优化，适应体育领域"大众创业、万众创新"的科技创新体系。以高等院校、体育科研院所和重点实验室为基础，推进竞技体育专项研究平台、群众体育科学健身指导平台、体育产业科研服务平台建设。以运动促进健康、运动处方、科学健身指导与服务为重点，开展全民健身理论与方法的研究与应用。以"三大球"、基础大项、冬季项目取得突破为目标，加强科学选材、运动防护、训练监控、体能恢复、伤病治疗、运动康复、信息分析和应用等领域研究，着力解决重点运动项目关键技术问题。以具有自主知识产权的装备器材、新型体育服务技术、"互联网＋"产品为重点，着力推动科技创新和成果转化。

专栏8　体育科技平台建设项目

进一步理顺国家队购买体育科技与医疗服务的工作机制，鼓励运动项目管理中心与科研单位"结对子"，围绕运动项目和学科领域，努力打造具有特色的训科医竞技体育科技服务平台。

积极开展科学健身指导平台建设，以群众科学健身需求为导向，充分发挥政府主导作用，引导市场广泛参与和投入，鼓励市场运作，努力推动全民健身科学研究成果普及、推广和转化。

充分发挥企业在体育产品研发和创新中的主导作用，鼓励企业承担和参与体育科技研发任务，努力办好体育科技成果展示会，并依托体育科技成果产权交易平台，搭建体育产品研发和成果转化线上线下服务平台。

（三十六）繁荣体育哲学社会科学研究。紧密结合体育改革与发展实践，围绕体育发展中的重大理论与现实问题开展研究。重视高水平的研究成果应用，鼓励各级科研机构、高等院校建设体育智库，为体育发展和重大决策提供咨询服务。加强体育哲学社会科学研究队伍建设，重点培养体育理论研究骨干力量，加大青年体育理论人才的培养力度。推进体育哲学社会科学队伍学风建设，严格学术规范。

（三十七）壮大体育人才队伍。充分发挥高等院校的优势，加强体育特色专业和重点学科建设，壮大体育人才队伍，支持高等院校与运动项目协会协同创新，共同发展。创建体育院校创新创业服务平台，深化体育院校竞赛改革和创新，协调做好体育高等职业教育和继续教育。坚持人才优先发展，优化体育人才成长环境，完善体育人才培养开发、选拔任用、流动配置、激励保障机制。深入贯彻落实《全国体育人才发展规划》，实施《2022年冬奥会人才工作规划》，继续实施"优秀中青年专业技术人才百人计划""精英教练员双百培养计划"等专项人才计划，充分发挥北京体育大学、国家教练员学院、国家体育总局干部培训中心等机构的作用,加强教练员岗位培训工作,提高竞技体育人才队伍质量,提升全民健身体育人才服务水平,扩大体育产业人才规模,形成一支德才兼备、结构合理、能力突出、业绩显著的骨干人才队伍。

九、加强体育文化建设,提高体育宣传和对外交往工作水平

(三十八)促进体育文化大发展、大繁荣。大力弘扬以爱国主义为核心的中华体育精神,培育和传播奥林匹克文化。加快推进运动项目文化建设,启动体育文化精品建设工程。充分挖掘体育的多元价值,精心培育体育公益、慈善和志愿文化。落实《中共中央关于繁荣发展社会主义文艺的意见》,扶持和引导体育文艺创作。结合国家文化发展战略,传承和推广优秀中华民族传统体育项目,保护和开发体育非物质文化遗产,以体育为载体阐释中国梦,推动中华体育文化走向世界。

专栏9　体育文化精品建设工程

以大型赛事为平台,总结运动项目文化特点,梳理运动项目历史沿革,提炼运动项目文化精神,举办运动项目文化推广活动,提升运动项目文化影响力。重视并弘扬优秀中国传统体育项目,促进优秀中国传统体育项目"走出去"。

继续办好体育文化博览会等品牌活动。加快中国体育博物馆的建设。

扶持体育文艺创作,推出体育影视、体育文学等精品工程。做好国内综合性运动会筹备、举办期间的体育文化、教育等一系列活动。

配合北京冬奥组委实施奥林匹克文化计划、奥林匹克教育计划,营造全社会关心、支持、参与冬奥会的浓厚氛围。

(三十九)加强体育宣传与舆论引导工作。服务党和国家发展大局,适应媒体格局、受众对象、传播技术深刻变化的态势,以积极回应社会关切、提升体育事业公众形象为目的,以建立健全宣传工作机制为切入点,着力提高舆论引导能力和水平,大力宣传中华体育精神和奥林匹克精神,为体育事业的健康发展提供舆论支持、精神动力和文化条件。加大对体育多元功能的挖掘与传播,加大对体育改革、全民健身和体育产业的宣传力度,完善和健全信息发布机制,推动政府信息公开。

(四十)进一步扩大对外体育交流与合作。在"优势互补,互利共赢"的基础上与世界体育大国、强国发展双边合作关系。本着"与邻为善,以邻为伴"的精神,与亚洲及周边国家开展体育交流与合作。根据"突出重点,量力而行"的原则,开展与非洲和拉美国家的务实合作,为体育发展营造良好的外部环境。积极参与政府间人文交流活动,以体育交流活动丰富人文交流的内涵。以筹办2022年北京冬奥会、2022年杭州亚运会和参加重大体育赛事为契机,拓展与国际体育组织的合作领域,积极参与国际体育事务,增强国际体育事务话语权,加快体育外事人才培养。

(四十一)巩固深化对港澳台体育交流与合作。进一步深化两岸体育各领域的交流与合作,巩固和发展两岸体育交流的良好局面。继续办好两岸体育交流座谈会,完善两岸体育组织间的对口交流机制,打造更多品牌性交流活动。坚持"奥运模式"框架,妥善处理国际体育领域的涉台问题,维护国家核心利益。按照"一国两制"方针和

《基本法》有关规定，全面深化内地与港澳间的体育交流与合作，积极支持港澳体育发展。继续推动内地与港澳体育界的交流互动，增强港澳同胞的国家认同感和民族自豪感。

十、推进依法治体，提升体育法治化水平

（四十二）深入推进依法行政。依法履行政府职能，运用法治思维推进体育领域各项改革。强化法治意识，坚持法定职责必须为、法无授权不可为。不断提升各级政府体育主管部门职权的规范化、科学化水平。建立健全科学决策机制，确保体育发展各项决策程序正当、过程公开、责任明确。建立和完善体育行政部门法律顾问制度，加强行业协会脱钩的相关法律制度建设。

（四十三）完善体育法规体系建设。加快推进《体育法》修改工作，加强体育重点领域科学立法，扩大公民参与立法途径，构建系统的公民体育权利法律保护体系。统筹、完善体育法规体系建设。做好规章与法律、行政法间的衔接，协调体育规范性文件之间的内容，避免重复立法和法律冲突。

（四十四）切实提高体育行政执法水平。明确体育执法的权限，保证体育执法有法可依、运行规范，保障体育活动参与者的知情权、监督权。完善体育行政执法制度，合理配置执法力量，规范执法行为，加强行政执法责任制，确保执法人员权责统一，保证对体育执法的监督与监管。

（四十五）健全体育纠纷多元化解决机制。推进多元化体育纠纷解决机制建设，完善体育协会对职业联赛、反兴奋剂、运动员参赛资格等纠纷解决的听证制度。研究探索建立中国特色的体育仲裁制度，加强与国际体育仲裁机构的沟通合作。充分发挥体育调解在体育纠纷解决中的作用，不断提升和完善体育行政复议和行政诉讼对体育纠纷解决的救济功能。

（四十六）推进体育法治宣传教育。营造体育系统学法、守法、尊法、用法的良好氛围。各级体育部门领导干部和体育工作者，要持之以恒学法、坚定自觉尊法、严格自律守法、积极主动用法，养成遇事找法、办事依法、解决问题靠法的行为习惯。充分利用移动互联网等现代通讯手段，创新普法形式，提高普法效率，确保普法实效。

十一、加强组织领导，确保规划落实

（四十七）加强组织领导。各级政府要高度重视体育工作，将体育发展纳入当地国民经济和社会发展的总体规划，把体育经费、基本建设资金列入本级财政预算和基本建设投资计划。各级体育部门要加强与发展改革、财政、税收、金融、国土等部门的联系与合作，建立健全体育工作领导协调机制。

（四十八）促进区域体育发展。积极推进京津冀、长三角、珠三角、海峡两岸等区域体育协同发展，构建区域体育协同发展的体制机制，共同打造合作平台，促进区域在体育资源共享、制度对接、要素互补、流转顺畅、待遇互认和指挥协同方面的良性互动，推动区域在体育健身圈建设、体育赛事举办、体育产业发展、体育人才培养交流等方面的协同发展。

（四十九）做好扶贫援助工作。以体育需求为导向，不断创新体育扶贫工作的方式和组织形式，实施精准援助，丰富革命老区、民族地区、边疆地区和贫困地区的体育生

活,做好体育援疆、援藏工作,提高当地体育发展水平。

(五十)强化基础性工作。整合力量、完善队伍,进一步加强体育事业和体育产业统计工作,健全体育信息发布制度。完善体育标准体系,提高体育标准化水平。实施体育领域的"互联网+"战略,加速体育信息化建设进程。

(五十一)狠抓反腐倡廉和行业作风建设。贯彻全面从严治党要求,落实主体责任和监督责任,明纪立规,正风反腐,加大对重点领域的监督检查,强化监督和问责力度,建立惩防结合的源头治理体系,为体育发展营造风清气正的良好环境。

(五十二)加强监督落实。建立目标任务考核制度,分解落实本规划确定的目标任务,实行规划年度监督、中期评估和终期检查制度。建立健全动态调整机制,跟踪分析规划实施情况,为调整目标任务和制定政策措施提供依据,确保本规划目标任务如期完成。

教育部、国家体育总局关于推进学校体育场馆向社会开放的实施意见[①]

(2017年2月3日)

各省、自治区、直辖市教育厅（教委）、体育局，新疆生产建设兵团教育局、体育局：

根据健康中国建设的决策部署，为贯彻落实《国务院关于加快发展体育产业促进体育消费的若干意见》（国发〔2014〕46号）和《国务院办公厅关于强化学校体育促进学生身心健康全面发展的意见》（国办发〔2016〕27号）精神，进一步深化学校体育改革，强化学生课外锻炼，积极推进学校体育场馆向学生和社会开放，有效缓解广大青少年和人民群众日益增长的体育健身需求与体育场馆资源供给不足之间的矛盾，促进全民健身事业的繁荣发展，现提出以下意见。

一、总体要求

（一）指导思想。当前我国面临着体育场馆的教学属性和社会健身要求不相匹配，学校体育场馆设施的资源不足、使用效益不高与学校、社会需求之间的供求矛盾；面临着教学时间和社会开放时间冲突，服务运行的盈利性和公益性难以平衡及责任的认定难以区分等严峻形势。各地要提高认识，把学校体育场馆开放作为贯彻落实《"健康中国2030"规划纲要》和《全民健身条例》的重要举措，提高认识，统一思想，积极、稳妥、逐步创造条件推进开放工作，不断提高学校管理及体育工作质量和水平。

（二）基本原则。

坚持政府统筹，多方参与。以政府为主导、以学校为主体，加强部门协作，引导社会力量积极参与，形成加快推动学校体育场馆向社会开放的政策体系。

坚持因地制宜，有序推进。根据地方、学校实际情况，加强分类指导、稳步推进，分批分阶段推动实施，形成健康有序的学校体育场馆开放格局。

坚持校内优先，安全为重。学校体育场馆要首先保证本校师生的教育教学需要和日常活动需求，优先向青少年学生和社会组织开放，加强安全管理，明确安全职责，形成学校体育场馆开放的安全保障机制。

坚持服务公众，体现公益。明确服务对象，完善服务条件，建立健全服务规范，立足公益，积极探索学校体育场馆开放多元化的成本补偿机制。

（三）主要目标。到2020年，建设一批具有示范作用的学校体育场馆开放典型，通过典型示范引领，带动具备条件的学校积极开放，使开放水平及使用效率得到普遍提升；基本建立管理规范、监督有力、评价科学的学校体育场馆开放制度体系；基本形成政府、部门、学校和社会力量相互衔接的开放工作推进机制，为推动全民健身事业，提高全民身体素质和健康水平做出积极贡献。

[①] 教体艺〔2017〕1号。

二、开放范围

根据《全民健身条例》要求,学校应当在课余时间和节假日向学生开放体育场馆,公办学校要积极创造条件向社会开放体育场馆。鼓励民办学校向社会开放体育场馆。

三、开放办法

(一)明确场馆开放学校的基本条件。具备以下基本条件的学校要积极推进体育场馆开放:

1. 学校体育场馆有健全的安全管理规范,明确的责任区分办法和完善的安全风险防控条件、机制及应对突发情况的处置措施和能力。

2. 学校体育场馆在满足本校师生日常体育活动需求的基础上,还应有向社会开放的容量和时间段。

3. 学校体育场馆区域与学校教学区域相对独立或隔离,体育场馆开放不影响学校其他工作的正常进行。

4. 学校体育场馆、设施和器材等安全可靠,符合国家安全、卫生和质量标准及相关要求。

5. 学校有相对稳定的体育场馆设施更新、维护和运转的经费,能定期对场馆、设施、器材进行检查和维护。

(二)明确场馆开放时间。学校的体育场馆开放应该在教学时间与体育活动时间之外进行。在课余时间和节假日优先向学生开放,并在保证校园安全的前提下向社会开放,可实行定时定段与预约开放相结合。学校体育场馆向社会开放的时间应与当地居民的工作时间、学习时间适当错开。国家法定节假日和学校寒暑假期间,学校体育场馆应适当延长开放时间。开放具体时段、时长由各地、各校根据实际情况予以明确规定。

(三)合理确定开放对象。学校体育场馆开放主要面向本校学生、学区内学生、学校周边社区居民和社会组织。根据体育场馆面积、适用范围和开放服务承受能力,合理确定开放对象范围和容量。

(四)确定开放场馆名录。学校室外场地设施,如操场、球场、田径场跑道等要先行开放,室内场馆设施开放由各校提出并报上级教育行政部门确定。对于高危险性体育项目场地,由县级人民政府根据当地实际制定开放名录。

(五)实施开放人群准入制度。场馆开放的具体实施部门可以根据情况,建立开放对象信息登记和发放准入证件制度,提出健康管理和安全使用场馆设施的基本要求,明确各方责任。可以要求开放对象持证入校健身,做好身份识别。

(六)明确开放的收费标准。学校体育场馆根据不同对象可采取免费、优惠或有偿开放方式,有偿开放不能以营利为目的。根据《全民健身条例》规定,学校可以根据维持设施运营的需要向使用体育设施的开放人群收取必要的费用,收费标准应经当地物价部门核准,并向社会公示。对青少年学生、老年人、残疾人等原则上实行免费。

(七)形成稳定的运营模式。学校要积极探索体育场馆开放的运营方式,建立适合当地需要的运营模式。鼓励学校开展以校管理为主的运营模式,探索建立通过政府购买服务、委托第三方专业组织运营的模式。

四、保障措施

（一）加强学校体育场馆设施建设。各地要加强公共体育设施建设的统筹和规划，积极为学校体育场馆向社会开放创造条件。教育部门要按照《国家学校体育卫生条件试行基本标准》《中小学校体育设施技术规程》及《高等学校体育工作基本标准》要求，加大学校体育场馆设施建设力度。体育部门要将公共体育设施尽可能建在学校或学校周边。

（二）加快场馆开放管理人才队伍建设。各地教育、体育部门要对学校体育场馆开放管理人员进行相应的业务培训，不断提高业务能力和水平。学校要组织体育教师和相关管理人员，积极参与场馆开放活动服务工作。体育部门要引导社会体育指导员主动服务场馆开放学校。积极鼓励具有特长的社区居民参与场馆开放工作的志愿服务，发挥其在活动组织、技术指导等方面的优势。高等学校要加强体育场馆管理人才的培养，为体育场馆开放工作提供人才储备。

（三）积极推进风险防控和安保机制建设。各地教育、体育部门要协调当地公安、医疗等部门建立健全有关加强学校体育场馆开放安全保卫方面的工作机制，加强场馆开放治安管理和安全保障。学校要协调周边社区和街道制定具体场馆开放的安保实施方案和突发事故紧急处置预案，落实安全风险防范措施，加强开放时段治安巡查，做好场馆开放后的校园安全保卫工作。要严格按照《教育部关于印发〈学校体育运动风险防控暂行办法〉的通知》（教体艺〔2015〕3号）要求，根据体育器材设施及场地的安全风险进行分类管理，防范和消除安全隐患。推动县级以上人民政府根据国家有关规定为开放学校购买专项责任保险，鼓励引导学校、社会组织、企事业单位和个人购买运动伤害类保险。

（四）加大学校体育场馆开放经费投入。各地教育部门要加大学校场馆设施建设与开放的经费投入，多途径筹措经费，不断改善学校体育场馆设施条件，支持学校体育场馆开放。各地体育部门要根据实际情况，安排必要的资金，支持学校体育场馆对外开放所致场馆日常运转和设施设备维修。可利用彩票公益金加大对开放学校的补贴，安排一定比例的资金作为场馆开放社会体育指导员工作经费。开放场馆学校所收取的费用，要严格按照财务制度进行规范管理，主要用于补贴设施运营等。

（五）鼓励社会力量积极参与体育场馆开放。支持社会力量通过投资、冠名、合伙制、捐赠等形式参与学校体育场馆建设和开放工作，充分发挥其在资金、技术、项目、运营、评估等方面的优势。鼓励社会力量通过竞标等方式对学校体育场馆开放进行市场化、专业化运营，为开放对象提供优质、低价或免费的服务。

（六）积极推进体育场馆开放信息化建设。要加强体育场馆开放的信息公开工作，通过多种方式，公开场馆开放的时段、区域、项目和相关服务，公告使用体育场馆的程序、途径和办法。建立场馆开放信息统计和上报制度，及时向上级主管部门提供体育场馆开放有关信息。各地要充分发挥"互联网＋场馆开放"技术创新，建立体育场馆开放的信息化综合平台，使信息采集、信息共享、动态监控、用户评价等多种功能一体化，实时显示体育场馆开放工作情况。

五、组织实施

（一）加强组织领导。各地要高度重视学校体育场馆开放工作，建立健全由教育或体育部门牵头，有关部门分工负责和社会力量参与的场馆开放工作协调机制，主动争取当地政府的支持，积极发挥社区、街道的管理作用，研究制定当地学校体育场馆开放工作规划或实施方案，并抓紧落实。

（二）坚持分类指导。鼓励各地积极探索学校体育场馆开放的新政策、新机制和新模式，不断完善场馆开放服务体系，持续提高场馆开放服务能力。要统筹考虑各地经济发展、学校体育条件等实际情况，因地制宜推进学校体育场馆开放在不同区域的实施和发展。

（三）强化宣传推广。加大对学校体育场馆开放相关政策的宣传和解读，引导更多的学校实施体育场馆开放工作。把学校体育场馆开放工作纳入群众体育先进集体和个人的评选范畴，及时总结和交流学校体育场馆开放的做法和经验，对模式新颖、绩效突出的地方和学校加大宣传和进行表彰奖励，不断强化示范效应，积极营造学校体育场馆开放的良好社会环境和舆论氛围。

国家体育总局等部门关于进一步加强农民体育工作的指导意见[①]

(2017年12月24日)

党的十九大提出了实施乡村振兴战略的重大决策，发展农民体育事业是实施乡村振兴战略的重要组成部分，意义重大。为深入贯彻党的十九大精神，全面落实《全民健身条例》《"健康中国2030"规划纲要》和《全民健身计划（2016—2020年）》，着力推动全民健身持续向农民覆盖和倾斜，不断提高农民群众的身体素质，满足农民群众的美好生活需要，现就进一步加强农民体育工作提出以下指导意见。

一、重要意义

"十二五"期间，农民体育工作以建设农民体育健身工程、开展"亿万农民健身活动"为主要抓手，积极推动《全民健身条例》和《全民健身计划（2010—2015年）》在农村的贯彻落实，有效地提升了广大农民群众开展和参与体育健身活动的热情，在形成健康的生活方式，培育文明的乡风民风，促进农村经济社会持续健康发展等方面发挥了积极作用。"十三五"及今后一个时期是新时代决胜全面建成小康社会的关键阶段，加快发展农民体育事业，切实提高农民身体素质和身心健康，是实现"两个一百年"奋斗目标的重要内容。

（一）开展农民体育工作是实施全民健身国家战略的重要组成部分。农村人口占我国总人口一半以上，积极推动农民健身工作，提升农民健康水平是实现全民健身、保障全民健康的重要内容。农民体育工作起步晚、底子薄、基础差，是全民健身工作的薄弱环节和难点，是推进健康中国建设中的"短板"。实施全民健身国家战略，就要大力发展农民体育事业，补齐农村体育健身这块"短板"，推动城乡健康事业协调发展，使全民健身计划真正成为全民幸福计划。

（二）开展农民体育工作是实现全民健身基本公共服务均等化的重要内容。农民体育工作历史欠账多，为农民提供的健身基本公共服务严重缺乏，在健身知识普及、理念兴趣培养、体育活动组织、健身设施建设等方面均与城镇居民有较大差距。城乡体育基本公共服务发展的不平衡不充分，已经成为满足广大农民群众日益增长的健身和美好生活需要的主要制约因素。要实现全民健身基本公共服务均等化，就必须按照十九大提出的农业农村优先发展的要求，将农民体育工作置于重要地位，把推动基本公共体育服务向农村延伸作为全民健身发展重点，进一步健全农民身边的体育社会组织服务网络，完善农村体育健身场地设施，广泛开展农民体育健身活动，保障广大农民得到更多更好地全民健身公共服务，切实提高农民群众的获得感和幸福感。

（三）开展农民体育工作是推进"三农"事业发展的重要任务。实施乡村振兴战

[①] 农办发〔2017〕11号。

略，要促进农民的全面发展。农民体育事业与加快推进农业农村现代化建设，实现农业强、农村美、农民富的目标任务紧密相连。大力发展农民体育事业，培养爱农业、懂技术、善经营且体魄强健的新型职业农民，是发展现代农业的根本依靠；大力发展农民体育事业，切实增强农民体质、提高农民健康水平，是实现农民富裕幸福美好生活的关键保障；大力发展农民体育事业，有效提升农民的健身理念，形成健康文明生活方式和重规则、讲诚信、善合作、乐分享的良好社会风尚，是美丽乡村建设的重要内容。

二、总体要求

（四）指导思想。以邓小平理论、"三个代表"重要思想、科学发展观、习近平新时代中国特色社会主义思想为指导，全面贯彻落实党的十九大精神，牢固树立创新、协调、绿色、开放、共享的发展理念，以实施乡村振兴战略为总抓手，按照《全民健身条例》《"健康中国2030"规划纲要》和《全民健身计划（2016—2020年）》的要求，将农民体育事业作为全民健身国家战略和"三农"工作的重点任务，以强健体质、砥砺意志、提高农民健康水平为根本目的，以激发和满足农民多元化体育健身需求、促进人的全面发展为出发点和落脚点，以乡村为阵地，通过强农补短、重点推进和延伸覆盖，大力推进改革发展和统筹建设，着力补齐农村体育健身公共服务体系短板，努力提升农民体育社会组织服务能力，将农民健身与农民健康有机融合，有效推动农民体育蓬勃发展，为全面建成小康社会和推进健康中国建设做出贡献。

（五）基本原则。

——坚持农民主体。农民体育工作要突出农民主体地位，体育要素配置和公共设施建设要满足农民需求，健身活动和体育赛事设计要围绕农民开展，指导管理和培训服务要体现农民特点。要以农民是否乐于接受、是否积极参与、是否提升体质，作为衡量农民体育工作的最终标准。

——坚持创新发展。农民体育工作要在坚持公益性的基础上，坚持以人为本，体现群众性和社会性；以服务为中心，转方式、促发展，突出多元性，不断创新组织机制、工作平台、活动载体和普及手段，促进农民体育工作的全面发展，努力提高广大农民对体育公共服务的满意度。

——坚持骨干引领。农民体育工作面广、量大、战线长，必须充分发挥农村基层社会体育指导员、乡村干部、新型农业经营主体带头人和新型职业农民队伍的骨干作用，带动广大农民，办好赛事活动，促进经常锻炼，加强培训指导，推进体育健身活动的普及提高，以点带面推动全面发展。

——坚持重心下沉。农民体育工作重点在乡镇、基础在村屯，要大力推动全民健身公共服务向农村延伸，把更多的资源资金投向基层，把更多的项目活动放到乡村，把更多的指导服务送到农家，服务广大农民自觉、便利、科学、文明开展经常性体育健身活动，促进农民体育生活化。

——坚持农体融合。农民体育工作既要坚持增强人民体质、提高健康水平的根本目标，又要紧密结合农业生产、休闲农业和乡村旅游开发，以农民生产生活为基础，创建宜居乡村、宜业田园和体育健身休闲特色小镇，服务现代农业发展。以推动农民健身生活化为抓手，促进农民群众形成健康的行为和生活方式，全面提升农民健康水平。

（六）工作目标。到2020年，实现农村体育健身公共服务水平和乡村居民身心健康水平双提升，农民健身公共服务体系基本建立。实现"农民体育健身工程"行政村全覆盖，农民人均体育健身场地面积达到1.8平方米；实现80%的行政村有1名以上的社会体育指导员；农民群众体育健身意识普遍增强，农村经常参加体育锻炼人数比例的增长速度高于全国平均水平；农民身体素质稳步增强，国民体质达标和优秀等级比例明显提高；基本健全以农民体育协会为主要形式的农民体育社会组织，政府主导、部门协同、社会参与的农民体育事业发展格局更加明晰，实现农民体育工作有组织、有人员、有场所、有经费、有活动，促进持续健康发展。

三、重点任务

（七）健全农民群众身边的健身组织。中国农民体育协会要积极发挥全国性体育社会组织在开展全民健身活动和提供专业指导服务等方面的龙头带动作用，不断提高承接农民体育公共服务的能力和质量。县级以上农业和体育部门要积极创造条件，推动农民体育协会等社会组织建设，努力做到组织领导有力、机构人员齐全、经费保障落实、活动开展经常。充分发挥各级农民体育协会在参与全民健身公共服务体系建设方面的重要辅助作用，积极引导其承办和参与农民体育赛事活动、社会体育指导员培训、农民体质监测等工作。各级农民体育协会等社会组织要与乡村文化站（中心）和老年体育协会等协同联动，共同做好农村体育工作。要在乡村着力培育发展农村基层文化体育组织，逐步形成并完善农民体育社会组织网络。各级体育部门和农业部门要积极支持指导农民体育协会和农村体育社会组织的发展，鼓励具备条件的各类农业企业、农业园区成立基层农民体育组织，调动各方面积极性，推进资源整合利用，共同解决基层农民体育组织在人、财、物和科学健身指导等方面的问题。

（八）建设和利用农民群众身边的场地设施。结合农村社区综合服务设施建设和乡村文化站（中心）资源整合，继续加大"农民体育健身工程"实施力度，有条件的地方要积极探索农民体育健身工程向人口相对集中的自然村屯延伸，选择部分有代表性的村屯开展农村体育设施整村全覆盖试点工作，为农民体育健身工程升级版积累经验和探索途径。结合实施扶贫攻坚项目，优先扶持贫困农村体育健身场地设施建设。

按照"十三五"全国体育场地人均面积要求，以多种方式留足农村体育健身用地，提倡利用农村闲置房屋、集体建设用地、"四荒地"等资产资源，并注意与土地利用总体规划和休闲农业及乡村旅游等项目相衔接。积极探索农村体育场地设施更新和维护管理长效机制，体育、农业部门要建立定期巡检制度，做好已建成场地设施的使用、管理和提档升级。鼓励有条件的乡村企事业单位和学校向农民免费或低收费开放体育场地设施。

按照实施乡村振兴战略总要求和"因地制宜、整合资源、乡土特色、方便实用、安全合理"原则，紧密结合美丽宜居乡村、运动休闲特色小镇建设，科学规划和统筹建设农村体育场地设施，促进农民体育与乡村旅游、休闲农业融合发展，充分利用好农业多功能特点，鼓励创建休闲健身区、功能区和田园景区，探索创建乡村健身休闲产业和运动休闲特色乡村。

（九）丰富农民群众身边的健身活动。各级体育和农业部门向农民大力推广普及乡村趣味健身、广场舞（健身操舞）、健身跑、健步走、登山、徒步、骑行、游泳、钓鱼、棋类、球类、踢毽、跳绳、风筝、太极拳、龙舟、舞龙舞狮、斗羊赛马等农民群众喜闻乐见的体育项目，利用"全民健身日"、节假日等时间节点开展丰富多彩的农民体育健身活动，介绍健身方法、传授健身技能，培养其健身兴趣，使体育健身成为农民的好习惯、农村的新时尚。

利用筹备和举办 2022 年冬奥会的契机，积极实施《群众冬季运动推广普及计划（2016—2020 年）》，在农村推广普及冰雪健身项目。传承推广民族、民俗、民间传统体育项目，重点挖掘整理列入乡村非物质文化遗产的传统体育项目。结合农业生产和农家生活创新编排一批充满乡村气息、具有农味农趣、体现农耕文化内涵，融健身娱乐、表演观赏和比赛活动于一体，农民愿参与、能参与、乐参与的体育健身项目。把农民体育纳入"三下乡"活动内容，结合冬春农民科技大培训，将体育健身科学知识、器材用品、健身项目、赛事活动送到乡镇，进入村屯。

（十）积极组织开展农民群众身边的赛事活动。继续深入开展"亿万农民健身活动"，因时、因地、因需举办不同层次和类型的农民体育赛事活动，充分发挥体育赛事活动对农民参加体育活动的宣传引导、技能训练和素质提升作用。开展赛事活动要紧密结合农业农村经济发展和农民日常生活，倡导和鼓励农村基层发挥历史传统、农耕文化、产业特色、休闲农业和乡村旅游等资源优势，结合新农村建设和农时季节，按照"就地就近、业余自愿、小型多样"的原则，经常性举办农味农趣运动会、美丽乡村健步走、快乐农家广场舞等丰富多彩的基层赛事活动，形成"一地一品"，推进农民体育健身常态化、制度化和生活化。

充分发挥中国农民体育协会优势和地方政府积极性，重点支持和打造体现"三农"特色、影响力大、可持续性强、具有乡村特征和传统文化底蕴的农民体育特色品牌赛事活动，在此基础上提炼总结、提升发展为具有广泛群众性、参与性、普及性的全国性农民体育赛事活动，重点办好全国性的"农民体育健身大赛""乡村农耕农趣农味健身交流活动"和"农民体育骨干健身技能提升暨展示"等具有示范带动作用的品牌赛事活动。同时，积极探索构建农民群众广泛参与的健身项目赛事体系，以联组、联办、联赛形式为主，村（社区）、乡镇、市县、省、全国层层联动，社团组织、企业园区多方合力，让广大农民广泛参与体育健身赛事活动，形成"农民健身，赛事同行"。积极推进由中国农民体育协会组织开展的创建"亿万农民健身活动"示范基地工作，为农民体育工作搭建激励平台，广泛调动农村基层和农业园区、企业等积极性，充分发挥典型示范带动作用。

（十一）加强农民群众身边的健身指导。各地体育和农业部门要研究制定并推广普及适合农民的健身指导计划，在有条件的乡镇开展体质监测和健康促进服务试点。编制符合农村实际、适合农民阅读的"亿万农民健身活动"系列丛书和《农民健身手册》，指导农民开展科学健身。充分发挥乡村干部、农村社会体育指导员、农民体育骨干、新型农业经营主体带头人和新型职业农民的指导和示范带头作用。运用移动互联等现代信息技术手段，建设运行农民体育管理资源库、服务资源库和公共服务信息平台，使农民体育服务更加便捷、高效、精准。探索开展农民体质监测有效方式，依托体质健康数据库，研究制定适合农民的运动处方库、健身指导方案和健身活动指南，开展农民科学健身指导，提高农民科学健身的意识和能力。

（十二）营造农民身边的健身文化氛围。各级农业和体育部门要充分利用各类媒体，全方位、多角度、深层次宣传农民体育工作，在全社会营造党和政府重视农民健康，以健身促健康、奔小康的浓厚氛围。大力宣传开展农民体育健身是实施乡村振兴战略不可或缺的重要组成部分和重要基础工作，积极推广先进的健身理念、活动项目、经验做法，合力唱响人人爱锻炼、会锻炼、勤锻炼的健康生活时代强音。深入广大农村普及健身知识，宣传健身意义，树立健身榜样，讲述健身故事，围绕弘扬健康新理念开展喜闻乐见的宣传活动。中国农民体育协会要创办《亿万农民健身网站》，制作农民体育健身活动音视频作品，开发应用适应农民群众实际需要的手机 App 等，为农民体育提供信息化综合平台和伴随服务。

四、保障措施

（十三）加强对农民体育工作的组织领导。各级农业和体育部门要切实履行职责，积极争取政府支持，推动将发展农民体育纳入当地全面建成小康社会、实施乡村振兴战略中，统筹城乡发展，促进体育资源和公共体育服务的均衡配置。要把农民体育工作作为落实《全民健身条例》《"健康中国2030"规划纲要》和《全民健身计划（2016—2020年）》的重点，按照职责分工建立健全密切协作、齐抓共管的工作机制。

各级农业部门要按照《全民健身条例》《"健康中国2030"规划纲要》和《全民健身计划（2016—2020年）》的要求，进一步明确农民体育工作在"三农"工作中的职能和地位，健全农民体育工作机构，科学合理定编定员定经费，切实把农民体育工作纳入重要议事日程，明确工作目标，制定工作规划，强化工作措施，落实工作任务，加强督促检查。中国农民体育协会要研究制定农民体育发展水平评价指标，建立并完善农民体育统计工作制度，并推动将其纳入全民健身评价体系进行评估考核。

（十四）多渠道加大农民体育工作经费投入。体育部门要加大彩票公益金支持农民体育事业的力度，将农民体育服务事项纳入政府购买全民健身公共服务目录，并增加对农村基层文化体育组织和农民体育赛事活动购买的比重。各级体育和农业部门要积极向当地政府、有关部门争取农民体育工作经费，不断增强农村体育基层公共服务能力，完善城乡一体化的体育公共服务体系。进一步扩大农民体育工作经费在全民健身投入中的份额和比重，按照财政部《中央补助地方公共文化服务体系建设专项资金管理暂行办法》《中央补助地方农村文化建设专项资金管理暂行办法》的要求，落实行政村体育设施维护和开展体育活动的基本补助，其中农村体育活动每个行政村每年1200元，确保落实到村，专款专用。鼓励企业等社会力量捐赠，共同促进农民体育事业发展。

（十五）大力培养农民体育骨干人才。以乡村为重点，多形式、多渠道培养农民体育组织管理、培训指导、志愿服务、宣传推广等方面的人才。地方体育部门要根据当地农民体育工作实际，制定《重点乡村社会体育指导员培训计划》，农村社会体育指导员培训数量原则上不少于县级年度培训数量的1/3；要积极支持并委托农业部门承担部分农村社会体育指导员培训工作。农业部门要将培养农民体育骨干人才纳入实用人才带头人和大学生村官示范培训、新型职业农民培育工程实施和农业广播电视学校教育中，创新培养方式方法，充分发挥互联网等现代信息化手段，利用空中课堂、固定课堂、流动课堂和田间课堂，采用线上线下混合教学方式，以农村基层干部、大学生村官、农民合作社领办人、农业企业经营管理者、农民体育积极分子等为重点，努力培养一支爱体育、懂健身、会组织的农民体育工作队伍。

体育场馆运营管理办法[①]

(2015年1月15日)

第一章 总 则

第一条 为规范体育场馆运营管理，充分发挥体育场馆的体育服务功能，更好满足人民群众开展体育活动的需求，促进体育产业和体育事业协调发展，根据《中华人民共和国体育法》《公共文化体育设施条例》以及《事业单位国有资产管理暂行办法》等相关法律法规，制定本办法。

第二条 本办法适用于体育系统各级各类体育场馆。

本办法所称体育场馆运营单位，是指具有体育场馆整体经营权，负责场馆和设施的运营、管理和维护，为公众开展体育活动提供服务的机构。

第三条 体育场馆应当在坚持公益属性和体育服务功能，保障运动队训练、体育赛事活动、全民健身等体育事业任务的前提下，按照市场化和规范化运营原则，充分挖掘场馆资源，开展多种形式的经营和服务，发展体育及相关产业，提高综合利用水平，促进社会效益和经济效益相统一。

第四条 县级以上各级体育主管部门负责本级体育场馆运营的监督和管理。

上级体育主管部门负责对下级体育主管部门体育场馆运营监督管理工作开展指导和检查。

第二章 运营内容与方式

第五条 体育场馆应当按照以体为本、多元经营的要求，突出体育功能，强化公共服务，拓宽服务领域，提高服务水平，全面提升运营效能。

鼓励有条件的体育场馆发展体育旅游、体育会展、体育商贸、康体休闲、文化演艺等多元业态，建设体育服务综合体和体育产业集群。

第六条 体育场馆应当结合当地经济社会发展水平、城市发展需要、消费特点和趋势，统筹规划运营定位、服务项目和经营内容，提高综合服务功能。

鼓励体育场馆根据运营实际需要，充分利用场馆闲置空间，依照国家有关标准和规范，合理开展适用性改造，完善场地和服务设施。

第七条 体育场馆应当建立适合自身特点、符合行业发展规律、与地方经济社会发展水平相适应、能够充分发挥场馆效能的运营模式。

积极推进场馆管理体制改革和运营机制创新，推动场馆所有权和经营权两权分离，引入和运用现代企业制度，激发场馆活力。

[①] 国家体育总局于2015年1月15日公布。

鼓励采取参股、合作、委托等方式，引入企业、社会组织等多种主体，以混合所有制等形式参与场馆运营。鼓励有条件的场馆通过连锁等模式扩大品牌输出、管理输出和资本输出，提升规模化、专业化、社会化运营水平。

第八条 体育场馆应当以体育本体经营为主，做好专业技术服务，开展场地开放、健身服务、竞赛表演、体育培训、运动指导、健康管理等体育经营服务。

第九条 训练场馆和专业性较强的场馆在保障专业训练、比赛等任务的前提下积极创造条件对社会开放。

除上述场馆之外的其它体育场馆每周开放时间一般不少于35小时，全年开放时间一般不少于330天。国家法定节假日、全民健身日和学校寒暑假期间，每天开放时间不得少于8小时。

因场馆类型、气候条件、承担专业训练和竞赛任务等原因，不能按照本办法规定对外开放的，可由省级体育主管部门视具体情况自行制定开放时间要求，向公众公示。

第十条 体育场馆应当突出体育赛事和群体活动的承载功能，全年举办的活动中非体育类活动次数不得超过总活动次数的40%。

鼓励有条件的体育场馆举办具有自主品牌的群众性体育赛事，承接职业联赛，引进国内外知名体育赛事。

第十一条 体育场馆应当完善配套服务，优化消费环境，提供与健身、竞赛、培训等功能相适应的商业服务，不得经营含有奢侈和低俗内容的商品和服务。

场馆主体部分，包括场地和看台等，除进行广告等无形资产开发外，不得占用进行商业开发。

场馆主体部分附属设施，包括除主体部分以外的室内附属用房等，可在不影响设施原有功能的前提下，适度进行商业开发。

场馆配套设施，包括按规划建设的、与体育场馆或场馆群相配套的室内外非体育设施和用房，可结合城市发展需要，根据规划和功能定位进行多元开发。

第十二条 鼓励体育场馆充分挖掘利用资源，采用多种方式加强无形资产开发，扩大无形资产价值和经营效益。涉及冠名、广告等无形资产开发的，应当符合工商、市容、广告、安全等相关规定，禁止发布和变相发布国家工商和广告法律法规中明确禁止的广告内容。

第十三条 体育场馆应当加强品牌建设，拓宽营销渠道，宣传普及健身知识，引入新型消费和服务模式，培育健身消费市场。

体育场馆应当健全信息服务系统，建立客户维护体系，有条件的场馆可建立网络服务平台，提供多样化、人性化服务，提升客户体验。

第十四条 利用体育场馆经营高危险性体育项目的，应当依法办理审批手续，严格按照项目开放标准和要求开展经营活动。

第三章 经营管理

第十五条 体育场馆运营单位应当完善法人治理结构，建立科学决策机制，对重大事项决策、重要干部任免、重大项目安排和大额度资金使用事项应当实行集体决策。

体育场馆运营单位应当结合运营需要，配备专业运营团队，合理设置内设部门和岗位，完善运行管理体系，健全管理制度，建立激励约束和绩效考核机制。

第十六条 体育场馆运营单位应当加强人才培养和引进，完善员工培训体系，建立符合场馆发展需要的人才队伍。

体育场馆运营单位应当依法规范用工，相关专业技术人员必须持证上岗。

第十七条 体育场馆运营单位应当制定服务规范，明确服务标准和流程，配备专职服务人员，提供专业化、标准化、规范化服务。

体育场馆运营单位应当开展顾客服务满意度评价，及时改进和提高服务水平。鼓励体育场馆运营单位参与服务质量认证。

体育场馆运营单位应当做好基础信息统计，加强健身人群、培训人数等数据统计和分析，动态调整经营策略和服务方式。

第十八条 体育场馆运营单位应当保证场馆及设施符合消防、卫生、安全、环保等要求，配备安全保护设施和人员，在醒目位置标明设施的使用方法和注意事项，确保场馆设施安全正常使用。

体育场馆运营单位应当完善安全管理制度，健全应急救护措施和突发公共事件预防预警及应急处置预案，定期开展安全检查、培训和演习。

体育场馆运营单位应当投保有关责任保险，提供意外伤害险购买服务并尽到提示购买义务。

第十九条 体育场馆所属房产出租、出借的，经营内容应当符合本办法规定和场馆运营规划，不得出租、出借给存在社会负面影响、易损害体育场馆社会形象的经营业态，且须符合国家和当地的相关规定。

体育场馆主体部分因举办公益性活动或者大型文化活动等特殊情况临时出租的，时间单次一般不得超过10日；出租期间，不得进行改变功能的改造。租用期满应立即恢复原状，不得影响该场馆的功能、用途。

第二十条 体育场馆开展无形资产开发、房屋出租等经营，应引入第三方评估，并采用公开招标或竞争性谈判等方式确定合作对象和价格等内容。

体育场馆运营单位应当加强合同管理，规范合同签订、履行、变更和终止，相关协议涉及到本办法有明确规定事项的，需在合同中约定。

体育场馆运营单位应当加强合同履行监管，及时制止擅自变更经营业态、擅自转租等行为，必要时按法定程序中止或解除合同。

第二十一条 体育场馆运营单位应当将运营经费纳入预算管理，并严格遵守国家相关财务规范，健全财务管理制度和体系，规范预算、收支和专项资金使用。

第二十二条 体育场馆运营单位应加强能源管理，采取节能措施，降低单位能耗，节约运营成本。

鼓励体育场馆运营单位引入环卫、安保、工程、绿化等专业服务机构，提升场馆区域范围内物业管理和服务的专业化水平。

鼓励有条件的场馆配备全面视频监控，实行动态管理，场地等重要场所监控录像保留时间不低于30日。

第二十三条 体育场馆运营单位应当公示服务内容、开放时间、收费项目和价格、免费或低收费开放措施等内容。除不可抗力外,因维修、保养、安全、训练、赛事等原因,不能向社会开放或调整开放时间的,应当提前7日向公众公示。

第四章 监督管理

第二十四条 体育主管部门应当加强对体育场馆运营管理工作的监督,建立健全科学合理的体育场馆运营监督管理责任制,并将工作监督和管理责任落实到具体部门;加大对体育场馆运营管理工作的指导力度,提供必要的培训等服务。

第二十五条 体育主管部门应当建立健全财政资金补贴体育场馆开放服务的长效机制和政府购买公共体育服务的具体办法,保障体育场馆正常运行。

体育主管部门应当制定本级体育场馆运营目标和公共服务规范,开展运营目标考核和综合评价,并将运营目标完成情况和综合评价结果与预算资金安排、财政补贴或奖励、政府购买公共服务等经费安排、人员考核与晋升等挂钩。

第二十六条 体育场馆运营单位利用国有资产对外投资、出租和出借的,应当从经济效益、经营业态、形象信誉、安全风险等方面进行必要的可行性论证,并按照国家和当地国有资产管理规定,根据资产总额的相应权限要求进行报批或备案。

第二十七条 体育场馆运营单位应当将场馆的名称、地址、服务项目等内容报本级体育主管部门备案,并于下一年度1月31日前向本级体育主管部门报告以下事项:

(一)场馆设施总体使用情况;
(二)主要经营内容和服务项目调整情况;
(三)对外开放时间及免费或低收费开放情况;
(四)体育赛事活动及非体育类活动举办情况;
(五)商业经营开发情况;
(六)场馆无形资产开发情况。

第五章 附 则

第二十八条 鼓励建立体育场馆社会组织,发挥行业组织在制定行业标准、强化行业自律、维护行业权益方面的作用。

第二十九条 本办法自2015年2月1日起施行。

财政部、民政部关于通过政府购买服务支持社会组织培育发展的指导意见[①]

（2016年12月1日）

各省、自治区、直辖市人民政府，国务院各部委、各直属机构：

为落实党中央、国务院的决策部署，加快转变政府职能，创新社会治理体制，促进社会组织健康有序发展，提升社会组织能力和专业化水平，改善公共服务供给，根据《国务院办公厅关于政府向社会力量购买服务的指导意见》（国办发〔2013〕96号）精神，经国务院同意，现就通过政府购买服务支持社会组织培育发展提出如下意见。

一、总体要求

（一）指导思想。全面贯彻党的十八大、十八届三中、四中、五中、六中全会和习近平总书记系列重要讲话精神，围绕供给侧结构性改革，结合"放管服"改革、事业单位改革和行业协会商会脱钩改革，充分发挥市场机制作用，大力推进政府向社会组织购买服务，引导社会组织专业化发展，促进提供公共服务能力持续提升，发挥社会组织的独特优势，优化公共服务供给，有效满足人民群众日益增长的公共服务需求。

（二）基本原则。一是坚持深化改革。加快转变政府职能，正确处理政府和社会的关系，推进政社分开，完善相关政策，为社会组织发展创造良好环境，凡适合社会组织提供的公共服务，尽可能交由社会组织承担。二是注重能力建设。通过政府向社会组织购买服务引导社会组织加强自身能力建设，优化内部管理，提升社会组织服务能力和水平，充分发挥社会组织提供公共服务的专业和成本优势，提高公共服务质量和效率。三是坚持公开择优。通过公开公平、竞争择优方式选择社会组织承接政府购买服务，促进优胜劣汰，激发社会组织内在活力，实现健康发展。四是注重分类指导。遵循社会组织发展规律，区分社会组织功能类别、发展程度，结合政府购买服务需求，因地制宜，分类施策，积极推进政府向社会组织购买服务。

（三）主要目标。"十三五"时期，政府向社会组织购买服务相关政策制度进一步完善，购买服务范围不断扩大，形成一批运作规范、公信力强、服务优质的社会组织，公共服务提供质量和效率显著提升。

二、主要政策

（四）切实改善准入环境。社会组织参与承接政府购买服务应当符合有关资质要求，但不应对社会组织成立年限做硬性规定。对成立未满三年，在遵守相关法律法规、按规定缴纳税收和社会保障资金、年检等方面无不良记录的社会组织，应当允许参与承接政府购买服务。积极探索建立公共服务需求征集机制，充分发挥社会组织在发现新增公共服务需求、促进供需衔接方面的积极作用。有条件的地方可以探索由行业协会商会

[①] 财综〔2016〕54号。

搭建行业主管部门、相关职能部门与行业企业沟通交流平台，邀请社会组织参与社区及社会公益服务洽谈会等形式，及时收集、汇总公共服务需求信息，并向相关行业主管部门反馈。有关部门应当结合实际，按规定程序适时将新增公共服务需求纳入政府购买服务指导性目录并加强管理，在实践中逐步明确适宜由社会组织承接的具体服务项目，鼓励和支持社会组织参与承接。

（五）加强分类指导和重点支持。按照党的十八届三中全会关于重点培育、优先发展行业协会商会类、科技类、公益慈善类、城乡社区服务类社会组织的要求，各地方和有关部门应结合政府购买服务需求和社会组织专业化优势，明确政府向社会组织购买服务的支持重点。鼓励各级政府部门同等条件下优先向社会组织购买民生保障、社会治理、行业管理、公益慈善等领域的公共服务。各地可以结合本地区实际，具体确定向社会组织购买服务的重点领域或重点项目。要采取切实措施加大政府向社会组织购买服务的力度，逐步提高政府向社会组织购买服务的份额或比例。政府新增公共服务支出通过政府购买服务安排的部分，向社会组织购买的比例原则上不低于30%。有条件的地方和部门，可以制定政府购买服务操作指南并向社会公开，为社会组织等各类承接主体参与承接政府购买服务项目提供指导。

（六）完善采购环节管理。实施购买服务的各级政府部门（购买主体）应充分考虑公共服务项目特点，优化政府购买服务项目申报、预算编制、组织采购、项目监管、绩效评价等工作流程，提高工作效率。要综合考虑社会组织参与承接政府购买服务的质量标准和价格水平等因素，合理确定承接主体。研究适当提高服务项目采购限额标准和公开招标数额标准，简化政府购买服务采购方式变更的审核程序和申请材料要求，鼓励购买主体根据服务项目需求特点选择合理的采购方式。对购买内容相对固定、连续性强、经费来源稳定、价格变化较小的公共服务项目，购买主体与提供服务的社会组织签订的政府购买服务合同可适当延长履行期限，最长可以设定为3年。对有服务区域范围要求、市场竞争不充分的服务项目，购买主体可以按规定采取将大额项目拆分采购、新增项目向不同的社会组织采购等措施，促进建立良性的市场竞争关系。对市场竞争较为充分、服务内容具有排他性并可收费的项目，鼓励在依法确定多个承接主体的前提下采取凭单制形式购买服务，购买主体向符合条件的服务对象发放购买凭单，由领受者自主选择承接主体为其提供服务并以凭单支付。

（七）加强绩效管理。购买主体应当督促社会组织严格履行政府购买服务合同，及时掌握服务提供状况和服务对象满意度，发现并研究解决服务提供中遇到的问题，增强服务对象的获得感。加强绩效目标管理，合理设定绩效目标及指标，开展绩效目标执行监控。畅通社会反馈渠道，将服务对象满意度作为一项主要的绩效指标，务实开展绩效评价，尽量避免增加社会组织额外负担。鼓励运用新媒体、新技术辅助开展绩效评价。积极探索推进第三方评价，充分发挥专业机构在绩效评价中的作用。积极探索将绩效评价结果与合同资金支付挂钩，建立社会组织承接政府购买服务的激励约束机制。

（八）推进社会组织能力建设。加强社会组织承接政府购买服务培训和示范平台建设，采取孵化培育、人员培训、项目指导、公益创投等多种途径和方式，进一步支持社会组织培育发展。建立社会组织负责人培训制度，将社会组织人才纳入专业技术人才知识更新工程。推动社会组织以承接政府购买服务为契机专业化发展，完善内部治理，做好社会资源动员和整合，扩大社会影响，加强品牌建设，发展人才队伍，不断提升公共服务提供能力。鼓励在街道（乡镇）成立社区社会组织联合会，联合业务范围内的社区社会组织承接政府购买服务，带动社区社会组织健康有序发展。

（九）加强社会组织承接政府购买服务信用信息记录、使用和管理。民政部门要结合法人库和全国及各地信用信息共享平台建设，及时收录社会组织承接政府购买服务信用信息，推进信用信息记录公开和共享。购买主体向社会组织购买服务时，要提高大数据运用能力，通过有关平台查询并使用社会组织的信用信息，将其信用状况作为确定承接主体的重要依据。有关购买主体要依法依规对政府购买服务活动中的失信社会组织追究责任，并及时将其失信行为通报社会组织登记管理机关，有条件的要及时在信用中国网站公开。

三、保障措施

（十）加强组织领导。各级财政、民政部门要把政府向社会组织购买服务工作列入重要议事日程，会同有关部门加强统筹协调，扎实推进。加强政府向社会组织购买服务工作的指导、督促和检查，及时总结推广成功经验。充分利用报纸、杂志、广播、电视、网络等各类媒体，大力宣传通过政府购买服务支持社会组织培育发展的有关政策要求，营造良好的改革环境。

（十一）健全支持机制。民政部门要会同财政等部门推进社会组织承接政府购买服务的培训、反馈、示范等相关支持机制建设，鼓励购买主体结合绩效评价开展项目指导。财政部门要加强政府购买服务预算管理，结合经济社会发展和政府财力状况，科学、合理安排相关支出预算。购买主体应当结合政府向社会组织购买服务项目特点和相关经费预算，综合物价、工资、税费等因素，合理测算安排项目所需支出。中央财政将继续安排专项资金，有条件的地方可参照安排专项资金，通过政府购买服务等方式支持社会组织参与社会服务。

（十二）强化监督管理。有关购买主体应当按照《中华人民共和国政府采购法》《中华人民共和国政府信息公开条例》等相关规定，及时公开政府购买服务项目相关信息，方便社会组织查询，自觉接受社会监督。凡通过单一来源采购方式实施的政府购买服务项目，要严格履行审批程序，该公示的要做好事前公示，加强项目成本核查和收益评估工作。民政等部门要按照职责分工将社会组织承接政府购买服务信用记录纳入年度检查（年度报告）、抽查审计、评估等监管体系。财政部门要加强对政府向社会组织购买服务的资金管理，确保购买服务资金规范管理和合理使用。有关部门要加强政府向社会组织购买服务的全过程监督，防止暗箱操作、层层转包等问题；加大政府向社会组织购买服务项目审计力度，及时处理涉及政府向社会组织购买服务的投诉举报，严肃查处借政府购买服务之名进行利益输送的各种违法违规行为。

健身气功行动计划（2019—2021年）[①]

（2019年5月30日）

以习近平新时代中国特色社会主义思想为指导，学习贯彻党的十九大精神，坚持以人民为中心的发展思想，切实落实全民健身国家战略，积极推动健身气功健康可持续发展，不断提升公共服务能力，满足人民日益增长的多元化健身健康需求，充分发挥健身气功在服务健康中国、增强国家凝聚力和文化竞争力上的积极作用，依据新时期健身气功发展面临的新形势、新任务和新要求，制定本计划。

一、主要目标

到2021年，健身气功项目发展基础更加扎实，健身气功公共服务能力明显提升，健身气功产业发展逐渐成型，健身气功文化宣传引领作用持续增强，健身气功对外交流成效显著。全国健身气功组织、培训、赛事、宣传、产业等体系逐步健全和完善，健身气功项目治理能力和服务水平显著上升，事业发展结构和布局更加合理。

二、指导原则

——服务大局。牢固树立四个意识，服从和服务于国家大局，坚持以全局的观点并放在国家经济社会发展的大环境中谋划和开展健身气功工作。

——守正创新。坚持正确的发展方向，遵循项目规律，传承优秀文化，在实践中求创新，在创新中促发展，克难攻坚，砥砺前行，努力开创健身气功事业新局面。

——统筹融合。树立大健康观念，促进"健身气功+"与全民健身融合发展，优化配置资源，建立协同机制，统筹区域、城乡、行业和国内外发展，努力实现共建共享。

——稳中求进。在保持健身气功事业稳健发展的基础上，努力转变发展方式，在强化项目管理和建设上取得新突破，在提升服务质量和效益上取得新成效。

三、任务与措施

（一）夯实健身气功组织基础。

1. 以党的建设为统领。健身气功工作必须坚持党的领导，不断提高政治站位，以党的建设为统领，推进各项工作整体进行，协同发展。各级体育行政部门应督促并帮助所管辖的健身气功组织按照相关规定建立健全党组织。

2. 推进健身气功社团组织建设。各级体育行政部门要积极协调民政等部门推动成立健身气功协会。到2021年，力争实现省级健身气功协会全覆盖，市级健身气功协会达到70%，县级健身气功协会达到30%，并积极推动行业体协和高等院校成立健身气功社团组织。构建形成政府主导、社会监督、事业单位和社会团体依法运行的健身气功管理体制和机制，不断提高管理工作水平。

[①] 国家体育总局健身气功中心于2019年5月30日公布。

3. 发挥中心站点的辐射作用。进一步夯实健身气功站点基础，在分散站点的基础上，建立综合性健身气功中心站点，负责周边不少于10个站点的日常活动和科学健身指导，在健身气功推广普及工作中发挥引领、示范和协调作用。每年在全国建立300个以上健身气功中心站点，新建站点1000个以上。到2021年，健身气功中心站点建设辐射全国，在31个省区市和新疆生产建设兵团建立1000个中心站点，新建健身气功站点5000个以上，习练人口增加100万人。

4. 完善健身气功制度建设。立足健身气功科学发展的需要，2019年修订完成《健身气功管理办法》《健身气功办赛指南及参赛指引》《健身气功裁判法》《健身气功运动水平等级评定办法》等系列规章制度并组织实施。到2021年，力争各省区市形成配套制度体系，促进健身气功各项工作有章可循，不断提高项目的科学化、法制化管理水平。

（二）提升健身气功服务能力。

5. 建设全国信息管理服务平台。充分发挥互联网优势，积极推动健身气功信息管理服务平台建设，提升健身气功项目信息化管理水平。2019年建成健身气功站点、社会体育指导员、专家等信息管理服务系统，2020年建成赛事、培训、段位、裁判等信息管理服务系统，力争2021年构建形成涵盖总局和省地县4级的健身气功项目总体数据库和信息管理服务体系。

6. 完善健身气功赛事活动体系。深化竞赛改革，引入市场机制，推动赛事活动工作优化升级。以筹办第十四届全运会健身气功比赛为契机，提升站点联赛、高校锦标赛等高水平赛事体系；以群众健身养生需求为导向，创办养生大会等综合康养赛事体系，打造气舞、单项功法等特色赛事体系；以弘扬优秀传统文化为目标，继续做好国际健身气功系列赛事。鼓励各地根据区域特色，打造地方性赛事品牌活动，丰富群众多元化文化生活。

7. 逐步健全健身气功培训体系。以满足群众多元化健身需求为目标，调动社会力量共同参与，建立多层次培训体系。利用3年时间，在全国建立起健身气功指导员、裁判员、段位制等各类技术培训体系。拓展健身气功大讲堂、运动处方师、俱乐部等各类社会培训。加强骨干队伍建设，为国内外推广普及提供优质人才支撑。以国际健身气功联合会为主导，开展境外技术等级培训。

8. 健身气功助力健康扶贫。充分发挥健身气功"服务健康"项目优势，认真贯彻落实精准脱贫国家战略，齐抓共管，各级联动，以国家级贫困县为重点，培训基层骨干，建立练功站点，完善组织网络。力争到2021年，健身气功健康扶贫覆盖全国90%以上的国家级贫困县，培训县级教学骨干5000人，发展贫困地区练功人口10万人以上。

（三）培育健身气功产业发展。

9. 推动健身气功项目标准化建设。以满足市场需求、规范行业秩序、支撑政府监管为出发点，积极推动健身气功项目标准化建设，助力事业改革发展，服务项目产业升级。到2020年，构建形成健身气功运动标准体系，重点制定1至2项服务健身气功项目发展的团体标准；到2021年，功法、器材、服装、场地等标准制定工作全面推开，并积极推动健身气功国际标准化制定工作。

10. 研发健身气功运动处方。以制定健身气功促进健康个性化精准指导方案为牵引，融合中医养生、社会心理等诸多领域，提升健身气功增进健康科技服务能力。2019年，以健身气功功法单式效果实验研究为基础，构建健身气功处方研发素材库，完成10种以上健身气功处方研发；到2021年，建立起较为完善的健身气功处方研发素材库，完成30种健身气功处方研发工作。

11. 发展健身气功康养产业。以健身气功处方为核心，研究建立相关规范及标准，研发可穿戴智能化运动参数与仪器设备，构建以互联网大数据为基础，健康干预、评估与反馈于一体的信息技术平台，积极推进健身气功康养服务体系建设。多种形式借助社会力量共同打造健身气功康养产业链，探索推动健身气功康养服务实体产业建设，发挥健身气功增进健康项目特色。

12. 调动社会力量发展"健身气功+"。努力拓展健身气功社会化发展广度和深度，积极促进与中医、养老、旅游、健康会展以及其它优秀传统文化形态等融合发展。积极培育健身气功竞赛、培训、康养以及行业推广等领域的开发工作，做好健身气功赛事市场运作，推动健身气功国内和国际职业化发展，实现健身气功事业发展社会效益与经济效益"双丰收"。

（四）弘扬健身气功优秀文化。

13. 夯实项目发展的文化基础。积极推动健身气功养生文化创造性转化、创新性发展，为项目持续健康发展注入生机与活力。每年定期开展健身气功科技攻关工作，积极开展形式多样的文化交流宣讲活动，深入挖掘、发扬健身气功文化内涵。到2020年，完成9套健身气功通用教材编撰出版工作，推出2套健身气功新功法。到2021年，力争完成健身气功社会体育指导员、裁判员和段位制等系列培训教材修订或编写工作，不断丰富健身气功养生文化的时代内涵与现实价值。

14. 加强主流媒体的舆论引导。积极畅通与主流媒体的合作机制，持续创新宣传方法、手段、形式与内容，主动与人民日报、新华社、中央电视台等主流媒体加强合作，讲好健身气功故事，唱响健身气功主旋律。各省区市积极推动在各级电视台和主流门户网站等媒体开展形式多样的活动报道、专家讲座、功法教学等系列节目，引导群众正确认知、科学习练健身气功，营造健身气功良好的发展氛围。

15. 推动项目文化宣传体系建设。进一步强化《健身气功》杂志、中国健身气功协会官方网站和微信公众号等自有媒体建设与推广。各级主管部门、社团组织应高度重视宣传工作，特别是要加强网站、微信等自有媒体建设，并注重互联网信息的链接共享，构建健身气功宣传主阵地。到2021年，力争超过50%的各级主管部门、社团组织建有网站或微信公众号等宣传平台，推动健身气功宣传多层次、宽领域发展作用明显。

16. 扩大对外交流与合作。积极推动健身气功"一带一路"建设，传播中华优秀传统文化。充分发挥省区市资源优势，与"一带一路"沿线国家开展交流合作，共同打造具有辐射性和品牌影响力的文化交流活动，用喜闻乐见的方式构筑并彰显中国精神和中国价值。力争到2021年，正式开展健身气功项目的国家和地区达到60个，境外习练人口和师资骨干数量增加30%。

四、组织保障

本计划在国家体育总局领导下,由国家体育总局健身气功管理中心负责组织实施。县级以上体育主管部门可根据本计划分阶段、分年度制定本地区具体实施方案,并会同有关方面共同组织实施。

各级体育部门要切实提高对健身气功工作的认识,加强组织领导、统筹协调和经费支持,确保本计划的各项目标任务措施落到实处。国家体育总局健身气功管理中心将建立相关工作评估指标体系,开展定期检查和专项检查,推进本计划的实施。

行业体育协会可根据本计划,结合工作实际参照执行。

国民体质测定标准施行办法[①]

(2003年7月4日)

第一条 为推动和规范《国民体质测定标准》(以下简称《标准》)的施行工程,指导国民科学健身,促进全民健身活动的开展,提高全民族的身体素质,根据《中华人民共和国体育法》和《全民健身计划纲要》等有关规定,制定本办法。

第二条 《标准》适用于3～69周岁国民个体的形态、机能和身体素质的测试与评定,按年龄分为幼儿、青少年、成年人和老年人四个部分,其中青少年标准为《学生体质健身标准》。

第三条 施行《标准》坚持科学、规范、安全、便民的原则。

第四条 提倡国民在经常参加体育锻炼的基础上,定期按照《标准》进行体质测定。

健康状况不适合参加体质测定的可不进行体质测定。

第五条 国务院体育行政部门主管全国的《标准》施行工作。地方各级体育行政部门主管本行政区域内的《标准》施行工作。

国务院教育行政部门负责在全国各级各类学校施行《学生体质健康标准》工作。

国务院卫生、民政、劳动保障、农业、民族等部门和工会、共青团、妇联等社会团体在各自的职责范围内负责施行《标准》工作。

第六条 各级体育行政部门应当将施行《标准》与开展国民体质监测结合进行;扶持建立体质测定站;培训体质测定人员;划拨用于施行《标准》的专项经费;收集并统计分析施行《标准》的信息资料。

第七条 各级国民体质监测中心应当将施行《标准》作为工作职责。

体育教学、科研等单位应当做好施行《标准》的科研、培训和指导工作。

第八条 城市街道办事处应当将施行《标准》作为社区建设的内容,全民城市体育先进社区和有条件的社区应当建立体质测定站,发挥居民委员会等社区基层组织的作用,为居民提供体质测定服务。

第九条 县、乡镇应当将施行《标准》作为农村体育工作的重要内容,与农村医疗卫生工作结合,创造条件建立体质测定站,为农民提供体质测定服务。

第十条 机关、企业事业单位和社会团体应当有组织、有制度地开展体质测定工作。

第十一条 体质测定站应当具备以下基本条件:

(一)有培训合格的体质测定人员;

(二)有符合体质测试项目要求的器材和场地;

[①] 体群字〔2003〕69号。

（三）有对伤害事故及时救护的条件；

（四）有测试数据处理及健身指导的设备和人员。

第十二条 开展体质测定应当严格按照《标准》规范操作，为受试者提供测定结果并给予科学健身指导；保存测定数据和资料；对受试者的测定结果保密。

第十三条 从事营利性体质测定服务的，应当向当地工商行政管理部门办理登记注册，并接受其指导、监督和管理。

第十四条 对体质有特殊要求的部门和单位可将《标准》作为招生、招工、保险等体质考核的参考依据。

第十五条 各级体育、教育行政部门及有关部门应当对在《标准》施行工作中做出显著成绩的单位和个人予以表彰奖励。

第十六条 《标准》由国务院体育行政部门负责制定，其中青少年部分由国务院教育行政部门负责制定。

第十七条 有关部门和地方可参照《标准》制定适用于特定人群或地区的体质测定标准。

地方法规、政策类

广东省地名管理条例[①]

(2007年9月30日)

第一章 总 则

第一条 为加强地名管理，适应城乡建设、社会发展和人民生活需要，根据有关法律法规，结合本省实际，制定本条例。

第二条 本条例适用于本省行政区域内地名的管理。

第三条 本条例所称地名，是指用作标示方位、地域范围的地理实体名称，包括：

（一）山、河、湖、海、岛礁、沙滩、滩涂、湿地、岬角、海湾、水道、关隘、沟谷、地形区等自然地理实体名称；

（二）行政区划名称，包括各级行政区域名称和各级人民政府派出机构所辖区域名称；

（三）圩镇、自然村、农林牧渔场、盐场、矿山及城市内和村镇内的路、街、巷等居民地名称；

（四）大楼、大厦、花园、别墅、山庄、商业中心等建筑物、住宅区名称；

（五）台、站、港口、码头、机场、铁路、公路、水库、渠道、堤围、水闸、水陂、电站等专业设施名称；

（六）风景名胜、文物古迹、纪念地、公园、广场、体育场馆等公共场所、文化设施名称；

（七）交通道路、桥梁、隧道、立交桥等市政交通设施名称；

（八）其他具有地名意义的名称。

第四条 各级人民政府应当按照国家规定对地名实施统一管理，实行分类、分级负责制。

各级人民政府民政部门主管本行政区域内的地名管理工作。

各级人民政府国土、建设、城管、规划、房管、公安、交通、财政、工商、市政等部门应当按照各自职责做好地名管理工作。

第五条 市、县民政部门应当根据城乡总体规划，会同有关部门编制本级行政区域的地名规划，经同级人民政府批准后组织实施。

---

① 2007年9月30日广东省第十届人民代表大会常务委员会第三十四次会议通过，自2018年1月1日起实施。

地名规划应当与城乡规划相协调。

第六条 县级以上人民政府应当按照国家规定建立健全地名档案的管理制度。

第二章 地名的命名、更名与销名

第七条 地名的命名、更名应当尊重当地地名的历史和现状，保持地名的相对稳定。

第八条 地名的命名应当遵循下列原则：

（一）不得损害国家主权、领土完整、民族尊严和破坏社会和谐；

（二）符合城乡规划要求，反映当地历史、地理、文化和地方特色；

（三）尊重群众意愿，与有关各方协商一致。

第九条 地名的命名应当符合下列要求：

（一）省内重要的自然地理实体名称，同一县（市、区）内的乡、镇、街道办事处名称，同一乡、镇内自然村名称，同一城镇内的路、街、巷、建筑物、住宅区名称，不应重名、同音；

（二）不得以著名的山脉、河流等自然地理实体名称作行政区划名称；自然地理实体的范围超出本行政区域的，不得以其名称作本行政区域名称；

（三）乡、镇名称应当与其政府驻地名称一致，街道办事处名称应当与所在街巷名称一致；

（四）道路、街巷、住宅区应当按照层次化、序列化、规范化的要求予以命名；

（五）以地名命名的台、站、港口、码头、机场、水库、矿山、大中型企业等名称应当与所在地的名称一致；

（六）一般不以人名作地名，禁止使用国家领导人的名字、外国人名、外国地名作地名。

第十条 地名的命名应当符合下列规范：

（一）使用规范的汉字，避免使用生僻或易产生歧义的字；

（二）地名应当由专名和通名两部分组成，通名用字应当能真实地反映其实体的属性（类别）；

（三）不得使用单纯序数作地名；

（四）禁止使用重叠通名。

第十一条 地名通名的使用应当符合国家和省的有关规定。

建筑物、住宅区地名通名的使用应当具备与通名相适应的占地面积、总建筑面积、高度、绿地率等。

建筑物、住宅区地名通名的命名规范由省人民政府另行制定。

第十二条 地名的冠名权不得实行有偿使用，但法律、行政法规另有规定的除外。

第十三条 地名的更名应当遵循下列规定：

（一）不符合本条例第八条第（一）项规定的地名，必须更名；

（二）不符合本条例第九条第（一）（三）（五）项和第十条第（一）项规定的地名，在征得有关方面和当地群众同意后更名；

（三）一地多名，一名多写，应当确定一个统一的名称和用字。

不属于前款规定范围，可改可不改的或者当地群众不同意改的地名，不予更改。

第十四条 地名的命名、更名应当进行充分论证，必要时应当举行听证会。

第十五条 因自然变化、行政区划的调整和城乡建设等原因而消失的地名，当地地名主管部门或者专业主管部门应当予以销名。

第三章 地名的申报与许可

第十六条 地名的命名、更名应当按照规定的程序进行申报与许可，任何单位、组织和个人不得擅自对地名进行命名、更名。

未经批准命名、更名的地名，不得公开使用。

第十七条 自然地理实体名称的命名、更名按照下列程序和权限实施许可：

（一）国内著名的或者涉及省外的自然地理实体名称的命名、更名，由省地名主管部门提出申请，经省人民政府审核后，报国务院审批；

（二）省内著名的或者涉及市与市之间的自然地理实体名称的命名、更名，由有关市人民政府提出申请，经省地名主管部门审核并征求相关市人民政府的意见后，报省人民政府审批；

（三）地级以上市内著名的或者涉及市内县（市、区）之间的自然地理实体名称的命名、更名，由有关县（市、区）人民政府提出申请，经地级以上市地名主管部门审核并征求相关县（市、区）人民政府的意见后，报本级人民政府审批；

（四）县级行政区域范围内的自然地理实体名称的命名、更名，由主管部门提出申请，经所在地地名主管部门审核后报本级人民政府审批。

第十八条 行政区划名称的命名、更名，按照国家有关行政区划管理的规定办理。

第十九条 居民地名称的命名、更名，按照下列程序和权限实施许可：

（一）圩镇、自然村名称的命名、更名，由乡镇人民政府或者街道办事处提出申请，经县级地名主管部门审核后报本级人民政府审批；

（二）村镇内的路、街、巷名称的命名、更名，由所在地乡镇人民政府提出申请，报县级以上地名主管部门审批；

（三）城市内的路、街、巷名称的命名、更名，由规划部门提出申请，经所在地地名主管部门审核后，报市、县人民政府审批；

（四）农林牧渔场、盐场、矿山名称的命名、更名，由有关单位向其专业主管部门提出申请，经征得所在地地名主管部门同意后，由专业主管部门审批。

第二十条 建筑物、住宅区名称的命名、更名，建设单位应当在申请项目用地时提出申请，由所在地县级以上地名主管部门审批。

以国名、省名等行政区域名称冠名的建筑物、住宅区的命名、更名，建设单位应当向所在地地名主管部门提出申请，由受理申请的地名主管部门报省地名主管部门核准。

第二十一条 专业设施名称、公共场所和文化设施名称的命名、更名，由该专业单位向其专业主管部门提出申请，征得所在地地名主管部门同意后，由专业主管部门审批。

第二十二条 市政交通设施名称的命名、更名，由规划部门提出申请，经所在地地名主管部门审核后，报市、县人民政府审批。

第二十三条 申请地名命名、更名，应当提交下列材料：

（一）地理实体的性质、位置、规模；

（二）命名、更名的理由；

（三）拟用地名的用字、拼音、含义；

（四）申报单位和有关方面的意见及相关材料。

地名的命名、更名，受理机关自受理申请之日起二十个工作日内作出是否准予许可的决定；但涉及公众利益，需要征求有关方面意见并进行协调的，受理机关自受理申请之日起两个月内作出是否准予许可的决定。

第二十四条 经批准命名、更名和销名的地名，批准机关应当自批准之日起十五个工作日内向社会公布，并按程序报省地名主管部门备案。

第四章 标准地名的使用

第二十五条 经批准的地名为标准地名。标准地名由地名主管部门向社会公布并负责编纂出版。

下列范围内必须使用标准地名：

（一）涉外协定、文件；

（二）机关、团体、企事业单位的公告、文件；

（三）报刊、书籍、广播、电视、地图和信息网络；

（四）道路、街、巷、楼、门牌、公共交通站牌、牌匾、广告、合同、证件、印信等。

第二十六条 地名的书写、译写、拼写应当符合国家有关规定。

第二十七条 建设单位申办建设用地手续和商品房预售证、房地产证及门牌涉及地名命名、更名的，应当向国土、规划、房管、公安部门提交标准地名批准文件。

第二十八条 地名类图（册）上应当准确使用标准地名。

公开出版有广东省行政区域范围内各类地名的地名图、地名图册、地名图集（包括电子版本）等专题图（册），属于全省性的，出版单位应当在出版前报省地名主管部门审核；属于地区性的，报所在地地名主管部门审核。

办理地名类图（册）审核手续，应当提交下列材料：

（一）地名类图（册）核准申请书；

（二）试制样图（册）；

（三）编制地名类图（册）所使用的资料说明。

地名主管部门应当自受理申请之日起一个月内作出是否准予许可的决定。

第五章 地名标志的设置与管理

第二十九条 行政区域界位、路、街、巷、住宅区、楼、门、村、交通道路、桥梁、纪念地、文物古迹、风景名胜、台、站、港口、码头、广场、体育场馆和重要自然地理实体等地方应当设置地名标志。

第三十条 各级人民政府应当按照国家有关标准设置地名标志。地名标志的设置由所在地地名主管部门统一组织，各有关部门按照管理权限和职责负责设置、维护和更换。

地名标志牌应当符合国家标准。地名标志牌上的地名，应当使用标准地名，并按规范书写汉字、标准汉语拼音。

第三十一条 任何组织和个人不得擅自移动、涂改、玷污、遮挡、损毁地名标志。因施工等原因需要移动地名标志的，应当事先报所在地县以上地名主管部门或者有关专业主管部门同意，并在施工结束前负责恢复原状，所需费用由工程建设单位承担。

第六章 法律责任

第三十二条 违反本条例，有下列行为之一的，由当地县级以上地名主管部门按照下列规定处罚：

（一）擅自对地名进行命名、更名的，责令限期改正，逾期不改正的，依法撤销其名称，并处以一千元以上一万元以下罚款；

（二）公开使用未经批准的地名的，责令限期改正，逾期不改正的，处以一千元以上一万元以下罚款；

（三）未按国家规定书写、译写、拼写标准地名的，责令限期改正，逾期不改正的，处以一百元以上五百元以下罚款；

（四）未经地名主管部门审核擅自出版与地名有关的各类图（册）的，责令限期补办手续，逾期不补办的，处以二千元以上一万元以下罚款；未使用标准地名，情节严重的，责令其停止出版和发行，没收出版物，并可处以出版所得两至三倍罚款；

（五）擅自涂改、玷污、遮挡、损坏、移动地名标志，责令限期改正，逾期不改正的，处以五百元以上二千元以下罚款；造成损失的，责令赔偿。

第三十三条 盗窃、故意损毁地名标志的，由公安部门依法处理；构成犯罪的，依法追究刑事责任。

第三十四条 地名主管部门和其他有关行政部门有下列行为之一的，对负责的主管人员和其他直接责任人员，视情节轻重，由其上级主管部门或者所在单位给予处分；构成犯罪的，依法追究刑事责任：

（一）对符合条件的地名命名、更名或者地名类图（册）申请不依法予以许可的；

（二）对不符合条件的地名命名、更名或者地名类图（册）申请予以许可的；

（三）无法定事由，不在规定期限内作出是否准予许可的决定的；

（四）利用职权收受、索取财物的；

（五）其他滥用职权、徇私舞弊的行为。

第七章 附 则

第三十五条 本条例自2008年1月1日起施行。

广东省全民健身实施计划（2016—2020年）[①]

（2016年11月8日）

为实施全民健身国家战略，建成更加完善的全民健身公共体育服务体系，提高全省人民的身体素质和健康水平，根据《全民健身条例》（国务院令第560号）和《全民健身计划（2016—2020年）》（国发〔2016〕37号）精神，结合我省实际，制定本实施计划。

一、总体要求

（一）指导思想。全面贯彻落实党的十八大和十八届三中、四中、五中、六中全会精神，深入学习贯彻习近平总书记系列重要讲话精神，紧紧围绕"四个全面"战略布局和国家的决策部署，牢固树立和贯彻落实创新、协调、绿色、开放、共享的发展理念，以全面深化改革为根本动力，以增强人民体质、提高健康水平为根本目标，以社会化、市场化、产业化为方向，以满足人民群众日益增长的多元化体育健身需求为出发点和落脚点，统筹推进基本公共体育服务均等化，统筹建设全民健身公共服务体系和产业链、生态圈，提升全民健身现代治理能力，不断提高全省人民身体素质、健康水平和生活质量，为我省实现"三个定位、两个率先"目标贡献力量。

（二）发展目标。

第一阶段（2016—2018年）：全民健身的教育、经济和社会等功能充分发挥，人民群众体育健身意识普遍增强，参加体育锻炼的人数明显增加，体育健身成为更多人的基本生活方式。全省人均体育场地面积达到2.2平方米以上。公共体育场地设施开放率达到90%以上，具备开放条件公办学校体育场地设施向社会开放比例达到60%以上。获得社会体育指导员技术等级证书的人数达到每万人26名以上。在民政部门登记注册的体育社会组织数量达到每万人0.38个以上。经常参加体育锻炼的人数达到4000万人以上，国民体质测定标准达到合格水平以上的城乡居民比例达到91%以上。

第二阶段（2019—2020年）：基本形成覆盖全人群、全生命周期、全健身过程的现代化全民健身公共体育服务体系，人民群众体质健康水平继续保持全国前列，政府主导、部门协同、全社会共同参与的全民健身事业发展格局更加明晰。全省人均体育场地面积达到2.5平方米以上。市、县（区）均建有体育场、全民健身中心和全民健身广场（公园），城乡普遍建成15分钟健身圈，新建居住区和社区体育设施覆盖率达到100%，公共体育场地设施开放率达到92%以上，具备开放条件公办学校体育场地设施向社会开放比例达到65%以上。获得社会体育指导员技术等级证书的人数达到每万人30名以上；获得社会体育指导员国家职业资格证书的人数达到2万人以上，上岗率和服务水平

[①] 经《广东省人民政府关于印发〈广东省全民健身实施计划（2016—2020年）〉的通知》（粤府〔2016〕119号）公布。

明显提高。在民政部门登记注册的体育社会组织数量达到每万人0.5个以上。每周参加1次及以上体育锻炼的人数达到5000万人以上，经常参加体育锻炼的人数达到4200万人以上，国民体质测定标准达到合格水平以上的城乡居民比例达到93%以上。体育消费总规模达到2500亿元。

二、主要任务

（三）大力弘扬体育文化。广泛普及健身知识，宣传健身效果，弘扬健康新理念，积极营造热爱、崇尚和参与体育健身的社会氛围，树立爱锻炼、会锻炼、勤锻炼、重规则、讲诚信、争贡献、乐分享的良好社会风尚。大力宣传运动项目文化，弘扬奥林匹克精神和中华体育精神，挖掘传承传统体育文化，发挥非物质文化遗产代表名录中岭南传统体育文化的作用。树立全民健身榜样，讲述全民健身故事，传播社会正能量，充分发挥体育文化的独特价值和作用。依托泛珠三角区域合作和粤港澳文化交流合作平台，深化与周边省份、港澳地区的体育文化交流合作，提升岭南体育文化影响力。

（四）广泛开展全民健身活动。分层分类引导运动项目发展，鼓励开发适合不同人群、不同地域和不同行业特点的特色运动项目，丰富和完善全民健身活动体系。大力发展足球、篮球、排球、羽毛球、乒乓球、网球、游泳、健身走（跑）、骑行、广场舞等群众喜闻乐见的运动项目，积极培育帆船、击剑、高尔夫、赛车、轮滑等具有消费引领特征的运动项目，扶持推广太极拳、健身气功等民族民俗民间传统和乡村农味农趣运动项目，传承发扬武术、龙舟、舞龙、舞狮等岭南传统体育项目。不断完善"全民健身日""体育节""南粤幸福周"等主题活动制度，形成相对固定的活动体系。充分利用古村落、古驿道岭南特色浓厚、历史文化悠久的优势，结合广东地理气候特点在不同季节开发沿绿道、沿江、沿海、沿山的体育赛事、休闲运动和体育旅游项目，因时、因地制宜打造具有广东特色的体育品牌赛事。推动市、县（区）、镇（街道）、村（社区）开展多层次、形式多样的群众体育活动。推动机关、团体、企事业单位、学校等单位举办各类体育活动，促进各类体育社会组织开展"一会一品"活动。

鼓励举办不同层次和类型的全民健身运动会。积极引进和打造一批国际性、全国性、区域性群众体育赛事活动，组织举办广东省体育大会、各类省级综合性运动会、省级品牌赛事。推动各地广泛举办各类群众体育竞赛活动，形成更加完善的业余竞赛活动体系。开展全民健身国际交流活动，推动全民健身向更高层次发展，提升广东国际影响力。

（五）激发和释放体育社会组织活力。充分发挥各级体育总会作为枢纽型体育社会组织的引领作用，带动各级各类体育社会组织开展全民健身活动。加强对基层文化体育组织的指导服务，重点培育在基层开展体育活动的城乡社区服务类社会组织，鼓励基层文化体育组织依法依规进行注册登记。加强单项体协、行业和人群体协专业化服务能力建设，鼓励和支持社会力量兴办健身场所、体育活动中心等体育社会服务机构，完善基层文化体育组织服务功能，重点培育发展城乡社区群众自发性健身组织和全民健身站（点），促进体育社会组织规范发展。

深化体育社会组织改革，建立和完善法人治理结构，引导体育社会组织向独立法人组织转变，提高体育社会组织承接全民健身服务能力。制订体育社会组织发展的扶持引导政策，加强分类指导，推进体育社会组织与行政部门脱钩，将适合由体育社会组织提供的公共体育服务事项交由体育社会组织承担，充分发挥体育社会组织的积极性和示范带动作用。推进体育社会组织服务绩效评估，并根据评估结果给予资助，规范体育社会组织发展。制订实施《广东省体育社会组织业务指导与行业管理规范（试行）》，强化各级体育部门对体育社会组织的政策与业务指导，不断健全体育社会组织信用体系、综合监管体系和信息公开制度，探索守信激励和失信惩戒措施。

（六）加强公共体育场地设施建设。按照配置均衡、规模适当、方便实用、安全合理的原则，科学规划和统筹建设公共体育场地设施，着力构建县（市、区）、乡镇（街道）、行政村（社区）三级群众身边的全民健身设施网络和城市社区15分钟健身圈。地级以上市重点建设体育场、大中型全民健身中心、足球场、社区体育公园等符合无障碍建设标准的公共体育场地设施。县（市、区）重点建设一批便民利民的体育场馆、全民健身中心、全民健身广场（公园）、健身步道等符合无障碍建设标准的公共体育场地设施。乡镇（街道）重点建设全民健身广场、中小型足球场。村（社区）重点推动综合性文化体育服务中心及综合服务设施建设；对已实现农民体育健身工程全覆盖的行政村，有条件的要继续推进灯光标准篮球场、中小型足球场、健身路径、乡村健身步道等建设，并向自然村延伸。新建居住区、社区要严格落实按室内人均建筑面积不低于0.1平方米或室外人均用地不低于0.3平方米标准配建全民健身设施的要求，确保与住宅区主体工程同步设计、同步施工、同步验收、同步投入使用，不得挪用或侵占。老城区与已建成居住区无全民健身场地设施或现有场地设施未达到规划建设指标要求的，要因地制宜配建全民健身场地设施。充分利用旧厂房、仓库、老旧商业设施等闲置资源改造建设体育健身场地，并按标准增加无障碍设施。充分利用郊野公园、城市公园、公共绿地及城市空置场所等建设公共体育场地设施，进一步扩大城市绿地活动空间。以政府购买服务等方式，鼓励和吸引社会资本参与建设小型化、多样化的活动场馆和健身设施。

进一步盘活存量资源，加强对已建公共体育场地设施的使用和管理，鼓励社会力量参与现有场地设施的管理运营。促进公共体育场地设施拓展服务领域，延伸配套服务，提升服务水平。完善公共体育场馆和学校体育场地设施开放政策，研究制定相关政策鼓励符合开放条件的企事业单位、民营体育场馆免费或低收费开放。完善全民健身公共服务信息平台，向社会公布各级各类公共体育场馆开放信息。支持和鼓励民办体育场馆、经营性体育设施等提供优惠或免费的体育服务。建立公益性体育服务补贴制度，鼓励体育专业机构或组织提供公益性服务。

（七）提升全民健身科学化服务水平。建立健全全民健身指导公益岗位制度及上岗服务机制，制定实施公益性岗位补助办法，提高上岗服务率。加强市、县（区）社会体育指导员协会，乡镇（街道）社会体育指导员服务站及村（社区）社会体育指导员服务点建设，引导社会体育指导员开展健身指导、健身宣传活动。组建以社会体育指导员、体育教师、优秀运动员为主体的全民健身志愿服务队，深入社区、农村开展健身指导服务。完善体育行业职业技能鉴定工作体系，提升社会体育指导员服务能力和水平，促进体育培训健康发展。完善农村文体协管员制度，开展文体协管员队伍业务培训，提高农村全民健身组织指导水平。

推动省、市、县三级体质测定与运动健身指导站提档升级，按标准配备测试设备和招收专兼职工作人员，明确工作职能职责，开展常态化测定工作，出具运动处方，科学指导健身。鼓励和支持社会力量兴办体质测定和运动健身指导站，并提供技术指导，规范测定工作开展。实施《广东省体质测定与运动健身指导站评估资助办法》，根据服务绩效评估结果，对工作开展较好的指导站给予资助，推进群众体质水平和运动健身状况跟踪调查和科学研究。完善信息发布制度，定期公布国民体质测定结果，并将测定结果纳入社会统计指标体系。完善全民健身统计制度，做好体育场地普查、全民健身活动状况调查数据分析，结合卫生计生部门的营养与慢性病状况调查等，推进全民健身科学决策。支持医疗机构积极研发运动康复技术，鼓励城市社区健身指导站与社区医疗机构联合开展康体服务，把全民健身纳入健康管理和慢性病防治。

（八）推动基本公共体育服务均等化和重点项目发展。依法保障基本公共体育服务，推动基本公共体育服务向粤东西北地区、农村地区延伸，促进全省基本公共体育服务均等化发展。推进全民健身公共服务区域联动，发挥城市的辐射带动作用，推动区域体育资源共建共享。坚持普惠性、保基本、兜底线、可持续、因地制宜的原则，重点扶持革命老区、民族地区、贫困地区发展全民健身事业。充分发掘和传承少数民族传统体育项目，推动少数民族传统体育项目进课堂。

推进老年宜居环境建设，统筹规划建设公益性老年体育健身设施，推动社区养老服务设施与社区体育设施的功能衔接，推广适合老年人的健身项目和方法，为老年人体育健身活动提供便利条件和科学指导。严格按照国家无障碍规范标准设计和建设公共体育设施，不断健全残疾人体育组织和康复机构，推动残疾人体育健身活动。推动各行各业职工开展体育健身和比赛活动，普及广播体操、工（前）间操，鼓励举办职工运动会。将外来务工人员纳入公共体育服务体系，以公共体育机构、社区和用工单位为实施主体，不断满足外来务工人员的基本体育需求。

加快发展足球运动，加大足球场地供给，把建设足球场地纳入城镇化和新农村建设总体规划，因地制宜鼓励社会力量建设小型、多样化的足球场地。广泛开展校园足球活动，抓紧完善常态化、纵横贯通的大学、高中、初中、小学四级足球竞赛体系。积极倡导和组织行业、社区、企业、部队、残疾人、中老年、五人制、沙滩足球等形式多样的民间足球活动，举办多层级足球赛事，不断扩大足球人口规模，促进足球运动蓬勃发展。

（九）扎实推动青少年体育发展。将青少年作为实施全民健身计划的重点人群，大力普及青少年体育活动，提高青少年身体素质。加强学校体育教育，将提高青少年的体育素养和养成健康行为方式作为学校教育的重要内容，保障学生在校的体育场地和锻炼时间，把学生体质健康水平纳入工作绩效考核，加强学校体育工作绩效评估和行政问责。搭建青少年体育后备人才训练网络体系，以省级"示范校"带动各级各类体校发展，抓好国家高水平体育后备人才基地建设，形成覆盖城乡的训练网络。鼓励和支持优秀教练员、退役运动员、社会体育指导员、有体育特长的志愿者担任校外体育辅导员，推进青少年体育志愿服务体系建设。响应国家"青少年体育活动促进计划"，大力开展阳光体育系列活动和主题群众性课外体育锻炼活动，做强做大广东省青少年体育嘉年华、快乐操场支教活动等系列品牌项目。切实保障学生每天一小时校园体育活动时间，实施"体育、艺术2+1项目"，促进青少年养成良好的体育锻炼习惯。积极推进体育俱乐部、校外活动中心、户外体育活动营地等青少年体育社会组织建设，不断完善俱乐部联赛制度和管理人员培训制度。

（十）大力发展健身休闲业。充分发挥全民健身在促进素质教育、文化繁荣、社会包容、民生改善、民族团结、健身消费及大众创业、万众创新等方面的积极作用，统筹谋划全民健身重大项目工程。发挥全民健身对体育产业的推动作用，大力培育规模型体育产业企业。促进与全民健身相关的体育健身休闲、体育竞赛表演、体育场馆服务、体育教育培训、体育用品及相关产品制造和销售等体育产业发展，不断提高健身服务业在体育产业中的比重。积极推动健身休闲、竞赛表演与旅游融合发展，支持广州、深圳、珠海市重点发展体育服务业和高端竞赛表演业，引领珠三角地区成为国际知名的健身休闲、赛事及活动城市群。建立以珠三角大型体育场馆群为中心，集全民健身活动、体育培训、竞赛表演、休闲娱乐、展示展销于一体的体育产业园区。支持沿海城市群发展海洋特色休闲体育旅游，打造一批滨海休闲体育旅游示范基地。支持粤东西北地区利用丰富的自然生态环境资源，打造探险旅游、徒步穿越、极限运动和民族特色休闲的体育旅游带。依托珠三角县域经济发达的优势，培育一批健身休闲产业特色县（区），进一步壮大县域体育产业综合实力。

不断完善体育消费政策及全民健身体制机制，引导更多群众参与体育健身活动，增加体育健身消费。建立健身休闲服务标准和安全规范，促进健身休闲产业的健康发展。加强高危体育项目运营安全的监督检查，强化从业人员岗前安全风险防范及应急救助技能的培训，确保将安全工作落到实处。建立健全健身休闲业相关企业和从业人员诚信记录，引导企业诚信经营，提供多元化群众体育健身服务，提升健身休闲业服务质量。规范健身休闲市场，加强价格监管。

三、保障措施

（十一）落实经费投入。各地应当将全民健身工作相关经费纳入财政预算，加大财政资金支持和统筹力度。严格落实《广东省省级体育彩票公益金管理办法》，省级体彩公益金按不低于70%的比例用于全民健身（群众体育）事业，市、县级体彩公益金可参照执行。完善省级财政转移支付方式，加大对粤东西北地区、革命老区、民族地区、贫困地区的体育场地设施和全民健身重点项目的财政投入力度。落实《广东省人民政府关于加快发展体育产业促进体育消费的实施意见》（粤府〔2015〕76号）有关税费、价格支持、财政金融政策，鼓励和引导公众对全民健身事业进行捐赠。建立以政府投入为主，社会各方力量积极参与的多元化资金筹集机制，拓宽社会资源进入全民健身事业的途径，引导社会资金支持发展全民健身事业。

（十二）完善政策法规。严格落实《全民健身条例》等相关法律法规，制订《广东省全民健身条例》等地方性法规及配套的《"十三五"广东省公共体育设施建设规划》《广东省全民健身公共服务体系建设指导标准》等文件，切实保障公民法定权益。完善规划与土地政策，将体育场地设施用地纳入城乡规划、土地利用总体规划和年度用地计划，合理安排体育用地。完善体育社会组织扶持政策和管理办法，促进社会体育组织规范发展。建立健全全民健身执法机制和执法体系，做好全民健身活动纠纷预防与化解工作，利用各种社会资源提供多样化的全民健身法律服务。建立健全全民健身督导检查制度，确保全民健身各项工作落实到位。

（十三）建立评价体系。建立全民健身公共服务标准和评价制度，制订全民健身公共服务体系建设指导标准，推进全民健身基本公共服务均等化、标准化。将全民健身评价指标纳入精神文明建设以及文明城市、文明村镇、文明单位、文明家庭和文明校园的创建内容，将全民健身公共服务相关内容纳入广东省基本公共服务均等化和现代公共文化服务体系。充分发挥高校及研究机构在公共体育服务理论研究和制度设计方面的作用。

（十四）加强队伍建设。加强全民健身志愿服务人员、社会体育指导员队伍建设，提高全民健身服务水平。重视对基层管理人员和工作人员中榜样人物的培育，将全民健身人才培养与综治、教育、人力资源社会保障、农业、文化、卫生计生、工会、残联等部门的人才教育培训相衔接，畅通各类人才培养渠道。加强学校体育、竞技体育的后备人才培养，为各类体育人才培养和发挥作用创造条件。推进全民健身服务职业教育，加强与高等院校和科研机构合作，建立一批省级全民健身人才培训基地，加大对社会化体育健身培训机构的扶持力度。

（十五）强化科技创新。实施健康科技行动计划，发挥科技在全民健身公共服务中的引领作用，提高全民健身的科技含量，引导开发科技含量高的全民健身产品，提高产品附加值。研究制订健身指导方案、运动处方库和体育健身活动指南，开展运动风险评估，大力开展科学健身指导，提高群众的科学健身意识和能力水平。推进全民健身公共服务信息资源共享平台建设，建立移动互联网、云计算、大数据、物联网等现代信息技术手段与全民健身相结合的公共服务信息平台，形成全域共享、互联互通的公共数字体育服务网络，综合评价全民健身效果，提升全民健身指导水平和设施监管效率。推进公共体育场地设施、设备升级更新换代，支持健身信息聚合、健身 App、智能健身硬件、健身在线培训教育等全民健身新业态发展。鼓励企业参与全民健身科技创新平台和科学健身指导平台建设，加强全民健身科学研究和科学健身指导。

（十六）深化改革创新。创新全民健身管理体制和运行机制，正确履行政府职能，强化事中事后监管。建立政府主导与社会参与相统一，多层次、多元化公共体育服务供给机制，畅通社会力量参与渠道，培育公共体育服务新型业态，激发各类社会主体参与活力，努力形成多方共建的强大合力。创新公共体育场地设施管理模式，有条件的地方可探索开展公共体育场地设施社会化运营试点，通过委托或招投标等方式吸引有实力的社会组织和企业参与公共体育场地设施的运营。有条件的地方可试行向特定人群或特定时段发放体育健身消费券等方式，建立多渠道、市场化的全民健身激励机制。

四、组织实施

（十七）加强组织领导。各级政府要依照本实施计划，结合当地实际情况，制定本地区全民健身实施计划，细化目标任务和政策措施，形成各地实施计划与省实施计划的衔接配套体系；切实履行公共体育服务职责，完善组织协调机制，建立政府主导、部门协同、全社会共同参与的全民健身组织架构,推动各项工作顺利开展;将全民健身公共服务体系建设纳入地方国民经济和社会发展总体规划以及基本公共服务发展规划,将相关重点工作纳入政府民生实事推进和考核。各有关部门要将全民健身工作与现有政策、目标、任务相对接,按照职责分工制定工作规划,落实工作任务,加强政策协调联动,建立部门之间、部门与地方之间政策协调联动机制,形成推进全民健身工作的强大合力。各级体育部门负责牵头组织实施工作,会同有关部门和组织制定本地区具体实施方案,明确部门职责,分解目标任务,明确工作责任。

(十八)加强监督检查。完善服务质量监测体系,建立群众评价反馈机制,形成包括媒体在内的多方监督机制。各级体育部门要加强对实施情况的检查监督。建立全民健身公共服务综合性评估机制,定期开展第三方评估和社会满意度调查,对重点目标、重大项目的实施进度和全民健身实施计划推进情况进行专项评估,并在2020年对《广东省全民健身实施计划(2016—2020年)》实施情况进行全面总结评估。

广东省人民政府关于深化标准化工作改革推进广东先进标准体系建设的意见[①]

(2016年11月30日)

各地级以上市人民政府，各县（市、区）人民政府，省政府各部门、各直属机构：

标准是经济社会有序发展的技术支撑，是国家治理体系建设和治理能力现代化的重要基础。为贯彻落实《国务院关于印发深化标准化工作改革方案的通知》（国发〔2015〕13号）、《国务院办公厅关于印发贯彻实施〈深化标准化工作改革方案〉行动计划（2015—2016年）的通知》（国办发〔2015〕67号）、《国务院办公厅关于印发国家标准体系建设发展规划（2016—2020年）的通知》（国办发〔2015〕89号）和《国务院办公厅关于加强节能标准化工作的意见》（国办发〔2015〕16号）等文件要求，全面深化我省标准化工作改革，推进广东先进标准体系建设，提升标准化对经济社会发展的支撑力和引领力，现提出以下意见。

一、总体要求

（一）指导思想。全面贯彻党的十八大和十八届二中、三中、四中、五中、六中全会精神，深入贯彻习近平总书记系列重要讲话精神，牢固树立创新、协调、绿色、开放、共享发展理念，围绕建立政府引导、市场驱动、社会参与、协同推进的标准化工作格局，优化标准化管理体制，改善标准供给体系，强化标准实施与监督，加快先进标准体系建设，充分发挥标准化在推进治理体系和治理能力现代化中的基础性、战略性作用，推动我省标准化综合水平保持国内领先水平、迈入国际先进行列，为我省经济社会持续健康发展，实现"三个定位、两个率先"目标提供有力支撑。

（二）主要目标。"十三五"时期，建立适应广东经济社会发展需求，具有广东特色、国内领先、与国际接轨的标准化管理体制和标准体系，广东标准的有效性、先进性、适用性明显增强，对经济社会的贡献率和国际竞争力大幅提升，标准化改革创新取得突出成效，推动我省成为先进标准创新创制的示范区和辐射源，建成标准强省。

——标准化管理体制更加完善。基本建立统一协调、运行高效，政府、市场与社会共治的标准化管理体制，基本建立政府主导制定标准和市场自主制定标准协同发展、协调配套的新型标准供给体系，基本建立政府领导统筹、标准化主管部门综合协调、各部门分工协作的工作机制，基本建立适应省情、协调高效、保障有力的标准化法规和政策体系。

——先进标准体系更加健全。适应省情、接轨国际、核心技术指标先进、对产业发展引领带动作用突出的先进标准在农业、工业、服务业和社会事业各个领域的覆盖率明

[①] 粤府〔2016〕127号。

广东省人民政府关于深化标准化工作改革 推进广东先进标准体系建设的意见

显提高，不同层级、不同类别标准之间的协调性进一步增强，企事业单位主导或参与制修订的国际标准数量明显增加，在技术发展快、市场创新活跃的领域培育和发展一批具有国际影响力的标准联盟（团体）。新编制发布重点产业、行业标准体系规划与路线图15项以上，全省企事业单位主导或参与制修订国际标准累计达1500项以上、国家标准累计达5500项以上、行业标准累计达4500项以上、地方标准累计达2500项以上、团体（联盟）标准累计达1500项以上，制定重要指标高于国际、国家、行业或地方标准的先进企业标准累计达80000项以上。

——标准化基础更加坚实。标准化技术机构布局更加合理、管理更加规范、服务能力进一步增强。科研院所、高等学校、社会团体、检验检测技术机构等在标准化工作中的作用进一步强化。标准信息化程度进一步提高，标准化人才队伍进一步发展壮大。落户广东的国际、国家专业标准化技术委员会/分技术委员会/工作组（TC/SC/WG）新增30个以上，省级专业标准化技术委员会新增30个以上，培养和引进国际标准化高端复合型人才200人以上。

——标准化服务水平明显提升。标准化在推动经济提质增效升级、服务社会治理、生态文明建设、文化发展和政府管理中的地位和作用更加突出。科技、知识产权、管理创新和标准化协同发展，科技成果的标准转化率持续提高。标准对质量的引领和支撑作用充分显现，主要消费品标准与国际标准一致性程度达95%以上。标准国际化程度大幅提升，参与国际标准化活动能力进一步增强。新创建国家和省级标准化示范试点300个以上，建成国家及省级产业技术标准创新基地20个以上。

二、主要任务

（一）深化标准化工作改革创新。

1. 推进标准化改革创新先行先试。积极争取承担国家标准化改革创新试点省建设工作。将标准创新纳入珠三角国家自主创新示范区建设，发挥综合创新生态体系优势，搭建国际化标准创新平台，加快建设国家及省级产业技术标准创新基地，提升广东标准创新能力，实现由标准的追随者向标准的创新者和引领者转变。积极争取承担国家标准化试点示范项目，统筹规划我省试点示范项目布局，广泛应用试点成果。探索建立技术法规体系，在涉及人体健康和生命财产安全、生态环境安全以及落实国家安全工作需要的领域组织制定技术法规。

2. 创新地方标准制修订工作机制。对时效性要求高、社会需求迫切的重要地方标准制修订实行全过程"绿色通道"工作模式，经实践检验或专家评价行之有效的团体标准或企业先进标准可直接采信为地方标准。支持有条件的专业标准化技术委员会负责本领域地方标准的项目提出、组织起草、征求意见、技术审查和组织实施等工作。

3. 改革公共服务地方标准管理机制。省政府各有关部门负责本部门、本行业公共服务类地方标准的项目提出、组织起草、征求意见、技术审查、组织实施和监督，省政府标准化主管部门负责统一立项、批准、编号发布和组织实施监督，地级以上市政府可组织制定、发布或授权本市标准化主管部门组织制定、发布适用于本市的公共服务类地方标准。

4. 改革企业标准备案制度。鼓励企业制定高于国际、国家、行业或地方标准的先进企业标准。按照国家总体部署，全面推行企业产品和服务标准自我声明公开和监督制度，逐步取消政府对企业产品标准备案管理，放开搞活企业标准，落实企业标准化主体责任，加强事中事后监管。鼓励标准化服务机构对企业公开的标准开展比对和评价，强化社会监督。

5. 强化标准的实施与监督。省政府各有关部门负责对本部门、本行业强制性标准的组织实施和监督检查，以及推荐性标准的推广实施；省政府标准化主管部门负责全省标准实施的监督和统筹协调。标准化技术机构和专业标准化技术委员会对标准的实施和监督提供技术支持。每年组织对一批重要标准实施情况的监督检查，建立标准实施情况的信息反馈、统计分析和公开通报机制。积极运用信息化和标准效果评价等手段进行标准实施情况监督，建立重要标准新闻发布制度。加大对违反强制性标准行为的执法力度，将企业执行标准情况纳入信用记录，健全守信激励和失信惩戒联动机制，将不按标准组织生产的企业纳入异常经营名录。

6. 建立标准公开制度。及时向社会公开地方标准制修订过程信息，免费向社会公开强制性标准和非涉密推荐性地方标准文本。支持标准化服务机构和企事业单位开展国际、国外标准翻译和标准解读工作，将供专业人士使用的标准转化为群众易看、易懂、易用的版本，带动社会标准化意识普遍提升，推动标准实施与监督。在社会管理和公共服务等与群众生产、生活密切相关的领域，结合实际情况探索推行简要标准版式。

（二）加快先进标准体系建设。

1. 加强先进标准体系规划。科学规划我省农业、工业、服务业和社会事业等领域标准体系建设。重点围绕战略性新兴产业、先进制造业、现代服务业、节能环保、社会管理和公共服务等领域，由省政府各有关部门与标准化主管部门共同研究、制定、发布标准体系规划与路线图，并推动实施。

2. 推进创新成果向标准转化。充分发挥标准在科研成果转化为生产力过程中的桥梁作用，健全协同创新工作机制，在计算与通信芯片、移动互联网关键技术与器件、云计算与大数据管理技术、新型印刷显示技术与材料、可见光通信技术及标准光组件、智能机器人、新能源汽车电池及动力系统、干细胞与组织工程、增材制造（3D打印）技术、超高速无线局域网等重大科技专项领域，推动企业实施科技创新与标准化"三同步"（科研与标准研究同步，科技成果转化与标准制定同步，科技成果产业化与标准实施同步），鼓励企业将自主创新技术形成技术标准，推动企业按照国际通行规则形成专利与标准结合机制，加快科技成果产业化。及时跟踪研究全球技术创新、产业发展趋势，规划未来产业标准体系，引领产业高端发展。

3. 提升标准体系先进性。对现行强制性地方标准进行评估，提出废止、转化、整合的建议。对现行推荐性地方标准开展集中复审，根据实际废止、整合、修订一批地方推荐性标准，合理缩减标准规模。重点制定一批抢占行业制高点的国际、国家和行业标准。重点研制需统一技术和管理，体现区域特色和亮点，符合广东实际的地方标准。鼓励制定关键指标先进的企业标准，推动企业普遍制定关键指标高于国家标准或行业标准的内控标准，提升标准实施的先进性。

4. 培育发展标准联盟（团体）组织。鼓励根据产业发展需要成立标准联盟（团体）

广东省人民政府关于深化标准化工作改革 推进广东先进标准体系建设的意见

组织,研究制定规范标准联盟(团体)运作的规定,加强对标准联盟(团体)的培育和扶持,使标准联盟(团体)成为促进服务产业发展、保障质量底线、抢占标准高地、共享技术创新的平台。按照"标准引领—技术改造—做强产业"模式,制定一批满足市场和创新需要的联盟(团体)标准,引导我省联盟(团体)标准逐步上升为地方标准、行业标准、国家标准乃至国际标准。引导企业将自主核心专利融入联盟(团体)标准,形成"技术专利化—专利标准化—标准国际化"商业模式,实现自主创新价值最大化。

(三)推进广东标准国际化。

1. 大力开展国际标准化工作。进一步提高我省国际专业标准化技术委员会、分技术委员会秘书处主导和参与国际标准制修订的工作能力,充分发挥其带动和引领作用,探索建立国际标准化广东协作平台。重点围绕海洋开发、生态环境、清洁能源、智能电网、交通运输、信息网络等领域,争取更多的国际标准化组织技术机构或对口单位落户我省。重点支持新一代移动通信、数字电视、智能电网、节能环保装备、LED照明、工程机械、电动汽车、船舶、新能源、新材料、电工电子、冶金、中医药、农业、节能减排、智能交通等领域国际标准的培育和孵化。推动一批重要领域标准与国际标准进行比对、实现赶超。

2. 推动广东标准"走出去"。鼓励我省企事业单位和标准、产业联盟积极参与国际标准化活动,逐步提升广东标准国际影响力。实施标准联通"一带一路"行动,省政府各有关部门和标准化主管部门联合组织研究"一带一路"沿线国家标准,推动将广东标准与"一带一路"沿线国家和主要贸易国的标准转化或互认,以标准国际化支撑优势、特色领域产品国际化,以标准"走出去"带动产品、技术、装备、服务"走出去"。

3. 加强国际标准化合作。鼓励支持有能力、有条件的企业、科研机构或高端人才承担国际专业标准化技术委员会、分技术委员会秘书处工作或担任相关负责人职务,派遣人员到国际标准化组织总部学习、交流或工作,及时掌握国际标准化工作最新动态。鼓励广东承担有影响力的国际标准化活动,对代表国家参加各类国际标准化活动的单位和个人予以支持。在国际科技合作专项、政府之间科技合作项目、国际大科学与大工程合作项目研究中,支持将国际标准研制纳入合作内容。

4. 加强国外技术性贸易措施应对与防护。推动建立跨部门的国外技术性贸易措施应对与防护联动机制,及时发布应对工作白皮书。建立覆盖全省、资源共享的技术性贸易措施预警与应对信息平台。加强我省主要出口行业及重点领域企业的技术性贸易措施预警信息系统和快速反应机制建设,有效保障外贸企业合法权益。

(四)夯实标准化工作基础。

1. 加快标准化法治建设。对我省现行标准化相关法规、规章和规范性文件进行清理评估,适时开展立改废工作。推进广东省标准化条例等地方性法规的立法工作。鼓励有地方立法权的市立法推进标准化战略实施,制定符合本地区标准化事业发展实际的地方性配套法规。完善支持标准化发展的政策保障体系,重点制定我省专业标准化技术委员会管理、实施标准化战略专项资金管理、先进标准激励、发展壮大标准联盟(团体），以及企业产品和服务标准自我声明公开和监督制度等政策。

2. 加强标准化技术机构建设。鼓励企事业单位积极承担国家专业标准化技术委员会、分技术委员会秘书处和国家级国外标准研究机构相关职能，加强重点领域省级专业标准化技术委员会建设。加强对专业标准化技术委员会日常运行的监督管理，完善考核评价机制，不断提升技术服务和支撑能力。充分发挥国家技术标准创新基地、国际标准化组织发展中国家事务委员会（ISO/DEVCO）国内技术对口单位、国家欧洲标准研究中心（深圳）等国家级标准化技术机构的功能作用，增强我省在国际标准化组织中的影响力和话语权。

3. 加快发展标准化专业服务业。加快广东省标准馆建设，不断丰富标准馆藏，建立国内一流、国际先进的标准信息和标准化活动基地。完善标准化信息服务平台，探索构建标准"云平台"，推进跨部门、跨行业、跨区域标准化信息交换与资源共享。大力发展以市场供给为主的标准研究、标准规划、标准编写、标准实施、标准比对、标准评价及认证等方面的标准化服务，培育发展标准事务所等标准化服务第三方机构。加强中小微创新型企业的全过程标准服务，围绕创新创业标准需求，建立创客平台标准公益服务点，为可实现产业化的创新创业企业提供专业标准化服务。

4. 加强组织机构代码和物品编码工作。实施统一社会信用代码制度，构建以组织机构代码为主体标识码的统一社会信用代码体系。建设省统一社会信用代码数据库，建立省法人及其他社会组织的公共信息服务平台。加强物品编码新技术研发，加快商品条码在实体贸易、电子商务、现代物流、医疗、质量安全追溯等领域的应用。搭建以物品编码为溯源手段的质量信用信息平台，全面推进商品条码在食用农产品、食品、食品相关产品、药品、农业生产资料、特种设备、危险品、稀土产品等重点领域追溯体系的应用，实现企业信息、产品信息与交易信息的互联和可追溯。

5. 增强企业标准化基础能力。加强对企业标准化工作的分类指导，支持大型企业、行业领军企业和创新型企业更多参与国家重要标准研制，实质性参与国际标准化活动；引导中小微企业积极采用国际标准和国外先进标准，提升企业竞争力。加强标准宣贯和培训指导，提高企业标准化意识，引导企业建立标准化工作机制，加强企业标准体系建设。深入开展"标准化良好行为企业"创建活动，充分发挥标准化专业服务机构的作用，为企业提供咨询和确认服务。鼓励企业取得质量管理体系、环境管理体系和能源管理体系等国内外质量认证，提升企业的标准化能力和产品、服务质量水平。

6. 积极发挥行业协会作用。指导一批行业协会加强标准化制度建设，借鉴国际一流标准开展行业标准研制，在行业内进行应用示范推广，以标准促进行业整体质量水平提升。支持行业协会加强标准化基础能力建设，充分发挥行业协会在标准联盟（团体）组织建设、标准特别是联盟（团体）标准制修订工作中的积极作用。支持行业协会加强标准化人才队伍建设，培养一批懂专业、识标准的专家团队。

三、重点工程

（一）战略性新兴产业标准化建设工程。围绕珠江西岸先进装备制造产业带、珠江东岸电子信息产业带等重点产业布局及需求，开展高端新型电子信息、新能源汽车、LED照明、高端装备制造、教育装备研发制造、生物、节能环保、新能源和新材料等领

广东省人民政府关于深化标准化工作改革 推进广东先进标准体系建设的意见

域共性和关键技术标准的研发和推广。加快制定、完善和实施有关战略性新兴产业标准体系规划和路线图，推动新技术向标准转化，形成核心竞争力，以标准引领战略性新兴产业发展壮大。加快新一代信息技术标准化建设，围绕集成电路、新一代移动通信、下一代互联网、三网融合、数字家庭、信息安全、物联网、云计算、大数据等领域，研究制定关键技术和共性基础标准，推动一批省优势标准转化为国家、国际标准，完善高端新型电子信息产业标准化信息平台，建立技术标准创新基地，大力提升我省信息产业标准化水平。加快智能制造装备、通用航空装备、城市轨道交通装备、海洋工程装备及船舶制造、卫星及应用产业标准体系建设，重点研究制定工业机器人、智慧工厂、智能化生产线和数字化车间、工业物联网、工业云等标准。推动智能装备制造领域专利与标准联盟建设，积极开展国家高端装备制造业标准化试点及两化融合管理体系贯标试点工作，推进制造装备"数控一代""智能一代"升级及其标准转化，促进智能装备制造产业向标准化、高端化发展。

（二）消费品安全标准化建设工程。围绕消费品化学安全、机械物理安全、生物安全和使用安全，建立完善消费品质量安全标准体系。开展重点消费品国内外标准比对评估，推动产业执行标准逐步达到国际先进水平。以纺织、服装、皮革、家具、五金、智能家电、新型建材、功能食品、婴童用品、精细化工产品、消费类电子产品、文教体育休闲用品等产品为重点，结合国家标准化布局和我省产业发展实际需求，研究制订一批消费品质量安全技术标准、管理标准和工作标准。继续引导消费品产业集聚区和产业集群组建产业联盟和标准联盟（团体），鼓励制修订一批高于国家、行业标准的联盟（团体）标准，以技术创新与标准的融合提升我省传统优势产业竞争力。推进具有岭南特色的南药标准体系研究，探索先进科技创新成果在药品标准中的转化机制，制定具有国际先进水平的药品标准。结合现有标准化技术机构和检验检测实验力量，探索建立重要消费品关键技术指标验证制度。

（三）现代服务业标准化建设工程。按照建立现代产业体系的要求，以抢占产业发展制高点、培育新的经济增长点为目标，完善现代服务业标准体系。结合我省现代服务业发展状况，着重建立健全与促进广东经济发展，推动产业转型升级相关的金融服务、交通运输、现代物流、电子商务、科技服务、会展、高技术服务、服务外包、信息服务等生产性服务业，以及与群众幸福感、获得感息息相关的旅游、健康服务、法律服务、家庭服务、养老服务等民生性服务业标准体系。支持广州、佛山、东莞、中山、肇庆等市开展国家物流标准化试点。制定实施我省商贸物流标准体系规划与路线图，推动物流安全、物流诚信、物流信息、多式联运等重要标准制修订工作。积极采用适合我省物流业发展的国际先进标准，支撑物流业国际化发展。

（四）现代农业标准化建设工程。结合实施粤东西北地区振兴发展战略，大力推行农业标准化建设。加强农产品安全标准化建设，进一步完善覆盖农业产前、产中、产后全过程，从农田到餐桌全链条的农产品安全保障标准体系，制定实施安全种植、健康养殖、产地环境评价、农业投入品合理使用、有毒有害物质残留限量及检测、鲜活农产品及中药材流通溯源、动植物疫病预防控制等领域的标准。加快现代农业、高效农业、智慧农业、特色农业和生态建设与保护标准化支撑体系建设，推进现代农业基础设施、高端装备标准化建设,提高农业标准化生产普及程度。加强无公害农产品、绿色产品、有机农产品和地理标志产品保护工作。开展新农村建设标准化工作,立足于农村社区村落实际,推动农村社区村落的标准化建设,提高农村社区的生产和生活基础设施水平。开展新型城镇化建设标准体系研究,加快制定符合我省实际的新型城镇化基础通用标准,推进新型城镇化标准化试点,提升新型城镇化发展过程中的标准化水平。开展渔业基础设施建设标准化研究,制定渔港建设标准,提高渔港建设水平。进一步推进农业标准化示范区(市)建设,以示范区为纽带实现现代农业向第二、三产业延伸,实现产销协调发展、生产生活生态有机结合,带动农业转型升级。

(五)社会管理与公共服务标准化建设工程。大力推进社会管理和公共服务标准体系建设,促进基本公共服务均等化。加快公共安全标准化建设,研究制定信息安全、消防安全管理、消防技术服务、安全生产监管、职业健康防护、事故应急救援、特种设备质量安全等标准,提高我省公共安全管理水平。加强政务服务、公共交通、公共教育、公共文化体育、公共医疗卫生、食品药品安全、人力资源和社会保障、民政、气象、地震、地理信息等社会公共服务领域的标准体系建设。加快建设一批国家和省级社会管理与公共服务标准化试点。深入推进行政审批标准化工作,规范行政审批过程中的权力运行和自由裁量,提高政府办事效率。加强政府自我监督,探索创新社会公众监督、媒体监督等方式,畅通投诉举报渠道,强化对基本公共服务标准实施工作的监督。

(六)海洋经济和管理标准化建设工程。组织编制广东现代海洋产业标准化发展规划,从海洋运输、物流仓储、海洋工程装备制造、海水养殖、滨海开发、旅游装备、海洋生物医药、海水综合利用等方面,逐步建立现代海洋经济产业标准体系,探索建设省海洋综合开发标准化示范区。推动制修订一批海洋基础通用标准,以及海洋仪器设备制造、海洋能利用、海水资源利用、海洋研究与试验发展、海洋服务、海洋环境监测、远洋捕捞、南海渔业资源保护、海洋自然保护区管理、海洋特别保护区管理、海洋经济事务管理、海洋监察执法、海域与海岛管理、海洋观测预报及防灾减灾、水产品质量安全监管等领域的地方标准。

(七)"广东优质"标准提升工程。研究制订一批达到国内领先、国际先进水平的"广东优质"产品、服务、制造等标准,构建"广东优质"先进标准体系,积极打造以先进标准为引领、以卓越绩效管理为导向、以严格的市场认证为手段、以质量提升品牌带动为目标的"广东优质"区域品牌,推动本土制造实现高品质、高水平发展。依托国内外标准比对分析,探索对我省企业和标准联盟(团体)自我声明的标准开展先进性评价活动。从战略性新兴产业、先进制造业中选择重点产品开展国内外标准比对工作,引导我省产品质量安全标准与国际标准或出口标准并轨,促进内外销产品"同线同标同质"。

(八)节能减排标准化建设工程。将强制性节能标准实施情况纳入各级政府节能目标责任考核。加强标准与节能减排政策有效衔接,构建节能减排标准体系。研究制定绿色制造系列标准,加快制修订能耗限额等节能地方标准以及企业能源管理中心、能源管理与审计、合同能源管理、节能量评估审核等节能基础和管理标准。在工业、建筑、交通、农业、公共机构、商贸酒店等领域制定比国家或行业标准更为严格的节能减排标

广东省人民政府关于深化标准化工作改革 推进广东先进标准体系建设的意见

准。从技术节能、管理节能、污染物排放控制技术、废物循环利用等环节入手，引导与帮助企业建立节能减排标准体系，实施绿色低碳与清洁生产；鼓励资源节约和替代技术研发与节能产品、节能智能电网技术等推广应用。推进循环经济标准化建设，制定完善节能、节水、节材和废物再利用、资源化等标准。完善碳交易标准体系，加快建设排污权交易、固体废弃物配额交易标准体系，建立符合国际通行规则的生态发展市场机制。

（九）创新成果标准化转化工程。加快推动科技创新成果向标准转化，组建质监、科技、知识产权等部门联合工作组，推动科技、知识产权及标准化协同发展。在新一代移动通信、数字电视、智能电网、节能环保装备、LED照明、工程机械、电动汽车、船舶、可再生能源、电工电子、冶金、新材料等领域以及我省产业集聚区、产业集群、产业技术标准创新基地推行科技创新成果标准化转化工作试点。大力推动质量创新成果标准化，推动将先进管理模式和经验融入标准并组织实施。

（十）电子商务产品标准明示及鉴证工程。选取有条件的电子商务园区和电子商务交易平台试行电子商务产品标准明示及鉴证工作。政府部门、社会组织、电商企业及消费者共同监督电子商务产品质量，营造线上线下产品质量无差别化的电子商务环境。以电子商务产品标准的公开明示和型式鉴证、等级鉴证、标准与生产一致性鉴证等为切入点，分层次开展电子商务产品标准明示及鉴证工作，做到标准明示、社会鉴证、生产达标、认证保障，增强消费者信心，促进电子商务产业良性发展。

（十一）工程建设标准化工程。以海绵城市建设、城市轨道交通建设、建筑节能和绿色建筑、装配式建筑、钢结构建筑、房屋与市政工程质量安全、建筑信息模型等方面的技术标准为重点，大力推进工程建设标准化，提升工程质量与安全水平。加快推进城乡规划、给排水、污水处理、燃气供给、市容环境卫生、城市生活垃圾及建筑余泥渣土填埋场建设等标准的研究和制修订，提高城乡基础设施建设质量，提升城市管理标准化、信息化、精细化水平。构建与国家技术体系相衔接、适合亚热带气候特点、具有岭南文化特色的广东省建筑产业现代化标准体系，加强施工装配等先进适用技术的标准研究和制修订，推动建筑产业转型升级。

四、保障措施

（一）加强组织协调。充分发挥省标准化协调推进联席会议的组织协调作用，统筹全省标准化重大改革，研究制订标准化重大政策，协调解决跨部门、跨领域的标准化工作重大问题。成立重点领域专项工作组，根据需要吸纳相关行业企业、社会组织等加入。省标准化主管部门要充分履行标准化统一管理和综合协调职责，省直各部门要按职责分工管理好本部门、本行业标准化工作，充分发挥在相关领域标准的制定、实施及监督作用。鼓励地市参照建立相应的工作机制。各重点工程牵头部门要会同有关部门分别制订具体实施方案，明确工作目标、指标体系、主要任务、工作分工等具体要求，列出时间表和路线图，确保尽快取得突破。

（二）加强经费保障。各地、各部门要完善各领域标准化工作配套激励措施和扶持政策。全省各级财政要根据工作需要统筹安排标准化工作专项经费，为标准化工作提供必要的经费保障和支持。充分运用财政后补助和间接投入等方式，支持企业自主决策、先行投入，开展重大产业关键共性技术标准的研发攻关。鼓励和引导社会各界和企业加大标准化工作投入,探索建立市场化、多元化的标准化经费保障和投入机制。

(三)加强人才培养引进。培养一批省重点产业的标准化人才,纳入省人才发展战略。支持鼓励高等院校开设标准化专业课程和研究生培养计划,支持高等学校、职业技术学校、标准化院所与企业合作建立标准化人才培训基地;支持标准化基础知识培训专业网站发展,开展各种类型的标准化专题培训。培养引进一批标准化知识基础扎实、外语水平高且熟悉国际规则的高端复合型人才。

(四)加强宣传引导。加大标准化工作宣传力度,充分利用广播电视、报刊、杂志、互联网等媒体平台和"世界标准日""质量月"等专题活动,加强标准化政策法规、标准化知识宣传普及,切实提高全社会的标准化意识,营造全面推进实施标准化战略的良好氛围。

(五)加强督促检查。各地、各部门要各负其责,建立工作制度,掌握并定期向省标准化协调推进联席会议报告工作进展情况。省政府将适时组织对有关工作落实情况的督导检查,将相关标准化改革创新和标准体系建设工作纳入对地级以上市政府质量工作考核的范围。

附件:重点任务分工和进度安排(略)

广东省人民政府办公厅
关于强化学校体育 促进学生身心健康
全面发展的实施意见[①]

（2016年11月9日）

各地级以上市人民政府，各县（市、区）人民政府，省政府各部门、各直属机构：

为进一步推动我省学校体育改革发展，促进学生身心健康、体魄强健，根据《国务院办公厅关于强化学校体育促进学生身心健康全面发展的意见》（国办发〔2016〕27号）精神，经省人民政府同意，提出如下实施意见。

一、指导思想

全面贯彻落实党的十八大、十八届三中、四中、五中、六中全会和习近平总书记系列重要讲话精神，全面贯彻党的教育方针，立足省情，突出特色，以"天天锻炼、健康成长、终身受益"为目标，按照"坚持课堂教学与课外活动相衔接、培养兴趣与提高技能相促进、群体活动与运动竞赛相协调、全面推进与分类指导相结合"的基本原则，创新体制机制，全面改善学校体育教学条件，切实加强体育教师队伍建设，落实体育课程和学生体育锻炼时间，全面提升学校体育教育质量，健全学生人格品质，充分发挥体育在培育和践行社会主义核心价值观、推进素质教育中的综合作用，培养德智体美全面发展的社会主义建设者和接班人。

二、工作目标

到2018年，体育场地、设施、体育教师配备等办学条件达到国家标准的学校占比达85%，基本满足教育现代化需要。体育课时和学生体育锻炼时间得到保证，体育教学质量显著提高，教学、训练与竞赛体系比较完善。学生参与体育锻炼的习惯基本养成，具有较高的体育素养。

到2020年，全省各类学校体育场地、设施、体育教师配备等办学条件总体达到国家标准，满足教育现代化需要。学生的规则意识、合作精神和意志品质显著增强，运动技能和体质健康水平明显提升。政府主导、部门协作、社会参与的学校体育推进机制更加完善，基本形成体系健全、制度完善、充满活力、注重实效的中国特色学校体育发展格局。

三、主要内容

（一）深化体育课程与教学改革。

1. 加大体育课程改革与建设力度。以培养学生兴趣、养成锻炼习惯、掌握运动技能、增强学生体质为主线，进一步深化体育课程改革，建设具有广东特色的学校体育课程。严格按照国家课程方案和标准，开足开好体育课，严禁削减、挤占体育课时间，鼓

[①] 粤府办〔2016〕119号。

励有条件的学校适当增加体育课时。遵循青少年身心发展特征和运动能力形成规律,完善和改进体育课程内容设计。小学低年级阶段以提升与年龄特征相适应的运动能力为主要目标,通过田径、游泳等基础项目教学,夯实学生体质基础。小学高年级阶段逐渐过渡到发展体能素质与提高运动能力兼顾,满足学生成长的需求,为进入初中阶段学习做好准备。初中阶段要在进一步发展学生体能的基础上,依据学生的运动项目兴趣分化情况,提供力所能及的个性化教学。高中阶段要全面实施选项教学,重点发展学生专项体能和专项技战术,提高体育素养。高等学校要科学设计体育必修课与选修课内容,广泛开展广东传统、优势运动项目,深入挖掘整理民族、特色运动项目,充实和丰富体育与健康课程内容,为学生发展体能、提高体育素养与健康能力、形成健康的生活方式提供支持。学校要根据自身情况,开展运动项目教学,大力推动足球、篮球、排球等集体项目,积极推进田径、游泳、体操等基础项目,广泛开展乒乓球、羽毛球、武术等优势项目,提倡开设不少于15个体育项目供学生选择。高职院校可根据实际,在充分满足学生需求的基础上确定体育项目数量。在各学段教学中要通过游戏、情境教学、比赛等教学组织形式,培养学生的体育兴趣,养成锻炼身体的习惯。

2. 提高体育课教学水平。认真落实体育课教学内容,规范体育课堂教学过程。创新体育教学方法,利用现代化信息技术手段,开发体育教学资源,提高课堂教学实效。注重学生的运动技能学习,重视实践性练习,探索制定运动项目教学指南,根据学生的个体差异,做到区别对待、因材施教,让学生掌握一至两项运动技能。探索推广适合不同类型学生的体育教学资源,提升特殊教育学校和残疾学生的体育教学质量,保障每个学生接受体育教育的权利。鼓励有条件的单位设立学校体育研究基地,开展理论和实践研究,提高学校体育科学化水平。

3. 加强学校体育特色建设。各地要在学校体育教育教学质量提升的基础上,加快推进学校体育"一校一品""一校多品"建设,争取做到班班有项目、校校有特色、县县有品牌。在推进省级学校体育工作示范校创建工作的基础上,积极创建全国学校体育工作示范校,努力打造广东学校体育工作特色和品牌。

4. 大力发展校园足球。认真贯彻落实《广东省足球改革发展实施意见》,推动校园足球普及,建立健全校园足球推进工作机制,完善校园足球小学、初中、高中、高校四级联赛体系,加快推进国家和省级青少年校园足球特色学校、试点县(区)创建工作,建成一大批省、市、县(区)校园足球推广学校或特色学校。切实提高校园足球课教学质量,探索建立符合广东实际、具有广东特色的校园足球课程、教学和训练体系,加强足球后备力量培养,保障足球特长生的成长渠道。积极开展高效务实的省内外校园足球交流活动,鼓励有条件的地区加强校园足球对外合作交流。

5. 加强健康教育。以体育与健康课程为主要载体,全面落实《中小学健康教育指导纲要》要求。注重健康教育与安全教育、心理健康教育相结合,以及课堂教学与课外活动相结合,发挥整体教育效应,让学生掌握健康知识,形成健康能力,养成健康习惯和良好的生活方式。

(二)强化课外体育锻炼。

1. 健全和落实学生课外体育锻炼制度。学校要将学生在校内开展的课外体育锻炼

广东省人民政府办公厅关于强化学校体育 促进学生身心健康全面发展的实施意见

纳入教学工作计划,列入作息时间安排,切实保证学生每天一小时校园体育活动。课外体育锻炼要与体育课教学内容相互衔接、互为补充。幼儿园要遵循幼儿年龄特点和身心发展规律,开展丰富多彩的体育活动。中小学校要组织开展载体多样、形式灵活的大课间体育活动,鼓励学生积极参加校外全民健身运动,寄宿制学校要坚持每天出早操;要合理安排家庭"体育作业",加强学校、家庭、社区联动。职业学校要落实学生课外体育锻炼的有关规定,在学生顶岗实习期间,注意安排学生的体育锻炼时间。高等学校要建立更加有效的激励机制,促进和鼓励学生积极参加课外体育锻炼。各地要积极开展阳光体育系列活动和"走下网络、走出宿舍、走向操场"主题群众性课外体育锻炼活动,坚持每年开展学生冬季长跑等群体性活动。

2. 大力开展课余训练。学校应根据自身实际,组建不同项目、不同水平层次的运动项目代表队。通过组建体育兴趣小组、运动项目俱乐部、体育社团等形式,积极开展形式多样的课余体育训练活动。坚持教体结合,指导学生妥善处理好文化课学习和课余训练的关系,为有体育特长的学生提供成才路径,为竞技体育培养后备人才。通过举办学校体育文化节、单项或综合运动会为学生提供展示舞台,活跃校园体育氛围,促进学生积极参加体育锻炼。办好传统体育项目学校,充分发挥其引领示范作用。

(三)完善学生体育竞赛活动体系。各级各类学校要遵循"因地制宜、体现特色、广泛参与、重在育人"的原则,建立具有校园特色的学生体育竞赛活动制度和体系。广泛开展班级、年级体育比赛,学校每年至少举办一次综合性运动会或体育节,不定期举办各种形式体育竞赛活动,提高学生的专项运动能力。构建省、市、县(区)三级学生体育竞赛活动体系,每三年举办一届全省性中学生综合性运动会,每四年举办一届全省性大学生综合性运动会。市、县(区)要在整合赛事资源的基础上,系统设计并构建区域内学生体育竞赛活动体系,积极开展校际以及市、县(区)区域范围内的学校体育竞赛与展示活动,鼓励开展跨区域学校体育竞赛活动。创新学校体育竞赛活动模式,竞赛设置要注重文化传承,结合本地实际和客观现实条件,体现地方特色和特点。竞赛组织过程要注重对学生团队精神的培养和意志品质的锻炼,丰富体育竞赛内涵,促进体育文化建设、运动项目知识普及和观赛礼仪教育等,发挥体育育人功能,做到重过程、轻结果。注重体育后备人才的培养,充分利用体育竞赛选拔人才,完善不同学段相互衔接的人才培养体系,为高校及体育专业队、职业俱乐部输送人才。高校要根据自身实际和传统优势,开展高水平体育专门人才培养工作。

(四)提升学校体育教学科研水平。完善学校、县(区)、市、省四级体育教学科研体系,健全学校体育教学科研制度,加强学校体育教学督导工作,发挥体育教研员的专业指导作用。发挥科研院所和高校的人才和科研优势,建立省级学校体育研究基地。鼓励开设体育教育专业的院校建立体育教学专业联盟,为学校体育改革提供理论支持。组建区域性运动项目教研联盟和常态化体育教师学习交流平台。积极搭建体育教研员和体育教师教学科研交流平台,组织开展形式多样的体育教研、学术与经验交流活动,发挥优秀成果的引领示范作用,推动体育教学形式和方式、方法创新,提升体育教师教育理论水平和教学业务水平。加强与港澳台学校体育教科研等方面的交流与互动,积极参与学校体育国际交流合作。

(五）改善学校体育工作条件。

1. 健全经费投入机制。各地要确保学校体育经费投入，在安排财政转移支付资金和本级财力时要对学校体育给予倾斜。各地教育部门要按规定将学校体育工作经费纳入年度预算，确保学校体育工作顺利开展，学校要保障体育工作的经费需求。鼓励和引导社会资金支持发展学校体育，多渠道增加学校体育投入。

2. 加强学校体育设施建设。各地要把学校体育场地、设施设备建设作为体育工作重点，推进学校体育设施建设，进一步改善学校体育办学条件，按国家标准建设好学校体育场地设施，配齐体育器材和教学装备。以保基本、兜底线为原则，把学校体育设施列为义务教育标准化、现代化学校建设的重要内容。积极推动公共体育场馆设施为学校体育提供服务，向学生免费或优惠开放。进一步推动有条件的学校体育场馆在课后和节假日对本校师生和公众有序开放。

3. 加强体育教师队伍建设。各地要利用现有政策和渠道，按标准配齐体育教师和体育教育人员。要根据体育课教育教学工作的特点，按照教学计划中体育课授课时数和开展课外体育活动、课余训练及组织开展竞赛活动的需要，确保体育教师满足教学需要。加大高等学校体育教育专业建设力度，办好高等学校体育教育专业，培养合格体育教师。鼓励优秀教练员、退役运动员、有体育特长的志愿人员兼任体育教师。实施体育教师全员培训，按教师成长规划需求提供多元化、个性化的培训服务。要为体育教师发展提供平台，努力构建省、市、县（区）多元化体育专业教师成长培养体系，着力培养一大批体育骨干教师和体育名师等领军人才。加强师德建设，增强体育教师的职业荣誉感，坚定致力于体育教育事业的理想和信心。

4. 保障体育教师待遇。各地要科学确定体育教师工作量，把组织开展课外体育活动、《国家学生体质健康标准》测试、课余训练、比赛等纳入体育教师教学工作量。要按照国家和省有关政策，落实体育教师高温补贴，为体育教师配备必要的工作服装和教学装备。保障体育教师在职称评聘、评优表彰、福利待遇等方面与其它学科教师同等待遇。

5. 建立健全学校体育安全风险防范和管理工作机制。落实学校体育安全主体责任和岗位职责，加强学校体育活动安全教育，增强师生安全意识，提高自我保护和运动伤害应急处置与救护能力。强化体育运动伤害预防和风险管理，建立健全校园体育活动意外伤害及责任保险制度。建立学校多部门协调配合、师生员工共同参与的学校体育运动风险防控机制，制订风险防控制度和体育运动伤害事故处理预案，明确校内各部门职责，督促相关部门和人员履行职责，落实责任。加强相关人员培训，提高学校体育从业人员运动风险管理意识和能力。加强对体育器材设施及场地的维护和日常巡查，有安全风险的应当设立明显警示标志和安全提示，切实保证使用安全。各级教育行政部门要定期开展学校体育安全工作专项检查。

6. 整合扩大学校体育资源。积极鼓励、引导各类社会力量以合适的形式参与和支持学校体育发展。建立健全政府购买体育服务的政策措施。加强校内外体育资源的整合与利用，充分利用青少年活动中心、少年宫、户外营地等资源开展体育活动。充分发挥社区功能和优势，为广大青少年学生进行校外体育锻炼活动提供便利。鼓励、支持学校与科研机构、社会团体、企业等开展合作,有效拓展体育资源。加强中小学校与高等院校、专业运动队、职业体育俱乐部的合作,鼓励定期选派教练员、运动员到学校开展有关体育活动指导工作。

(六)健全评价监测机制。

1. 完善考试评价办法。逐步建立健全对学生、教师、学校、教育行政部门的学校体育工作评价制度。以提高学生运动能力、增强体质、健全人格为目标,构建课内外相互结合、不同学段相互衔接的学校体育考核评价体系。发挥多元评价导向作用,引导学校体育科学有序发展,为学校体育健康发展提供支撑和保障。把体能素质和运动能力作为初中毕业生升学的必考内容,不断完善初中毕业生升学体育考试制度,科学确定体育考试分值或等第需求。要将学生参加体育活动情况、掌握运动能力情况和体质健康状况纳入高中学业水平考试和学生综合素质评价体系。

2. 建立质量监测机制。各地要以提升学校体育教学质量为核心,与国家义务教育质量监测相配套,建立学校体育教学质量监测制度。注重运用现代化手段,动态监测体育课教学质量、中小学体育课程实施情况。严格执行《国家学生体质健康标准》,建立健全学生体质健康档案,以实施省级抽测复核为基础,完善学生体质健康监测工作机制,确保测试数据的真实性、完整性和有效性。

四、保障措施

(一)加强组织领导。各地要把学校体育工作纳入教育现代化建设规划并同步推进,要结合实际制定"十三五"时期强化学校体育工作具体措施和实施方案,加强政府对学校体育工作的统筹,强化有关部门在加强青少年体育工作中的责任,按照职责分工,落实好深化学校体育改革的各项任务。

(二)强化考核激励。各地要把学校体育列入政府政绩考核范围,作为教育行政部门和学校主要负责人工作考核评价指标。对成绩突出的单位、部门、学校和个人进行表彰。建立行政问责和约谈有关主管负责人的工作机制。对不按规定开设或随意停止体育课的,由当地教育或人力资源社会保障等相关部门按照国家法律法规和相关规定依法处理,依法追究有关责任人责任。学生体质健康水平持续三年下降的地区和学校,在推进教育现代化先进市、县(区)工作验收中实行"一票否决"。

(三)加强学校体育督导。构建省、市、县(区)学校体育督导检查工作机制,加强对学校体育工作的督导。开展学校体育年度专项督导,重点检查各地各校体育经费投入、体育场地设施、体育教师配备、体育课时、学生体育锻炼时间落实情况,以及《国家学生体质健康标准》实施情况和学生运动技能掌握情况。

(四)营造良好环境。通过多种途径,充分利用报刊、广播、电视及网络等手段,加强学校体育工作新闻宣传力度,总结交流典型经验和有效做法,传播科学的教育观、人才观和健康观,营造全社会关心、重视和支持学校体育的良好氛围。

广东省省级体育彩票公益金管理办法[①]

(2014 年 10 月 15 日)

第一章 总 则

第一条 为规范和加强我省省级体育彩票公益金(以下简称"省级体彩公益金")管理,提高资金使用效益,根据《彩票管理条例》(国务院令第 554 号)、《彩票管理条例实施细则》(财政部、民政部、国家体育总局令第 67 号)、《彩票公益金管理办法》(财综〔2012〕15 号)和《广东省省级财政专项资金管理办法》(粤府〔2013〕125 号),参照《中央集中彩票公益金支持体育事业专项资金管理办法》(财教〔2013〕481 号)有关规定,结合我省体育事业发展的实际,制定本办法。

第二条 本办法所称省级体彩公益金,是指省财政从省级集中的体育彩票公益金中安排用于体育事业的专项资金。

第三条 省级体彩公益金纳入政府性基金预算管理,专款专用,结转和结余按规定使用。

第四条 省级体彩公益金安排原则:专款专用、规范管理、严格审批、权责明确、科学论证、绩效优先、公平公开、强化监督。

第五条 省级体彩公益金的使用应当严格执行国家法律法规和财务规章制度,并接受财政、审计、体育行政等部门的监督和检查。

第六条 省级体彩公益金的绩效目标。保障国家和省体育发展规划纲要实施以及中央和省委省政府关于体育发展有关决定的项目,大力发展群众体育和竞技体育,推进我省体育事业持续健康发展。

第二章 部门职责

第七条 省体育局为省级体彩公益金的业务主管部门,负责省级体彩公益金的具体管理工作。负责资金预算申报、组织项目申报、编制省级体彩公益金分配年度总体安排计划、具体分配计划和年度绩效目标。制定竞争性分配工作方案,组织实施资金竞争性分配工作。负责省级体彩公益金使用安全监督、绩效自评、信息公开等工作,加强对用款单位的指导和监督,按规定组织相关单位开展资金及其支出项目绩效自评,并配合省财政厅做好其他评价工作。

第八条 省财政厅负责省级体彩公益金管理的牵头组织和协调工作,会同省体育局制定专项资金管理制度,审核省体育局编制的省级体彩公益金安排使用计划的合规性,

---

[①] 经《广东省财政厅、广东省体育局关于印发〈广东省省级体育彩票公益金管理办法〉的通知》(粤财综〔2014〕163 号)公布。

审核竞争性项目额度、竞争性分配工作方案以及资金安排计划，按程序拨付资金，开展专项资金监督检查和绩效评价工作。

第九条 各市、县（市、区）财政部门根据管理职责做好资金拨付和资金使用的监督管理工作，并配合（指导）体育部门开展资金的绩效自评工作。各市、县（市、区）体育部门应根据管理职责做好项目申报、项目立项、项目建设与管理、财务监管以及项目绩效自评工作。

第十条 省级体彩公益金使用单位应遵循专款专用原则，严格按照规定的范围和用途使用省级体彩公益金，严格执行国家及省的有关财经财务规章制度，专账核算，合理有效使用资金，并认真完成绩效自评工作。

第三章 补助范围和支出内容

第十一条 省级体彩公益金补助范围包括群众体育（含青少年体育）和竞技体育。其中：用于群众体育的比例不低于70%，用于竞技体育的比例不高于30%。

第十二条 省级体彩公益金支出包括以下内容：

（一）群众体育部分，主要用于：

1. 援建和维修公共体育场地设施。主要用于资助各地建设和维修公共体育场馆，以及受灾修复的公共体育场地设施，如体育馆、体育场、全民健身中心、田径场、游泳池、全民健身广场（公园）、综合训练馆、全民健身园（苑）和国民体质监测中心等。

2. 购置体育健身器材。主要用于购置体育健身器材配建于全省各地农村社区和单位，购置国民体质监测器材配建于全省各级国民体质监测中心（站）和体质测定与运动健身指导站。具体由省体育局按照政府采购管理规定依法组织实施采购，并按照资产管理规定办理资产划拨手续。

3. 群众体育组织和队伍建设。主要用于培训和管理体育骨干队伍，以及培育社会体育组织的发展。

4. 全民健身活动。主要用于组织开展群众体育各项活动和竞赛工作，以及开展全民健身志愿服务活动。

5. 全民健身服务。主要用于开展国民体质监测、群众体育宣传和信息管理等工作。

6. 其他全民健身项目开展。主要用于上述1～5点未涉及的全民健身项目开展，非奥运群众项目活动开展、临时性群体活动项目及其他需在全民健身项目中列支的项目。

（二）青少年体育部分，主要用于搭建（建设）青少年体育后备人才培养体系、组织各项青少年竞赛活动、提升青少年体质健康等。

1. 资助青少年体育后备人才培养。主要用于国家高水平体育后备人才基地配套、省单项后备人才基地扶持；各级各类体校建设、训练补助；输送人才、大赛输送成绩补助等。

2. 搭建学校后备人才培养网络。主要用于国家级青少年体育俱乐部配套、省级青少年体育俱乐部创建；省体育传统项目学校、省校园足球布局、青少年校外体育活动中心建设扶持等。

3. 组织开展青少年各项竞赛活动。主要用于青少年各项目年度锦标赛、体育传统项目学校竞赛及各项青少年阳光体育活动等。

4. 组织开展青少年体育科学研究和培训等。主要用于青少年体育工作调研；体育管理干部、教练员、体育师资培训；教练员论文、优秀赛区评比；运动员注册、选材等人才信息系统的建设等。

（三）竞技体育部分，主要用于：

1. 资助举办或承办各类体育赛事。主要用于资助各级政府或社会力量主办或承办的各类综合性或单项国内、国际体育赛事。

2. 改善优秀运动队训练比赛、生活设施条件。主要用于优秀运动队训练比赛场地建设、维修保养，生活设施改善，训练器材装备购置等开支；优秀运动员、教练员、辅助人员按规定及标准发放训练津贴；竞赛、训练服务的辅助设施的研制、购买费用等。

3. 支持省备战和参加全国及世界综合性运动会。主要用于优秀运动队为参加奥运会、全运会发生的人才引进、外训外赛、大集训、训练比赛器材、科医器材、科研运作与营养调控、奥运金牌奖牌和全运会金牌专项津贴、场地日常维修维护及运转经费、省代表团工作经费等开支。

4. 补充运动员保障支出。主要用于运动员一次性退役补偿，运动员转岗培训，运动员开展创业扶持试点工作，运动员伤残救助、特殊关怀等保障支出，老运动员、老教练员医疗保健专项资金等。

5. 其他奥运争光项目开展。主要用于上述1～4点未涉及的临时性奥运争光项目、运动员教练员培训、职业培训及其他需在奥运争光项目中列支的项目。

第十三条 省级体彩公益金不得用于以下方面的支出：

（一）公务接待。

（二）公务用车购置及运行。

（三）各级体育行政部门行政支出。

（四）对外投资和其他经营性活动。

第四章　资金申报、分配与审批

第十四条 省级体彩公益金预算分为省级支出预算和补助地方体育事业支出预算两部分。省本级支出中安排各部门的业务经费，纳入部门预算管理；补助地方体育事业支出预算，纳入省级对地方转移支付预算管理。

第十五条 省级体彩公益金审批实行年度总体计划和具体实施项目复式审批制度。

（一）年度安排总体计划审批。省体育局在收到省财政厅下达的预算执行通知后15个工作日内，提出年度安排总体计划，会同省财政厅按程序报省领导审批。

（二）年度具体实施项目审批。省体育局会同省财政厅根据省级体彩公益金入库情况，在可支出额度范围内对符合申报条件的项目进行审核，提出资金明细分配计划（列至具体用款单位、项目、金额），按程序公示后报省领导审批。

第十六条 补助其他省直单位和地方的省级体彩公益金按以下程序申报：

（一）发布申报通知。根据经省领导同意的年度安排总体计划，每年3月底前由省体育局会同省财政厅通过省级财政专项资金管理平台（以下简称"管理平台"）发布项目资金申报通知。

（二）相关省直单位，各地级以上市、财政省直管县（市）体育行政主管部门会同财政部门于每年4月底前通过管理平台提交申报材料，同时将纸质材料报省体育局和省财政厅。其中各地级以上市、财政省直管县（市）体育行政主管部门会同财政部门汇总所辖县（市、区）的申报项目并联合提出项目申请，项目申报材料应当包括项目申报书、项目可行性研究报告、项目实施方案。

第十七条 省体育局通过管理平台受理其他相关部门和下级体育部门资金使用申请，对申请项目进行前置审核，会同省财政厅确定初步分配方案。具体项目采取以下分配方式确定初步分配方案：

（一）群众体育部分。

1. 援建和维修公共体育场地设施，根据《广东省本级体育彩票公益金资助公共体育场馆设施建设办法》和《广东省本级体育彩票公益金资助公共体育场馆设施维修办法》等资助管理办法，采取因素法进行分配，报省体育局局长办公会议研究确定，报省财政厅审核。

2. 购置体育健身器材。根据省体育局业务部门制定的体育健身器材采购计划，编报器材分配方案，报省体育局局长办公会议研究确定，报省财政厅审核。

3. 群众体育组织和队伍建设、全民健身活动、全民健身服务、其他全民健身等项目由省体育局局长办公会议研究确定，报省财政厅审核。

（二）青少年体育部分。

1. 资助青少年体育后备人才培养。根据《国家高水平体育后备人才基地认定办法》《广东省单项体育后备人才基地管理办法》《广东省青少年体育训练经费补助暂行办法》（以下简称《暂行办法》）等，国家高水平体育后备人才基地以奥运为周期（4年为一周期），由总局进行认定，省单项后备人才基地以省运会为周期（3年为一周期）进行评定，省体育局根据评定结果给予相应经费扶持。该项资金按因素法进行分配，报省体育局局长办公会议研究确定，报省财政厅审核。

输送人才补助以省人力资源社会保障厅、省发展改革委、省公安厅、省教育厅及省体育局每年下达的关于招聘省专业运动员的通知为依据，大赛输送成绩以奥运会、亚运会、全运会成绩作为评选条件，根据《暂行办法》进行补助。该项资金按因素法进行分配，报省体育局局长办公会议研究确定，报省财政厅审核。

2. 搭建学校后备人才培养网络。根据《国家级青少年体育俱乐部创建办法》《全国青少年户外体育活动营地创建方案》《广东省青少年体育俱乐部创建管理办法》《广东省体育传统项目学校管理办法》《广东省青少年校外活动中心建设方案》《广东省青少年校园足球活动试点工作方案》等，省级俱乐部每年、省级体育传统项目学校每三年进行评定，由各地市体育局组织申报、会同省教育厅审核并网上公示后确定名单。省校园足球布局城市、省青少年校外体育活动中心每年由各地市申报，专家审核、公示并确定名单。采取因素法进行分配，报省体育局局长办公会议研究确定，报省财政厅审核。

3. 组织开展青少年各项竞赛活动。根据全国体育竞赛管理办法（体竞字〔2000〕62号），承办比赛所在地的经济发展情况，以及省体育局有关规定和各项目惯例对参赛裁判员和运动员进行比赛的预算，依据省局全运会项目重点布局分类表进行调整。由省体育局局长办公会议研究确定，报省财政厅审核。

4. 组织开展青少年体育科学研究和培训等。工作经费根据年度青少年体育管理干部、教练员、体育师资培训计划及青少年体育各项调研工作计划；运动员注册、选材等人才信息系统的建设根据注册、报名、体能测试和文化测试等各方面每年系统的升级和开发情况等，由省体育局局长办公会议研究确定，报省财政厅审核。

教练员论文评比依据《关于开展广东省业余训练教练员论文征集评优和奖励的通知》进行教练员论文评比，优秀赛区评比根据《全国体育竞赛最佳赛区和优秀赛区评选实施办法》和《广东省体育竞赛最佳赛区和优秀赛区评选办法》的标准执行，经省体育局业务部门评定后，采用因素分配法进行分配，报省体育局局长办公会议研究确定，报省财政厅审核。

（三）竞技体育部分。

1. 资助举办或承办各类型体育赛事。省体育局根据年度赛事情况，提出赛事计划，承办经费安排计划，报省体育局局长办公会议研究确定，报省财政厅审核。

2. 改善省队训练比赛场地设施条件。省体育局依据我省备战和参加全国及世界综合性运动会工作计划，根据各省级优秀运动队实际情况及年度工作计划等情况编制年度资金使用计划，报省体育局局长办公会议研究确定，报省财政厅审核。

3. 支持省备战和参加全国及世界综合性运动会。省体育局依据我省备战和参加全国及世界综合性运动会工作计划，根据运动员、教练员、科医编制和队伍备战实际需要等情况编制年度资金使用计划，报省体育局局长办公会议研究确定，报省财政厅审核。

4. 补充运动员保障支出。省体育局依据我省运动员保障支出计划，根据《广东省运动员退役补偿费管理办法》、各省级优秀运动队实际情况等编制年度资金使用计划，报省体育局局长办公会议研究确定，报省财政厅审核。

5. 其他奥运争光项目开展。省体育局业务部门每年度根据年度奥运争光项目开展情况，编制年度资金使用计划，报省体育局局长办公会议研究确定，报省财政厅审核。

第十八条 采用因素法分配的专项资金，根据专项资金的扶持方向，综合考虑补助对象的客观需求和对资金的管理使用情况等各方面因素，制定统一补助标准或通过量化指标、权重和计算公式，采用因素法分配。

第十九条 根据全省体育事业发展情况，必要时安排部分资金开展竞争性分配。具体分配程序为：

（一）制定方案。在年度体育彩票公益金总体安排计划报经省政府批准后，省体育局会同省财政厅制订财政专项资金竞争性分配实施方案，确定竞争性分配方式。

（二）组织申报。省体育局会同省财政厅通过管理平台发布申报指南，组织省直及地市各相关单位通过管理平台申报项目。

（三）受理审核。省体育局对各申报单位报送的项目申请进行初步资格审查。

（四）项目评审。省体育局会同省财政厅对各单位报送的项目申请进行初步资格审查，采取专家评审、公众评议等方式进行分配。评审内容包括：项目的目标、内容、实施计划、资金安排、资金筹措方案、预期效益分析等。

（五）结果公示。结果在管理平台进行公示，公示时间不少于7个工作日。

第二十条 按其他方式分配的项目。对特殊补助以及应急支出等，采用部门集体研究、评议等《广东省省级财政专项资金管理办法》规定的方式进行安排。列入购买服务的项目按照购买服务相关办理办法进行安排。

第二十一条 具体分配方案审批。年度安排总体计划获批后，省体育局会同省财政厅按照本办法确定补助其他省直单位和地方的各项目初步分配方案（列至具体用款单位、项目、金额），经公示无异议后按以下程序一次性报批。

（一）明细分配计划资金总额在5000万元以上（含5000万元）的，由分管省领导审核后，报分管财政的常务副省长审批，报省长审定。

（二）明细分配计划资金总额在5000万元以下的，由分管省领导审核后，报分管财政的常务副省长审定，报省长备案。

（三）纳入项目库管理的专项资金按项目库管理有关规定，在预算中编制，经人大审批后实施。

第二十二条 体育彩票公益金安排的延续性项目（项目安排时间超过两年的），应根据本办法制定项目具体管理办法或实施细则。

第五章 资金管理

第二十三条 省级体彩公益金支出计划一经批准，应当严格执行，原则上不予调整。如确需调整，省本级支出预算调整按部门预算的有关规定执行。

第二十四条 省级体彩公益金支付按照财政国库管理制度有关规定执行。省级体彩公益金使用过程中涉及政府采购的，按照政府采购有关规定执行；用于基本建设项目的，按照基本建设程序和规定使用。

第二十五条 省级体彩公益金资助的基本建设设施、设备或者社会公益活动，应当以显著方式标明"彩票公益金资助——中国体育彩票"。

第二十六条 省级体彩公益金使用部门和单位应当按照同级财政部门的规定，编制年度体彩公益金决算，报同级财政部门。

第二十七条 地级以上市、财政省直管县（市）财政部门和体育行政部门，应当在每年3月底前，将上一年度补助地方的省级体彩公益金使用情况报送省财政厅和省体育局，包括项目组织实施情况、项目资金使用和结余情况，以及项目社会效益和经济效益等。

第二十八条 省体育局应当于每年6月底前，向社会公告上一年度省级体彩公益金的使用规模、资助项目、执行情况和实际效果等。

第六章 信息公开

第二十九条 省体育局在管理平台和本部门门户网站上公开以下信息：

（一）省级体彩公益金管理办法。

（二）省级体彩公益金申报指南，包括申报条件、扶持范围、扶持对象等。

（三）地市项目资金申报情况，包括申报单位、申报项目、申请金额等。

（四）资金分配程序、分配方式。
（五）资金分配结果。
（六）专项资金绩效评价、监督检查和审计结果等。
（七）公开接受和处理投诉情况，包括投诉事项和原因、涉诉处理情况等。
（八）其他按规定应公开的内容。
按因素法分配且无申报环节的专项资金无需公开第（二）（三）点内容及申报环节的其他相关信息。

第三十条 信息公开的其他要求按照《广东省省级财政专项资金信息公开管理办法》的规定执行。

第七章 监督评价和责任追究

第三十一条 省级体彩公益金使用单位和部门按照"谁使用，谁受益，谁负责"的原则加强体彩公益金使用管理，确保专款专用，充分发挥资金使用效益。

第三十二条 省级体彩公益金实施绩效评价机制。省体育局按规定组织市县体育部门、省级体彩公益金使用单位开展绩效自评，并于资金下达后的下一年度3月31日前及时报送绩效自评材料，同时配合省财政厅做好其他评价工作。省财政厅根据有关规定和年度工作计划组织省级体彩公益金绩效评价工作。评价结果将作为下一年分配资金的参考。

第三十三条 省财政厅、省体育局对省级体彩公益金的管理和使用情况进行不定期抽查。各级财政和体育行政部门应当组织开展体彩公益金管理使用的监督检查，对于检查发现的财政违法行为，依据《财政违法行为处罚处分条例》（国务院令第427号）和《彩票管理条例》等有关规定处理。

第八章 附 则

第三十四条 本办法由省财政厅、省体育局负责解释。
第三十五条 本办法自印发之日起施行。